U0509031

让 我 们 一 起 追 寻

SAMARCANDA CENTRO DEL MONDO

PROPOSTE DI LETTURA DEL CICLO PITTORICO DI AFRĀSYĀB

Copyright©2009 by Matteo Compareti

Simplified Chinese edition copyright:

2023 SOCIAL SCIENCES ACADEMIC PRESS (CHINA), CASS

MATTEO COMPARETI

〔意〕康马泰　著

李思飞　译

撒马尔罕的荣光

阿夫拉西阿卜壁画解谜

SAMARCANDA

CENTRO DEL MONDO

PROPOSTE DI LETTURA
DEL CICLO PITTORICO DI AFRĀSYĀB

社会科学文献出版社
SOCIAL SCIENCES ACADEMIC PRESS (CHINA)

献给 Ale 和 Mica

目　录

第一部分　历史

第二部分　解读

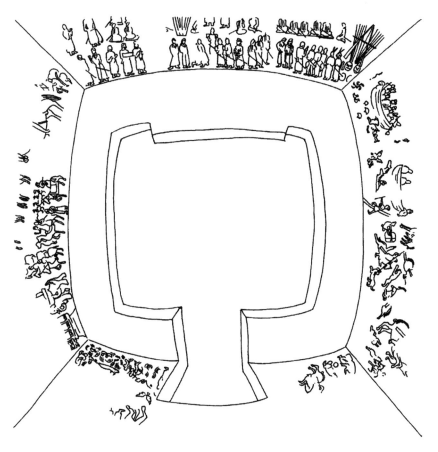

"大使厅"现状顶视示意图

致中国读者

　　这本关于撒马尔罕中世纪故都——阿夫拉西阿卜引人入胜而又神秘莫测的壁画的书，在意大利文原版出版十二年和英文译本出版五年后，将以中文译本在中国面世，我感到由衷的高兴。自这部著作初版至今，相关领域考古学家和艺术史学家们在中亚遗址发掘以及博物馆收藏方面的不懈努力，不断丰富着我们对粟特艺术的认知。中国学者在与位于今乌兹别克斯坦和塔吉克斯坦的粟特人母国有关的入华粟特人研究领域取得了非常重要的成果。2016～2021年，我有机会受聘于中国的大学（中国人民大学和陕西师范大学），并在中国和世界其他国家（美国、英国、意大利、以色列、伊朗、巴西、印度等）多所高校及研究机构讲学交流。在中国讲学期间，我遇到多位杰出的中国学者，我想提到的有：葛承雍、沙武田、荣新江、李肖、赵丰、李锦绣、张元林、张良仁、杨巨平、李翎、张庆捷、毕波、仝涛、陈粟裕、张建宇、冯培红等。这些师友在中外交流史和丝绸之路研究领域均卓有建树，与他们交流和讨论使我深得启发。

　　2020年突如其来的全球新冠疫情让我的学术交流活动也转为更多地依赖互联网线上方式，这出乎意料地让我接触到更多的受众。在我所做的每一场演讲中，我都与学界同人及爱好者讨论粟特文化和艺术的诸多方面，也收到大家提出的一些非常有趣的问题。我要感谢他们对我的研究的关注和兴趣。在本书即将与中国读者见面之时，我由衷感谢整个出版工作的统筹者——社会科学文献出版社董风云先生，他将这本书列入该社甲骨文书系丰富精彩的出版书目，并为本书付梓做了详尽周至的安排。我对责任编辑李洋女士不辞辛苦付出的一切深表谢意。我也真诚感谢引荐我与社会科学文献出版社合作的陕西师范大学历史文化学院冯立君老师。我在陕西师范大学工作期间，得以与李思飞博士合作，她在意大利文版和英文版基础上精心翻译了这本书。最后，特别感谢李思飞博士和她的家人给予我的支持。

康马泰

2021 年 4 月 23 日于威尼斯

缩略语表

AA	Acta Asiatica（《东方学》）
AAA	Archives of Asian Art（《亚洲艺术档案》）
ACF	Annali di Ca'Foscari（《威尼斯大学年鉴》）
AcIr	Acta Iranica（《伊朗学》）
ACSS	Ancient Civilizations from Scythia to Siberia（《从斯基泰到西伯利亚的古代文明》）
AEA	Archivo Español de Arqueología（《西班牙考古档案》）
AF	Altorientalische Forschungen（《古代东方研究》）
Alla maniera di ...	Convegno in ricordo di Maria Teresa Lucidi, edited by P. Fedi et al., Rome（《纪念玛丽亚·特蕾莎·卢奇迪会议论文集》）
AMI	Archäologische Mitteilungen aus Iran（《伊朗考古通讯》）
Annales	Annales. Histoire, sciences sociales（《历史与社会科学年鉴》）
AO	Ars Orientalis（《东方学》）
AOASH	Acta Orientalia Academiae Scientiarum Hungaricae（《匈牙利科学院东方学刊》）
ArA	Arts Asiatiques（《亚洲艺术》）
ArAs	Artibus Asiae（《关于亚洲艺术》）
BAI	Bulletin of the Asia Institute（《亚洲研究所学报》）
Bakker	The Vākāṭaka Heritage: Indian Culture at the

Crossroads, edited by H. Bakker, Groningen（《瓦卡塔卡遗产：十字路口的印度文化》）

BAOM　　　　　　Bulletin of the Ancient Orient Museum（《古代东方博物馆馆刊》）

BEFEO　　　　　　Bulletin de l'École française d'Extrême-Orient（《法国远东学院院刊》）

BMFEA　　　　　　Bulletin of the Museum of Far Eastern Antiquities（《远东古物博物馆馆刊》）

BMGS　　　　　　Byzantine and Modern Greek Studies（《拜占庭与现代希腊研究》）

BSOAS　　　　　　Bulletin of the School of Oriental and African Studies（《伦敦大学亚非学院院刊》）

Bukhara Oasis　　　Ancient and Mediaeval Culture of the Bukhara Oasis, edited by C. Silvi Antonini, D. K. Mirzaahmedov, Samarkand, Rome（《布哈拉绿洲的古代与中古文化》）

BZ　　　　　　　　Byzantinische Zeitschrift《拜占庭学期刊》

C　　　　　　　　Cina（《中国》）

CAAD　　　　　　China Archaeology and Art Digest（《中国考古与艺术文摘》）

Cac　　　　　　　Cahiers d'Asie centrale（《中亚集刊》）

Cadonna, Lanciotti　　Cina e Iran: Da Alessandro Magno alla dinastia Tang, edited by A. Cadonna, L. Lanciotti, Florence（《中国与伊朗：从亚历山大大帝到唐朝》）

CAJ　　　　　　　Central Asiatic Journal（《中亚学刊》）

Cereti　　　　　　Religious Themes and Texts of Pre-Islamic Iran and Central Asia: Studies in Honour of Professor Gherardo Gnoli on the Occasion of His 65th Birthday, edited by C. Cereti et al., Wiesbaden（《前伊斯兰时期伊朗和中亚的宗教主题与文本：纪念盖拉尔多·尼奥利教授六十五岁华诞论文集》）

CHC	The Cambridge History of China（《剑桥中国史》）
CHEIA	The Cambridge History of Early Inner Asia, edited by D. Sinor, Cambridge（《剑桥早期内亚史》）
CHI	The Cambridge History of Iran, edited by E. Yarshater（《剑桥伊朗史》）
Coins, Art and Chronology II	Coins, Art and Chronology II. The First Millennium C. E. in the Indo-Iranian Borderlands, edited by M. Alram, D. Klimburg-Salter, M. Inaba, M. Pfisterer, Vienna（《钱币、艺术与年代学 II—印度–伊朗边境之地的第一个千年》）
Compareti, Cristoforetti	The Chinese Scene at Afrāsyāb and the Iranian Calendar, edited by M. Compareti, S. Cristoforetti, Venice（《阿夫拉西阿卜的中国图景与伊朗历法》）
Compareti, La Vaissière	Royal Nawrūz in Samarkand: Acts of the Conference Held in Venice on the Pre-Islamic Afrāsyāb Painting, edited by M. Compareti, É. de La Vaissière, Rome（《撒马尔罕的王室诺鲁孜节：前伊斯兰时期阿夫拉西阿卜壁画威尼斯学术研讨会论文集》）
Compareti, Raffetta, Scarcia	Ērān ud Anērān: Studies Presented to B. I. Maršak on the Occasion of His 70th Birthday, edited by M. Compareti, P. Raffetta, G. Scarcia, Venice（《伊朗与域外：纪念马尔沙克七十华诞论文集》）
CRAIBL	Comptes rendus de l'Académie des Inscriptions et Belles-Lettres（《法兰西铭文与美文学术院学报》）
Curatola, Scarcia	G. Curatola, G. Scarcia, Iran. L'arte persiana, Milan（《伊朗：波斯艺术》）
Curtis	Mesopotamia and Iran in the Parthian and Sasanian Periods: Rejection and Revival c. 238 BC – AD 642,

Proceedings of a Seminar in Memory of Vladimir G. Lukonin, edited by J. Curtis（《帕提亚和萨珊时期的美索不达米亚与伊朗：约前 238~公元 642 年的扬弃与复兴，纪念弗拉基米尔·G. 卢科宁研讨会论文集》）

EAA   Enciclopedia dell'Arte Antica：Classica e Orientale, secondo sup. 1971 –94, Rome（《古代艺术百科全书：古典与东方，第二增刊》）

EC   Early China（《早期中国》）

EI   Encyclopaedia Iranica（《伊朗百科全书》）

EIs   The Encyclopaedia of Islam（《伊斯兰教百科全书》）

ES   Eurasian Studies（《欧亚学刊》）

EW   East and West（《东方与西方》）

Il falcone di Bistam   Il falcone di Bistam. Intorno all'Iranica Fenice/Samand：un progetto di sintesi per il volo del pegaso iranico tra Ponto, Alessandretta e Insulindia, edited by M. Compareti, G. Scarcia, Venice（《比斯塔姆的猎鹰——以伊朗长命鸟/萨曼德为中心：关于伊朗飞马帕伽索斯在本都、亚历山大勒塔及南亚次大陆之间飞翔的综合项目》）

Gyselen   Des Indo-Grecs aux Sassanides：données pour l'histoire et la géographie historique. Res Orientales, 17, edited by R. Gyselen, Bures-sur-Yvette（《从印度–希腊王国到萨珊王朝：历史及历史地理学数据》）

HCCA   History of Civilizations of Central Asia（《中亚文明史》）

Heirman, Bumbacher   The Spread of Buddhism, edited by A. Heirman. S. P. Bumbacher, Leiden, Boston（《佛教的传播》）

HJAS   Harvard Journal of Asiatic Studies（《哈佛亚

洲学报》）

I	Iran（《伊朗》）
IA	Iranica Antiqua（《古代伊朗》）
IIJ	Indo-Iranian Journal（《印度－伊朗学刊》）
JA	Journal asiatique（《亚洲学刊》）
JAH	Journal of Asian History（《亚洲史学刊》）
JAOS	Journal of the American Oriental Society（《美国东方学会会刊》）
JESHO	Journal of the Economic and Social Historyof the Orient（《东方经济与社会史学刊》）
JHS	Journal of Hellenistic Studies（《希腊化研究学刊》）
JIAAA	Journal of Inner Asian Art and Archaeology（《内亚艺术与考古学刊》）
JNES	Journal of Near Eastern Studies（《近东研究学刊》）
JOS	Journal of Oriental Studies（《东方学学刊》）
JRAS	Journal of the Royal Asiatic Society（《英国皇家亚洲学会会刊》）
JSAI	Jerusalem Studies in Arabic and Islam（《阿拉伯与伊斯兰的耶路撒冷研究》）
JWH	Journal of World History（《世界史学刊》）
La Vaissière	Islamisation de l'Asie centrale. Processus locaux d'acculturation du VIIe au XIe siècle, edited by É. de La Vaissière, Paris（《中亚的伊斯兰化——7～11世纪当地的文化涵化》）
La Vaissière, Trombert	Les Sogdiens en Chine, edited by É. de LaVaissière, É. Trombert, Paris（《粟特人在中国》）
Mair	Proceedings of the International Conference on Ancient Central Eurasian and Chinese Civilizations. Vol. I. Eurasian Studies, 6, edited by V. H. Mair（《古代中央欧亚大陆与中国文明国际会议

	R. R. Rahimova, edited by M. E. Rezvan, Saint Petersburg（《感恩之书：纪念 R. R. 拉西莫娃七十华诞论文集》）
RSO	Rivista degli Studi Orientali（《东方研究学刊》）
S	Syria（《叙利亚》）
SAH	The Study of Art History（《艺术史研究》）
Samarcande	Samarcande 1400 – 1500: La cité-oasis de Tamerlan: coeur d'un empire et d'une renaissance, edited by V. Fourniau, Paris（《撒马尔罕 1400 ~ 1500 年：帖木儿王朝时期的城市绿洲：帝国与文艺复兴的中心》）
SAS	South Asian Studies（《南亚研究》）
SI	Studia Iranica（《伊朗研究》）
Smith	Essays on Gupta Culture, edited by B. L. Smith, Delhi（《笈多文化论文集》）
SMSR	Studi e materiali di storia delle religioni（《宗教史研究与材料》）
SNV	Strany i narody Vostoka（《东方国家与民族》）
SPP	Sino-Platonic Papers（《中国 – 柏拉图论文集》）
SRAA	Silk Road Art and Archaeology（《丝绸之路艺术与考古》）
Studiarabo-islamici	Studi arabo-islamici in onore di R. Rubinacci nel suo settantesimo compleanno, Naples（《纪念 R. 鲁比纳奇七十华诞阿拉伯伊斯兰研究文集》）
Studies in Persian History	Studies in Persian History: Essays in Memory of David M. Lewis（Achaemenid History, 11）, edited by M. Brosius, A. Kuhrt, Leiden（《波斯历史研究：纪念大卫·M. 刘易斯论文集（阿契美尼德历史，11）》）

TGE	Trudy Gosudarstvennogo Ermitaža（《国立艾尔米塔什博物馆论文集》）
TP	T'oung Pao（《通报》）
TS	T'ang Studies（《唐研究》）
Turks	The Turks: Vol. 1. Early Ages, edited by H. C. Güzel, C. C. Oğuz, O. Karatay, Ankara（《突厥人：卷一·早期》）
VDI	Vestnik Drevnej Istorii（《古代历史调查》）
WA	World Archaeology（《世界考古》）
Wiesehöfer, Huyse	Ērān ud Anērān, Studien zu den Beziehungen zwischen dem Sasanidenreich und der Mittelmeerwelt, edited by J. Wiesehöfer, P. Huyse, Munich（《伊朗与域外，萨珊帝国与地中海世界的关系》）
Wu	Between Han and Tang: Visual and Material Culture in a Transformative Period, edited by Wu Hung, Beijing（《汉唐之间的视觉文化与物质文化》，巫鸿主编）
WW	Wenwu（《文物》）
Yamauchi, Taniguchi, Uno	Mural Paintings of the Silk Road. Cultural Exchanges Between East and West, edited by K. Yamauchi, Y. Taniguchi, T. Uno, Tokyo（《丝绸之路上的壁画——东西方文化交流》）
ZDMG	Zeitschrift der Deutschen Morgenländischen Gesellschaft（《德国东方学会会刊》）

插图目录

彩色插图

引　言

　　自 2003 年秋天参访撒马尔罕阿夫拉西阿卜（Afrāsyāb）
古城遗址后，我对阿夫拉西阿卜壁画的兴趣与日俱增。阿夫拉
西阿卜是前伊斯兰时代，或更确切地说，是前蒙古统治时代的
马拉坎达（Maracanda，即撒马尔罕），也就是公元 7 世纪粟
特①"城邦"的中心。当时我与比安卡玛丽亚·阿莫雷蒂·斯
卡尔恰（Biancamaria Amoretti Scarcia）、詹罗伯托·斯卡尔恰
（Gianroberto Scarcia）和西莫内·克里斯托弗雷蒂（Simone
Cristoforetti）一同赴乌兹别克斯坦参加由罗马智慧大学（La
Sapienza）和乌兹别克斯坦科学院在布哈拉联合举办的一个学
术会议。考古遗址博物馆保存着闻名遐迩的阿夫拉西阿卜壁画
幸存部分，来这里参观（不是我的最后一次！）为我细致而近
切地观察其中一些细节提供了得天独厚的良机。这一壁画环带

---

① 　Sogdiana（亦作 Soghd、Sogd），在汉文史籍中，《后汉书·西域传》作粟
　　弋，《三国志》卷三〇引《魏略·西戎传》作属繇，《北史·西域传》作
　　粟特（在汉籍中首次出现于《魏书》卷一〇二，"粟特国，在葱岭以西，
　　古之奄蔡，一名温那沙"）；在汉文佛教文献中，唐玄奘《大唐西域记》
　　卷一作窣利，义净《大唐西域求法高僧传·玄照传》作速利，义净《梵
　　语千字文》作孙邻，利言《梵语杂名》"胡"条夹注作苏哩。参见［唐］
　　玄奘、辩机原著，季羡林等译注《大唐西域记校注》卷第一《窣利地区
　　总述》注释 2，中华书局，1985，页七三；另看张广达《唐代六胡州
　　等地的昭武九姓》，载所撰《文本、图像与文化流传》，广西师范大学出
　　版社，2008，第 75 页。（本书脚注如无特别说明均为译者注，以圈码表
　　示；作者注请见每章文后。）

是 7 世纪粟特艺术的杰作。

在欧亚大陆历史上，从地缘政治的角度来说，公元 7 世纪注定是最不平凡且至关重要的一百年。伊斯兰教在阿拉伯半岛的兴起、倭马亚王朝（或译"伍麦叶王朝"）军队的迅猛突进，成为这个风云变幻的世纪之标志。阿拉伯人以雷霆万钧之势扩张到西至大西洋、东达中国边境的广大地域。多处事例显示，伊斯兰教第一阶段的暴力征服往往与大量人口的改宗同时发生。[1]被征服人群向新宗教屈服的方式不同寻常，因为早期阿拉伯穆斯林通常对当地人的信仰采取宽容态度，尤其是如果它们来自一神教"信经书的宗教"的话。除了犹太教的亚伯拉罕信仰和基督教之外，祆教①（或曰马兹达教）也被视作这样一种信仰，该教根植于波斯语世界，但在 7 世纪的高加索和中亚地区，也存在着强大的信众社群，他们信奉的是这一宗教的当地变体形式，其宗教仪轨并不总是正统的。

粟特的情形就是如此，这一地区历史上阿拉伯语称为"马维兰纳赫尔"（*mā warā'an-nahr*）②，意为"河彼岸之地"或

---

① Zoroastrianism，流行于中亚、波斯和中东地区的古代伊朗宗教，有不同称谓：或根据其崇奉的神主和造物主阿胡拉·马兹达（Ahura Mazdā）而称为马兹达教；或根据传说中该教创始人先知琐罗亚斯德（Zoroaster，旧译苏鲁支、查拉图斯特拉）而称琐罗亚斯德教；或因其崇拜"圣火"而称拜火教；或因其信奉的主要经典《阿维斯塔》（*Avesta*）而称阿维斯塔教。由于这种宗教崇拜光明和日月星辰，古代中国人认为这是对天的崇拜，所以称其为祆（读如先）教、火祆教。该教早期经典及阿契美尼德王朝和萨珊王朝铭文中常称其为"崇拜阿胡拉·马兹达"或"崇拜马兹达"的宗教（Mazdayasnian religion）、马兹达教（中古波斯语转录作 den i mazdesn），均未提及琐罗亚斯德。严谨起见，本书将 Zoroastrianism 统译作"祆教"。

② *mā warā'an-nahr* 一词最早见于 9~10 世纪阿拉伯历史地理著述中，指从巴格达东望，阿姆河与锡尔河之间的地域。

"河外地"。这里作为欧洲传统语境中的"河中地区"(Transoxiana)而为人们所知,"Transoxiana"一词是由巴泰勒米·德埃贝洛(Barthélemy d'Herbelot)首创的,最早出现在其著作《东方学手册》(*Bibliothèque orientale*,1697)中。"河中地区"以今乌兹别克斯坦的撒马尔罕为都城。斯韦特兰娜·戈尔舍尼娜(Svetlana Gorshenina)在最近出版的著作中用几页篇幅探讨了这一话题。

粟特地区居住着一支定居的伊朗民族,语言学家将其使用的语言归为更广泛的印度-伊朗语族的东部语支。[2]由于独特的地理条件、富饶的农业,以及以丝绸之路贸易为基础的经济,粟特几乎不间断地服属于外来势力之下,依时序大致包括:阿契美尼德波斯人、马其顿希腊人、塞琉西人、吐火罗人、贵霜人、寄多罗人、嚈哒人(Hephthalites)、萨珊波斯人、突厥人、汉人、阿拉伯人和蒙古人。此外,特殊的地理位置也将粟特暴露于持续遭受入侵劫掠之境,使之时常处在与游牧民族对峙的风险之中,这些游牧民族在文化、经济及政治取向上往往趋近波斯、印度或很大程度上趋近中国。这并不是说该地区没有过与周邻和平共处的长久时期。承平盛世很明显是有的,当没有冲突的时候,受共同商业利益的支配,粟特亦享有过和平岁月。这一点在魏义天(É. de La Vaissière)关于中亚商旅之路上粟特贸易的起源与发展的书中得到了最好的阐明。他的论述以文献和考古材料为基础,兼及当地物质文化生产的诸多方面。为了得出一个更全面的观点,魏义天的著作应当与一些关注同一问题的日文和汉文研究(可参阅相关节译本和摘要)互参对读。[3]

粟特考古遗址主要发现于当代乌兹别克斯坦和塔吉克斯

坦，粟特考古学在今日欣欣向荣。这里也不得不提到近年在中国发掘的几处非同寻常的考古发现。这与眼下在其他原苏联加盟共和国地区刚刚起步的时断时续的考古工作形成鲜明对照。与俄罗斯、法国、日本、澳大利亚、美国和意大利研究者合作的塔吉克斯坦和乌兹别克斯坦国家考古机构，已勘定出一些新的重要遗址，并重启之前遭到中断及破坏和盗掘的考古发掘工作。一些中亚国家重新燃起探究本土历史的兴趣，在一定程度上抵补了目前在伊朗学术界出现的暂时性停滞不前的困局。无论如何，伊朗在这方面的情形也正渐趋好转。

粟特艺术最为人熟知的媒介是壁画。当然，这些壁画极易变质并遭受不可逆转的损毁，因为它们通常被绘制在预制白色石膏墙表面，其基底是未焙烧的简易砖和混合了秸秆以把砖黏合起来的湿泥。这种结构如果不持续维护，就会碎裂崩落，而且即使在粟特温和湿润的气候条件下，也不具备很强的回弹性。现存粟特壁画样本的考古遗址清单并不长，主要有三处：第一处是被称为"中亚的庞贝古城"的片治肯特（Panjakand，塔吉克斯坦西部）；第二处是距布哈拉不远的瓦拉赫沙（Varakhsha）；第三处是阿夫拉西阿卜。最近几年在贾尔泰佩（Jar Tepe，又译贾尔土丘，距撒马尔罕不远）亦有重要的壁画发现；同时，金迪克利泰佩（Kindikli-tepe，撒马尔罕）遗址，布哈拉绿洲的拜坎德（Paykend），特尔－伊·普帕克（Tell-i Pupak）和乌齐·库拉赫（Uch Kulakh）出土的残片得以修复。另一发掘于苏联时期的乌兹别克遗址是叶尔库尔干（Er-Kurgan，又译叶尔古冢），但那次发掘仅带来保存较差的壁画残片，成果惨淡。

其他一些壁画来自苏对沙那（Ustrushana）地区，这一区域大抵从锡尔河［Syr Darya，亦称药杀水（Iaxartēs）］南岸向南延伸到苦盏（Khojand），向西延伸至撒马尔罕附近。这一相当于现今塔吉克斯坦西北部（顺带一提，该地区于 2004 年被重新命名为粟特州）地区的居民，是附属于粟特人的子群体。苏对沙那的主要遗址是卡拉 – 耶·卡赫卡哈（Kala-ye Kakhkaha）。最晚近得到调查的一个粟特遗址是希索拉克［Hisorak，位于塔吉克斯坦上马恰河谷（Upper Matcha Valley）］。那里目前为止尚未发现壁画，却是极有发掘前景的一处遗址。近年在中国境内的考古发现包括在唐朝都城长安（今陕西西安）周边权贵粟特人墓葬中的罕见壁画。[4]

粟特壁画的主题涉及宗教、日常生活、可辨识的历史事件，以及来自史诗的神话元素和说教故事。然而，阿夫拉西阿卜壁画却表现出一些独一无二的特征。目前可以确定的是，这一壁画环带描绘了伊斯兰征服伊始，与粟特有接触的国家或文明体在一个特定季节（夏季）的形态。这是敏觉到周边世界多样性的粟特人的一种世界观或地图观，也暗示了撒马尔罕是世界的中心。粟特的北部、南部和东部边界并非按比例尺绘制的地理图表上的线条，而是以特定文化习俗所代表的文化空间来标示。[5]

但是，我们对壁画的这种理解并非凭空想象或轻易得之。在此我必须感谢西莫内·克里斯托弗雷蒂，是他的洞见助我破解了这一壁画环带令人费解的谜团。他观察到西壁上代表粟特本土的诺鲁孜节（Nawrūz）庆典（其中一些图像已得到前辈学者的正确比定），与呈现中国的北壁上的一些人物姿态颇有对应关系。尤其是北壁复原场景中的一个细节引起了他的注意：一个人物手持棍棒，似乎正在水中搜寻着什么。这个谜一般的姿势为什么会出现在这里？这个疑团一直未获解答，直到回到罗马的一天晚上，我们聚在一家中餐厅吃晚餐。这家餐厅有一个特色，服务员会赠送食客各种代表中国文化的小物品作为礼物。那天晚上的礼物第一眼看去并不令人惊喜，是一个描绘全年中国传统节日场面的小日历，并附有简短说明。

然而，小日历上绘制了一个人们在夏至前后庆祝的节日——端午节的场景。端午节以演化为家喻户晓的"龙舟节"的形式而为西方人所知。传统上赛龙舟是为了纪念投江自尽的中国历史上第一位伟大的古典诗人屈原（约前 340 ~ 前 278 年），这一节庆包括哀恸的百姓象征性地划船沿江搜寻屈原的遗体。这个场景立马让克里斯托弗雷蒂联想起阿夫拉西阿卜壁画上的那个人物。端午节的哀伤仪式与阿夫拉西阿卜壁画间可以想见的联系，使更加深入地探究这个节日变得十分必要，如果可能的话，还需找出古代中国艺术对这一节庆的早期表现形式。渐渐地，一切变得愈发清晰，不仅持棍棒的入水男子很可能与端午节有关，阿夫拉西阿卜的其他一些水中场景也似乎与端午节有联系。

不止如此。如果——按其他研究者假定的——西壁是对当地新年庆典（诺鲁孜节）的再现，壁画年代可框定在 7 世纪中期，那么壁画中至今神秘莫测的其他诸多元素或可得到解读。事实上，众所周知，根据 7 世纪伊朗太阳历（这一历法不仅在波斯本土，还在中亚、卡帕多西亚和亚美尼亚广为应用），诺鲁孜节发生在夏季，恰逢（至今仍是）与夏至日较为接近的端午节。[6]这一假设甚至可以用于反推：实际上，在阿夫拉西阿卜的中国场景中，对一个夏季节日如端午节的比定，继而可以帮助我们确认之前的另一个假设，即西墙壁画是对诺鲁孜节场景的重现。

这一"发现"激起了一些学者的兴趣，关于它的报告也在国际学术会议上广受好评。遗憾的是，阿夫拉西阿卜壁画的一大部分已经损毁，人们很难相信会得出一个对整幅壁画的全面解读。然而，在最初和后续的研究中，我们试图揭示广域上的伊朗文明在其重要发展阶段之一较少得到理解的面相。如果要为我最心仪的历史时期——公元 7 世纪，尤其是 7 世纪上半叶艺术的研究和学习做一个总结，阿夫拉西阿卜壁画似可充当一块特别适宜的试金石。

这些壁画与片治肯特壁画最重要的不同是显而易见的：在阿夫拉西阿卜可辨识的人物中，无一绘有头光，也无一肩上或身体周围有引人注目的典型火焰以示其是神祇或者妖魔。[7]这一细节值得我们认真思考，因为它或许可以帮助解锁阿夫拉西阿卜壁画环带的含义。它或暗示了这些图像是真实人物的再现，他们正在参与和自己文化背景相关的活动。不过，阿夫拉西阿卜壁画的风格完美契合了粟特艺术传统与审美。画中人物均肩宽腰细，艺术家偏爱表现服装、武器及其他个人小件物品的精确细节。此外，迄今发现的所有粟特艺术中都未见裸体，哪怕在阿夫拉西阿卜的一些场景中描绘有人们正要游泳或跳入水中。

壁画使用的工艺是在干燥背景上施以蛋彩，颜料均来自有机物或矿物质（蓝色来自青金石，而红色来自朱砂）。[8]按照粟特壁画惯例，阿夫拉西阿卜壁画没有使用绿色。[9]出于某种尚不完全明晰的原因，有些人物肤色比其他人更深，后者完全是白皮肤。有人认为那些白皮肤人物有可能是嚈哒人，他们在一些文献中被称为"白匈奴"（西方史学家多将"嚈哒"称为"白匈奴"）。[10]

对阿夫拉西阿卜壁画个案的研究，为关于中古粟特这一鲜为人知的地区和历史时期展开进一步综合性调查提供了一份好样本，也将有助于为其勾勒出一幅尽可能宏阔的全景式历史画卷。有鉴于此，本书第一部分将专注广义上的粟特及其首府的历史。我们的讨论将不限于撒马尔罕，因为该城的历史与粟特和粟特人聚居地密切相关。现今已有诸多关于撒马尔罕历史的研究，在互联网上可查找到相关资讯。[11]

由于粟特历史的早期记载以汉文和阿拉伯文早期文献为主，本书也包含了一个涉及撒马尔罕及粟特地区文献书目的附录（见第三部分）。这一部分采用英语译文。吸纳这些文献既有利于对历史脉络的理解，也有助于对绘画比定之特定问题的考索。

本书甄选了那些国际公认的，尤其是俄语、亚美尼亚语、阿拉伯语和梵语所认可的文献转录（transcription）。汉语首选汉语拼音系统，而波斯语转录则更为复杂。现代波斯语名称经历了阿拉伯语转录，而萨珊波斯时期的名称被译成中古波斯语科学转录，这与其他那些中古伊朗语言包括粟特语的情况一致。在注释和参考文献中，标题根据原作者使用的系统按拉丁字母顺序排列，其中有多处未标注发音符号。一些现代流行使用的地理名词包括通用的考古遗址名称，为避免混淆，也未与科学转录名称相吻合。因此，我们使用 Bukhara（布哈拉）而不是 Bokhārā，Tashkent（塔什干）而不是 Taškand，使用 Afrāsyāb（阿夫拉西阿卜）和 Panjakand（片治肯特）而不是其他转录。对一般读者可能不熟悉的其他遗址，我们使用科学转录。

诸多学者为本书的完成做出了贡献。首先我希望感谢西莫内·克里斯托弗雷蒂，不仅为他最初的直觉，还为他乐于探讨伊朗历法神秘莫测的方方面面以及波斯语的翻译问题。左冠明（Stefano Zacchetti）在汉文翻译上予我许多帮助。基娅拉·西尔维·安东尼尼（Chiara Silvi Antonini）、伊琳娜·阿赞切娃（Irina Aržanceva）、吉蒂·阿扎佩（Guitty Azarpay）、阿利克斯·巴贝特（Alix Barbet）、葛乐耐（Frantz Grenet）、奥尔加·伊奈瓦特金娜（Olga Inevatkina）、影山悦子（Etsuko Kageyama）、魏义天、乐仲迪（Judith Lerner）、卢湃沙（Pavel Lurje）、亚历山大·奈马克（Aleksandr Naymark）、马库斯·莫德（Markus Mode）、弗朗索瓦·奥里（François Ory）、斯特凡诺·佩洛（Stefano Pellò）、克洛德·拉潘（Claude Rapin）、黎北岚（Pénélope Riboud）、詹姆斯·拉塞尔（James Russell）、丹尼尔·沃（Daniel Waugh）、尼古拉斯·辛姆斯-威廉姆斯（Nicholas Sims-Williams）和索伦·施塔克（Sören Stark）提供了有益的建议与额外资讯。詹罗伯托·斯卡尔恰教授非常友善地与我就本书的许多部分进行探讨。2006年毛里齐奥·托西（Maurizio Tosi）和西莫内·曼泰利尼（Simone Mantellini）热情邀请我加入意大利－乌兹别克斯坦在撒马尔罕的联合考古队，使我得以接触该领域的第一手资料并继续研究。为本书意大利文版的出版，我向安东尼奥·帕纳伊诺（Antonio Panaino）和保罗·奥尼贝内（Paolo Ognibene）致以诚挚的谢意，同时，还要感谢友好邀约我出版英文版的图拉杰·达里耶（Touraj Daryaee）。我对粟特艺术的兴趣要归功于马尔沙克（B. I. Maršak），最初正是通过他的文章和众多著述我才投身这个领域，也正是他引导我不懈求索。后来我得缘站在这位伟大学者的身旁，我们身后是艾尔米塔什博物馆——他的第二个家——馆藏的一些绘画作品。在 2002 年考察拜坎德遗址时那个令人难忘的秋天，格里高利·L. 谢苗诺夫（Gregorij L. Semenov）赠予马尔沙克一个绝妙的评价。他称其为"粟特人马尔沙克"，这一评价当是对后者关于古代中亚民族的渊博学识当之无愧而又饱含深情的赞辞。

注释

1. Khanbaghi，2009. 参看 Rose，2011：159 – 188。
2. 伊朗语东支粟特语与普什图语（Pashtu）、奥塞梯语（Ossetic）的关系比其与现代波斯语更密切，后者属于伊朗语系西南分支。如今在塔吉克斯坦西北部粟特州艾尼（Ayni）地区的泽拉夫善河谷，居住着两万余名仍使用粟特语幸存后裔的雅格诺布人（Yaghnobi）；见第二章注释 102。
3. Cheng，1996；Yoshida，1996；Rong，2000a；Hansen，2003（该文是对下列论著的述评：荣新江，2001；La Vaissière，2002）；Moryasu，2008；毕波，2011；Rong，2012；Zhang，2012。
4. Azarpay，1981；Kosolapov，Maršak，1999；Silvi Antonini，2003；Compareti，2006b；Mode，2009. 一些学者近年来在叶尔库尔干及同一地区其他遗址的壁画中比定出可能属于帕提亚图案的内容：Abdullaev，2011。在特尔 - 伊·普帕克和金迪克利泰佩修复的零散壁画仍未发布：Naymark，1999：50；Grenet，2010b：figs. 8 – 9；Rapin，Khasanov，2010：180。关于乌齐·库拉赫，参看 Silvi Antonini，Mirzaachmedov，*Gli scavi di Uch Kulakh*，2009：161 – 162，183，pls. B2，B93；Silvi Antonini，2010：fig. 1。在西尔维·安东尼尼看来，乌齐·库拉赫的一些壁画似乎与花剌子模艺术品有着有趣的相似之处：*Gli scavidi Uch Kulakh*，2009：183。乌齐·库拉赫壁画中对动物（一头豹子和一群骆驼）及搏斗武士的描绘见 http：//cisadu2. let. uniroma1. it/uzbekistan/Uch% 20Kulakh% 20il% 20sito. html。发现于中国陕西省西安近郊的安伽墓（6 世纪）的零散画面，

参见陕西省考古研究所，2003：图版 II‑V。虞弘墓（公元 598 年）石室也发现了一些绘画。虽然虞弘不是一个粟特名字，但其墓葬石椁的装饰清晰地展现出较为突出的伊朗元素，很可能是从入华粟特移民那里借用来的：山西省考古研究所、太原市文物考古研究所、太原市晋源区文物旅游局，2005：117‑124，144‑151。近年在甘肃省发现的一座装饰有异域风格绘画的无名墓葬也被认为是属于粟特移民的：郑怡楠，2010。

5. 壁画环带整体似乎是一个文化同步性的投射——一个文明在欢庆新年，另一个文明在庆祝夏季的节日，而其他文明则举行自己独特的节庆活动，可能都与夏季和当地的新年庆典有关。

6. 这项调查的结果最初在 2004 年夏天发布于互联网上：M. Compareti and S. Cristoforetti, 2004, "A typical festival among Chinese paintings of the seventh century AD of Afrasyab (Samarkand)?"。2009 年该报告不再提供英文版，而刊出意大利文版：Una tipica festa cinese tra le pitture del VII secolo d. C. di Afrasyab (Samarcanda) – Cina Oggi, Magazine sulla Cina。参看 Compareti and Cristoforetti, 2005。关于伊朗历法的通论，见 Blois, 1996；Cristoforetti, 2000 and 2007。关于前伊斯兰时期亚美尼亚历法（尤其与新年有关）中的伊朗元素，见 Russell, 1987：9, 50, 160‑161, 194, 217, 378‑379, 403, 501。科普特基督徒亦是通过 *Nayrūz*（阿拉伯化的 *Nawrūz*）这一名称知晓新年的，并满怀对这一节庆的记忆与崇敬，参见 Archbishop Basilios, 1991。对于这种自倭马亚王朝以后才为人知的现象，要给出一个解释并不容易：Cristoforetti, 2003：21‑22。值得记起的是库思老二世（Xusraw II，590～628 年在位）的萨珊波斯军队在 618～629 年曾占领埃及长达十年之久：Compareti, 2003；Venetis, 2004；Gariboldi, 2009。另参见 T. Daryaee, "Middle Persian Papyri from the Sasanian Occupation of Egypt in the Seventh Century CE (I)," http://www. sasanika. org/wp‑content/uploads/MiddlePersianPapyrifromthe2. pdf（自 2009 年 3 月 29 日起可以访问）。新年节 *Nawrūz* 的粟特文写作 *n'wsrδ*（即 *Nawsard*，见 Sachau, 1879 [1969]：221；Yoshida, 2003b），尽管 *n'wsrδyc*（字面意思是"新年"）也被证实是粟特历一月的名称，它在花剌子模语中轻微地演化为 *N'wsrjy*，在亚美尼亚语中演化为 *Navasard*：Sims‑Williams, Blois, 1996：152。

7. Grenet, Zhang, 1996：179；Maršak, Grenet, 2002：130；Grenet, 2013：88.

8. Abdurazakov, Kambarov, 1975；Azarpay, 1981：159 – 169；Kosolapov, Maršak, 1999：52 – 54；Barbet, 2006；Kosolapov, Kalinina, 2007.

9. Lapierre, 1990：34；Kosolapov, Maršak, 1999：52.

10. Litvinsky, 1996：136（按照 6 世纪拜占庭作家普罗科匹厄斯的记载）。关于书面文献中出现用"白匈奴"这一名称来形容嚈哒人的独特体貌特征，参见 La Vaissière, 2003：123。对南壁人物头戴的冠饰的一些观察可能与这个问题有关，参看 Mao, 2007：62 – 63。

11. Grenet, 1995；Grenet, 2004；Grenet, Rapin, 2013. 另见 F. Grenet, 2002, "Samarqand i. History and Archeology," *EI*, ed. E. Yarshater, www. iranicaonline. org/articles/samarqand – i。关于前蒙古与后蒙古时代撒马尔罕的区别，见 Grenet, 2005c。关于粟特历史更为概略的通论，参见 Jacobson, 1935；Gharib, 1969；Smirnova, 1970a；Shishkin, Pavchinskaja, 1992 – 3；Gharib, 1995；Frye, 1998；Maršak, 1996a；Compareti, 2002；Gafurov, 2005：362 – 440。有关粟特研究的学术史，参见 Smirnova, 1970b；Livšic, 2008。

第一部分

历 史

第一章　历史地理概述

1.1　土地

粟特这一名称指的是历史上中亚的一个地区，位于今天乌兹别克斯坦南部和塔吉克斯坦西部。这一地区至少自公元前 6 世纪起就发展成为伊朗文明的一个重要中心。5 ~ 8 世纪，粟特文明达到其最高峰，我们或可称其为粟特的"黄金时代"（图 1）。

几份古代文献为我们尝试重构粟特的历史和地理范围提供了参照，尽管许多问题依然晦暗不明。第一批试图在古代文献基础上标绘粟特地图的学者是 W. 托马舍克（W. Tomaschek），之后是 H. W. 雅各布森（H. W. Jacobson）和 W. 巴托尔德（W. Barthold），他们为此进行了一丝不苟的调研。[1] 近年一些调查让我们得以绘制出一幅更为权威的古代中亚地图。这在很大程度上是以托勒密（1 ~ 2 世纪）地图[2]为基础的，并得到其他几位在古典传统中工作的制图师的协助。[3]

在古代，据亚历山大时代的历史学家和地理学家们（参见斯特拉博 XI. 8）记载，巴克特里亚的南缘恰与奥克苏斯河（Oxus）[①]

[①]　即今日阿姆河（Amu Darya），历史上以"奥克苏斯"（古希腊语Ὦξος，拉丁语 Oxus）一名而闻名。古代汉文文献中称妫水、乌浒水等。中世纪阿拉伯语和伊斯兰文献称质浑（Jayhun）河（阿拉伯语جَيْحُون，拉丁字母转录作 Jayḥūn；也称为 Jaihun）。阿姆河是中亚的主要河流，在古代历史上，这条河被视为大伊朗（Greater Iran）与大致相当于今天的中亚的"图兰"（Turan）地区的边界。

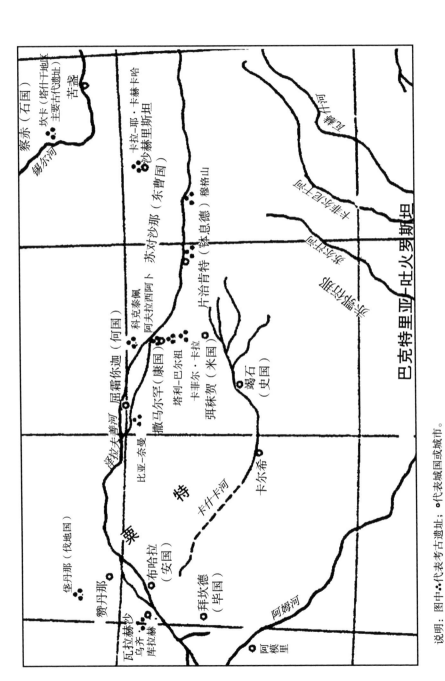

说明：图中 ∴ 代表考古遗址；○ 代表城国或城市。

图 1　粟特主要遗址（非比例尺图）

重合。自公元前 3 世纪起，这条边界开始沿希萨尔山脉（Hissar mountain range）和库吉唐套－拜孙套山（Kugitangtau-Baysuntau）向北移动，直至在铁门关建起一堵巨墙，这里扼守着沟通中亚南部与北部的主干道。后来这堵墙将游牧的康居王国与定居的贵霜帝国从北面隔开，而从前的南粟特地区尚被称为吐火罗斯坦[①]。从当代考古学观点来看，青铜时代的文化边界通常定位在希萨尔山脉沿线直到难以攻取之地——巴达赫尚高山区（high range）。粟特的西界被认为延伸至阿姆河沿岸的卡拉库姆沙漠。向北，古代粟特以泽拉夫善（Zerafshan）平原北缘到帖木儿门为界。如今粟特地区通常被孜勒库姆沙漠和远至锡尔河河畔的山脉包围。[4]《阿维斯塔》[②]（或译为《阿维斯陀经》）中《万迪达德》（Vidēvdād 1.4）[③] 里的套语 Gāum yim suγδō. šaiianəm，［意为 "伽瓦（Gava），粟特人居住之地"］及 Suxδəm（Yašt[④]10.14）这一名

---

① Tokharistan，系阿拉伯－波斯语文献对吐火罗这一地理概念的译写形式，意即 "吐火罗之地"。

② Avesta，系伊朗最古老的宗教和神话文献，也是伊朗最早的诗文总集，全书并非一时一地由一人单独写就。最古老的部分《伽萨》（Gāthā），相传为琐罗亚斯德本人吟成的颂歌，其以语言凝练、内容丰富而享有特殊地位。其他各卷成书较晚，系后人所编。由于史料匮乏，至今尚不能完全确定《阿维斯塔》的成书时间。这部圣书是研究伊朗上古时期社会生活和宗教文化思想的珍贵文献。《阿维斯塔》所用语言被称为阿维斯塔语，发源于伊朗东部，是伊朗最古老的语言之一，与印度吠陀梵语相当接近。"阿维斯塔"（Avesta）与 "吠陀"（Vedā）乃同根词，具有 "知识、智慧" 之意。

③ "Vidēvdād" 是阿维斯塔语 "维达埃瓦·达塔"（Vidaēva Dāta）的讹音，原意为 "驱除妖魔的法规"，这里的 "妖魔" 是指前琐罗亚斯德时期伊朗雅利安人奉祀的各种神祇。《万迪达德》阐述了袄教信徒日常必须遵循的礼仪、教规和戒律。

④ 《亚什特》，系礼赞诸大天神阿姆沙斯潘丹和众神祇的颂诗，亦含有大量原始神话及传说中伊朗雅利安人帝王和英雄故事，是现存《阿维斯塔》中篇幅最长、最引人入胜的部分。

称，是对可能被比定为粟特人的一支人群，或粟特地区本身的第一次提及。然而，尽管起源于古代，但这些文献的编撰时间却要晚得多，而且迄今为止尚未发现来自重要的萨珊王朝（224~651）时期的文献。[5]王室铭文——通常是三种语言，有时甚至包括埃及象形文字——由公元前 6 世纪至前 4 世纪上半叶之间的三位阿契美尼德统治者所制，其中提到了作为波斯帝国辖地之一的粟特。"万王之王"大流士一世（Darius I the Great，前 522~前 486 年在位）留下了一份名录，上面不仅囊括臣属于他的地区，还包含他治下的族群。薛西斯一世（Xerxes I，前 486~前 465 年在位）和阿尔塔薛西斯二世（Artaxerxes II Memnon，前 404~前 359 年在位）的铭文仅提到有一支粟特人，但并未给粟特人的国家命名。这些铭文全部用楔形文字写成，通常以法令的形式镌刻在摩崖浮雕旁边——很少出现在釉砖或贵重金属板上，是在伊朗西部（贝希斯敦和苏萨）发现的，尤其是在法尔斯省，那里是古代波斯的摇篮和阿契美尼德帝国的心脏地带。在波斯波利斯（Persepolis）和纳克什·鲁斯塔姆（Naqsh-i Rustam，又名"帝王谷"）发现的那些铭文尤为重要。古波斯语中有两种形式称呼这个地区：*Sugda*（*S-u-gu-u-d*，*S-u-gu-u-da*）和 *Suguda*，前者比后者更受欢迎。在阿卡德语中，我们发现了 *Su-gu-du*、*Su-gu-ud* 和 *Su-ug-du*，以及最终见于埃兰语的 *Šu-ug-da* 和 *Šu-ug-daš*。[6]

希腊作家将这一地区称为 *Sogdianē*（希腊语 Σογδιανή 的拉丁字母转录），*Sogdia*（音译索格底亚那、索格底亚）① 或其他类似形式，并将其定位在中亚越过奥克苏斯－阿姆河以远的一

---

① 以下统译作粟特。

个区域，相当于一个当代伪古典术语（pseudo-classical term）——"河中地"所表示的地区。这或多或少是对阿拉伯语词 *mā warā'an-nahr*（音译马维兰纳赫尔，意为"更广阔的地区"）的拉丁语直译。在著述中亚地理信息的拉丁作家中，库尔提乌斯·鲁弗斯（Curtius Rufus）和老普林尼（均活跃于公元1世纪）最为重要。他们都使用了 *Sogdia Regio* 和 *Sogdiani* 来指代这片土地和生活在那里的人。一位俄罗斯学者进行了一项旨在确认所有以希腊语和拉丁语书写的涉及撒马尔罕文献的研究。他发现这座城市曾经被称作（各种形式的）马拉坎达（*Marakanda*，*Marachanda*，*Maraganda*，或 *Maracadra* 和 *Maracunda*）。[7]

印度文学留下了被称为 *śūlīka*（"窣利卡"），*sogdaka*（"索格达卡"）或以其他类同形式[8]被命名的人群的些许痕迹，而吐蕃人称他们为 *sog-dag*（"索格达"）。[9]几个世纪后，用阿拉伯文写作的作家（也包括波斯人和突厥人）通常把这群人写作 *Sughd/Şughd*，或 *al-Sughd*（"索格特"），并将其置于一个更广阔的被称为"马维兰纳赫尔"的地区，字面意思是"河彼岸之地"。[10]

虽然古代中亚的主要河流是锡尔河与阿姆河，粟特文明却是沿着次泽拉夫善河［Lesser Zerafshan River，希腊文献中称为 *Polytimetos*，当地称那密克（Namik），或许与7~8世纪汉文史料中的"那密"[11]同源］和卡什卡河（Kashka Darya）的山谷地带发展起来的。事实上，如同许多其他伊朗定居民族那样，粟特人更看重把王权与统领才能运用到组织和监管运河建设及地下水网分布的事务中，这些建设皆以灌溉耕地和增加每年的收成盈余为目的。粟特人似乎从他们作为一个定居民族的历史之初，就进行了大规模的灌溉基础设施建设。我们或许可以从中推断出粟特本土的经济基础是农业，这一点已被目前获得的大批考古证据所证实。[12]

粟特文化的专家之一，同时身为考古学家的鲍里斯·I.马尔沙克总是强调无论是现在还是过去，农业在这个地区经济中的首要地位。[13]不仅如此，他还观察到在粟特主要考古遗址中缺乏可以确定为商队客栈（caravanserai，意为供旅行者及贸易者休憩的公共房屋）建筑的证据。仅在片治肯特发现了一些用于此目的的区域的痕迹，但即便这些也只能追溯到早期伊斯兰时期。[14]葛乐耐——另一位伟大的粟特研究界专家，也仅能以一种不甚明晰的表达，来论说贸易产品在乌兹别克斯坦和塔吉克斯坦考古遗址中几乎完全缺席的现象，并阐明只有阿夫拉西阿卜壁画为中国丝绸之于粟特的重要性提供了些许线索。[15]

尽管存在广泛的灌溉工程，一些资料却显示大部分粟特领地或为未经开垦的荒地，或为沙漠。甚至因在粟特这一名称的语源学上缺乏一种全面的意见一致的说法，近年有人提出，如果把一系列有可能指示土地干燥的术语集中在一起，或许可以获得一些启示：一个地方如果干燥到如此境地，那么该地的每一项农业活动都将离不开人工灌溉。[16]当然，如此恼人的预设并不符合历史年代学的记录，记录显示该地区曾为数拨来自欧亚大陆最蛮荒之地的侵略者所觊觎，并被视为值得争夺的土地。而且，这个地区的几条大河足以使周边区域成为多产丰饶的沃土。[17]

在这方面，由库尔提乌斯·鲁弗斯记述的关于亚历山大大帝的两段文字尤其有趣，对粟特这片土地和其他问题给出了看法：

> 粟特的大部分土地是贫瘠的：在长达 800 斯塔德①的

---

① stadium（复数 stadia），来自古希腊长度单位στάδιον，1 斯塔德合 177.6 ~ 192.7 米。

距离内，全被沙漠所占据（库尔提乌斯·鲁弗斯，Ⅶ.10.1）。

你分配给我的粟特地区，反叛了这么多次，不仅没有被平定，而且完全不可能被控制住。我被派往一群天性好斗的野兽中间（库尔提乌斯·鲁弗斯，Ⅷ.1.35）。

克雷塔斯（Cleitus）与亚历山大就新马其顿征服者对中亚领土分配的问题，在撒马尔罕发生了一场争执〔发生在巴西斯塔（Basista）或巴济拉（Bazaira）的皇家公园狩猎之后，参见本书结论部分注释5〕，而这些交流就是争执的前奏。尽人皆知的是，不久之后，这场争执就以克雷塔斯的戏剧性死亡而告终。

库尔提乌斯·鲁弗斯并非不可能以一种为这位马其顿领导者的暴力行为辩护的方式陈述事件。并且目前也不清楚所谓"野兽"指的是那里发现的真实动物，还是影射当地粟特人的叛逆性格。然而，有趣的是，粟特作为一个有野兽出没的荒凉之地的形象，在他同时代人看来至少是合理的。

杰出的亚美尼亚地理著作《希拉克的阿纳尼亚斯地理志》（*Ašxarhac‘oyc‘*，公元 7 世纪），据传出自阿纳尼亚斯·希拉卡齐（Ananias Širakac‘i）之手，但基于著名的托勒密文本，仅简略提及粟特是一片沙漠和不宜居住之地。所谓的缩略版和长版本分别记录如下：

[34]〔……〕在斯基泰（Scythia，亦译西徐亚）没有水，只有光秃秃的山和平原。它由五个国家组成，〔包括〕粟特，也就是萨伽斯坦（Sagastan）和萨克（Sakē）。

[34]〔……〕在斯基泰居住着四十三个部族：粟特

人（Sodik·）、吐火罗人、嚈哒人，以及其他被冠以蛮族名字的人群。斯基泰有山脉，有奔流的大河，有沙漠，整个炎热地区土地干涸，没有一滴水。粟特人是富有而勤劳的商人，他们生活在突厥人活动的区域与阿里亚纳（Ariana）之间的地区。[18]

然而，在《隋书》（成书于 636 年）中，粟特——特别是撒马尔罕——被描述为一个水土丰美、盛产谷物和葡萄的地区。[19]几个世纪以后，根据纳尔沙希（Narshakhī）的《布哈拉史》（10 世纪），一位不知名的萨珊王子被其父流放到堡丹那（Vardāna，布哈拉以西约 50 公里处），他从当地领主那里得到了一块未经开垦的蛮荒之地，该地恰好迎合了王子狩猎的喜好。不久，王子便组织建设了此地的灌溉网络并开创了堡丹那城的繁荣。[20]10 世纪人伊本·豪卡勒（Ibn Ḥawqal）① 在其《诸地形胜》（Kitab Ṣurat al-arḍ，或译《道里与区域志》）中写道，世界上再没有一个比马维兰纳赫尔尤其是粟特更丰饶可爱的地方了。[21]

正如以上段落所揭示的，并没有确凿证据表明古代粟特确实像西方古典作家想让我们相信的那样是一片不毛之地。然而，即便个别资料经常是矛盾的，仍有一些元素或可有助于检验语言文献学家的设想。

1.2 人民

粟特的地理位置并不容易明确界定。相反，我们不得不

---

① Ibn Ḥawqal，10 世纪阿拉伯穆斯林作家、地理学家和编年史家。

依赖天然屏障的存在，比如西边的阿姆河、北部的克孜勒库姆沙漠和锡尔河，以寻找标示其四至的有用线索。它或许更适合用人文地理来定义，以与粟特相邻并与其交通的其他伊朗文明单位为代表。在西边有马尔吉亚那（阿姆河彼岸，地处穆尔加布河三角洲），西北边有花剌子模，正东有费尔干纳，东南边则有吐火罗斯坦。这一说法是有充分根据的，如果我们接受苏对沙那①和察赤②自古代晚期起就是粟特领地的组成部分，正像大多数当代学者所倾向的那样。这种细分来源于汉文史料，特别是唐代（618～906）史料，其中明确提到了"九姓胡"（"胡"即蛮族或非汉民族）。这些胡国皆对应于粟特及其邻近地区的特定区域。在汉文史料中，这个地区最初被称为"粟弋"（但在《后汉书》中误作"粟弋"）。[22]后来它被称为"粟特"，尽管根据中国朝圣者玄奘（602～664）的回忆，它也叫作"窣利"。

自隋朝（581～618）以来，就有记载称粟特及其他河中地区的统治者皆属于昭武家族——或许是一个当地头衔或一个族名，被解读为粟特语"奇穆克"（cm'wk）——他们的起源被重建，并从中国神话中得到注解。[23]粟特地区的每一部分均由一个特定汉字指称，这些汉字也决定了至少从公元3～4世纪开始定居中土的粟特人的姓氏。他们主要从事贸易。中古中国的王朝政府并非不可能从使用这些姓

① Ustrushana，一译乌斯鲁沙那。《新唐书·西域传》言"东曹国"，或率都沙那、苏都识匿；玄奘《大唐西域记》记作"窣堵利瑟那"。Ustrūshana 在阿拉伯语中作 Sutrushana，在穆斯林文献中最常见的转写为 Ushrūsana 和 Usrūshanah。

② Chāch，一作 Shāsh（赭时），《魏书》称者舌，《隋书》称石国，《新唐书》称柘支，《明史》称达失干，即今塔什干。

氏中获得一些好处，不过最好将这种推测限制在理论领域，因为并不存在可以佐证的详明资料。而入居中国的同一批粟特人自身也使用这些姓氏，这似乎在一些文献中得到了证实。[24]

根据历史时期和文献来源，汉文史籍对粟特的九姓胡指称如下：康姓是指来自撒马尔罕，即亚历山大时代的马拉坎达（其音写还有"飒秣建国"或其他形式）的人；米姓指来自米国[①]的人；曹姓对应于三个区域，自西向东分别是瑟底痕（Ishtikhān，即西曹国）、劫布呾那[②]（即中曹国）和苏对沙那（即东曹国）；史姓对应于史国[③]（竭石，或今沙赫里萨布兹）人；何姓指来自何国[④]的人；安姓人来自安国[⑤]；石姓人来自石国（察赤）。[25]除上述七姓，有时还会使用其他汉字来指代其他一些粟特城邦。例如，在布哈拉地区，"毕国"用来指称拜坎德，[26]"伐地"——"戊地"（此为其首选形式，虽然学界对其发音并未达成共识）的一个变体，或者还有"牟知"——用来标示通往花剌子模道路上的一个地区，此地很可能与穆德延凯特（Mudhyānkhath）或堡丹那（Vardāna）勘同，抑或如其他学者提出的，与阿模里（Āmul）或白题国

---

① Maymurgh，《隋书》称米国，《大唐西域记》称弭秣贺，《新唐书》称弥末。
② Kabudanjakath，一译凯布丹加凯特。《魏书》称伽不单国，《大唐西域记》称劫布呾那国。
③ Kish，一译竭石。《魏略》称竭石国，《隋书》《新唐书》称史国，《大唐西域记》称羯霜那国，《通典》称乞史城，元代《异域志》称为可石，《明史》记作渴石。
④ Kushāniya，《隋书》称何国，《大唐西域记》称屈霜你迦，《新唐书》称贵霜匿。
⑤ Bukhara，《隋书》称安国，《大唐西域记》称捕喝国，《新唐书》称布豁，《元史》称蒲华、不花剌、卜哈儿，《明史》称卜花儿。

（Betik）有关。[27]关于米国首府的名称，学者们尚未达成一致意见。钵息德城可能被视为如今的片治肯特。[28]至于汉文史料中的乌那曷和穆国的方位所在，学界还没有提出令人信服的论点。至少还有其他两个汉字（"贺"和"辛"）似乎是用来指称粟特人姓氏的，但目前尚无法证实。[29]

喝悍（汗）（有时被列为"东安国"）其地，最有可能与哈尔干（Khargān）勘同，而那色波（亦称"小史"）应被比定为那黑沙不（Nakhshāb，今乌兹别克斯坦卡尔希）。《新唐书》中反映了唐朝对史国（竭石）的重视，竭石当时是粟特的首府，因此被称为苏薤。[30]至19世纪末，一些博学的研究证实，在早期阿拉伯语文献中，竭石城也享有突出地位。这些研究显示，或许在上述文献成书的年代，粟特的核心地区可能已经向南部迁移，趋近巴克特里亚－吐火罗斯坦。[31]当然，在汉文与阿拉伯语文献中，粟特首府的名称通常被冠以撒马尔罕，尽管这种习称有可能是名义上的，因为到7世纪中后期，这一地区已演变成一种小型王国的联盟，通常处于强大的游牧部族、唐朝或倭马亚哈里发宗主国（名义上或其他方式的）的经略之下。

然而，我们在汉文史料中发现的相同名称似乎并不符合粟特的实际划分。因此，"九姓胡"这一用词或许不过是汉人为了方便管理和简化他们难以理解的粟特人复杂的社会结构而做出的一种方便和近乎武断的分类。[32]在其他一些汉文史料中，某些突厥部落——特别是九姓乌古斯（*Toquz Oghuz*）——亦被称为"九姓"。在这种情况下，原因要清楚得多，九姓仅指这个民族的部落划分：*Toquz* 在突厥语中正是"九"的意思，因此，这几乎被视为一个不容置疑的事实。不过，汉文史料关于突厥人及其徽记①，尤其在突厥钱币上发现的某些符号[33]的记述更为翔实。还应指出的是，对早期穆斯林作家来说，粟特（al-Sughd）具体指的是苏对沙那与布哈拉地区之间的领地，因此，这两个界限应被视为与粟特固有的地理范围并不相干。[34]额尔浑河《阙特勤碑》（公元732年）铭文也显示，粟特不包括布哈拉的领地在内。石碑北侧的十二行碑文叙述了阙特勤葬礼有西方各族人参加，如"粟特人、波斯人和布哈拉城的人"。[35]

一些穆斯林作家意识到了这种多样性。著名的10世纪波斯舆地文献《世界境域志》（Ḥudūd al-'ālam，阿拉伯语"世界的边境"之意），提到了河中地区的城市及区域——布哈拉、粟特、撒马尔罕及其他地名——似乎是为了突出其各个组成部分的多样性。[36]这种区分可能是因为粟特在历史上从未实现领土主权的统一，以及始终缺乏中央集权的统治权威。依照这种观点，汉文史料自然会区分"真正的"粟特、布哈拉和其他区域，这将是本书第三部分要探讨的内容。

同样含混的表述也见于一些幸存至今的罕见粟特语文书。一件来源和年代均不详的被称为《民族表》②（Nāfnāmak，粟特语意为"民族的名称"）的写本残片，列出了一份历史地区与民族名单，其中包括布哈拉、察赤，似乎还有粟特地域的其他部分。[37]布哈拉和察赤这两个地名表明，粟特人自身或许对其母国（motherland）和相邻地区之间做了一些区分，这

---

① *tamgha*，音"塔木加"，是欧亚游牧民族及受其影响的文化所使用的抽象符号或印记纹章，通常是一个特定部落、氏族或家族的象征，在古代和中世纪的欧亚游牧民族（包括伊朗人、蒙古人和突厥人）中很常见。

② 一译《国名表》。

些地区可能随后或是采用了粟特人的语言和文化，或是被粟特化了。

注释

1. Tomaschek，1877；Jacobson，1935；Barthold，1977：82 – 142. 这里仅使用了巴托尔德的英译本，尽管此版本不如俄文版详尽。

2. Ronca，1971；Humbach，Ziegler，2002：29 – 30. 为解决众多不一致之处，研究者们查阅了托勒密的地图，以获得文本与地名之间更精确的对应关系。参看 Rapin，1998，2005，2013，2015；La Vaissière，2009。

3. P'jankov，1997.

4. Bernard，1996：332 – 334. 参看 Šiškin，Sulejmanov，Košelenko，1985：273；最新地图见 Rapin，2013，2015。

5. Tremblay，2004：133；Grenet，2005a：29 – 31. 参看 Rapin，2015，书中伽瓦被比定为科克泰佩（Koktepe），该地显然是泽拉夫善河谷在阿契美尼德人到达前的都城，后来权力中心移至阿夫拉西阿卜 – 马拉坎达。

6. Lecoq，1997：130 – 153. 关于提及粟特人的大流士铭文，参见贝希斯敦：DB（p. 188）；纳克什·鲁斯塔姆：DNa（219），DNe（225）；波斯波利斯：DPe（228）；苏萨：Dse（233），DSm（239）。作为地域名的粟特（索格底亚那）见于苏萨：DSf（236），DSz（244），DSaa（246），以及哈马丹（古米底国都城，希罗多德称之为埃克巴坦那，相当于今伊朗西部库尔德斯坦省）发现的金制和银制碑板上：DH（218）。薛西斯一世和阿尔塔薛西斯二世在波斯波利斯仅留下了与粟特人有关的铭文：XPh（257），A²Pa（271）。参看 Tremblay，2004：133；Tavernier，2007：30 – 31。出自亚历山大传奇故事的叙利亚文拼写 *Sûndīqāyê/Sûgdīqāyê* 来自中古波斯文原型 *Sugdīd*，见 van Bladel，2007：63（引自 E. A. W. Budge，*The History of Alexander the Great：Being the Syriac Version of the Pseudo-Callisthenes*，Cambridge，1889：text 204. 5，trans. 115）。有人还记录了用埃及象形文字指称"粟特人"这一名称的转写：*Śε-q-*

d-y：Tavernier，2007：76；Yoyotte，1972：256。

7. P'jankov，1970：43. 参看 Gorshenina，Rapin，2014。有趣的是，老普林尼（Ⅵ.49）提到了潘达（*Panda*），认为它是粟特的都城。潘达似乎并非之前提出的衰败后的马拉坎达：Jacobson，1935：7，n.1.。虽然潘达这个名称与片治肯特相像，但目前并没有考古证据表明该粟特城市的建立时间早于公元 5 世纪，正如其被正确指出的那样：Hill，2009：376。根据 C. 拉潘的说法，潘达应与潘底克永（Pandikeyon）勘同，这是一个根据 Pakhdawi 重建的名称，与距铁尔米兹（Termez）不远的坎佩尔 - 泰佩（Kampyr-Tepe）相对应：Rapin，2005：129，n.45；Leriche，2007：89 - 90；Rtveladze，2009。

8. Gauthiot，1910：541 - 542.

9. Hoffmann，1971.

10. Barthold［Bosworth］，1997.

11. Lurje，2003：196；Tremblay，2004：120. 扎里亚斯帕（Zariaspa）在古代被视作巴克特拉（Bactra）的第二个名字（这一比定为现代学者所接受），最近的一项假说提出应将扎里亚斯珀斯（Zariaspes）河与扎里亚斯帕（Zariaspa）城分开识别，前者比定为泽拉夫善河（Zariaspes 是其真名，*Polytimetos* 只是别称），而后者则被比定为泽拉夫善河谷的都城马拉坎达：Rapin，2015。

12. Paul，1995；La Vaissière，2002：40；La Vaissière，2005b：34，103 - 105；La Vaissière，2011. 从远古时代起，灌溉的重要性即在考古学上得到了证实，参看 Rondelli，Tosi，2005；Stride，Rondelli，Mantellini，2009。克洛德·拉潘在一次私下交流中表示，他坚信粟特地区主要的灌溉工程是在寄多罗时期完成的，见 Lo Muzio，2009：27；Rapin，Mantellini，Rondelli，Stride，2010。有关阿夫拉西阿卜的神话及与水有关的问题，见 Cristoforetti，2006a。

13. Maršak，1996：233.

14. 参看第二章注释43。

15. Grenet，2004：1063 - 1067. 关于粟特壁画上描绘的中国纺织品，见 Marshak，Raspopova，1990a：165，170。

16. Tremblay，2004：134 - 135. 毛里齐奥·托西近来向我指出，与沙漠土地相同的想法也归因于呼罗珊东部的另一处古代遗址，即位于今伊朗锡斯坦 - 俾路支斯坦省锡斯坦地区的沙赫尔·索赫特（Shahr-e

Sokhte），意大利考古队在 20 世纪 60 ~ 70 年代曾在那里进行过调查，这个名字由现代波斯语"被焚之城"翻译而来。托西及其团队注意到，在该遗址最初遭遗弃后，没有任何被占领的迹象，也全然没有伊斯兰时期的陶器组合出土，而这些器物通常在伊朗和中亚考古遗址的上层地层中是非常多的。就连居住在遗址近邻的游牧民族也避开了沙赫尔·索赫特地区，鉴于此，托西认为这归因于该地凛然难犯的神圣性质。中亚其他遗址的词源可能与此类似。简言之，粟特被视为不宜居住之地，不是因为它是一片沙漠，而是因为它是一方圣地。这个理论在《阿维斯塔》里得到了一些支持，伽瓦（可能以粟特地区的第一个都城科克泰佩为中心，在那里发现了一座重要的前阿契美尼德时代和阿契美尼德时代的圣所：Rapin, 2017）被命名为祆教最重要的土地之一（参看本章注释 5）。

17. Barthold, 1977：82.

18. Hewsen, 1992：74 - 74A. 参看 Ter-Mkrtičjan, 1979：63，该书认为《希拉克的阿纳尼亚斯地理志》由莫夫谢斯·霍雷纳齐（Movses Xorenac'i, 5 世纪?）所写。关于这些归属的存疑之处，参看 Russell, 1987：19, note 5。

19. Yu, 2005：555 - 564. 参阅本书第三部分。

20. Frye, 1954：31 - 32；Comnpareti, 2003b.

21. Kramers, Wiet, 1964：- 47, 454 - 457. 参阅本书第三部分。

22. Chavannes, 1907：195；Shiratori, 1928：97. 参看 Hill, 2009：371 - 377。亦见本书第三部分。

23. Yoshida, 2003a. 这位学者将"昭武"一词比定为一些贵霜君主的头衔——"翕侯"（*yabgu*）：Falk, 2010：77。另参 Zhang, 2012。

24. Sims-Williams, 1996b：58 - 59. 撒马尔罕的汉文名称是"康国"，它可能与"康迪兹"（*Kangdiz*）有关，康迪兹是一个神话名字，在几份前伊斯兰及伊斯兰文献中都有发现。达里耶（Daryaee）认为，它的词源可根据"黄铜堡垒"一词的伊朗语词根来重建：Daryaee, 2002：30。另参 Lurje, 2010。

25. 这份清单一直是许多研究的主题，它反映了从成书于 1060 年前后的《新唐书》得来的信息：Chavannes, 1903a：132 - 147；Shiratori, 1928；Maljavkin, 1989：77 - 103；La Vaissière, 2002：125；Yoshida, 2003a；La Vaissière, 2005b：120；La Vaissière, 2007：24 - 25；

Yoshida，2006。由于使用了复杂的汉字，粟特专有名称在不同文献中呈现出不同的音写形式：Chavannes，1903a：132 - 147。然而这些汉字的归属一直很成问题：La Vaissière，2005b：120 - 122。何国（或称屈霜你迦，位于布哈拉与撒马尔罕之间）尤其值得关注。它又被转写作"屈尚你迦"或"贵霜匿"。马夸特（Marquart）认为，这个名称表示的是与贵霜人［或萨珊早期的"贵霜沙"（Kushānshāh，波斯语"贵霜王"之意）］有关的族群，这群人有可能是何国的建立者：Marquart，1898：59 - 60。事实上，无论贵霜人还是贵霜沙都没有偏离他们在巴克特里亚的领地如此之远。然而，在撒马尔罕地区［特别是卡菲尔·卡拉（Kafir Kala）］发现了一些印玺（bullae），这些印玺属于活跃在粟特的"匈奴贵霜沙"（很可能是一位寄多罗统治者），这一发现使得何国是由这个群体的成员而建立的想法更为可信。尚不清楚哪些事件导致这位"匈奴贵霜沙"定居粟特：Rahman，Grenet，Sims-Williams，2006：128；Grenet，2010a：271 - 273。那些坚守在七河流域［Semireč'e，即马哈茂德·喀什噶里记载的阿尔古之地（the land of Argu），参看 La Vaissière，2005b：326 - 330］周边并至迟到 13 世纪早期仍继续操粟特语的粟特移民主要来自何国。实际上，一份宋代史料将此地称为"何国"，使用了与指称中亚粟特的何国（屈霜你迦）相同的汉字：Zhang，2012：86 - 87。

26. Chavannes，1903a：136 - 137；Maljavkin，1989：77，262；Yoshida，2003a：41；La Vaissière，Trombert，2004：959；Yoshida，2006；Lo Muzio，2009：38。根据伊斯兰文献，拜坎德比布哈拉的历史更为悠久：Frye，1954：7，18。有人已经把《周书》记载的嚈哒都城拔底延城（Badiyan）比定为拜坎德：Kurbanov，2013：215。"拔底延"是否为汉语中对潘达/潘底克永一地的指称？见本章注释 7。湖北英山发现的一块属于 12 世纪一位名叫毕昇的摩尼教徒墓碑，似乎证实了来自拜坎德（汉籍称"毕国"）的粟特人的存在，他们在宋朝（960～1279）时仍活跃在中国：林梅村，1998：393 - 419（文中误将毕国与垦丹那关联在一起）。

27. Yoshida，2003a：37；Compareti，2003b；Compareti，2004a。在阿模里地区的考古调查仍处于很初级的阶段。在钱币学领域取得了一些有趣的成果：Burhanov，2005。没有发现提及姓"伐地"的入华粟特人的文献，尽管有一个为康拂诞延（一位粟特裔军队将领）效力并在今中国新疆建立了一个移民聚居地的官员，名叫"地舍拨"。参看 La Vaissière, Trombert, 2004：951。即使不能很确定地说明他的名字与"伐地"有关，但这是我们所掌握的使用这个汉字作为姓氏的唯一线索，此人很可能有外来血统。

28. 这个问题是由一位中国学者提出而引起学界关注的：马小鹤，1987。随后，其他专家都赞成这一比定，尽管这个名字在汉文史料中仅出现了一次：Grenet, La Vaissière, 2002：166；La Vaissière, 2005b：120。反对意见请参考 Lur'e, 2005：128。尤其值得重视的是马尔沙克的观点：B. I. Maršak, "Panjikant," in：*EI*, ed. E. Yarshater, www. iranicaonline. org/articles/panjikant。在近期一篇文章中，吉田氏（Yoshida）发现了支持将钵息德比定为片治肯特的新证据：E. Kageyama, Review of：Y. Yoshida, "Revisiting the Mi guo Problem," *Annals of Foreign Studies*（Kobe City University of Foreign Studies），51（2002）：163 – 166, *Abstracta Iranica*（online version），vol. 25, uploaded 15 March 2006：http：//abstractairanica. revues. org/4250。马尔沙克并未完全表达自己赞同吉田氏的观点。魏收撰纪传体史书《魏书》（成书于554年），记载北魏（386～534）时期的历史，明确记载迷密城（比定为弭秣贺/米国）与其所在区域（迷密国）同名：Yu, 2005：457。关于迷密，参看 Chavannes, 1903a：69；La Vaissière, 2005b：82, 107；Sverchkov, 2009。

29. Yoshida, 2003a：36, 41, note 8. 关于乌那曷与穆国的方位考定，参见 Marquart, 1898：63 – 65。A. Maljavkin 提出将乌那曷与乌尔纳克（Urnak, 撒马尔罕附近）勘同，尽管他有时提出穆国可能是木鹿（Merv, 今梅尔夫），其他时候它可能是阿模里：Maljavkin, 1989：256, 301 – 302。还有其他一些汉字可能被用来指称与中国接触的古代伊朗民族。"罗"可能代表吐火罗斯坦，"寻"可能是花剌子模：Yoshida, 2003a：41, note 8。"支"可能表示月氏：Tremblay, 2007：82 – 83。同样的现象很可能也用在非伊朗族群中，譬如敦煌285窟的供养人题记是滑姓家族在539年留下的，据一项关于中古中国之异域元素的研究显示，滑姓者不能被确定为汉人：Lingley, 2010：62。事实上，那些供养人或许表现的是嚈哒人，汉文史料（例如《梁书》）中称嚈哒人为"滑人"或"滑国"：La Vaissière, 2003：125。

30. Chavannes, 1903a：146.

31. Marquart, 1898：57；Bartol'd, 2002：488；Loeschner, 2008：4；Lurje, 2009. 关于竭石的历史与考古调查，参看 Kabanov, 1977。

32. Yoshida, 2003a：61. 《魏书》卷一百零二提到了向西派往"九姓国"的使节，粟特也与塔里木盆地诸王国一同出现在名单中：Yu, 2006：119-120, 123, 127. 奇怪的是，在塔里木盆地和粟特之间的地区还有其他一些王国如大宛（今费尔干纳；该地名参看 Maršak, 1999）很早以前就与中原王朝有过接触，却没有出现在名单中。因此"九"这个数字似乎具有象征意义。《魏书》所记西域有十六国，而最近一项研究中，余太山甚至试图考证这些王国，他认为除最初的九国之外，还应当加上其他国家，以便与汉文史料中的信息相匹配：Yu, 2006：143-146. 说来奇怪，余氏并未对自塔里木盆地延伸至粟特的那些王国为何没有出现在名单上提出疑问。根据僧人慧超（704～787）记载，有六个王国组成了粟特：见第四章注释16。

33. Dobrovits, 2004.

34. Le Strange, 1930［reprint 1966］：460-473；Barthold［Bosworth］, 1997；Bartol'd, 2002：487-488. 另参 Lo Muzio, 2009：19。

35. Tekin, 1995：53.

36. Minorsky, 1970：112-113. 参阅本书第三部分。

37. Henning, 1977：8-9. 参阅本书第三部分。

第二章　粟特历史

2.1　古代粟特

虽然考古发掘显示，自史前时代以来这片土地就被占领了，但第一批明确提到粟特这一地区及其人口的记载是来自阿契美尼德时期（图 2）。[1]如前所述，这批古代史料包括贝希斯敦颂扬大流士一世铭文（公元前 6 世纪末），发现于苏萨的大流士一世雕像基座，以及在埃及发现的可追溯至约公元前 500 年的石碑。其他文本有波斯波利斯皇家陵墓和阿帕达那宫殿群（Apadana Palace，也在波斯波利斯）的浮雕题刻，以及纳克什·鲁斯塔姆的摩崖石刻。所有这些遗址均位于法尔斯（Fars）地区，即古代作家笔下的"波西斯"（Persis）。[2]

大概在居鲁士二世（Cyrus II the Great，即居鲁士大帝，前559～前530 年在位）时期粟特地区就已被并入阿契美尼德王朝的领土。事实上，居鲁士二世似乎正是命殒河中地区，他在锡尔河以远与游牧部落的一场交战（《希腊波斯战争史》F9.7 - 8；《历史》I，201 - 214）中丢了性命。然而，关于阿契美尼德帝国的信息，特别是有关大流士一世崛起之前的时期，应当被谨慎对待，因为这些记录绝大多数都来自对波斯人常怀敌意的希腊文献。在某些情况下，这些甚至会被解读为将希腊神话叙事与那些邻近的"蛮人"民族关联在一起的尝试，可能是为

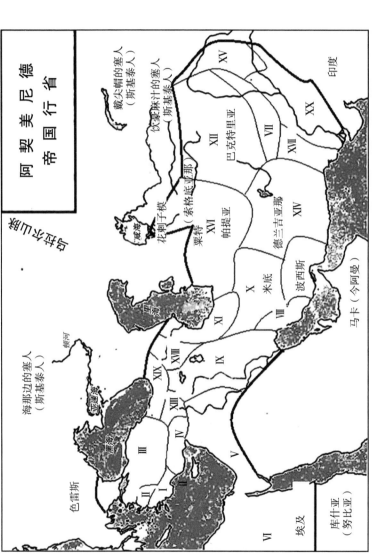

图 2 阿契美尼德帝国行省

I：伊奥尼亚人、玛格涅希亚人、爱奥利亚人、卡里亚人、吕希亚人、米利亚斯人、潘菲利亚人。II：美西亚人、吕底亚人、拉索尼亚人、卡巴里欧伊人、敛特尼亚人。III：弗里吉亚人、亚细细亚的色雷斯人、帕弗拉哥尼亚人、玛利安狄尼亚人、叙利亚人。IV：奇里乞亚人。V：腓尼基人、叙利亚的巴勒斯坦、塞浦路斯人。VI：埃及人和利比亚人、健陀罗人、达迪卡伊人和阿帕里塔伊人。VII：萨塔吉达伊人。VIII：苏萨人。IX：巴比伦人和亚述人。X：米底人、帕里卡尼伊人、帕里卡尼人和阿里泽尼伊人、乌提欧伊人、米科伊人与厄立特里亚群岛的居民。XV：撒卡伊人（塞人）和卡斯皮亚人。XVI：帕提亚人、花剌子模人、粟特（索格底亚那）人和阿利安人。XVII：帕利卡尼欧伊人和埃塞俄比亚人。

了削弱新近逝去的阿契美尼德人的神秘感。在其他情况下，曲解史实的情况可能也会发生，因为作者只是想把一种迥然不同的文化转换成希腊世界可以理解的术语。如上所述，这种事并不稀奇：汉文史籍也含有同样的倾向，可以说在《阿维斯塔》中也能看到类似的现象。[3]

记述中亚资料最主要的古典历史学家是希罗多德（前5世纪），他把粟特连同帕提亚、花剌子模、阿里亚纳一起，列为阿契美尼德帝国的第十六行省（《历史》Ⅶ，93）。但是，他只提供了中亚特遣队武器装备的信息。当薛西斯一世试图入侵希腊时，粟特人装备有弓和小斧头（《历史》Ⅶ，66）。粟特没有总督，据新近发现的羊皮纸文献显示，它受另一个城市中心统治，这个城市中心可比定为巴克特里亚的都城巴克特拉（Bactra）。[4]

两位古典作家，克泰夏斯（Ctesias，公元前5世纪）和保萨尼亚斯（Pausanias，2世纪），提供了关于阿尔塔薛西斯一世（Artaxerxes Ⅰ Longimanus，前465～前424年在位）去世后阿契美尼德帝国的有价值的信息。这是一个混乱时期，以非法君主如索格底亚努斯（Sogdianus）等人登上王位为标志，他是阿尔塔薛西斯与阿洛古内（Alogune）之子，在公元前423年曾短暂统治过一段时间。索格底亚努斯的兄弟奥科斯（Ochus）迅速推翻了他，并改名叫大流士二世瑙图斯（Darius Ⅱ Notus，前423～前404年在位）。这位篡权者索格底亚努斯的名字颇令人好奇，它似乎与中亚地区特别是粟特有关。克泰夏斯只记录说索格底亚努斯在除掉法定王位继承人薛西斯二世（Xerxes Ⅱ，前424～前423年在位）不久之后，自己也遭遇了类似的命运（《希腊波斯战争史》ⅩⅧ，45－48）。此外，巴比伦的书记员是否承认他篡位这段时间为正统的统治时期，这一点也不完全清楚。其他文献（如保萨尼亚斯的《希腊志·II. 5》）则给出了相反的看法。[5]

阿契美尼德王朝最终因马其顿－希腊联军的入侵而走向灭亡。粟特成为亚历山大大帝（前 336 ～前 323 年在位）军队前进征途中难以征服的障碍。学者们并未对这些事件的纪年达成共识，但似乎正是由于粟特人在前 329 ～前 327 年的顽强抵抗，迫使这位马其顿领导者做了妥协，与当地公主结婚，这位公主名叫罗克珊娜（Rhoxane，又译罗克塞妮），是一位巴克特里亚（？）首领欧克西亚提斯（Oxyartes）的女儿。亚历山大的将领们［包括娶阿帕马（Apama）为妻的塞琉古，阿帕马是粟特（？）权贵斯皮塔梅内斯（Spitamenes）之女］和马其顿上流社会的其他贵族被鼓励效法他，在苏萨迎娶当地人为妻。然而，融合马其顿贵族和当地伊朗族裔的尝试，只在巴克特里亚起到了略为持久的影响。无论是在波斯还是在粟特，希腊化文化都未能在当地成功扎根，更无法从根本上动摇伊朗文化的基底。[6]

巴克特里亚，或汉人所称的"大夏"［后来在伊斯兰文献中被称为"Tokharistan"（吐火罗斯坦），汉籍称"吐火罗"，梵语作"*Tukhāra*"］，[7]采取了一种以希腊字母转写其东伊朗语形式的书写方式。考古学方面也证实这里对建筑及艺术范式的运用非常接近希腊化母型，特别是在希腊－马其顿占领时期，这种现象尤甚［譬如今阿富汗境内的阿伊哈努姆（Ay Khānum）遗址］。[8]在古代，许多伊朗民族都从具有政治和宗教影响力的相邻文化中采纳了不同的字母系统，如巴克特里亚用希腊字母书写巴克特里亚语和于阗人用婆罗米字母书写于阗语。阿拉美（Aramaic）字母在波斯和中亚，尤其是在粟特人和花剌子模人中间取得了更大的成功。[9]希腊元素在巴克特里亚持续存在了更长的时间，由于马其顿人的占领，无论出于何种当地原因，似乎都对那里的文化产生了深刻而长远的影响。原因之一可能是巴克特里亚曾是地区权力中心。

众所周知，与亚历山大之死同时发生的，是其广袤帝国的土崩瓦解。在经过一段时间为谋求唯一继承人而达成协议的失败尝试之后，亚历山大帝国解体，不同的地区被分配给以"继业者"（Diadochoi，字面意思为继承人）[①] 而著称的马其顿将领们。他们旋即开始彼此争斗。伊朗的大部分领土——连同叙利亚、巴勒斯坦、安纳托利亚的部分地区——为塞琉古一世（Seleucus I Nicator，前 312～前 281 年在位）所征服，塞琉古起初是巴比伦的继业者（和总督），他以自己的名字命名了塞琉西帝国（Seleucid Empire，前 312～前 65）。[10] 粟特最初也是这个帝国的一部分，但没有持续太久。塞琉西领土的东部迅速脱离，形成了所谓的希腊 - 巴克特里亚王国（Greco-Bactrian Kingdom，约前 245～前 130）。这个夹在塞琉西王朝权力中心叙利亚和伊朗与中亚河中地区之间的新王国的形成，也最终导致了粟特人的土地脱离塞琉西帝国。对希腊 - 巴克特里亚王国（在这一时期也包括粟特）的历史的了解主要来自其钱币。[11] 这一时期统治阶层由马其顿人和希腊人支配，而人口大多数是由粟特人，尤其是巴克特里亚人组成。将巴克特里亚从塞琉西王国独立出来的总督是狄奥多托斯一世（Diodotus I），仅从钱币学的证据[12] 就可获知其在位时间应是约公元前 245～前 235 年。除了巴克特里亚和粟特，似乎还有马尔吉亚那和阿里亚纳也被

---

① Diadochoi 源于希腊语 Διάδοχοι，此处专指公元前 323 年亚历山大逝世后，为争夺其广大领土而陷入混战的亚历山大部将、家人及朋友。

并入新王国。[13]然而在狄奥多托斯一世的继任者狄奥多托斯二世在位期间（约前 236 ~ 前 228/前 221），王位被欧西德莫斯（Euthydemus，约前 221 ~ 前 196/前 191 年在位）篡夺，后者可能是粟特总督，曾在安条克三世（Antiochus III the Great，前223 ~ 前 187 年在位）与米底总督在前 222 ~ 前 220 年的内战中反抗他的塞琉西君主。在平定了其王国的伊朗西部省份之后，安条克三世开始向东部的帕提亚人和希腊 - 巴克特里亚人进军。不过，当到达巴克特里亚时，安条克三世又决定承认欧西德莫斯对巴克特里亚的统治，因为他预料到在塞琉西王国与游牧民族之间保留一个缓冲地带也许能为其领土东部边界的稳定提供一个更好的屏障。欧西德莫斯开创了第二希腊 - 巴克特里亚王朝（the second Greco-Bactrian Dynasty，约前 235 ~ 前 170）。

下一阶段的历史是不甚明了的。从钱币学证据和目前发现的陶器（根据一些新的假说）来看，[14]似乎在公元前 200 年，粟特已经独立于希腊 - 巴克特里亚王国，并成为来自东方的新进犯者的目标。这一波入侵浪潮，应归因于在蒙古高原和今日中国北部[15]的匈奴汗国（约前 209 ~ 公元 155）与康居王国（约前 2 世纪至公元 3 世纪）的订立盟约。至于康居王国在中亚的地理位置，尚难以界定，它或许位于乌兹别克斯坦中部大草原和哈萨克斯坦西南部一带。汉文史料证实，在张骞到访粟特（前 128 年）和贵霜人的势力上升期间（约 50 ~ 230），粟特臣服于康居。[16]

汉文史料表明，匈奴在公元前 174 ~ 前 160 年击败月氏，引发了一系列西进的人口迁徙，从而改变了中亚的政治和种族格局。此时希腊人对巴克特里亚的统治走向了尽头。对前蒙古时代撒马尔罕城最古老的部分（阿夫拉西阿卜）的考古调查显示，该城在被当地民族或大月氏人占领之前，曾在欧克拉提德斯（Eucratides）在位期间（约前171～前144）经历了重建，但近年的研究似乎都排除了公元前2世纪时任何新的希腊因素的存在。[17] 在公元前135年前后，这一支新的游牧人群征服了粟特，继而征服了巴克特里亚。大约在公元前128年，在经历了艰难险阻之后，汉武帝（前141～前87年在位）的使节张骞到达月氏，来寻求月氏人的支持以对付共同的敌人匈奴。[18]

粟特受制于月氏的时间似乎并不是太长，因为史实显示月氏人最终的目的地原是印度次大陆的恒河上游平原。令人奇怪的是，月氏人竟然如此轻易地放弃了一片被中亚许多势力都视为值得战斗的土地。究其原因，一种可作考虑的假设是，月氏将粟特之地让与康居是为了缔结一次联姻，并确保其东部边境不再遭受切实可能的匈奴的再次进攻。

2.2　巴克特里亚统治时期

公元前1世纪到公元1世纪，现有的证据均强烈暗示了大月氏的五个部落（汉文史料称"翕侯"[19]）在巴克特里亚和西北印度建立了贵霜帝国（约公元50年）（图3）。尽管贵霜人在其领地的周邻地区发挥了强大的经济和文化影响力，但有一段时间他们并没有完全占领粟特，因为该地被证明作为抵御各种游牧民族的缓冲地带会更有价值。正如那些由游牧民族建立的帝国经常出现的情况那样，贵霜人的族属身份不甚明了，它包含了不同的文化乃至语言因素。月氏部落主要是印欧语系人群的后裔（至少在语言上他们采用了巴克特里亚语），尽管后来的贵霜精英阶层可能掺杂了带有显著阿尔泰语系人群外形特征的元素（见下文）。

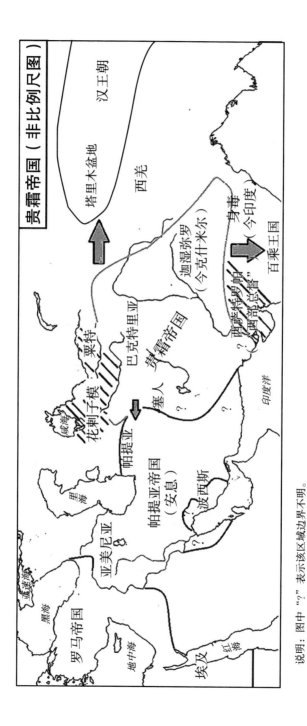

图 3 公元 150 年前后的贵霜帝国

说明：图中 "?" 表示该区域边界不明。

贵霜帝国通过联姻体系将花剌子模直至咸海、康居及塔里木盆地的一部分纳入其控制范围。[20]如上所述，在这个时期康居已领有粟特，因此可以安全地假定这一地区正处于贵霜人的（可能只是形式上的）宗主权之下。[21]考古证据胜于雄辩地表明，在粟特地区特别是撒马尔罕，几乎完全没有经过证实的巴克特里亚遗存。我们只能猜测，这可能是贵霜人对该地的管控力度较弱使然。[22]

贵霜时代（约50~230）是中亚相对和平的一个时期，尽管贵霜在其西部边界与安息王朝（Arsacid dynasty，前250~公元224，又名阿萨息斯王朝）的帕提亚人，在东边的塔里木盆地与东汉（25~220）在公元90年前后有过摩擦。[23]贵霜人与汉朝的龃龉迅速得到解决，未造成重大伤亡，东汉取得了胜利。安息人与贵霜人之间的敌意促使后者成为罗马的潜在盟友，对两大帝国产生了重要影响。商人团体们尤其从这一形势中获得了巨大利润，而佛教正是在贵霜王朝统治时期开始真正扩展到印度以外，并开始出现在古典作家的作品中。[24]

总的来说，要确定月氏人的语言是属于印欧语系还是阿尔泰语系是非常困难的。不过，根据哈尔恰扬（Khalchayan，位于乌兹别克斯坦南部）王族陵墓雕塑对月氏人的表现，其面部具有阿尔泰人群的典型特征，如杏眼和稀疏的胡须，我们或可尝试性地提出月氏人的最初核心人群可能是阿尔泰部族。[25]在放弃了游牧生活方式之后，月氏人似乎欣然接受了被其征服的族群的文化，这些文化具有恒河平原上的印度文化特征和中亚的巴克特里亚文化特征。许多贵霜朝钱币上都表现了伊朗神，旁边还有印度神和希腊－罗马神图像，这些神像是通过源自希腊文的巴克特里亚字母书写的铭文比定出来的。佛教在贵霜帝国兴起，并获得显赫超群的地位。一些文献甚至把贵霜王们记录为圣人，虽然他们的钱币上仍在表现一些印度神祇。

贵霜帝国的倾覆是第一位萨珊"万王之王"（Shāhanshāh）阿尔达希尔一世（Ardašīr I，224～241 年在位）采取侵略性政策的结果。他于统治初期成功发动的对东方的征战，最终导致了贵霜帝国的崩溃。[26]一经击败帕提亚人，萨珊人就着手发动了在西部与罗马、在东部与贵霜的一系列战争。沙普尔一世（Šābuhr I，241～272 年在位）命人刻在卡巴－耶·扎杜什特（Ka'ba-ye Zardušt，约 260 年，位于法尔斯省）上的伟大的中古波斯语和希腊语铭文，包含了一份萨珊王朝统辖地区及臣属地的名单。名单上提到了粟特，但近期的碑铭学研究似乎将这一地区排除在外。沙普尔一世可能希望其对遥远的中亚（包括河中地区及以远），至少包括塔里木盆地喀什噶尔在内领土的名义主权得到承认。[27]即使是这种名义上的宗主权似乎也没有维持多久。

公元 3 世纪的地缘政治形势可能有利于发展与萨珊帝国的互动关系，而这种互动的发展促进了其与中亚的社会文化交流。基督教与摩尼教——这些在波斯拥有许多信众的宗教——在河中地区找到了新的信徒，特别是在萨珊祆教高级祭司（mobad-mobadan）克迪尔（Kerdir，或译为"克尔迪尔"）煽动对马兹达教教士的宗教迫害期间。根据所处时期的不同，基督教和摩尼教在粟特可能相当流行，与当地形式的马兹达教以及不太普遍的佛教和犹太教并存。近年的考古发掘显示那里还出现过印度人社区或湿婆教（Shivaism）的信徒。[28]根据古代中国作家记述，佛教在粟特（特别是在 7～8 世纪）遭受了打压。这一说法得到了考古记录的支持。[29]

此时，布哈拉地区已经建立了一个独立的粟特王国。尽管布哈拉有可能承认阿夫拉西阿卜或撒马尔罕名义上的显赫地位，但很难确定这个王国与邻邦所保持的关系的确切性质。由于地理位置之便，粟特西部的这一地域很可能特别乐于接受萨珊文化的传播。[30]

公元4世纪下半叶，粟特及其邻近地区遭到了另一支神秘游牧民族的入侵，一些史料将这个民族记载为"匈尼特人"（Chionites），另一些史料中可能称他们为"寄多罗人"（Kidarites）。这些人在公元初年前后出现在粟特，正如魏义天近来提出的，这可能由一次独特的大规模迁移所引发，也是后来一些文献提到的民族之起源。其他学者更倾向于将寄多罗王朝视为从贵霜人中衍生出的一个朝代。事实上，巴克特里亚语被用于官方题铭（包括钱币）和日常行政管理语言，这已为学界正在研究的、写在羊皮纸上的巴克特里亚语公文所证实。[31]"Chionite"（匈尼特）一名可能是"Hun"（匈人）或"Hyon"的变体，这是一个诨号，可能掩盖了许多伊朗文明通常用来形容威胁到定居社会既定秩序和安全的游牧入侵者的族名（ethnonym）。这些游牧入侵者最初是中亚的"他者"，在《阿维斯塔》中被多次提及。[32]尽管从语音上看，"匈尼特"这个名称有可能是Hyon的变体，但魏义天曾提出警告，不宜将不同文献中使用不同名称指代的不同族群混为一谈。特别是，认为伊朗人其他世传敌人的名字可以从《阿维斯塔》中推断出来，以便在他们之间建立等级制度的想法可能是错误的。因此，把Hyon一名归于匈尼特人的倾向或许是不合理的。[33]

汉文史料提到的最后一位寄多罗使臣于477年来到中国宫廷。[34]此时正值整个中亚日渐落入另一支扑朔迷离且伊朗化的游牧匈奴人群——嚈哒人的控制之中。此前不久的468年，第一位来自撒马尔罕的使臣抵达北魏宫廷。在 435 年，一个人员构成更广泛的粟特外交使团到达中国。[35] 这些记录在汉文史料中的事件，是中亚发生重要政治变迁的迹象。实际上，嚈哒人曾将其领土迅速扩张至从波斯边境直抵中国边疆的广袤区域。

另一支匈奴部族阿尔匈人（Alchon）已经进入了南方的恒河平原，不排除他们是嚈哒人的附庸国。大约 509 年前后粟特成为嚈哒帝国的一部分，尽管有些证据表明，早在 479 年撒马尔罕就已经被纳入嚈哒国土。[36]

550 年前后，萨珊"万王之王"库思老一世（Xusraw I Anōšag-ruwān，绰号"不朽的灵魂"，531～579 年在位）与中亚的突厥人结为同盟，以摧毁嚈哒人。突厥人是另一支游牧部落，最初来自南西伯利亚草原，曾有一个时期役属于嚈哒和柔然（亦称"蠕蠕"或"茹茹"）[37]。嚈哒人在其东西两翼遭到突厥－波斯同盟的攻击，其领土被胜利者瓜分。萨珊人得到了巴克特里亚（可能还有一部分印度领土），而突厥人则获得了塔里木盆地与河中地区。[38]

2.3 突厥人来了

在经常吸收被征服民族文化的突厥人登上历史舞台之后，中亚的历史叙事就变得更为复杂了。突厥人雇粟特人管理其外交事务，同时，也充分利用了粟特人在所谓"丝绸之路"沿线营建的商业基础设施。[39]

6 世纪时，粟特人的流寓散居已相当广泛。粟特移民网络遍布中亚和中国各地。中原王朝的官修编年史，以及一系列以汉文为主的文献，都显示出这一现象有多么令人瞩目。居住在今中国新疆维吾尔自治区土地上的粟特人的情况尤其如此。[40]

近年来的研究似乎证实，这些移民主要是商人，虽然经商并非他们唯一的活动。[41]由于缺乏可靠资料，特别是缺乏书面材料，因此无法提出任何真正能站得住脚的假说，来说明粟特人的西迁，即朝波斯和拜占庭方向的迁徙。一些学者根据克里米亚粟格达亚城（Sugdaia，后来热那亚人的贸易港口，甚至马可·波罗家族都在此地拥有产业）之名与"粟特"的相似性，指出粟特人可能在克里米亚半岛建立了聚居点。无论文献史料还是考古研究似乎都强烈支持这一假说，至少有一块刻有粟特文的陶片从古文书学的基础上表明，一些粟特人在 8～9 世纪曾在克里米亚半岛定居或逗留。[42]

前文已述，尽管在汉文史料中有大量明确的文献证明了粟特人对商业贸易的偏好和才能，但在考古发掘过程中却连一个前伊斯兰时期的商队客栈都没有被发现，只有拜坎德的一栋建筑是个可疑的例外。研究者提出的对该建筑物的断代可以支持如下观点，即在 8 世纪，也就是伊斯兰时代早期，曾有过更多商旅客栈建筑。[43]

在没有反证的情况下，有一点必须得承认，农业似乎持续担当了粟特经济的支柱产业，至少在其核心领地是如此，在突厥人统治时期也并不处于边缘地位。尽管如此，钱币学上的发现依然涉及各种各样的问题，这无疑证明了粟特与周边政权和文明持久而广泛的接触。随着波斯势力的崛起，萨珊货币当然成为粟特和许多其他中亚王国包括那些出身游牧民族的王朝，以至后来阿拉伯人自己铸币的首选模式。最主要的范型是瓦赫兰五世（Wahrām V Gor，420～438 年在位）时期铸造的德拉克马银币。在卑路斯（Peroz，459～484 年在位）被嚈哒人击败之后，巨量的萨珊银币流入中亚，但并未全部被熔作它用。萨珊钱币通常在粟特被加盖戳记，以供当地流通。然而自 7 世纪起，汉地钱币开始充当被仿制的范型。出土的圆形钱币中心有一个方孔，孔周围有汉文和粟特语铭文以及各式徽记（tamgha），这在发掘中并不鲜见。[44]

552 年前后，在以牺牲周边民族，特别是汉文史料所称的柔然人（嚈哒人在西域的主要盟友）为代价而达成的迅猛扩张之后，突厥人分裂为两个较小的实体，大致在今阿尔泰山以东的是东突厥汗国，[45]而阿尔泰山以西的西突厥汗国则迅速陷入与嚈哒人的兵争之中。[46]630 年，西突厥汗国进一步分裂，由此产生了塔里木盆地的咄陆部和河中地区的弩失毕部。在突厥控制下的粟特似乎并未受到特别严重的影响。事实上，与中亚其他地区相比，粟特拥有相当优越的地位，因为其领主能够为突厥人提供帮助。然而，从 7 世纪开始，中亚的突厥化进程就没有遭遇任何严重的障碍，粟特各城国的君主们纷纷开始铸造带有突厥名字的钱币。[47]虽然这不是他们在语言和文化上完全被突厥人所同化的证据，但它说明了一系列非常特殊的情况。近年的研究表明，应当更为审慎地考量所谓的突厥 – 粟特“共生”关系。[48]

不久，西突厥汗国就与波斯人在争夺贸易路线的掌控权上兵戎相见。粟特人想方设法避开与萨珊帝国的瓜葛，甚至试图培植一个突厥 – 拜占庭反波斯同盟，但没有成功。[49]这些举措的结果是开辟了一条穿越高加索山脉通往拜占庭的新商路，另外——如前所述——不能完全排除粟特人在兴建黑海之滨城市粟格达亚时发挥了一定作用。

在上印度河谷发现的众多石刻铭文表明，粟特商人曾到过印度，而且他们很可能也出现在印度洋周边的商贸之路上。[50]遗憾的是，因 6 世纪库思老一世治下萨珊人海军力量的增长导

致的粟特人在这些路线上可能遇到的问题，再一次由于文献的
匮乏，没能为我们提出合理的假说留下多少空间。

2.4 大唐帝国

不过，突厥人真正的对手是汉人。随着唐朝的崛起，中国
重归统一，并迅疾将目光转向中亚。这种关注在太宗在位期间
（626～649）和高宗在位期间（649～683）尤为激烈。629年，
唐太宗攻灭东突厥，随后深入塔里木盆地。太宗没有应允粟特
人希望将其纳入唐朝在中亚羁縻统御的请求。粟特人愈发迫近
地感受到来自阿拉伯伊斯兰军队侵逼的压力，当时后者正对
瓦解中的萨珊帝国大肆劫掠。唐朝皇帝未应允粟特请求内附
的理由很有意思。他向粟特使者解释说，这是不可能的，因
为两国相隔遥远。[51]

公元630年太宗在位时期，佛教朝圣者玄奘取道中亚赴印
度取经，沿途拜访了粟特。后来，玄奘将粟特（窣利地区）
风物地理见闻口述成书，呈给宫廷。[52]唐廷通过此书及其他方
式，获取了关于这些地方相当精确的第一手独立信息与分析，
这些领地随后由唐朝暂时进行管控。精通文学与多种语言的玄
奘，无疑是初唐时期中国最杰出的学者之一。他的口述被认为
不仅准确，还相当周详，尤其是如果以当时其他中国旅行者留
下的记录来衡量的话。

唐高宗治下，粟特最终被纳入大唐在中亚的羁縻管辖之内
（图4），这一势力范围随后一直延伸到巴克特里亚-吐火罗斯坦
的西陲。萨珊末代国王伊嗣俟三世（Yazdegard Ⅲ，伊嗣俟在《旧
唐书》中称"伊嗣候"）之子在汉人的帮助下，曾由这里抵达锡
斯坦，试图从阿拉伯人手里重新征服波斯故地，不幸败北。[53]

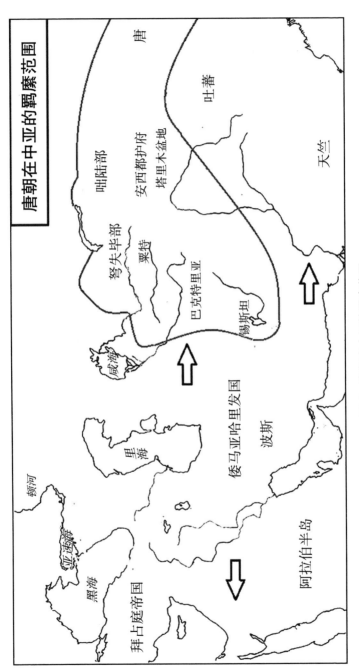

图 4　唐朝在中亚的羁縻范围

采自 CHC, 1979: map 8（有变更，非比例尺绘图）。

汉文史料保存了一位撒马尔罕国主的名字，在 650～655 年高宗曾授予他粟特九姓胡国之王的称号。他名为拂呼缦（Varkhuman 或 Avarkhuman，分别是 βrγwm'n 或 'Brγwm'n 的转录）。[54] 在粟特当地语境下，拂呼缦被称为"伊赫施德"（阿拉伯语音写"īkhshīd"①）——这是对费尔干纳河谷大部分统治者的称号。[55] 钱币的发现也证实了拂呼缦其人的存在，另外，在阿夫拉西阿卜一些残缺的粟特文题记中亦可找到对他的提及。后文将对这些材料做进一步察考。658 年，一队来自天朝（Celestial Court）的使臣以高宗的名义正式册封拂呼缦。[56]

对粟特钱币的研究持续面临着诸多题铭学上的难题，使得大部分释读的尝试问题百出。这主要是因为目前尚未发现可信的、能用来进行可靠比较的书面文献。无论如何，似乎在拂呼缦之前，一位叫作西希庇尔（Šyšpyr，汉籍称世失毕）的君主（可能来自竭石）曾在撒马尔罕统治。根据当地的钱币学证据，再加上或多或少来自汉文史料和伊斯兰文献的附加信息，拂呼缦的继任者可能有图卡斯帕达克（Tukaspadak，汉籍称笃娑钵提），马斯坦－纳夫延（Mastan-Navyan），突昏（Tarkhun），乌勒伽（Ghurak），戴瓦什提契（Devaštič），以及图尔加（Turgar，汉籍称咄曷）。[57] 最后这位图尔加的儿子似乎被命名为耶齐德（Yazid），这表明他已改宗伊斯兰教，这一事实无疑得到了阿拉伯军队的赞赏，他们在 715 年成为该地区占支配地位的军事力量。

中原与粟特之间的遥远距离，跨越险恶地形，使这一地区得以在名义上的大唐统治之下享有高度自治。此外，粟特人和

---

① 该词源于波斯语，īkhshīd 为据阿拉伯语发音转录为拉丁字母的形式。

其他伊朗裔胡人曾成功跻身中国社会的上流阶层。一些粟特人担任军政要职，地位举足轻重。在古都长安（距今西安不远）周边发现了属于 6 世纪入华粟特权贵移民的几处墓葬。[58] 如此种种，无不清晰地显示出早在唐朝崛起之前很长时间，就有粟特人归化入籍汉地。

汉人在西域以远这样一片广袤疆域内所施行的管辖，使得这一区域内商品的流通相对自由，尽管并非总是全无冲突——事实上从 650 年开始，吐蕃人就不断给大唐制造威胁，但他们确实也为娴熟老练的粟特商人提供了贩易奢侈品的绝妙机会，而这些奢侈品中不乏他们自己制造的商品。

粟特人——总的来说是伊朗裔胡人——享有一定程度上奉祀祭拜的自由，他们似乎得到了在长安兴建一座祆祠和至少一座教堂的准许。[59] 女皇武则天执政时期（684～705），外来宗教（特别是佛教）在宫廷受到了公开优待，这种政策大概抑制了本土信仰崇拜（道教和儒家学说）。这对中华文明的未来影响深远。武则天甚至能够在 692 年击退入侵塔里木盆地的吐蕃人，这再度确认了唐王朝对西域的控制权，这一控制权至少持续到安禄山发起叛乱之时。663～692 年，吐蕃人几乎将唐朝在塔里木盆地的势力消除殆尽。[60] 然而，吐蕃人的征服似乎并未对粟特人在当地的聚落造成太大的破坏。

在大唐控制下，粟特在其核心区域和丝绸之路沿线的移民聚落都达到了辉煌的高度。许多中国元素出现在粟特壁画场景中，而在阿夫拉西阿卜、片治肯特和瓦拉赫沙的雕塑中亦有一定程度的表现。但如此的繁荣景象注定不会长久。从西方来看，阿拉伯军队在征服萨珊波斯之后，对中亚构成的威胁迫在眉睫。很明显，他们根本不打算放弃进一步扩张。不过，也正由于阿拉伯人，我们的历史文献才变得加倍的丰富和可靠。事实证明，阿拉伯手稿充满了有用的信息，使我们能够对后来的事件进行更为真确的历史重建。

2.5 阿拉伯人的入侵

公元 654 年，在倭马亚王朝（661～750）兴起之前，阿拉伯人在阿布·奥贝德（Abu 'Ubayd）领导下首次入侵粟特。[61]655～661 年，阿拉伯人的兵锋一度遭到突厥人及其盟友的遏止。后者包括萨珊王朝的继承人，他们曾在汉人的庇护下流寓吐火罗斯坦。而同时期被派遣去唐朝宫廷的阿拉伯使臣也受到妥善接待。[62]

阿拉伯人在叙利亚总督和倭马亚第一任哈里发穆阿维亚（Mu 'awiya）治下（661～680）重新在中亚恢复了扩张势头。穆阿维亚不仅在呼罗珊的新任阿拉伯总督奥贝杜拉·本·齐亚德（'Ubaydulah b. Ziyad）的帮助下建立起对吐火罗斯坦的宗主权，而且还入侵了粟特并得到拜坎德与布哈拉的臣服。之后在 676 年，穆阿维亚的军队在萨义德·本·奥斯曼（Sa'id b. 'Uthman）的指挥下攻占了撒马尔罕。据报告，当时该地没有地方君主据守王座。[63]

接下来的二十年中，倭马亚人在河中地区发动了一系列突袭，他们从未能够建立起对该地的持久控制。对整个粟特地区的征服必须等到哈里发瓦利德一世（Caliph al-Walid I）统治时期（705～715），并最终完成于另一位呼罗珊总督——手腕高明且意志坚定的屈底波·本·穆斯利姆（Qutayba Ibn-Muslim）之手。彼时粟特仍然被视为大唐羁縻州府的一部分，尽管它实际处于突骑施（Türgeš，为弩失毕部一支）的日常掌控之下。屈底波入侵了花剌子模、费尔干纳，还有传说——也许是杜撰的——称其军队甚至挺进了疏勒（今喀什），并由此成功地在塔里木盆地暂时建立了阿拉伯人的统治。[64]

当地统治者的分裂不合为倭马亚人的进军提供了便利，前者曾呼吁大唐干预却徒劳无果。实际上，唐人曾许诺扼制吐蕃帝国和在蒙古高原复兴的第二突厥汗国（684～734，又称"后突厥汗国"）的兵锋。[65]710～712年，唯一对愈发绝望的粟特人的呼吁给予回应的是由强有力的将领阙特勤统领的东突厥人，阙特勤为毗伽可汗（716～734年在位）之弟，后者像其前任默啜可汗（Kapagan，692～716年在位）一样与突骑施部并肩作战。[66]尽管阙特勤一再取胜，河中地区的地缘政治框架并无改观，基本上仍然处于突骑施人名义上的控制之下。此时倭马亚人已能够在粟特扼守一些据点，其中最重要的当属布哈拉与撒马尔罕。

我们有充分的证据来推断粟特历史上曾发生过的一个有趣事件。由于突昏无力应付来自阿拉伯人的威胁，当地贵族及城市商界精英将他废黜，推举乌勒伽取而代之，乌勒伽活跃于710～738年。即使在片治肯特城主戴瓦什提契（他自封"粟特之王，撒马尔罕国主"）领导的叛乱期间，局势也并未发生任何重大变化。722年，戴瓦什提契的叛乱在穆格山（塔吉克斯坦西部，距片治肯特不远）城堡遭遇长期围困之后被阿拉伯人残酷镇压。根据发掘穆格山时所发现的戴瓦什提契私人信件，我们有望详细重建其统治时期的动荡历史。[67]这些文件也有助于揭示倭马亚王朝对粟特东部地区的政策。所有这些史料中特别值得关注的一个因素是，在715年屈底波于木鹿（Merv，又译谋夫，今称梅尔夫或马雷）死后不久，由于他与新任哈里发苏莱曼（715～717 年在位）的矛盾，以及屈底波继任者的无能与贪婪，当地爆发了一系列公然反对阿拉伯人的暴动。这波暴乱最终以阿拉伯入侵者对当地人的大屠杀而告终，这当然无助于巩固倭马亚王朝在粟特人眼中的合法地位。

西突厥部众在苏禄称雄时（715～739）曾有过一个统一的时期。苏禄是属于黑姓突骑施人一部的突骑施可汗。724 年，苏禄在河中地区煽动了一场大范围的叛乱，目的是彻底将阿拉伯人驱逐。728 年，突骑施人再次起兵，他们联合了尺带珠丹（又译"赤德祖赞"，704～约 754）统领下的吐蕃人共抗阿拉伯人，这位尺带珠丹在位期间曾迎娶撒马尔罕的公主。[68]734 年苏禄与在反倭马亚大动乱中改宗伊斯兰教的当地领主哈里思·苏列只（ibn al-Harīth Surayj al-Mujāshi）结盟。这场反倭马亚的动乱给哈里发的统治留下了严重后患。苏禄在位期间，中亚大部分土地皆处于突骑施汗国控制之下，彼时正值其最辉煌的时期。[69]

动乱与斥逐倭马亚人的行动直到 739 年纳斯尔·本·塞亚尔（Nasr b. Sayyār al-Kinānī）抵达粟特时才有所收敛，此人为新任呼罗珊总督，也是一位精干的政客，他决意通过尝试与当地贵族（领主）约和的策略来促成河中地区的和平。[70]纳斯尔削减税赋，并鼓励那些徙走他乡寻求避难的社群返回粟特，以安抚剩余的人口。

739 年，苏禄可汗死于黄姓突骑施人的一位首领之手。后者的部落随即陷入与黑姓突骑施人持久的攻伐之中，导致这片辖地暴露给汉人和阿拉伯人，而此时葛逻禄突厥人在中亚强盛起来。[71]此外，在突骑施军队效力的粟特人开始露出厌战迹象，他们宁愿与阿拉伯人和平共处，也不愿役属于突厥人。[72]

747～749 年阿布·穆斯利姆叛乱的爆发再次点燃了敌对的火焰，与此同时，一个新的阿拉伯朝代——阿拔斯王朝（750～1258）崛起，定都巴格达。这个新王朝非常乐于接受伊朗文化的影响。作为一位老练的领导者，阿布·穆斯利姆因其怀柔政策而在中亚各部族中赢得了极高的声望，他甚至在纳斯尔遭到击败和驱除之后，将安抚策略扩大到容忍某种程度上的宗教多元化。阿布·穆斯利姆的出身颇为神秘，尽管可以肯定他必然利用了粟特显贵们的支持。他曾娶撒马尔罕一位贵族女子为妻，而且他最信赖的军事将领之一——阿布·哈迪贾·吉兰·本·粟格迪（Abu Ḥadīja Jilān b. al-Sughdī）显然来自粟特①。这并不意味着阿布·穆斯利姆在中亚无须苦心经营。750～752年，粟特局部的地区性反抗始终持续不断。不过，最后的结局是阿布·穆斯利姆在短短几年内成为东伊朗与河中地区无可匹敌的至高统治者。阿布·穆斯利姆日益增长的威望与权力是哈里发曼苏尔（al-Manṣur，754～775 年在位）在 755 年将他除掉的主要原因。曼苏尔一直将阿布·穆斯利姆视为心腹之患，因为后者曾使他为无法掌控整个哈里发帝国而忧心忡忡。[73]

根据一些伊斯兰史料，在他作为无可争议的呼罗珊及河中地区统治者的时代，阿布·穆斯利姆加固了撒马尔罕城墙以提高其防御能力。此外，他还建造了遍布粟特全境的军事前哨。[74]距撒马尔罕不远的卡菲尔·卡拉（Kafir Kala，字面意思是"异教徒的堡垒"）遗址，也是在乌兹别克斯坦发掘的意大利考古队自 2001 年开启的一项研究的主题，该遗址很可能就是由阿布·穆斯利姆修复加固的前伊斯兰粟特遗址之一。最初

---

① 粟格迪（Sughdī）意为"粟特的"。

的发掘发现了许多用于官方文书的印章，它们可能曾被保存在卡菲尔·卡拉要塞的档案库里。因此，这里也许应当被视为一个具有一定重要性的行政中心，在伊斯兰文献中或能找到对该地的记载。[75]

阿布·穆斯利姆宗教宽容的政治遗产在几年后被穆坎纳（Muqanna'）继承。穆坎纳是哈里发马赫迪统治期间（775～785）在竭石地区特别活跃的另一位叛乱首领。[76]

2.6 伊斯兰化

考古学证据显示，从公元 750 年起，在纳斯尔改革时期依然盛行的粟特私人住宅的具象图案绘画和雕塑装饰大幅减少。人们认为这种情况的发生是由于粟特社会的日益伊斯兰化，以及随之而来的对被视为"非伊斯兰的"旧习俗的摈弃。[77]

这种文化上的更迭不是在短时间内发生的，也不是一个无痛的过程。事实上，粟特人似乎并不急于放弃其世代相传的教仪。相反，每当阿拉伯人对这片地域的控制放松时，就有伊斯兰教徒放弃信仰的记录。虚假的改宗，尤其是当地贵族的违心皈依似乎特别普遍，他们之所以这么做大概是出于政治上的权宜之计，以维持与穆斯林征服者的良好关系或从后者那里获得特权。因此在某种意义上，粟特人可被视为"中亚的马拉诺人"①。很明显，这与反（宗教）改革时期对西班牙犹太人的强制改宗十分相似，特别是这两个社群的关注重点大概都在从事国际贸易这一点上。在倭马亚王朝时期，一幕幕不言自明的

---

① *Marranos*，指中世纪时在西班牙和葡萄牙境内被迫改信基督教但暗地依然信奉原宗教的犹太人或摩尔人。

情节被记录下来。在9世纪20年代，呼罗珊总督萨义德·胡扎那原本无意压制撒马尔罕当地百姓，直到仲夏时节城中升起的缕缕烟雾，使他倏然意识到许多人已背弃伊斯兰教转而回归其旧时祆教信仰——使用火祭坛举行祭仪的事实。[78]

一场号称"阿拔斯革命"（Abbasid Revolution）的变革，为促进当地行政机构和军事部门接纳新的改宗者发挥了重要作用。中亚的马兹达教徒（及基督徒）经常出任伊斯兰行政机构的臣僚和显赫高官。然而，当地人过分迅捷地获得特权，特别是如果是新近皈依者，往往会引起阿拉伯统治者的怀疑。

阿拔斯人试图进一步渗透到中亚。751年，他们与出身高句丽的将军高仙芝率领的唐军在怛罗斯城（Talas，今哈萨克斯坦南部城市塔拉斯）发生了兵衅。高仙芝当时正忙于镇压突厥–粟特人在河中地区的叛乱，并通过与穆克塔匹达·拉力达迪特亚（Muktāpīḍā Lalitāditya）统治下（约724/725～760/761）的迦湿弥罗国①结成同盟来遏制吐蕃人。[79]阿拉伯统帅齐亚德·本·萨利赫（Ziyad b. Salih）是阿布·穆斯利姆特意派来的，目的是遏制他在中亚唯一真正的对手高将军。葛逻禄番兵的叛变为穆斯林带来了决定性胜利。

阿拉伯人介入的借口是大唐卷入了石国国王与拔汗那（今费尔干纳）的战争。起因是拔汗那国王要求高仙芝出面干预，这位大唐将军不但击败了石国国王，还把他押送至长安并处死。这一举动激起了流寓帝都的粟特移民及石国人的强烈愤慨。石国王子向阿拉伯人寻求庇护，请求并得到了大将齐亚德的帮助。[80]顺带一提，当时有一批唐军战俘被转移到了撒马尔

---

① 今克什米尔。

罕，在那里他们开始造纸并把这项技术传授给阿拉伯人，最终促成了造纸术传入欧洲。[81]但罗斯之战并没有保证阿拉伯人占有新的领土，但它的确促进了伊斯兰教在中亚人民中间的传播。近年一些研究者提出了一个关于阿布·穆斯利姆有打算入侵唐朝计划的假说，但并未被所有学者所接受。[82]不过，这个想法不应被忽视，即使事实上阿拔斯王朝更为觊觎的可能是塔里木盆地，也就是贯穿其中的商旅贸易路线。

自8世纪下半叶开始，唐朝经历了其历史上最为阵痛的时刻之一，这种情势主要是由于大唐与其势力强大的邻邦，如西南方的吐蕃人和西北部的回纥突厥人之间的敌意而造成的。唐朝开始经历一系列内部动乱。药罗葛部建立的回纥汗国（744~840，788年后改称回鹘）在蒙古高原终结了第二突厥汗国的国祚，将回纥置于包括葛逻禄和拔悉密在内的几个反叛部落首领的地位。药罗葛人与唐朝保持暧昧的关系，这使他们能够最大限度地利用中国这一时期的混乱局面。[83]回纥军队正式效力于唐玄宗（712~756年在位），以遏制755~756年突厥－粟特裔将军安禄山的叛乱。[84]安禄山控制了唐朝广袤的区域，却被自己的儿子谋杀。[85]在他死后，这种骚乱无序仍持续了很长时间。即使在大唐畛域之外，局势也不是完全平静的，唐朝皇帝为了遏制吐蕃人，并未轻视与阿拉伯人结盟的想法，我们从757年大唐加强与阿拔斯王朝的外交往来就可以看出这一点。[86]

763年回纥人成功将吐蕃人［在赞普赤松德赞统领（755~797）下，他们于760年征服了塔里木盆地］逐出唐都长安。从这一刻起，汉人越来越依赖回纥人，后者最终控制了比其原先在蒙古高原建立的回纥汗国更为辽阔的疆土。[87]粟特人曾出任药罗葛王庭的大臣和国师，并千方百计地使粟特文化在回纥宫廷受到推崇。牟羽可汗（亦称登里可汗，759~780年在位）甚至接纳了摩尼教[88]和可能是随佛教传入的印度婆罗米文字。婆罗米文逐渐被摒弃，取而代之的是阿拉美语字母系统，这在当时是粟特的通用语。

可汗遭到回纥社会一部分部众的公然叛离，最后被暗杀。随之而来的是一段对摩尼教徒和粟特人的迫害时期，这种迫害直到怀信可汗（795~808年在位）登上汗位时才有所平息。怀信可汗或许是最具雄才大略的一位回鹘统治者。他能够把自己的势力延伸至中亚大部分地区，在击败吐蕃人和突骑施人之后，在一个较短时期内就占领了整个塔里木盆地与河中地区。

粟特文化对蒙古草原的影响在840年黠戛斯人击溃回鹘汗国时走到了尽头。回鹘残部被迫南迁，在今甘肃（敦煌周边）和新疆（库车地区及吐鲁番周边）等地建立了甘州回鹘王国（约850~1050）、高昌回鹘王国（850~1250）以及阿克苏-龟兹王国（Kingdom of Aqsu-Kucha，约844~1000）。唐朝在控制回鹘移民方面娴熟裕如、恩威并施，鼓励他们定居天朝上国的边陲，这些边陲地区大部分是在沙漠地带。至今甘肃东部和新疆都是维吾尔族人占大多数或很大比重的地区。回鹘人还在蒙古草原以外建立了其他政权，如在其东南部和东北部边境抗击西夏（1032~1227）和辽（907~1125）的沙洲回鹘（10~11世纪）。[89]如今，扎根于维吾尔族人中的粟特文化元素，极有可能是经由这条迁徙路线传给许多其他中亚民族的。

大多数回鹘人并不是摩尼教信徒。20世纪早期在吐鲁番周边两个王国的发掘过程中发现的艺术证据证明，当地主要信仰佛教。然而，这里还有景教一直存在的痕迹，以及摩尼教的坚实基础。[90]吐鲁番的发现也证明了粟特语的幸存，在回鹘人控制的疆域内粟特语仍然被用来传播宗教知识。

在距吐鲁番不远的柏孜克里克石窟群壁画（10 世纪）上，依然可以看到表现一队"伊朗"商人聚在一起围绕佛陀祈祷的画面。如果说曾经被认为是专门表现伊朗人（或吐火罗人，即土生土长的当地人）的同样的图像，被挪用来描绘回鹘人也不无可能。这种本质上属于东突厥人的体貌特征，也开始持续地反映出一些迄今为止被视为西部印度 – 雅利安人的特征，包括高鼻、双眼皮圆眼和胡须。这是由于与其他具有不同基因谱的中亚族群长期而深入的交往所致。[91]我们也可以从这几个世纪流传下来的其他具象作品中看到这些变化。

安史之乱后，粟特人沦为被打击的对象，这些行动显示出被时事激化的仇外情绪。在唐朝的其他伊朗裔胡人也多被置于死地。波斯人和粟特人曾长期享有自唐高宗时期起朝廷给予的优养待遇，这种优越地位一直延续到武则天在位时期。这份优裕不幸被是时的谋臣贤相李泌（722 ~ 789）终结。之后，唐朝又采取了其他一些限制胡人自由与特权的措施，涉及奢侈品的生产与贸易，以保护和支持汉人的手工制造业。[92]

事实上，唐朝后半段的特点是朝野上下对胡人与日俱增的仇视与厌恶。这一情形，与武则天在位直到安史之乱期间唐廷对风行于世的异域舶来品及来自中亚的奢侈品的热切追捧形成鲜明对照。843 ~ 845 年，唐朝爆发了针对佛教和其他外来宗教的排斥活动，形势进一步恶化。最后，在 878 ~ 879 年，遍布沿海地区、一度生机勃勃的佛教、伊斯兰教、犹太教、景教、摩尼教和马兹达教教团，在南方几乎消失。[93]尽管发生了一系列不幸事件，粟特人聚落似乎至少在敦煌和塔里木盆地仍旧幸存了一段时间，随后他们开始进入一个完全汉化或突厥化的过程。

8 世纪下半叶，粟特本土发生了一系列暴动和反叛，动乱遍及整个粟特地区。尽管如此，阿拔斯王朝还是在 8 世纪末至 9 世纪初将其势力延伸到了苏对沙那。在哈里发哈伦·赖世德统治时期（786～809），一场由拉菲·本·莱思（纳斯尔·本·塞亚尔之孙）领导的大规模叛乱于 806～809 年使河中地区陷于动荡之中。据文献记述，这场动乱要么以叛乱首领与哈里发达成和解而告终，要么以拉菲·本·莱思在撒马尔罕被处决而终结。有趣的是，根据一些伊斯兰文献的说法，伊朗人、突厥人和吐蕃人，所有这些人都以对阿拔斯人这个共同敌人的名义加入了叛乱。[94]哈伦·赖世德死后，阿拔斯人对伊朗和中亚的主权要求逐渐减弱，这为当地伊斯兰王朝攫取权力提供了有利条件。

在 9 世纪，伊朗裔建立的萨曼王朝（819～1005）巩固了其在河中地区和东伊朗的权力，成为事实上独立于哈里发帝国首府巴格达的政权（图 5）。萨曼王朝时期某种意义上被称为"中亚的文艺复兴"，其都城布哈拉也成为一个新的光辉夺目的文化中心。[95]从 9 世纪开始，一种负载着波斯民族文化气质的"新波斯"思潮，开始从粟特这一历史地区向西传播。这种试图复兴前伊斯兰时期波斯文化习俗的理念，也为波斯语重新注入了活力。至于这一实践的影响力如何，我们对当时的社会动态所知甚少，所幸尚有一些存世文献，能够生动而富有说服力地反映这场思潮的作用。这种新的语言开始取代当时波斯和中亚不同地区尚在使用的中古伊朗语系语言。

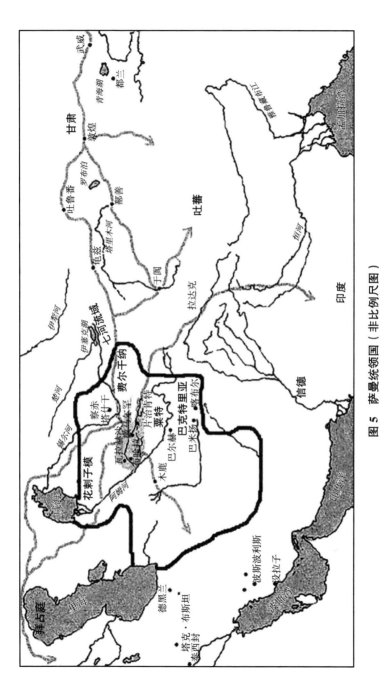

图 5　萨曼统领国（非比例尺图）

萨曼王朝埃米尔亦思马因（Isma'il）于在位（892~907）早期，就竭尽全力（有时甚至是武力）迫使在萨曼王朝辖境内外最后仅存的、与马兹达教有关的当地小教派皈依伊斯兰教。893年，他处决了苏对沙那的最后一位阿弗申（afshin，意为君主、王公）。然后他将精力转向东边的葛逻禄突厥人，后者尚未被伊斯兰化，而葛逻禄人的领土——河中地区东部，据喀什噶里记载——仍在使用粟特语，尽管该地在风俗习惯上已经几乎完全突厥化了。[96]出身粟特的萨曼朝将军穆罕默德·本·伊利亚斯（Muhammad ibn Iiyas，932~968年在位），甚至在克尔曼地区（伊朗东南部）成功建立了一个短暂的王朝，但不久即被自己的儿子们赶下了台。[97]

公元11世纪伊始，萨曼统领国被推翻，其领土被瓜分。接替萨曼王朝的是喀喇汗王朝①（领有萨曼故地北部及粟特地区）和获得南部地区的哥疾宁王朝②（另一支操突厥语人群），两者沿阿姆河为界。[98]再一次，一支属于游牧文化、操突厥语的人群来到河中地区，造成了巨大破坏。在塔拉斯发现的11世纪早期粟特语铭文，提到了一些喀喇汗王朝著名人物的名字，其中一些人的名字被记录在其他史事和记录中。[99]

两个昔日的盟友很快兵戎相见。两者后来被另一支突厥人——塞尔柱人所击败，后者于1040年消灭了哥疾宁人，并在1089年将喀喇汗人变成一个傀儡政权。1141年塞尔柱人又被哈剌契丹或西辽（"西辽"一名来自发源于中国东北的辽朝）所击溃，辽朝被通古斯族群女真族建立的金朝（1115~

---

① Qarakhanids，又称黑汗王朝。
② Ghaznavids，又称伽色尼王朝，伽兹尼王朝。首都在伽色尼，又译鹤悉那，今阿富汗加兹尼。

1234）摧毁和吞并。[100] 1210～1212 年，哈剌契丹兵败花剌子模人，后者旋即遭到攻击，其领土在 1218 年被成吉思汗的蒙古帝国吞并。

然而，到这个时候，粟特文明已不再作为一个独特的实体而存在，这种文化为回鹘人所因袭，他们用久负盛名的中亚风尚教化了蒙古人。正是经由回鹘人，粟特文字母才被蒙古人采用并作为他们自己文字的基础，后来，经过一定的增补改制，又形成了满文。以这种方式，粟特的文化因子一路幸存至今。实际上，中国的锡伯族（一支定居新疆的满族部落）和蒙古族（大部分居住在内蒙古自治区）至今仍在使用这种书写系统。

圣方济各派教士威廉·鲁布鲁克（William of Rubruck）贡献了与粟特人有关的民族最晚近的一份（不太详尽的）报告，他提到有一队基督教商人在 1253～1254 年来到金帐汗国的可汗王庭。他们自称“索尔达伊人”（Soldaini）。另外，据亚美尼亚僧侣赫图木（Het'um）1307 年呈给法国宫廷的著作称，中亚有一支基督教教团名为“索尔迪尼”（Soldinis），或“索尔丁”（Soldins），或“索尔迪”（Soldis），他们使用一种非希腊语的语言来祝祷弥撒。[101]

在这最后一次被提到之后，粟特人就从文献记录中消失了，尽管一些方言得以幸存，在今天雅格诺布河山谷地带（塔吉克斯坦西部），仍有大约 13000 人在讲这种方言。20 世纪初语言学家重新发现了这群与世隔绝的人，他们讲的语言正是直接源于古代粟特语。[102] 对统称为“新粟特语”的雅格诺布方言——以其起源的地理区域命名——的研究为释读在中国和中亚发现的粟特语文献提供了助力。一个重要却被人遗忘的、长期以来只能在晦涩的古代文献和缓慢展开的考古记录中才被提及的粟特文明，也因之重回人类视野。

注释

1. 撒马尔罕地区主要的旧石器时代考古遗址有阿曼库坦（Aman Kutan，撒马尔罕以南约 45 公里处）和塔卡利克（Takalik，撒马尔罕西南 50 公里处）。两处遗址皆发掘于 20 世纪 40 年代末至 60 年代。主要的青铜时代遗址（前 2000 年）有纳夫卡泰佩（Navka Tepa）和穆米纳巴德（Muminabad），发掘于 20 世纪 50 年代末至 60 年代：*Istorija Samarkanda*，1969：21 - 30。最著名的青铜时代遗址是近年发掘于塔吉克斯坦的萨拉兹穆（Sarazm）：Besenval, Isakov, 1989。该时期撒马尔罕周边考古情况见 Avanesova, 2001 and 2010。关于这之后历史时期的考古活动是法国 - 乌兹别克斯坦联合考古队关注的位于科克泰佩的发掘，见 Rapin, 2007 and 2017。该遗址出土了这一地区最重要的发现之一，即"游牧贵族"之墓：Rapin, Isamiddinov, Khasanov, 2001。粟特最新考古发掘地图，见 Bregel, 2003：map 3。有关阿契美尼德时期的概述参阅 La Vaissière, 2011。在这里呈现的阿契美尼德时期地图（图 2）中，Maka（马卡）被视为 Mazūn（旧译没巽或没巡，今阿曼），正如如下著作所指出的：Blois, 1989。

2. Roaf, 1974：78 - 91。另参 Gropp, 2009。关于阿契美尼德时代的撒马尔罕，参看 Bernard, 1996：334 - 338。关于撒马尔罕地区阿契美尼德时期遗址科吉泰佩（Koj Tepa）的考古情况，见 Genito, Gricina et al., 2009；Genito, Gricina et al., 2010。另一处揭示阿契美尼德地层的古代粟特遗址是苏尔汗河流域的库尔干佐勒（Kurganzol），该遗址距离铁尔米兹至竭石（沙赫里萨布兹）公路上的铁门（Iron Gates）不远：Sverchkov, 2008。

3. 见本章注释 32。

4. Shaked, 2004. Naveh, Shaked, 2012（这些羊皮纸文稿提到了阿契美尼德时期几座粟特城市的官方名称，如 Kiš［Nautaca（瑙塔卡，沙赫里夏卜兹的古称）- Kesh（亦写作"Kish"，竭石）- Shahr-i Sabz（沙赫里萨布兹）] 和 Nikhšapaya［Xenippa（色泥帕）- Nakhshāb（那黑沙不）- Nasaf（那色波）- Karshi（卡尔希）])。克泰夏斯提到了巴克特里亚人、花剌子模人、帕提亚人和（伊朗人?）游牧民族，但未提及粟特人：Stronk, 2010：313 - 314, 317。关于巴克特里亚的重要性，在居鲁士统治时期粟特的地位和他建造的居列斯察塔（Cyreschata，意即"居鲁士之城"），位置应与今苦盏（Khojand）勘同，见 Francfort, 1988：168 - 171。关于阿契美尼德朝早期统辖各行省特别是粟特的地理研究，见 Jacobs, 1994：215 - 216。

5. Baliński, 1994；Briant, 1996：605 - 606, 792 - 794（该书英文修订版参阅 Briant, 2002：588）；Stronk, 2010：349. 索格底亚努斯出现在曼涅托（Manetho）撰写的埃及君主世系表里，曼涅托是生活在托勒密苏特一世（Ptolemy I Soter，约前 367 ~ 前 283）时代的一位塞拉匹斯祭司。至少根据佛提乌（Photius）的引文，克泰夏斯称他为塞辛迪亚努斯（Secyndianus）：Llewellyn-Jones, Robson, 2010：192 - 193；Zawadzki, 1995 - 96。

6. Bosworth, 1980. 在最近的研究中，瑞德维拉扎（E. Rtveladze）从考古 - 地名学角度，对亚历山大在巴克特里亚和粟特的行军路线进行了细致的重构。这一重构还伴随着一些关于在中亚的伊朗与希腊元素之间相互作用的有趣假说；另一假说是有关欧克西亚提斯 - 瓦赫舒瓦尔（Oxyartes-Vakhšuvar，这也是一个城市名）这个人物的，瑞德维拉扎将其姓名的来历与奥克苏斯河［阿姆河旧称，巴克特里亚语称"瓦赫舒"（Vakhš）] 联系起来：Rtevladze, 2007。托马舍克早在 1877 年就已提出了这种关联：Tomaschek, 1877：35。C. 拉潘也详细研究了亚历山大在巴克特里亚和粟特的征途，但其研究的依据是穿越巴克特里亚东部的一条不同路线：Rapin, 2013, 2017。关于亚历山大对中亚的征服，见 Bosworth, 1988［2008]：104 - 119。关于希腊时代撒马尔罕的考古调查，见 Bernard, 1996。一些古典文献提到一幅表现亚历山大与罗克珊娜婚礼的绘画，可惜今已不存。卢西安（Lucian, 公元 2 世纪）可能在意大利某地见到了这幅画：Pollitt, 1990：180 - 82。

7. 这一转写似乎不确。但《隋书》确实采用了这种转写：Hill, 2009：536。同样的名称"大夏"本来是 Tochara/*tuɣara 的古汉语音写：Gamkrelidze, Ivanov, 1990 - 91：285 - 286；Yu, 1998：Introduction 1 -

2；Hill，2009：553 – 555；Yu，2011：5。

8. Bernard，1976；MacDowall，Taddei，1978：218 – 232；Hill，2009：536 – 541. 一个典型希腊化元素是阿伊哈努姆的科林斯柱头，它使我们得以将其年代精确定为公元前 2 世纪——这很可能是希腊化世界最早的时期：Bernard，1968；Bernard，1994：82，note 3。

9. Livshits，1970；Delauray，1974；Sims-Williams，1989；Yoshida，2001. 关于最古老的粟特文题记，见 Sims-Williams，Grenet，Poduškin，2007。

10. Musti，1966：81 – 99；Bickerman，1983；Sherwin-White，Kuhrt，1993：7 – 22；Capdetrey，2007；Mairs，2011. 亚历山大起初任命阿明塔斯（Amyntas）为巴克特里亚和粟特的首任总督，但后来佩尔迪卡斯（Perdiccas，又译坡狄卡斯）把这一职位指定给了菲利普（Philip）。斯塔萨诺莱斯（Stasanores）是巴克特里亚（很可能也是粟特）的总督，塞琉古在公元前 306 年除掉了他。据普鲁塔克（Demetrius. 38）记载，若干年之后的公元前 292 年，塞琉古的儿子和未来的继承人——安条克一世（Antiochus I，前 281 ~ 前 261 年在位）——被任命为"东方行省"的管理者，直到公元前 281 年：Bernard，1985：36 – 39；Grainger，1990［1993］：162 – 163；Briant，1990：48 – 49。若说这个神秘的东方行省还包括粟特也并非不可能，因为在一次游牧民族的入侵中，塞琉古派出一支军队"将游牧民族驱逐到锡尔河彼岸去"（普林尼 VI，49），而安条克一世则回到了"绝域的亚历山大城"（Alexandria Eschate，今苦盏）：Widemann，2009：45。塞琉古也不得不面对由旃陀罗笈多（Chandragupta，约前 321 ~ 前 297）建立的印度孔雀王朝（前 322 ~ 前 185）制造的麻烦。两位君主签署了一份合约，塞琉古将一部分东部领土割让给旃陀罗笈多。据当地传统，粟特本属孔雀王朝疆土，尽管这是基于非常薄弱的证据：Jacobson，1935：55。关于塞琉西王朝的历史，阿庇安（Appian）的《叙利亚》（Syriakà）是一份重要资料：Marasco，1982。

11. Holt，1988；Bopearachchi，1991；Wittke，Olshausen，Szydlak，2007：132 – 33；Widemann，2009；Ataxodžaev，2013. 针对这项研究历史文献非常重要，但它们经常是错误或不确的，因此必须极其谨慎地使用。

12. Kovalenko，1995/96. 狄奥多托斯一世应被视为开创了第一希腊 – 巴克特里亚王朝（约前 250 ~ 前 235）。

13. Lerner, 1999：13, 29, 85 - 86. 关于该时期的中亚地图, 见 Bregel, 2003：map 4。

14. Lyonnet, 1998：152 - 53；Lerner, 1999：63 - 84. 粟特之所以获得独立, 是因为欧西德莫斯不得不召集其全部军队以迎击安条克三世对巴克特里亚的进犯：Widemann, 2009：55。基于陶器研究的粟特历史, 见 Lyonnet, 2013。根据最近一项研究, 对于科克泰佩来说, 撒马尔罕的陷落可能发生的比较早, 在公元前 3 世纪中期后不久：Rapin, Khasanov, 2013。

15. La Vaissière, 2006a.

16. La Vaissière, 2002：44；La Vaissière, 2005b：37. 在《后汉书》（成书于约 445 年）和《晋书》（成书于 648 年）中可以找到一些详确的信息。参看 Yu, 2005：291, 379。另见 Wittke, Olshausen, Szydlak, 2007：214 - 215；Lebedynsky, 2007：117 - 121；Hill, 2009：171 - 184；LaVaissière, 2011。近期在哈萨克斯坦南部库尔托别（Kultobe）发现了一份非常古老的粟特文题记（2~3 世纪）, 该题记与康居王国的关联可以佐证汉文史料的一些信息：Sims-Williams, Grenet, Podushkin, 2007。另见 Catalogue Paris, 2010：cat. 124 - 125。余太山认为, 康居可能是撒卡劳卡伊（Sacaraucae）之略译, 康居人应当属于塞人（Saka 或斯基泰人）部落, 系另一支伊朗民族：Yu, 1998：95 - 114。近期余太山提出将（大）月氏比定为 "Sacae"（塞人）和 "Gasiani/Guti" 人, 此说似乎未对古典文献（此处指斯特拉博, 见 Marquart, 1901：206）及更古老的美索不达米亚楔形文字文书的记载给予充分重视：Yu, 2011：11 - 12。他还建议将楔形文字资料中的图克里人（Tukri）比定为吐火罗人。月氏的历史目前正在修订中。因此, 人们不应总是从字面上依赖汉文文献, 例如在想象上的月氏起源地位于今甘肃境内的情形例子中：Hansen, 2012：32。

17. 希腊化因素存在的假说是基于阿夫拉西阿卜遗址仿照希腊原型制造的陶器的出现, 参看 Lyonnet, 1998：154；Rapin, 2007：48；Boroffka, 2009：140, 141, fig. 12；Baratin, Martinez-Sève, 2010；Mairs, 2011：33；La Vaissière, 2011；Lyonnet, 2012：159 - 167；Lyonnet, 2013：8 - 9。根据最近的出版物, 阿夫拉西阿卜防御工事的重建年代必须追溯到公元前 2 世纪中叶, 就在此城被遗弃之前：Rapin, Khasanov, 2013：45。不过, 再一次地, 基于钱币学证据, 人们又提出一个关

于公元前200～前160年粟特历史的假说。总之，只有粟特北部脱离了希腊－巴克特里亚王国，而其东南缘则自欧西德莫斯之子德米特里一世（Demetrius I）统治时期（约前200～前180）就一直受到控制：Widemann, 2009：56, 108, 159, 162－166。安提马科斯一世（Theos Antimachus I）于公元前175年或前174年在兴都库什以南开创了印度－巴克特里亚王朝（Rapin, 2010），欧克拉提德斯（Eucratides）开创了第三希腊－巴克特里亚王朝（约前171～前130）。直到大概前135年，月氏人在击溃撒卡依人（Sacae/Saci，或西方古典作家所称斯基泰人；汉文史料称塞人、塞种）并迫其遁走之后，就落脚在塞人的原居地天山地区、伊塞克湖，以及伊犁河、楚河和纳伦河（Naryn）流域。此后月氏人又被乌孙人驱赶，向巴克特里亚迁移，而乌孙人则是受匈奴压迫西迁的：Daffinà, 1969；Yu, 1998：1－2；Benjamin, 2007：164－166。达菲娜（Daffinà）在四十多年前表达的观点似乎得到了最新的考古发掘和钱币研究的支持：Rapin, 2001 and 2007。要比定出在粟特留下物证的部族之身份是极为困难的，苏联及后苏联时代的考古学家不仅对撒马尔罕，而且对这一历史地域的其他部分如布哈拉做了考察，希腊－巴克特里亚王国在该地的崩溃又创造了两个新王国：一个可能由塞种－月氏人创建，另一个由当地人（如伊朗人）建立，参看 Rtveladze, 1999：30。这些假说再一次建立在钱币证据的基础上。对粟特南部（卡什卡河盆地或苏尔汗河省）几处遗址的调查揭示了相似的情形，并且肯定有大量游牧人群的存在：Kabanov, 1963。拉潘详细研究过的文献只能部分地解释粟特历史上最扑朔迷离的阶段之一：Rapin, 2007 and 2010。

18. Cannata, 2000：31－38；Borovkova, 2005：21－38；Yu, 2006：3－16；Dorn'eich, 2008；Hill, 2009：575－586.

19. 该名词语源不明：Grenet, 2006a；Thierry, 2005；Tremblay, 2007：92－93；Loeschner, 2008；Hill, 2009：587－590；Falk, 2010：76－78。

20. La Vaissière, 2002：44；La Vaissière, 2005b：37. 参看《后汉书》和《晋书》中的相关信息：Yu, 2005：291, 379。另参 Wittke, Olshausen, Szydlak, 2007：214－215；Lyonnet, 1998：154；Cannata, 2000：31－38；Borovkova, 2005：21－38；Yu, 2006：3－16；Thierry, 2005；Grenet, 2006a；Helms, 2006：15；Loeschner, 2008。

21. 正如达菲娜所注意到的，根据《后汉书》（卷八十八，16b，4 - 5）记载，康居在公元 46 ~ 60 年控制了粟特（或其一部分）：Daffinà，1975 - 76：133。这可能预示着月氏 - 贵霜人放弃该地区的缓慢过程。钱币证据显示，贵霜人并没有在粟特定居：Widemann，2009：408。关于粟特作为贵霜人与游牧民之间的缓冲地带的情况，参看 Benjamin，2007：214 - 215。关于粟特没有被纳入月氏 - 贵霜王国，一直是个令学者困惑不解的问题：Jacobson，1935：77。

22. Bernard，1996：364. 至于对撒马尔罕的考古调查，不一定只与贵霜时代有关，见"引言"部分注释 11。

23. 关于贵霜帝国的扩张，我们可以认为以下假设仍然成立：Rosenfield，1967：41 - 54。另参 Cannata，2000：31 - 49；Lo Muzio，2009：23。关于粟特铁门的边界，见 Rapin，2007。历史地图见 Bregel，2003：map 5。目前尚没有对抗帕提亚人的斗争的详细研究。关于公元前 130 ~ 前 125 年，即张骞离开后帕提亚人与月氏人（被称为 Togharii，即吐火罗人）的一次交战，在查士丁的《特罗古斯庞培腓力普史摘要》（*Epitoma*，XLII，2）中有一段简短叙述，参看 Rawlinson，1912［2002］：93，164 - 165；Daffinà，1975 - 76：76。另一份报告见于《后汉书》（卷八十八），该文献记录了月氏对"安息"的入侵，"安息"可能指的是印度 - 帕提亚人（参看 Hill，2009：29），尽管在公元前 130 ~ 前 125 年印度 - 帕提亚人在古代文献中并不存在：Fröhlich，2004。然而，这并不是见诸文献的唯一战役：Bivar，2009。关于贵霜对塔里木盆地的入侵，尤可参看 Hitch，1988；DeCrespigny，2006：9 - 25。根据钱币学研究，于阗的臣服发生在 107 ~ 127 年：Cribb，1985：143。米兰的佛教壁画和近年在楼兰发现的一些墓葬壁画（两处遗址皆远离于阗，位于其东部郊区）显示塔里木盆地的这个地区存在着强烈的贵霜风格：Santoro，2006；Tanabe，2006a。我们并不完全清楚贵霜帝国南部边境的情况。尽管缺乏文献材料，但在公元后的两个世纪内，贵霜帝国与另外两个主要印度政治实体的对抗想必不可避免。这两个政权即印度西部海岸线上的月氏总督［Mahākṣatrapa，意为大藩王，或简称藩王（Kṣatrapa）］和南方的百乘王朝（Sātavāhanas，音译娑多婆诃王朝）：Cribb，2000。关于和平的贵霜 - 月氏总督关系，参看 Widemann，2009：413 - 414。8 世纪一份有趣的汉文文书总结了贵霜 - 百乘王朝的关系，但遗憾的是，此文书不能作为史料来源：Huber，1906：37－39。

24. Daffinà，1975；Tremblay，2007：82－88；Seldeslachts，2007：147－149.

25. 在哈尔恰扬（可能是贵霜第一个都城，参看 Benjamin，2004）雕像中，贵霜人脸部仅描绘了小八字胡：Bernard，1987；Nehru，1999/2000；Abdullaev，2004；Mode，2013。在阿夫拉西阿卜西壁描绘的突厥武士中也可看到同样的特征，这可能是为了将他们与伊朗族裔区别开来：Al'baum，1975：pl. XI。有关贵霜人起源的有趣观点，参看 Yu，2011。

26. Sims-Williams，1996a：643；Sims-Williams，Blois，1996；Blois，2006. 关于萨珊帝国，可特别参看 Daryaee，2008；Daryaee，2009；Gariboldi，2011a。

27. Maricq，1958：307；Tremblay，2007：96（引自 Huyse，1999：36）。

28. 关于这一非常神秘的问题，参看 Lo Muzio，2003b：78。

29. Tremblay，2007：89－97；Compareti，2008a.

30. Compareti，2003b；Compareti，2006a：174－175. 布哈拉铸币与粟特其余地方的钱币不同，其他粟特王国也铸造了自己的钱币：Rtveladze，1999；Lo Muzio，1999；Naymark，2010。

31. 第一个假说参看 La Vaissière，2003。第二个假说参看 Cribb，2010。目前许多学者认为魏义天的假说可能性更大：Lerner，Sims-Williams，2011：18－20。许多来自不同文化背景的中世纪早期历史学家仍继续称这些入侵者为贵霜人。例如，亚美尼亚作家 Ełišē 在撰写伊嗣俟二世（Yazdegard II）时期（439～457）的波斯－亚美尼亚关系时，在某些时候提到了"被称作 K'ušank'（贵霜人）的匈人"，也可能被认为是寄多罗人：Pane，2005：38。奇怪的是，另一位亚美尼亚作家谢别奥斯（Sebēos）在 7 世纪初记录了波斯－亚美尼亚关系，他提到发生在亚美尼亚裔萨珊将军桑巴特（Sambat）同"贵霜与嚈哒王的国家"之间的一场战役：Gugerotti，1990：79。在这里，出于某种原因，谢别奥斯明确区分了寄多罗人和嚈哒人。

32. Parlato，1996. 关于《阿维斯塔》中的参考资料，见 Ambartsumian，2002；Cereti，2010。

33. La Vaissière，2005a：7－10；La Vaissière，2006a。

34. Yu，2004：314；Yu，2005：473－474，652，655。

35. La Vaissière，2005b：67。

36. La Vaissière，2003：218. 关于嚈哒人，参看 Grenet，2002；Lebedynsky，

2007：171 – 178；Kurbanov, 2013。嚈哒这个名称实际上指的是不同民族，得益于某些钱币学研究［诸如阿尔匈人（Alchon）］，他们现在更为人所知了：Vondrovec, 2008；Alram, Pfisterer, 2010。

37. 这是中亚另一个神秘莫测的民族，一些学者将其与阿瓦尔人勘同：Lebedynsky, 2007：179 – 181。

38. Cannata, 1981：67 – 68.

39. La Vaissière, 2002：197 – 212；La Vaissière, 2005b：199 – 221；Stark, 2008：289 – 314.

40. Rong, 2000b；Rong, 2006；Rong, 2009：405 – 414.

41. Skaff, 2003.

42. Soucek, 1997；La Vaissière, 2002：237 – 244；La Vaissière, 2005b：242 – 249；La Vaissière, 2006d.

43. Semenov, 1998：118；Semenov et al. , 2003：87；Cfr. Naymark, 1999：46；La Vaissière, 2008.

44. Alram, 2004：54 – 55. 这极有可能是前伊斯兰时代粟特人所接受的中华文化特质，譬如竖向书写的习惯：Yoshida, 2013。

45. Hayashi, 1990：135 – 148.

46. Cannata, 1981：67. 该历史时期的地图见 Bregel, 2003：map 7。

47. Fiorani Piacentini, 1974；Haneda, 1978：1 – 19；Krippes, 1991. 关于突厥 – 粟特铸币的最新研究，参看 Lur'e, 2005。

48. Babayarov, 2006；Stark, 2007；La Vaissière, 2007：41 – 44；Iwami, 2008.

49. Hannestad, 1955 – 57；Chuvin, 1996. 参阅本书第三部分。

50. Jettmar, Thewalt, 1987：21 – 23；Jettmar, 1991；Fiorani Piacentini, 1992：119 – 153；Grenet, 1996；Sims-Williams, 1996b；Compareti, 2005a；La Vaissière, 2002：85 – 97；La Vaissière, 2005b：74 – 91.

51. Chavannes, 1903a：135. 参阅本书第三部分。

52. 参阅本书第三部分。太宗与玄奘的关系，参看 Sen, 2001。

53. Compareti, 2003c：206 – 207；Bregel, 2003：maps 8 – 9；Settipani, 2006：197；Jiang, 2012.

54. Chavannes, 1903a：135.

55. Smirnova, 1970a：52.

56. Kageyama, 2002：320. 参阅本书第三部分。关于拂呼缦发行的钱币，见 Fedorov, 2006。

57. Smirnova, 1970a：275 – 277；Smirnova, 1971；Smirnova, 1981；Okamoto, 1984；Frye, 1998：246；Fedorov, 2007. 根据最近提出的一份名录，铸造钱币的粟特王有：西希庇尔（Šyšpyr，约 642 ~ 650 年在位），拂呼缦（约 650 ~ 675 年在位），乌克·瓦尔塔穆克（Urk Vartarmuk，约 675 ~ 696 年在位），图卡斯帕达克（Tukaspadak，696 ~ 698 年在位），马斯坦 - 纳夫延（Mastan-Navyan，698 ~ 700? 年在位），突昏（Tarkhun，700 ~ 710 年在位），乌勒伽（Ghurak，710 ~ 738 年在位）和图尔加（Turgar，738 ~ 750 年在位）：Gariboldi, 2011b：174。

58. 它们被称为"入华粟特人纪念性葬具"：Maršak, 2001；Lerner, 2005；La Vaissière, 2006c。

59. Forte, 1996：335，364.

60. Beckwith, 1987：52 – 54.

61. 关于阿拉伯入侵期间河中地区历史的重建，参看 Murgotten, 1923 [reprint 1969]：171 – 206；Gibb, 1923 [reprint 1970]；Džalilov, 1961；Smirnova, 1970a：199 – 271；Bosworth, 1986；Bernardini, 2003：12 – 89；Karev, 2002。另参本书第三部分。

62. Petech, 1984：622.

63. Murgotten, 1923 [reprint 1969]：173；Frye, 1954：40；Smirnova, 1970a：275；Mode, 1993：22.

64. Gibb, 1922；Haneda, 1978：13 – 14.

65. Hayashi, 1990：148 – 153.

66. Klyashtorny, 1996：338 – 346.

67. Maršak, 1994b；Grenet, La Vaissière, 2002. 关于突昏和乌勒伽，参看 La Vaissière, 2007：30, 37。穆格山城堡并非片治肯特城主的居所，城主居所被比定为伽尔达尼·希萨尔宫（Gardani Hissar）：Jakubov, 1978。

68. Twitchett, 1979：432. 这位公主并未出现在旧吐蕃编年史中，尽管有记录称在 709 年一位叫作 Gatun 的中亚公主去世，朝廷为她举行了葬礼。她的藏语名字可重构为可敦（Khatun），这也是布哈拉王后之名，不一定是突厥语：Dotson, 2009：105。

69. Stark, 2006 – 7.

70. La Vaissière, 2007：51 – 54. 关于纳斯尔·本·塞亚尔在撒马尔罕的宫殿的考古发掘，见 Grenet, 2008。

71. Golden, 1990：349 – 352；Klyashtorny, 1996：346 – 347.

72. Stark, 2006 – 2007. 这些粟特人曾在中土为他们的突厥领主作战：La Vaissière, 2005c。

73. Karev, 2002；La Vaissière, 2007：54 – 58. 关于在撒马尔罕的阿布·穆斯利姆宫殿的发掘情况：Karev, 2000。

74. La Vaissière, 2007：28 – 39.

75. Cazzoli, Cereti, 2005. 见第四章注释15。

76. Amoretti, 1975：498 – 502；La Vaissière, 2007：116 – 117.

77. Belenitskii, Maršak, 1981：37；Karev, 2002：37 – 38.

78. Shkoda, 1996：203. 在布哈拉，屈底波也不得不面临非常相似的局面：Frye, 1954：47 – 48。对距布哈拉不远的瓦拉赫沙的考古调查能够支持伊斯兰文献的记载：Lo Muzio, 2009：37。另参 La Vaissière, 2007：50。

79. Sen, 2004. 参见本书第三部分。

80. Karev, 2002：11 – 16；毕波, 2007。参见本书第三部分。

81. Bosworth, 1986：854.

82. Karev, 2002：22 – 26. 关于不同观点，见 La Vaissière, 2007：55。

83. Sinor, Geng, 1998.

84. "安禄山"一名可能掩盖了其原始粟特语同源词 "Rokhšan"（音 "罗克珊"），该词词根 "rokhš"，意为 "光明"。顺带一提，亚历山大大帝的巴克特里亚妻子罗克珊娜（Rhoxane）的名字也是由同一词根衍生而来：Pulleyblank, 1966：15。

85. Pulleyblank, 1985.

86. Petech, 1984：620, 629 – 630. 参看 Dunlop, 1973。

87. Hayashi, 2002.

88. Palumbo, 2003.

89. Moriyasu, 2000.

90. Gulacsi, 2001；Tremblay, 2001.

91. Compareti, 2005b.

92. Compareti, 2000：333；Compareti, 2003b：211. 参阅 Hansen, 2003：156；La Vaissière, 2005b：141。

93. Chen, 1992；Lin, 2000.

94. Dunlop, 1973：309；La Vaissière, 2007：125 – 31.

95. Negmatov, 1998；Bernardini, 2003：54 – 75.

96. Frye, 1943：16；Krippes, 1991：68 – 69；La Vaissière, 2007：131 – 135.

97. Bosworth, 1984；Bosworth, 1996：176.

98. Sevim, Bosworth, 1998.

99. Klyashtorny, 2000；La Vaissière, 2007：73.

100. Sinor, 1998. 关于喀喇汗王朝的详细论述，参看 *Cac*, 9, 2001。

101. Dauvillier, 1953：67 – 68.

102. Krippes, 1991：67 – 68, 74 – 75；Bielmeier, 2006. 雅格诺布河山谷部族是一项由安东尼奥·帕纳伊诺率领的博洛尼亚大学（"Alma Mater"）与意大利非洲与东方研究所（IsIAO）人类语言学调查队调查的主题：2008；Panaino, 2013；Guizzo, 2014。

第二部分

解　读

第三章　壁画

3.1　阿夫拉西阿卜壁画的发现

1965 年修建的一条连接撒马尔罕与塔吉克斯坦的现代公路的决定，意外揭开惊人一幕，使阿夫拉西阿卜壁画重见天日。这项修路工程一动工就摧毁了一些遗迹，所幸余下的部分得以保全。[1]早先在 19 世纪末 20 世纪初，在阿夫拉西阿卜遗址曾发现几件陶制小雕像和一些壁画残片。[2]我们无从知晓这些尚未公布的壁画[3]是否得到保存（图 6）。不过，撒马尔罕考古研究所的小博物馆里保存了一些依据典型粟特准则（canons）绘制的装饰嵌板。这些画面与所谓的阿夫拉西阿卜"大使厅"的壁画环带（特别是大量使用天青石色为用色基调）非常相似。由巴贝特提出的一些构拟图恰好展示了这类植物装饰元素和联珠纹饰（图 7）。

在前蒙古时代的撒马尔罕（自 16 世纪始称阿夫拉西阿卜）[4]考古遗址中央使用的推土机，扰乱了该遗址的地层学背景，使得任何试图在考古学基础上建立年表的努力都变得极为困难。推土机造成的不可挽回的破坏还累及遗址的上层区域和其他部分壁画，这是迄今发现的最富意趣且最赏心悦目的粟特传统绘画之一。幸存下来的部分画面位于"苏发"（sufa）以上大约一米的墙面上。"苏发"是一个被用来充当房间靠墙一

图 6　20 世纪初发现的壁画残片，阿夫拉西阿卜

采自 D'jakonov，1954：fig. 1。

周（内壁四面周长）长凳的建筑元素。"沙发"（sofa）一词即由此衍生而来。"苏发"的宽度通常在半米左右。

　　不幸的是，最初的破坏还不是唯一的问题。尽管在紧邻大使厅的位置建立了一座规模适宜的博物馆，但壁画本身由于天然氧化过程而不可避免地退化漫漶，且这种情况将会一直持续，直到整个壁画环带变得难以辨认。人们甚至在法国设立了一个基金会，[5]专门致力于壁画的妥善保存与维护。阿夫拉西阿卜博物馆专设一厅以展示对现存壁画残片的修复与重建成果，试图精确再现其原始顺序。然而，一部分残片已被重新安

图 7　下部边框构拟图，阿夫拉西阿卜

采自 Barbet, 2006：fig. 11。

置到塔什干国家研究所，而另一部分则亟待拼合。[6]最近由葛乐耐、弗朗索瓦·奥里、阿利克斯·巴贝特等学者所做的精确修复，并不包括以特别零碎的形式保存下来的北壁一系列次小细节，也不包括南壁上一个孤立的武士头像（图 8）——现保存在塔什干国家历史博物馆，它被用在阿尔鲍姆（Al'baum）著作的封面上。[7]

　　早先，由马库斯·莫德先于法国团队提出的权威重构方案（均已在互联网公布），为复现这一壁画环带开启了一个良好开端，而且他们提供的相当多的额外信息也不容忽视。近年有学者尝试证明天文学（占星术）在阿夫拉西阿卜壁画设计及构成上发挥的首要作用（在我看来是正确的解读），但马库斯·莫德并未接受这些设想。

　　在本书中，我尝试通观这一壁画环带的各个方面，而不是深入到微小细节，不管怎样，这些细节已经在其他学者（尤其是 I. 阿赞切娃、O. 伊奈瓦特金娜和马库斯·莫德）提出的假设中得到重构。

图 8 站在"神殿"外的武士头像

采自 Fedorov, 2006: pl. 1. 2。

3.2 阿夫拉西阿卜"大使厅"

被俄罗斯考古学家称作"1号房址"的地点大体位于阿夫拉西阿卜遗址的中心位置，这里被标注为23号基址（图9）。这是一个占地11平方米的方形房间，附属于一栋私人住宅。

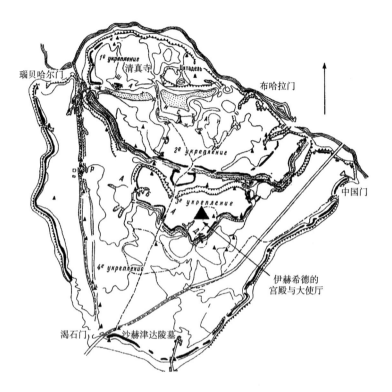

图9 阿夫拉西阿卜考古遗址

采自 Ahunbabaev，1999：fig. 1。

发现者们认为这个房间并没有足够大或富丽堂皇到能够接见访友、会客的程度，因此它的内部装饰也不太可能被很多人看到（图10）。不过，壁画的品质依然显示出艺术家（或多位参与绘制的艺术家团体）训练有素且极富天分。毫无疑问，定制这套壁画的委托人属于当地的富裕阶层。甚至有人认为这栋住宅属于统治者拂呼缦本人。当然，在尚未发现更精确题铭的情况下，这种假设是无法确证的。

西壁：有外国使团出席的撒马尔罕诺鲁兹节

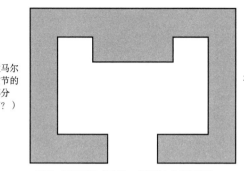

南壁：撒马尔罕诺鲁兹节的第二部分（万灵节？）

北壁：中国农历新年及端午节庆典

东壁：印度马祭或王祭，或突厥人的新年庆典？

图 10　阿夫拉西阿卜"大使厅"壁画示意图

　　然而，很显然在整栋建筑或其中很大一部分都装饰着彩绘壁画，因为在同一建筑群编号为 2 号、3 号及 9 号的区域里也发现了与 1 号房址风格相近的壁画残迹（图 11）。在 3 号房址发现的寥寥几块残片中，仍可辨识出至少有一个跪着的、身着突厥服饰的人物（留长辫发，见图 12）。[8] 至于 2 号房址的发现，遗憾的是在 2006 年秋我访问撒马尔罕时，其考古报告尚未发表，故未能加以研究。在 9 号房址发现的为数不多的残片中，有一对神祇夫妇，由于壁画的保存状态较差，其身份难以比定，但很明显它们应属粟特宗教信仰的某种图像表达（图 13）。[9] 该房址还发现了位于墙壁与天花板相接位置的一圈带状装饰图案，该图案由重复排列的面对面的一对孔雀及其中间盛满水果的碗组成（图 14）。[10] 人物尺寸小于真人。

　　依照在考古学和历史研究中相沿成习的一则通例，通常是以发掘对象装饰（特别在有彩绘的情况下）中一个特定的主导题材来命名整个发掘建筑群。遗址的命名应尽可能唤起共鸣、

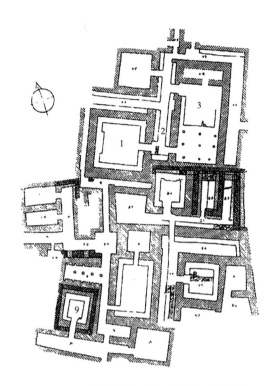

图 11　阿夫拉西阿卜修复壁画残迹的房址

采自 Ahunbabaev, 1999: fig. 3。

便于记忆。因此在撒马尔罕，考古学家决定将这处综合体命名
为"大使厅"。这是因为在主壁（观者跨过门槛后正面对着的那
面墙，即西壁）清晰描绘了来自不同国家身着各色传统服饰的
人物觐献贡礼的场面。在翻译少数残缺题记的过程中，人们发
现一处题记特别有启发意义，因为它描述了一位来自支汗那
（Şaghānyān，巴克特里亚 - 吐火罗斯坦的一个地区）的使者和
一位来自察赤（今塔什干地区，汉文史料称"石国"，见图 23）
的使者。[11]这一切似乎都佐证了"大使厅"这个名字的合理性。[12]

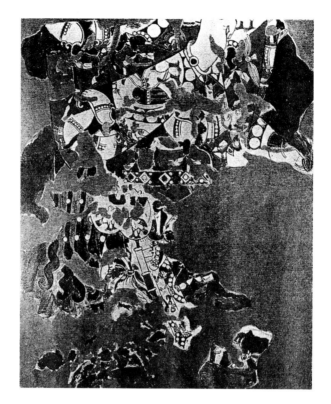

图12　3号房址壁画残片

采自 Al'baum，1975：pl. V。

　　1975 年（遗址被发现十年后），第一份专题研究阿夫拉西阿卜壁画的论文发表，此后一系列侧重探讨发掘技术方面的俄文研究论著相继出版。[13]事实上，尽管早期推土机的使用使遗址原貌遭到了破坏，但对阿夫拉西阿卜的考古发掘仍旧持续到 20 世纪 80 年代初。考古人员在挖掘过程中还发现了其他可追溯至前伊斯兰时期的壁画，这些壁画包含植物和建筑元素，最近几年甚至还发现了几个人物形象，这些形象很可能是在欢庆

图 13　阿夫拉西阿卜 9 号房址壁画残片

采自 Al'baum, 1975：pl. II。

图 14　阿夫拉西阿卜 9 号房址壁画装饰带

采自 Al'baum, 1975：pl. I。

某种祭祀仪式的女性。[14]一篇以上述植物及建筑元素为题目的
短文发表于 1987 年，收集在现今已很少见的俄文丛书中，我
在一份中国学术期刊上发表了对该文的评述。[15]在阿夫拉西阿
卜同一遗址，还发现了喀喇汗王朝时期的一套壁画环带，但这
并不在本书的核心内容之列。[16]

苏联解体前夕，一个法国研究团队在保罗·贝尔纳（Paul Bernard）和葛乐耐的指导下，开始与当地考古学家合作以恢复对该遗址的发掘工作。这项合作连同对阿夫拉西阿卜壁画环带的研究与保护工作一直延续至今。[17]这些法国学者贡献了许多富有价值的洞见，他们也是如今我们得以探讨壁画场景重构方案背后的主要驱动力。

与这些学者的工作并行的是，马库斯·莫德的独立见解已经引起了专家们的注意，这些见解先是发表于 1993 年，最终于 2002 年刊布在互联网上。[18]莫德提出的某些构拟方案，特别是关于精确参考原始文献（汉文及伊斯兰文献）的思路，为本书提供了富有借鉴意义的重要信息。

继阿尔鲍姆第一篇生动精彩的综述之后，三位专擅阐释神秘中亚壁画的学者对阿夫拉西阿卜壁画做了进一步解读。基娅拉·西尔维·安东尼尼于 1989 年发表了一篇长篇论文，其后马库斯·莫德于 1993 年出版专著（这有可能是上文提及的线上版的德语原版）。次年，粟特研究领域的最高权威鲍里斯·马尔沙克，将他无与伦比的智慧倾注于揭开阿夫拉西阿卜壁画奥秘的事业当中。[19]所有这些论文首先通过交叉参照壁画场景中发现的其他线索，以及在 7 世纪中期粟特文题铭中发现的细微信息，来确定这些壁画的历史背景。他们得出的结论是，除了与撒马尔罕有关的场景之外，大使厅的每一堵墙面，都是用来描绘世界上与 7 世纪中叶的粟特有联系的某个国家或地区的。

这三位学者通过对画面主题的甄别得出了不同结论。西尔维·安东尼尼和马尔沙克关于图像环带的内容观点一致，但莫德则从未接受如下假说，即在那些描绘古代世界不同地区特殊节庆或与之相关的场景中，存在着一个共同的主题元素，而场景中演绎的仪式习俗显然在文化上是迥然不同的。虽然莫德认同这些画面表现了非常不同的文化体（中华文化与粟特文化），但他并不认为它们应被解说为一种跨文化的精神与仪式上的共时性。换言之，他拒绝接受这样一种观点，即大使厅每面墙都描绘了相对独立而又在时间上与其他墙壁所绘的大致同时发生的事件，而所有这些事件都被解读为出于隐含的类似神圣典仪上的原因而发生的，至少在一般层面上是如此。这里应当记住的是，我们知道在 7 世纪，粟特壁面和中国壁面上所描绘的事件都是为了纪念夏至前后的节日。

西壁和南壁构成了一个特定节庆的两个阶段，这是一个在粟特深受喜爱，且为整个伊朗文化圈普天同庆的节日。在古代，如同今天一样，这是新年或曰"诺鲁孜节"（粟特语 *Nawsard*）庆典。然而北壁很显然地出现了属于中国唐朝内容的画面，因为人物的服装风格与唐朝宫廷服饰以及西壁上描绘的来自天朝的使者身着的服饰非常相似。最后，东壁（保存状态最差的壁面）似乎证实了阿尔鲍姆最初的假设，即该壁画画面大概是对神奇热土印度（或者古代突厥人）的重现。为了支持这一论点，可以《新唐书》（成书于 1060 年）里的一段记载为证，这段记载涉及的地区已被莫德比定为汉文史料中的粟特"何国"——屈霜你迦。[20]

据汉文史书记载，何国都城的东南方矗立着一座重楼，当地君主每日清晨会来此诣拜。在重楼的正厅里，可以看到北壁上有中国皇帝的画像，波斯王、拂菻（拜占庭）王出现在西壁，而突厥、婆罗门诸王的形象则占据了东壁。[21]这一次序也对应了阿夫拉西阿卜壁画的布局（除了专门为撒马尔罕而绘制的西壁，以及《新唐书》未言及的南壁——至此我们可以推想该壁暗示了粟特自身）。书中记载的王室重楼的方位呼应了图像布局，因为南壁上的出行队伍被描绘成向东行进的样子。因而可以假定，阿夫拉西阿卜的彩绘建筑应当在当地教派的宗教仪式中具有重要意义，这似乎在《新唐书》对于何国国王每日晨祷的记载中得到了证实。[22] 总而言之，汉文史料被视为是可靠的，尽管这样的建筑原本是与其他城国有关，而不是撒马尔罕。我们不应忘记，在汉文文献中明确提到了粟特"九姓胡"在文化上的相似性。因此，也不难想象那些相对同质的宗教习俗和祭奉仪式，催生了每一个粟特城国类似的相关艺术表现形式。

上述三份研究可以说开启了对整套壁画环带的总体解读，尽管其他缺失的零星残片也可能会揭示一些意想不到的方面。事实上，2002～2005 年，又出现了几项尝试阐明该图像体系的研究。2005 年在我的倡议下，威尼斯的亚美尼亚文化研究所举办了一次解读阿夫拉西阿卜壁画环带的专题会议。

影山悦子最初专注于西壁的释读，后来又关注北壁。她揭示了关于采用中国古典艺术范式的重要细节。葛乐耐考辨出阿夫拉西阿卜壁画上的印度场景可与古典艺术相参照的地方，莫德也注意到其中一部分。[23] 特别值得一提的是，葛乐耐将粟特人对占星学（之后又与天文学紧密相连）的兴趣引入了学界的视野。同时他还提到了西莫内·克里斯托弗雷蒂和我关于北壁的相关研究。[24] 在那次威尼斯会议上，魏义天（不仅是粟特历史的重要学者，在考古和艺术史方面亦学识渊博）试图表明，绘制在片治肯特的其他场景，虽然零碎残破，但其构图方案与阿夫拉西阿卜壁画相似，符合《新唐书》的描述。他的假设似乎证实了汉文史书的记述，即所有粟特城邦皆在文化上相对紧密地整合为一体。

目前，尽管所有这些学术研究相继涌现，但对阿夫拉西阿卜壁画环带的解读视野还远未穷尽，因为正如葛乐耐所正确指出的，壁画缺失的部分意味着我们永远无法阐明壁画的每一个细节。[25]下文将对大使厅四面墙壁一一进行解读，这些解读汇集了我（有时与西莫内·克里斯托弗雷蒂）在不同场合宣读或讲演的论文内容。我尝试勾勒出一种我认为最有可能的解析，同时兼顾其他学者的观点，并与总体历史背景保持一致。

3.2.1　壁画场景描述

大使厅的四面墙壁分别装饰有四个不同的场景，描绘了在阿拉伯人入侵之际与粟特有联系的代表性人群。这些人群的民族特征可通过其服饰加以区分，不过在某些情况下发型和面部特征也有助于其身份的识别。

正对入口的是西壁，上面表现了呈献礼品的场景（图15）。这面墙与南壁（图16）一起，是专为撒马尔罕本身绘制的。南壁是前一个场景在图像和时间上的延续，因为它描绘的事件（朝向一座小型建筑的游行）被认为是在西壁描绘的事件之后发生的。

另一处重要且保存较为完好的场景绘制在北壁。这里涉及的是中国。这一比定是基于在有关唐代的文本中找到的对历史上粟特地区相似建筑的明确描述，其中记载了这座重楼的北壁是描绘唐朝皇帝的。整个壁面被分为两部分：右侧为狩猎场景，左侧为水面场景。这两处场景均由一个身形较大的人物主导，一个是皇帝，另一个是皇后（图17）。

保存状态较差的是东壁场景，大使厅的入口就设在那里（图18）。汉文文献再次表明这面墙是专门用来描绘印度人和

图 15 西壁

采自 Compareti, La Vaissière, 2006: pl. 3, p. 26（F. 奥里构拟图）。

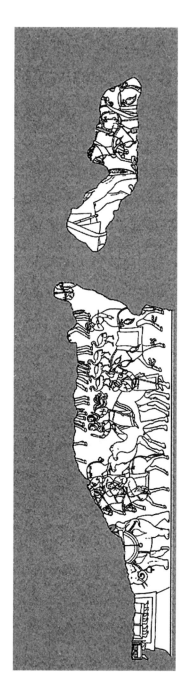

图 16 南壁

采自 Compareti, La Vaissière, 2006: pl. 4, p.26（F. 奥里构拟图）。

图 17 北壁

采自 Compareti, La Vaissière, 2006: pl.5, p.27 （F. 奥里构拟图）。

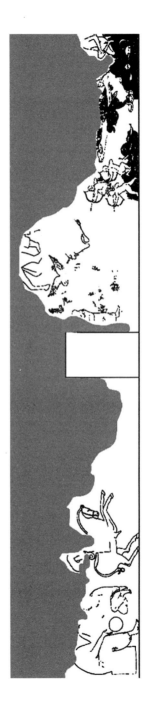

图 18 东壁

采自 Compareti, La Vaissière, 2006: pl.6, p.27 (F. 奥里构拟图)。

突厥人的。在这些图像中已发现了一些线索，据说可使人联想起典型印度人的发式和服饰。然而，东壁壁画的状况如此糟糕，以至于很难辨识这些所谓的印度人正在做什么。同样，将这些人物比定为突厥人也是高度假设性的。大使厅壁画唯一可被认定为突厥人的形象是那些出现在西壁上的人物，他们的发式支持了这一识别。

尽管有些人严重质疑这四个场景从某种意义上是作为一个叙事整体被解读的，但如今大多数学者都开始意识到这四面壁画有一些重要的共同点。[26]实际上，最新的研究结果表明，这一壁画环带应被解读为描绘了在一年中夏天的一个特定时间，与撒马尔罕有联系的不同域外民族同时（尽管当然是各自独立地）庆祝的不同节日。这种观点——整个壁画环带是某种程度上表现一种跨文化和跨地域的共时性的尝试——似乎把互不相关的元素很好地联系在了一起。在我看来，壁画的宏观构成背后隐含着的排序组合理念，是迄今为止正确解读整套壁画的难以捉摸的关键所在。专家们对画中节日的识别仍有争议。一些人认为，这些场景不应被认定为节日庆典，而是可通过研究现存汉文史料来考辨的特定历史事件。

即使对阿夫拉西阿卜壁画进行初步分析，也明显可以看出这样一个事实，即粟特人对与其有交往的民族有着清晰的认知。那么随之而来的问题是：壁画环带中所展现的对世界的划分这一非常特别的概念最初源自哪里？汉文史料描述的是一个本质上的粟特的观念，还是一种粟特人对外来范式的改造？魏义天认为这种构图和主题显示出它的印度渊源。[27]伯希和（P. Pelliot）研究的一些汉文文献也提到了一个由四天子（又称四主）分治的世界，四主的领土由罗盘上的主要方位来表示。[28]这些文献称，印度君主拥有"象主"的称号，其方位在南方。"马主"在北方，被认定为突厥可汗。西方的拜占庭皇帝是"宝主"（波斯国王也称"宝主"）。最后，在东方的中国皇帝被称为"人主"[①]。

葛乐耐曾研究了许多记载萨珊波斯的伊斯兰文献，发现它们对世界观的描述与两唐书所描述的非常相似。甚至在萨珊时代晚期（约6世纪）的"坦萨尔书信"（Letter of Tansar）——一份伪称来自阿尔达希尔一世统治时期（3世纪）的文件中，仍然存在着清晰的四分天下观念的痕迹：它将世界分为四部分，分别是波斯人、突厥人、印度人和拜占庭人。[29]

波斯语文献《法尔斯纪》（12世纪）[②] 中提到了安放库思

① "四天子说"最早见于东晋时代印度译师迦留陀迦（Kālodaka）译《十二游经》："阎浮提中有十六大国，八万四千城，有八国王，四天子。东有晋天子，人民炽盛。南有天竺国天子，土地多名象。西有大秦国天子，土地饶金银璧玉。西北有月支（印度斯基泰）天子，土地多好马。"季羡林先生在校注中指出，一般认为南象主指五印度，西宝主泛指地中海东部王国（波斯、大食以至大秦），北马主泛指突厥、回纥，东人主则指中国。玄奘《大唐西域记·序论》亦云"瞻部洲（梵文 Jambudvīpa，又译琰浮洲，阎浮提等）地有四主"（见［唐］玄奘、辩机原著，季羡林等校注：《大唐西域记校注》卷第一《序论》，中华书局，1985年2月第1版：第42-44），但未明言四主具体族属。另一位唐代僧人道宣在其所撰《释迦方志》（650）中以相似用词也阐述了"四主"理论，并对玄奘所云含混之处提出了精确对应。法国汉学家伯希和据7世纪早期玄奘到访中亚和南亚时的地缘政治形势，结合道宣的阐述，推断出"象主"对应于印度，"宝主"对应于胡人（此处指6世纪末至7世纪中亚的伊朗族群和"吐火罗人"），"马主"对应于突厥人，"人主"对应于中国皇帝，详见 Paul Pelliot, La théorie des quatre Fils du Ciel, Tʻoung Pao, Second Series, Vol. 22, No. 2（May, 1923），pp. 97-125；［法］伯希和：《四天子说》，载冯承钧译《西域南海史地考证译丛》三编，商务出版社，1962，第84~103页）。

② Fārsnāma，或译《法尔斯之书》，成书于塞尔柱王朝时期的一本介绍波斯法尔斯省当地历史、地理的著作。

老一世御座的房间里，留给世界各方君主的空王座。嚈哒（或哈扎尔①人）统治者的王座位于北方，中国和拜占庭统治者分别占据东方和西方。很明显南方被用来象征波斯统治者的领土。[30]在其他可资比对的婆罗钵语（Pahlavi，又译巴列维语）文献或穆斯林作家的作品中也搜集到了近似的信息，如穆斯林作家亚库特（Yāqūt，1179~1229）援引伊本·法基赫（Ibn al-Faqih）的话，描述了杜坎（Dukkān，位于今伊朗克尔曼沙附近）的萨珊建筑上他那个时代仍然可见的装饰壁画。他承认库思老二世（Xusraw II）对中国皇帝、突厥可汗、拜占庭皇帝、信德（Sind）君主的胜利。[31]还有一件保存在俄罗斯圣彼得堡的摩尼教粟特文写本残片，上面有证据表明粟特人知晓类似的事情。[32]

在近东艺术中，这一主题唯一可能幸存的例证（莫德和葛乐耐亦曾论及）是库塞尔阿姆拉（Quşayr 'Amra，意为阿姆拉堡）的倭马亚城堡内的一铺壁画，同一场景中描绘了不少于六位君主（图 19）。在被勘定为城堡高温浴室或曰"桑拿房"的西壁上，依照拜占庭惯用图像定式，表现了六位庄严站立的正面像人物。

壁画上的四条残损的阿拉伯文和希腊文题记，可被释读为 *qay*[*sar*] ／ [*KAI*] *CAR*，拜占庭皇帝；*Kisra*/XOCΔPOIC，暗指波斯皇帝；*an-Najāšī*/NIΓO[*C*]，指阿比西尼亚②的"内古斯"③；以及 *l*]*ūdrīq*/POΔOPIK，指西班牙末代西哥特王。已有许多文献对阿姆拉城堡壁画和六王形象做过专题研究。[33]M. 迪·布兰科（M. Di Branco）最近的一项简要考察使目前为止学界表达的所

---

① Khazar，汉文史籍称可萨。

② Abyssinia，东非国家埃塞俄比亚的旧称。

③ *negus*，埃塞俄比亚皇帝尊称。

图 19 所谓的"世界六王",阿姆拉城堡（约旦）

采自 Di Branco, 2007：fig. 4（Musil, 1907）。

有观点都受到质疑。起初，这位意大利学者认为，题记 *muqawqis* 是用库法体①题写在先前被认为是拜占庭皇帝的这个人物的长袍上的，因此他建议将此人比定为埃及长老（*muqawqis*）。然而，最近的修复工作证实长袍上并没有题记，而真正的疑点在于被认定为 *l]ūdrīq/POΔOPIK* 的人物到底姓甚名谁。实际上，这种解读是不正确的，因此先前将西哥特王纳入所谓的六王人选之中是毫无根据的。阿姆拉堡的人物通常指

---

① Kufic，阿拉伯文最古老的书法体之一，发源于 7 世纪末伊拉克历史文化名城库法（Kufa），并由此得名。

的是"世界六王"，他们应当是接见了先知穆罕默德本人派遣的使者的统治者们：拜占庭的"恺撒"①、泰西封的"库思老"②、阿比西尼亚"内古斯"、埃及长老（muqawqis）、加萨尼王朝③的藩王（philarch）和亚马马赫（Yamāmah）的王子。[34]阿姆拉堡的场景（修复者将其精确定年为743年）应被比定为与先知生平有关的一个历史事件。因此这里并没有足够的元素与阿夫拉西阿卜壁画及世界四部分的描绘进行比较。

尽管这种看法更有可能是从印度佛教徒那里传给伊朗人进而传入中国的，但这里真正重要的是，许多古代民族对世界的抽象划分这一观念，都是由君主及其与四个方位的关系来体现的。这样一来，很明显地，绘制阿夫拉西阿卜壁画环带的艺术家选取了那个时代任何一个国际化的观看者都熟悉的构图模式，即使观者不是粟特人，也可以毫不费力地理解画面。

在讨论各个场景之前，还应提一下壁画可能的创作年代。最可靠的方式仍然是从书面资料中确认其所表现的内容。对于阿夫拉西阿卜环带来说，这意味着在其发现时就被注意到的题记。利夫什茨（V. Livšic）近年在一部新译本中对阿夫拉西阿卜发现的所有题记进行了讨论。[35]然而，唯一可证实的能提示年代的题记还是当地小王或城主拂呼缦的名字。根据一则较长的题记，他曾接见来自支汗那和察赤（石国）的使臣（图

---

① "Caesar"，指皇帝。
② "Xusraw"，指波斯皇帝。
③ Ghassanid，由阿拉伯人建立的基督教王朝，为拜占庭帝国重要藩属国，国王被拜占庭皇帝封为"菲拉克"（philarch，意为"藩王、部族首领"）。该王国也是第一个信奉基督教的阿拉伯王国，位于今黎凡特地区（今叙利亚、约旦、以色列一带），以商业著称。公元636年被阿拉伯帝国灭亡。

23）。尽管题记的主题似乎与壁画场景有关，但无法确定它们是真的与壁画环带同时代，还是后来完成的，也许是由某位不知名的到访者题写上去的。[36]无论如何，"拂呼缦"这个名字在可确证的撒马尔罕造币中广为人知，而且还出现在汉文史料中。据记载，唐高宗于 650～655 年册封拂呼缦为粟特九国之主，并在 658 年遣使出访撒马尔罕，认可了拂呼缦的正统性。[37]

没有史料提及拂呼缦死亡或被推翻的日期。然而，据纳尔沙希（10 世纪）报告说，当 676 年萨义德·本·奥斯曼·本·阿凡攻占撒马尔罕时，发现城内并无城主。[38]这暗示了彼时拂呼缦已经去世或者不久之前（或在同年）刚被废黜。因此，在书面资料的单一基础上，这些壁画的创作时期大致应在 650～676 年。然而，莫德针对西壁人物的分析提出的异议亦不容忽视。这一点将在下一节中讨论。

3.2.2 西壁

当一位观者步入大使厅，首先跃入眼帘的就是其所面对的西壁，那里描绘着来自异邦的使节向王者赠送礼品的场景（图 15）。我们似乎可以把这一场景看作是刻意设计用来吸引进入大厅的观者注意力的。这种图式也出现在片治肯特的粟特壁画上，对此做过多年研究的马尔沙克曾大胆指出，鉴于阿夫拉西阿卜壁画反映了与片治肯特相似的构图风格，因此对西壁缺失的上部画面的重构，需要一个与通常被描绘在片治肯特各种私人住宅壁画上的守护神一致的身份，即娜娜女神。[39]这位伟大学者的假说当然不容忽视，尽管我们不能确定这一适用于片治肯特的结论，是否应顺理成章地被视为适用于粟特其他地方。

在《新唐书》中，何国重楼的西壁专门用于表现波斯和
拂菻（拜占庭），即粟特以西的国家。然而，阿夫拉西阿卜西
壁上的诸多外邦人中似乎并没有这些"西方人"的踪影。莫
德提出，在西壁下部场景中，那个蓄着胡须、手托贵重礼品的
人物可能是萨珊末代国王伊嗣俟三世（图20）。正是该人物与
塔克·布斯坦（Taq-i Bustan）摩崖浮雕（图21）上表现的国
王形象的相似之处，让莫德将两者联系在一起。通过这种方
式，这位德国学者就从汉文史料中找到了一个明确参照。据记
载，伊嗣俟三世曾客居巴克特里亚-吐火罗斯坦（该地区也
包括支汗那），面对阿拉伯人的征服他不得不退守至此，这里
也是他希冀发动反击并重夺故土之地。[40]

图 20　一位身着伊朗服装的男子，阿夫拉西阿卜

采自 Al'baum，1975：fig. 4。

学界可以提出各种各样的论点来削弱这一比定的有效性。
首先，该人物处在边缘位置。其比例与其他没有被认定为统治

图 21　国王，塔克·布斯坦

采自 Tanabe，2006b：fig. 10。

者的人物相当。故而在任何情况下，都很难把它看作是配得上统治者身份的描绘。其次，许多人都认为塔克·布斯坦纪念浮雕并不是一处最具代表性的萨珊艺术遗迹。根据一些学者的说法，塔克·布斯坦浮雕上表现的国王应当是阿尔达希尔三世（Ardašīr Ⅲ），而不是库思老二世帕尔维兹（Xusraw Ⅱ Parvēz）。莫德则支持将国王比定为伊嗣俟三世的观点。[41] 尽管所有细节似乎都显示塔克·布斯坦很可能是一处萨珊晚期遗址，但学界尚无法确知王室赞助者的具体身份。此外，没有书面文献显示伊嗣俟曾在吐火罗斯坦而不是在锡斯坦驻留过，他本想从那里徙入马尔吉亚那。相反，伊嗣俟的后代以流亡王室的身份客居唐廷，曾在吐火罗斯坦居留多年，在那里他们的确发动了一系列抗击阿拉伯人的远征，试图夺回祖先统治的土地，但皆徒劳无获。[42]

莫德的假设虽然颇有吸引力（而且也被塔巴里提到的一则孤立史料所证实），但它并不能很好地被嵌入我们正在讨论的历史时间框架之中。毫无疑问，这将把阿夫拉西阿卜壁画环带的绘制年代上溯至 642 年阿拉伯人大败萨珊王朝与 651 年伊嗣俟三世死于木鹿城这两个事件之间。这一情节与这位德国学者更为宽泛的历史观照思路非常吻合，因为它将壁画年代上推至唐太宗的统治时期，这位大唐盛世的奠基者于 649 年去世。然而在这个具体的案例中，我们应当更加谨慎地对待《新唐书》中所征引的证据。同样的审慎也应延伸到对其他壁面的研究当中。

场景中有几个人物是外族人，或许是外邦使团的首领，真正的使臣。他们希望向一个分明位于画面上部、现已缺失的人物致敬。乍看之下，某些角色的服饰装束很明显被设计成相同样式，使人可以轻易辨认出他们属于同一民族或同一社会群体。他们身着卡夫坦长袍（caftan），杏眼，长发尾端结成辫子。根据被广泛接受的解读，这些人是突厥人，也许是文献记载中赫赫有名的赭羯（chākar）① 侍卫，他们是当地君主雇用的专业兵士或雇佣军。43 这一解读还可得到下述问题的旁证，即为何这些人手中没有礼品，而且还处于行进中的使团首领的位置，仿佛正在陪护其他人步向整幅画顶端的那个人物。这一图像布局使人回想起波斯波利斯浮雕上刻画的外邦使团列队行进的场面。

---

① 赭羯，或柘羯（拓羯），是一短暂但高频出现于《大唐西域记》和新旧《唐书》等史料中的专有名词，学界对其来源和含义观点不一，最流行的观点认为"赭羯"是由来自胡族的骁勇善战者构成的一种军事组织。*chākar* 直译"亲随"，此处可理解为贴身护卫。

从左下角开始，有两位突厥武士似乎正在闲谈或与画面上其他不幸已缺失的人物交谈（图22）。后面的三个人，从他们手中托着的礼品就可以确定是外国使节。

图22　突厥武士与可能来自伊朗民族的人

采自 Arzhantseva, Inevatkina, 2006a：fig.4（detail）。

在右边可以看到第四个人物，但他的轮廓几乎已经完全缺失了。他的衣着、装饰可能与其他三个的相似。他们或许是当时与撒马尔罕有交往的其他伊朗民族的代表，正如同一面墙上的题记所述，是支汗那人或石国人。一位身着白色长袍的无头形象（也许是突厥人），手中持棒，位于上述人物的上方（图23）。画面中他残存的披发、左侧特征鲜明的突厥武士及倚靠在右侧靠垫上的其他人，都表明他是突厥人。在阿尔鲍姆重构图中，一个没有被立即注意到的元素是在袍子上有题记的人物和一组坐着的突厥人之间的那只黑色动物（图24）。根据最新构拟图，这只动物可依稀辨识为狗，[44]它出现在这里绝非偶然或

图 23 站立与就座的突厥人。在第二个手握马球棒的站立者袍服下
摆处，发现了阿夫拉西阿卜最长的粟特文题记

采自 Al'baum, 1975：fig. 4（detail）。

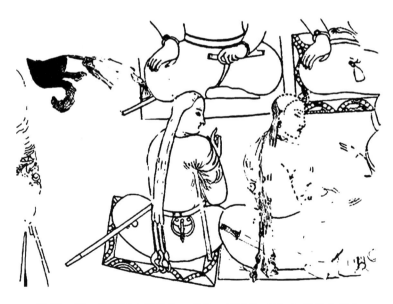

图 24 与一组突厥人描绘在一起的一只动物（狗？）的残存部分

采自 Arzhantseva, Inevatkina, 2006a：fig. 4。

随意带过。接下来的部分是一些不甚完整的残片和另一个部分存留下来的画面，是前一场景的延续。在画面下部是一行队列，上部有更多就座的突厥人（图25）。在右侧可以看到一些

图 25 突厥人与长矛

采自 Al'baum，1975：fig. 5。

直杆在地上的立杆，可能是武器。这些立杆很可能是长矛，部分象征性或暗示性地表达突厥领主国的王权。画面还描绘了另外两个人物的轮廓，其中一人为踞坐（图15）。

下一部分保存得最为完好，不过整幅画的上部已经不可挽回地缺失了。

这一幕可以看作是前一节的延续，即由突厥侍卫护送下的一支外邦人队列位于下部，而上部坐着更多的突厥人。画面的中心区域是整个场景的焦点。在这一中心点上，各国使节正缓步上移，向应当坐在场景顶端的那个人物敬献礼品（图26）。一个无比精确的时刻被描绘下来：一群唐朝的显贵要员正托着各式丝绸（生丝和成捆的织物[45]）步向场景最顶端。一组突厥人朝相反的方向，也就是向另一组已经坐在坐垫上的突厥人那

图26　西壁场景中心部分

采自 Al'baum，1975；fig. 6。

里移动，就像画面另一侧所描绘的那样，整体上几乎呈对称布局。最初，该场景并未被描绘成目前人们所见到的样子。对这部分画面的细致研究表明，壁画在首次绘制之后的年代有过修改的痕迹。[46]在这组站立的汉人与突厥人上方，有两名坐着的男子可由其惯常的辫发被辨认出来。其中一人正在吹奏一样乐器，而另一人的身形则略大一些，身着一件蓝色衣服（图27）。如果认定后者为突厥人这一判断无误的话，那么他很有可能是一位重要人物，因为传统上蓝色在突厥部族的王权观念中发挥着举足轻重的作用。[47]

图 27　突厥乐师与着蓝色长袍的男子（构拟图）

采自 Arzhantseva, Inevatkina, 2006a：fig. 1。

再移向右侧，在一组坐姿人物下方，还有两个突厥赭羯武士，与他们一起，一个短发人物正在引见被比定为"山地居民"（可能是吐蕃人?）的另外三人，以及两位头戴长羽冠的

朝鲜半岛使者①（图 28）。葛乐耐注意到其中一位（右边拄杖
的）突厥武士将其袍服向下翻卷到髋部，这十有八九是由于温

图 28　突厥武士，粟特译语人（？）与外国使节

采自 Al'baum，1975：fig. 7。

---

① 关于这两位戴鸟羽冠人物，作者仅以"朝鲜人"（意大利语 coreani，英
　语 Koreans）笼统称之。在目前以中国、日本和韩国学者为主的研究中，
　阿夫拉西阿卜壁画西壁及章怀太子墓壁画《客使图》等图像中的鸟羽冠
　使者身份，已出现新罗使者、渤海国使者、日本使者、高句丽使者等多
　种观点。其中主流观点有"高句丽说"（见冯立君：《唐朝与东亚·附录
　长安之东：唐代丝绸之路的延伸——从撒马尔罕"鸟羽冠使者"说起》，
　社会科学文献出版社，2019，第 254～273 页；马一虹：《书评：拜根兴
　〈七世纪中叶唐与新罗关系研究〉》，《中国学术》2005 年第 1 辑）和
　"新罗使臣说"（见王维坤：《关于唐章怀太子墓壁画"东客使图"中
　"新罗使臣"研究始末》，《梧州学院学报》2017 年第 27 卷第 4 期，第
　57～63 页）。此处译者依据作者使用的"朝鲜人"之说，概将"鸟羽冠
　使者"称为朝鲜半岛使者。

热的气候所致。[48]下文将讨论其他暗示夏天的因素，以及这些因素与判定阿夫拉西阿卜壁画图景所描绘的哪些事件有关。上述两位突厥人各佩戴一条非常奇特的项圈（torque），形似西壁下部使团中的一位使节呈献（给国王？）的物品（图22）。

在外国使节前面的这一人物已被初步比定为译语人，此人很可能就是当地的粟特人。[49]他作为武士与外国要员的中间人的站位似乎也证实了这一点；在这里还不应忘记玄奘的观察——7世纪时撒马尔罕人有剃发的习惯。[50]

在这个场景的末尾有一排长矛，很明显它们是固定在一台兵器架上的（图29）。长矛下方是一些饰有怪诞面具的圆形物体。它们看起来像戈耳工①的头，尽管在这种"希腊化图像识别"的情形下，也有可能是用来作盾牌的。

这些物体也许是鼓，或突厥王室的其他象征物，因为矛或箭通常与十个最初的突厥部落的图像表现有关。马库斯·莫德发现长矛的数目是十一根，这也许是为了暗示突厥十姓部落（十设，突厥语 on oq）加一个大可汗。据一些文献记载，中国皇帝有一个习俗，即有突厥人在的重大场合，比如册封新可汗时，会用突厥的矛与鼓向突厥人致敬。[51]然而，如果将阿夫拉西阿卜壁画的年代确定在东突厥汗国和西突厥汗国臣属唐朝，奉后者为宗主国的时期，那么这里突厥王室象征物的出现就相当令人费解了。事实上，唐朝皇帝似乎不会允许这种象征物的展示，因为它们的存在可能会被视为不符合突厥人新的、已被降低了的政治地位，即便撒马尔罕和粟特地区当时只是名

---

① Gorgon，希腊神话中蛇发女怪三姐妹，其中最年轻且最著名者是美杜莎，传说任何生灵一见其容貌都会被变成石像。

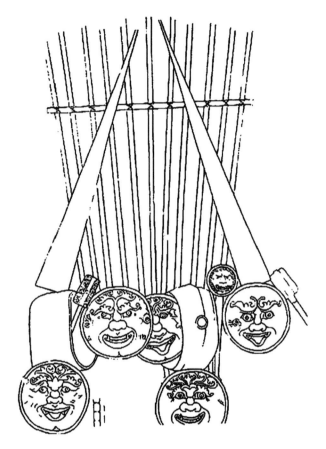

图 29　长矛与饰有形似戈耳工女魔脸形象的鼓

采自 Al'baum，1975：fig. 22。

义上的大唐属国。

从这一异议出发，结合一系列不容小觑的证据，莫德倾向于把壁画年代定在更接近唐太宗（卒于 649 年）统治时期。然而，值得注意的是，如果这些权力象征物真的被视为一个历史上可考辨的插曲，那么即使在西突厥汗国灭亡之后，大唐的外交方略或许会依旧确保并欣然认可突厥首领的统治。这些立在饰有面具和鼓的兵器架上的长矛，能否被视为在一个重大宗教节日场合，唐人对扶持粟特的可汗所给予的善意的标志呢？

当然，这个场景也可能与历史无涉，只是一个普通的接见场面，其中有突厥武士与豪门显贵受邀参加。与阿夫拉西阿卜壁画上非常相似的长矛和鼓还出现在一幅可追溯到宋代的中国绘画中，据说这幅画描绘了匈奴人的风尚。这幅画似乎试图描绘公元 2 世纪匈奴人与汉人交战时发生的一个历史事件。[52]这是否表明匈奴人使用了与突厥人相同的王权象征呢？更有可能的是，绘制该画的这位宋代佚名画师选择了描摹与草原民族权力有关的符号，从而使其同时代的宋朝人能更好地理解个中含义。这再一次强化了阿夫拉西阿卜画师取法中国原创作品构图形式的看法。

那么问题来了：各国使节携带礼品齐聚一堂，究竟是为了什么场合？有人指出，有武士陪同的使团令人回想起波斯波利斯阿帕达纳宫殿描绘波斯帝国各个民族前来为阿契美尼德皇帝朝贡的浮雕。尽管那些浮雕的刻就时代与阿夫拉西阿卜壁画的创作年代有着巨大的时间鸿沟（约一千年），但这一点依然不容忽视。[53]实际上，在庆典活动中波斯侍卫引领着众多使节的一幕也出现在波斯波利斯，这一庆典早已由 R. 吉尔什曼（R. Ghirshman）考证为当地的新年节庆（诺鲁孜节）。不过必须指出的是，最近有人根据阿契美尼德碑文，对此提出了一些质疑。[54]无论如何，这个节日至今依然在伊朗，其次在中亚地区持续存在着，它是一个当地人交换礼物、互致问候的场合。

关于古代诺鲁孜节庆典的精确信息已很难找到，而我们目前根本没有对可能与之相关的绘画做出解说的理想基础。最主要的难题是，虽然萨珊人是诺鲁孜节的王室赞助人，但存世信息很大程度上都来自萨珊王朝覆灭之后才撰写或汇编的间接文献。另一个棘手的问题与波斯、中亚、安纳托利亚和亚美尼亚使用的古代伊朗太阳历有关。这一历法属于一种被称为"移动的太阳历"的类型。这意味着它没有包含任何可以每隔几年插补几天的方法，以使日历在长时间内与季节更替保持一致。换句话说，由于地球公转的速度，一个回归年（tropic solar year）大约比移动的太阳历所规定的 365 天长 6 个小时。太阳历是一种人为产物，而回归年则是一种自然现象，在现代，通过每四年插入一天来调和二者的时间差，是为闰年。古代伊朗世界并没有这种补差机制，因此随着几个世纪的推移，各种伊朗节日（包括最重要的诺鲁孜节——最初为了宣告春回大地的新年庆典）逐渐移动到不是最初想要被举办的季节。目前，通过运用经过广泛研究的汇总图表可以证实，7 世纪时（阿夫拉西阿卜壁画的创作年代），诺鲁孜节实际上是发生在夏天的。[55]

波斯的新年似乎也被认为是加冕君王更吉利的时间，伊斯兰时期的一些文献就证明了这一点，这些文献引用了我们现在已难以寻获的更古老的资料。同样的文献还报告说，伊朗的第一位神话－历史中的王，贾姆希德（Jamšīd）就曾在诺鲁孜节期间举办加冕典礼。[56] 毕竟，对于古代君王来说，还有什么比新年庆典更合宜的时机来彰显自己统治的现世合法性（而不是精神上的合法性）呢？在这个场合，统治者和王公大臣们分别会赏赐、贡奉珍礼，[57] 大摆盛宴，还有美妙音乐与珍馐佳馔助兴，主人与宾客用精美绝伦的金属酒樽畅饮琼浆美酒，其中一些金银饮器就是我们今天辛勤考古的成果。[58]

至此，我们讨论的每一幅画面似乎都导向了一个特别合理的解读：在当地国王雇佣的突厥武士陪同下的外国使节携带礼品步向场景的上部，那里大概率有一位端坐在御座之上的国王，他或许就是西墙题记中提到的那位拂呼缦。场景描绘了唐朝代表正向画面上方致礼，而其他族群的使者则与之保持了一个安全距离，这或许是为了彰显来自天朝的使节们更为举足轻重的地位。

如前所述，650～655 年唐朝的第三位皇帝高宗曾册封拂呼缦为撒马尔罕（和粟特）之王。几年后的 658 年，一个唐朝使团专程来到拂呼缦宫廷，为其举行正式册立仪式。目前还不能确定阿夫拉西阿卜的场景是不是对这样一个历史事件的忠实再现，因为高宗——尽管只是这一地区名义上的宗主——被视为中亚直至波斯边境的唯一真正的君主，因此，只有他有权在这片领地上任命新的统治者。可以想见，7 世纪中叶一位新册立的中亚小王，面临数百年一成不变的地缘战略和商业确定性随着波斯帝国的崩溃而天翻地覆的情势，会设法尽可能款附最后一个尚存的宗主大国——大唐皇帝，以巩固自己非常脆弱的合法性。那么，是否应当把这些壁画解读为在一个风云变幻的时期，主要为当地弱小国王提供一种地方政权合法化的功能呢？遗憾的是，尚未发现创作于萨珊王朝覆灭前的类似壁画。阿夫拉西阿卜的壁画和（非常残缺不全的）片治肯特壁画，以及汉文史料对何国的记载，皆可视为一段极为短暂的时间窗口的产物，新统治者的视觉宣传在当时突然变得重要起来，它们是一种革新，以便应对那个时代特定的瞬息万变的政治局势。换句话说，这些壁画属于当地古老传统的一部分，还是凭空生成的？在我看来，壁画预设的观众主要是当地民众，而非外国人。

基娅拉·西尔维·安东尼尼是第一位想到当地诺鲁孜节庆不同阶段的描绘与拂呼缦的加冕有关的学者。后来，她的发现被其他学者如马尔沙克和葛乐耐接受，并略做改动。莫德仍然对撒马尔罕大使厅所描绘的庆祝活动是诺鲁孜节这一点持怀疑态度。他坚持认为，壁画仅仅表现的是外国使节对可汗的朝贡，当时西突厥人仍在河中地区拥有无可争议的权力。莫德的想法从历史的角度被很好地证明了，并为阿夫拉西阿卜的系列场景构建了一种可信的描述。此外，魏义天和阿扎佩虽然接受这些场景可能是用来表现节庆的，但不否认它们可能描绘了一位与当地国王有关联的突厥可汗，其本应被置于西壁场景顶部的主体位置上（图 30）。[59]然而，鉴于刚刚讨论的问题（尤其是身着蓝衣的突厥武士，图 27）和将在下面几节中呈现的其他人物，说壁画环带描绘的是基于一个夏季的且带有特定天文－占星学含义的节日庆典似乎更为恰切。

图 30　依据魏义天和 F. 奥里观点绘制的西壁构拟图

采自 de la Vaissière，2006：fig. 3。

奥里和葛乐耐详细研究了阿夫拉西阿卜壁画的现存部分，他们在 2005 年举办的以此为主题的学术会议的论文集中提出了整个壁画环带的重构方案。这些重构的灵感来源主要是片治肯特壁画。在阿拉伯人入侵前夕，大量的粟特文化、史诗、艺术以及日常生活的信息，都是从这些绘画中引证出来的。就连奥里和葛乐耐也看到了西壁场景上部有一位缺失的应端坐在御座上的国王形象。[60]同时代的粟特壁画无疑为阿夫拉西阿卜壁画场景的重构提供了绝佳的参照；然而，另一个可供对比的有趣材料来自中国西安发现的粟特人纪念性葬具①，以及一些伊斯兰时代晚期的手抄本插图。

一些学者认为，在片治肯特所充分展现出来的绘画传统及其图像素材库，极有可能是某些伊斯兰插图手抄本的灵感来源，虽然不能完全排除粟特与穆斯林艺术家共享一个共同范本的可能性。[61]马尔沙克将片治肯特壁画比定为《五卷书》（*Pañcatantra*）②在当地的变体，前者与更古老的《卡里来和笛木乃》（*Kalila wa Dimna*）的故事之间的对应关系是显而易见的。[62]可以大胆推想，在某一阶段，中亚引入了来自印度的通用范本。遗憾的是，印度艺术中并没有关于《五卷书》场景真正的古代描绘存世，而且我们也不完全清楚中古波斯文学在把这些故事从南亚次大陆传播到伊朗世界的过程中扮演了什么样的角

---

① 意大利文 monumenti funerari，英文 funerary monuments。Monument 主要指特别重大的纪念物，在艺术史领域常译作"纪念碑"，而汉语中"碑"字一般指被刻上文字以纪念事业、功勋或作为标记的石头，此译法针对性较强。而本书中 monumenti funerari 主要指入华粟特人在墓葬中通常使用的一类用于纪念目的的大型葬具，故将其译为"纪念性葬具"。

② 古印度著名韵文寓言集，原以梵文和巴利文写成。成书年代已不可考，传说其作者名叫毗湿奴沙玛。现存文本最早可追溯到 6 世纪。

色。这些来自《五卷书》的传说故事可能先被译成婆罗钵语，后被译成粟特语，抑或从印度直接传到粟特。很遗憾我们无法果断地解决这个问题，只有 8 世纪的伊本·穆卡法（Ibn al-Muqaffa'）提供了一些难解的参考信息。[63]但是，如果可以将片治肯特壁画视为伊斯兰手抄本插图的一种灵感来源的话，那么就没有理由认为阿夫拉西阿卜壁画不曾发挥类似的作用。

在 13 世纪最古老的伊斯兰插图手抄本中，坐在王座上的君主参加宫廷接待会或宴会的主题频繁出现，它与无处不在的狩猎与战斗主题一起成为很多研究的对象。[64]这些场景令人联想起奥里和葛乐耐对阿夫拉西阿卜西壁缺失场景提出的构拟图。另外，伊斯坦布尔托普卡帕宫博物馆（Topkapı Saray Museum）的 H. 2152 号卷首插图也值得单独探讨，详见下文。

E. 埃辛（E. Esin）多次注意到托普卡帕宫博物馆所藏的卷首插图（她将其年代定于约 1300 年）与阿夫拉西阿卜南壁场景所共有的一些元素。然而她坚持认为，它们是佛教而非穆斯林主题绘画的特征。[65]不久之后，G. 普加琴科娃（G. Pugačenkova）考虑到了阿夫拉西阿卜壁画与托普卡帕宫所藏卷首图的相似性，更倾向于将后者的年代定于 15 世纪。[66]卷首图的两半组成了一幅完整的复杂作品，遗憾的是上面没有任何文字。本书将使用埃辛的线图，尽管不清楚为什么这位土耳其学者没有展现插图的所有细节，尤其是那些由我根据 M. S. 伊普希尔奥卢（M. S. Ipşiroğlu，他认为卷首图是伊儿汗国时期的作品）已发表的线描及彩绘图（M. S. Ipşiroğlu，1967：99，fig. 11）而补充的完整的宴会场景。画面右侧有一支两层游行队伍（图31）正向画面的另一半，即向左边描绘宴饮场景（图32）的区域移动。普加琴科娃和埃辛特别注意到了位于插图下部正在前行的无人骑乘的马、上部驮着空轿的大象和巨鸟，这些都与阿夫拉西阿卜南壁（图16）上的动物有明显的相似之处。虽然在托普卡帕宫博物馆所藏的卷首图上还出现了其他动物，包括一头有翼独角兽和许多人物形象，但两者的确有一定的相似性。跪在马旁边的男子令人想起阿夫拉西阿卜壁画中面戴"帕达姆"（padām）① 的人，尽管后者位于动物的后面而不是前方。携鹰隼的猎人的出现非常重要，它意味着王室群体被分为两个部分。⁶⁷装上挽具却无人骑乘的骏马与驮着空轿的大象可被分别理解为对国王和王后的隐喻，后两者被描绘在这张卷首插图的反面页上。

阿夫拉西阿卜南壁呈现了一个相似的构图方案，尽管正如我们将要看到的，马一定是祭祀祖先的动物之一，因为我们猜想的人选拂呼缦骑着自己的高头大马出现在游行队伍的右边。由此，葛乐耐和奥里选择了一个包含有大于正常比例的骑象王后的画面作为构拟图的一部分。这种重构完全符合我的理解。这两幅画之间的差异可以归因于创作时代的不同，即使两者似乎依循了相同的范本。根据 O. 格拉巴（O. Grabar）的评论，穆斯林艺术家从不同的前伊斯兰时代文化传统中采用或复兴了一些艺术主题与形式，并赋予了它们新的伊斯兰时代的意义。⁶⁸这一说法对当下仍是有效的。从本质上讲，托普卡帕宫博物馆所藏卷首图的来源似乎植根于一种明显的粟特文化基底。这也就是说，它来自一种马兹达教

---

① 祆教祭司在主持祭仪时所佩戴的口罩，以防止呼吸污染圣火。

图 31　托普卡帕宫博物馆馆藏 Hazine 2152，p. 60b 右边

采自 Esin，1977：pl. IIa。

的、非佛教文化，而不是埃辛所假定的佛教渊源。我们不应
忘记的是，伊斯兰艺术中经常出现具有明显蒙古人体貌特征
的人物。然而，这并不一定意味着其衍生于佛教艺术，因为
许多存世的回鹘摩尼教插画都表明，这一范本经常被用于这
种传统中。[69]

　　插图右下部一带头光的人物用皮带牵着一只狗的画面

图32 托普卡帕宫博物馆馆藏 Hazine 2152，p. 60b 左边

采自 Esin，1977：pl. I 与 Ipşiro ğlu，1967：99，fig. 11，p. 99。此系结合两者观点的构拟图。

（图31）亦可指代狩猎。因此，它还可能与插图左右两部分所隐含的贵族娱憩之意有关。另一只较小的狗出现在马的前后腿之间，正扭头回望。这类狗的形象经常出现在近年中国发现的粟特权贵墓具装饰浅浮雕上。[70]从其体型大小和竖起的尖耳可以看出，前面图中用皮带拴着的狗显然是一种训练有素的狩猎动物。而第二只，则是经过训练专门陪伴上流社会贵妇们的一只合适的宠物犬。I. 阿赞切娃和 O. 伊奈瓦特金娜在最近对阿夫拉西阿卜西壁第三只狗（图 24）的比定后认为，托普卡帕宫博物馆所藏卷首插图上马腿下方的狗可与片治肯特被比定为"鲁斯塔姆环带"的壁画（图 33）进行对照。如上所述，20 世纪 60～70 年代，在其他苏联考古队进行测量之前，该铺壁画极为残破的状态使阿尔鲍姆根本无法辨别出任何具体的形态。在 579 年卒于中国的粟特贵勋史君（或 Wirkak）的石堂北壁，可以清晰看到一位妇人所骑的马下方有一只蜷曲的狗（图 34），[71] 这遵循了与片治肯特和托普卡帕绘画中相似的图像模式。虽然这种特定动物的意义尚不明确，但正如我们所知，狗在祆教中扮演着重要角色，并且似乎也受到寓居中土的粟特人的高度崇敬，这一点可以从美秀美术馆（Miho，位于日本滋贺县甲贺市信乐町）藏存的另一件 6 世纪大理石围屏石榻浮雕上的狗得到证实。这个浮雕上描绘了一个被精确比定为祆教葬仪中的"犬视"（*Sagdid*）① 的场景（图 35）。[72]

最后，另一只狗出现在托普卡帕宫博物馆所藏卷首图的王室盛宴场面中。它正朝左侧位于图画下部中间的一个有头光的舞者方向走去（图 32）。在画面上部有三个主要人物：正中央是一位国王，他右边是一位高级官员，另一边是一位头戴突厥－蒙古特色帽子的女子。

对宴饮中一对重要夫妇，甚至一众乐师和舞者的这种描绘，在 6 世纪流寓中国的权贵粟特人纪念性葬具上屡屡可见。在其中至少三件葬具［史君（Wirkak）石堂、安伽围屏石

---

① 一种用狗凝视尸体来驱除尸魔的祆教葬仪。

图33 片治肯特"鲁斯塔姆环带"壁画细部

采自 Arzhantseva, Inevatkina, 2006a: fig. 3。

榻、安阳出土粟特石床围屏〕图像中，一些学者已经考证出粟特新年庆典的画面，尽管没有狗出现在这些情境中。[73]托普卡帕宫所藏的卷首插图和粟特人葬具围屏均描绘了相同的舞者和乐师。在某些情形下，甚至侍者呈奉的葡萄酒罐和食物罐看起来都是一样的，只是安阳石床位于画面中心位置的男性人物比周围的人都要大，还端着一只来通杯（*rhyton*）（图36）。这类宴乐场景无疑描绘了重大节日，但也是在伊斯兰教传播前后的中亚常见的、运用这一主题的更广泛意象的一部分。[74]其中一些场景与袄教徒的天堂概念或庆祝诸鲁孜节有关，后一种情形是对关于阿夫拉西阿卜西壁壁画的唯一令人信服的比定。

图 34　史君石堂石屏

采自西安市文物保护考古所，2005：图 50（细部）。

图35　祆教葬仪中的"犬视"（*Sagdid*）：日本美秀美术馆
围屏石榻上的石屏线描图

采自韩伟，2001：图5。

图 36　安阳出土围屏石榻石板细部

采自 Juliano，Lerner，2001b：fig. 1。

要精确构建前伊斯兰时期庆祝诺鲁孜节的整个仪式已是不可能的了，因为我们没有真正可靠的资料。不过，在几份古代晚期的波斯史料——诗歌和散文中，都发现了对波斯新年庆典的具体描述。一份特别值得关注的文本是相传由奥马尔·海亚姆（12世纪）①撰写的《诺鲁孜纪》（*Nawrūznāma*）或曰《新年之书》，明确提及这个节日。目前只有两本《诺鲁孜纪》手稿得以幸存（有一些消息显示或有第三本存世）。一本13世纪的抄本收藏于柏林国家图书馆（cod. or. 8° n. 2），另一本年代为15世纪，藏于伦敦的大英博物馆（MS. Additional 23568）。柏林所藏的《诺鲁孜纪》手稿已在德黑兰出版波斯语版本，在塔什干也出版了至少一个版本并被译成俄语。而伦敦所藏手稿至今尚未出版。[75]柏林手稿中饶有兴味地提到一系列由达官显贵或高级教士在诺鲁孜节期间礼节性地向国王进献的吉祥物品。这些物品包括盛满葡萄美酒的酒杯，一张弓（配备装满箭矢的箭箙），一把利剑，一枝大麦穗，一名年轻奴隶，一匹马，等等。同一文本还描述了国王的马和猎鹰，尽管在这一点上有些语焉不详。

现在让我们回到阿夫拉西阿卜宫殿西壁。在阿赞切娃和伊奈瓦特金娜所作的详细构拟图中，还关注到了其他最初未被察觉的元素。首先是狗（图24），然后是坐在身着蓝衣的突厥武士旁边的人，该武士手持一件被复原为乐器的物品（图27）[76]。当然，这些并非解读整个阿夫拉西阿卜壁画场面总体构拟的决定性因素，只是一些相对较小的细节。不过，我们仍应记着这

---

① 'Omar Khayyam，一译欧玛尔·海亚姆，波斯诗人、数学家、天文学家、医学家和哲学家。曾创作《鲁拜集》，编撰《代数学》。

些细节，因为它们经常出现在西安的入华粟特人葬具浮雕和托普卡帕宫所藏的卷首插图上。因此，或可大胆设想，葛乐耐和奥里提出的对撒马尔罕国王的构拟，应辅以一位显贵人士作为补充，或者更有可能的是，一位宝座上的王后端坐其侧。[77]

正如阿尔鲍姆及其追随者 S. 亚岑科（S. Jacenko，亦拼作 Yatsenko）所正确观察到的，西壁下面部分一名伊朗族裔的外国使节手里拿着两种截然不同的项链（图 22）。与同一场景中许多男性人物所佩戴的同款的项圈（torque）注定是进献给国王的，而另一条项链则可能会被送给王后。[78]实际上，汉文史料中在提及这对王室夫妇时，往往与庆祝粟特节日有关。两排手捧贡礼的使节被引向场景中两个截然不同的方向并非完全不可能。第一个方向可能是国王及其扈从坐在一起的地方；第二个则是王后及其侍女所在的位置。当然，这只是从中国的粟特人纪念性葬具上发现的一些图像所支持的众多可能性中的一种。在一个特定的例证中，一些学者将史君（卒于约 579 年）石堂上的公众节日庆典比定为当地的诺鲁孜节。庆典中男性与女性人物分别出现在两个独立的群组中，这是粟特艺术描绘两性角色出现在同一场景时的显著特征。[79]

还有其他元素能为一种合理的重构提供依据。国王或许正拿着一只酒碗或来通杯，而不是武器。他可能坐在葡萄藤下，面前飞舞着神幻异兽。这应是一种典型描绘，是通过粟特统治者而赋予粟特的荣耀或神佑之显现（图 37）。[80]在伊斯兰插图手抄本中，唯一有翼的生物是天使，通常位于中央宝座上的人物上方，如同托普卡帕宫所藏卷首插图表现的那样。同一幅手抄本插图还包括了柏林版《诺鲁孜纪》所提到的几个元素：盛满葡萄酒的酒杯，拿着箭的弓箭手，甚至一个手持大花的侍

图 37　对西壁场景缺失部分的重构方案。此处或应加入第二只狗

此图为作者手绘。

者，这种大花也许会使人联想到一捆小麦（或其他一些植物
元素）。这并不意味着托普卡帕宫所藏的卷首插图（以及其他
彩绘或以另外形式描画宝座上的穆斯林君主的作品[81]）上的场
景应与诺鲁孜节庆典等同。相反，我想指出的是，如果穆斯林
艺术家知晓早期粟特艺术所提供的范本，那么其他画作诸如阿
夫拉西阿卜壁画（极有可能描绘了真实的诺鲁孜节庆典），就
会为后续创作宫廷生活的一般场景的构图提供一个极好的图像
素材库，而今天的学者很难对其做出具体语境的和常规的艺术
史解读。

在礼仪宴会上还可加入其他一些东西。现代伊朗的祆教徒所举行的诺鲁孜节庆祝活动的某些阶段包括准备祭奠祖先的仪式餐，然后餐食被供给社区中贫困的成员。[82]据说在祆教徒范围内可能还存在一种葬礼宴会，尽管在现存文献中尚未找到确切记述。

因此，西安6世纪粟特人墓葬葬具的考古发现与伊斯兰书籍插画，是用来增进对阿夫拉西阿卜大使厅壁画缺失部分的理解的最佳参照物。这一粟特组图展示了那些粟特丧葬浮雕与伊斯兰绘画之间的紧密联系，在伊斯兰绘画中，同样的图像以几乎未经修改的形式重现。此外，正如我已经观察到的，以及我将在下面几段再次指出的，王室夫妇的身影实际上也出现在其他墙面上，或者在相当零碎的场景中，他们曾经的存在可以通过现存的综合语境推断出来。

3.2.3 南壁

第一个对南壁场景的合理解读是马尔沙克于1994年发表的一篇文章，[83]尽管莫德在一年前的一篇论文中已经提出了一些理论。马尔沙克的深刻见解值得特别关注，因为它们有详细汉文史料的支撑，这些史料与其他墙面场景形成了巧妙的参照。

在这一残缺不全的场景中我们可观察到几个人物。有些在步行，其他人则骑在马背上或其他动物身上。所有人都朝着远离西壁的同一方向前行，仿佛列队东行一样（图16）。一位身形庞大但不幸仅存部分画面的骑者，可以被理解为整个故事围绕着的主要角色。根据其他证据判断，他很可能就是拂呼缦本人（图38）。图38所示构拟图明显是基于西壁下部人物的形象，在该人物脖颈上有一行模糊难辨的题记，可读作"Varkhuman"（拂呼缦）（见本章尾注40）。事实上，没有任

图 38 阿尔鲍姆提出的对南壁骑马的庞大人物的构拟图

采自 Al'baum，1975：fig. 13。

何信息曾暗示这个骑马的巨大人物会戴同样的帽子。

在右侧出行队伍的末尾，我们可以看到其他保存较差的骑者的残余图像，在中央场景上方可以看到许多动物的腿。在画面左边，出行队伍的前面有一头驮载舆轿（覆盖着盖篷？）的大象（图 39），后面跟着三位侧坐在横式马鞍上的妇人（图 40）。按照马尔沙克的推测，如果后面的人物是后宫妃嫔，那么似乎就有理由假定大象应当驮运了另一位显要人物，或许是拂呼缦的妻子，正如盖篷右侧依稀可辨的一位女性侍从的残余

图 39　南壁出行图：驮载人物的大象

采自 Al'baum，1975：fig. 9。

部分所暗示的那样。

　　在阿尔鲍姆的构拟图中，有一座小型建筑物的台阶出现在画面最左边，内有三个人物的较低部分，一位披甲武士位于建筑物外面（图 41）。在《隋书》和《北史》（两者均编修于 7 世纪）中，均清楚记载了石国国王会在每年一月的第六天举行某个仪式，而在七月的第十五天举行另一个仪式，大臣们也到场。[84]国王及其宫廷臣属们悉数进入位于都城东南方的一座内有宝座的神殿里，在节日当天，一只盛放王室祖先遗骸的金

图40　南壁出行图：三位贵妇人

采自 Al'baum，1975：fig. 10。

瓮被放置于宝座之上，宫廷游行队伍则沿途撒播鲜花和水果。仪式结束后，国王及王公大臣们退到不远处的帐篷里，那里聚集着王国的豪门贵胄，依位阶就座。《隋书》还记述道，康国首府撒马尔罕城内还有一座类似的祖先祠堂，国王每年六月在那里举行一项仪式。文献所指的岁时历法似乎是中国农历，而

图41　在南壁出行队伍尽头的建筑，内有残缺的人物形象

采自 Al'baum，1975：fig. 8。

不是当地的移动太阳历。这意味着，文中描述的是在诺鲁孜节前后庆祝的一个特定节日也不是全无可能。

伊朗新年在波斯、高加索的大部分地区和中亚都是每年同一时间举行的，按照非常相似的仪式来庆祝的。7 世纪时，这一节期正好在夏季，与中国农历六月相对应，因此，这份汉文史料所记的内容很可能符合撒马尔罕和粟特其他地方的实际情形。事实上，在新年前后，波斯人还举行了一个被称为"弗拉瓦尔丁节"（婆罗钵语 Fravardīgān，意为万灵节）的庆祝活动，以纪念逝去的灵魂（Fravashi①）。[85]不要忘记，这种比定还

---

① 阿维斯塔语词，古波斯语作 Fravarti，婆罗钵语作 Fravahr，现代波斯语作 Farvard，Farvardīn 为其复数形式，词义为"原始的精灵"，或作"天国里永恒的精神体"，亦即"自然万物在天国的原型"，见［伊朗］贾利尔·杜斯特哈赫选编《阿维斯塔——琐罗亚斯德教圣书》，元文琪译，商务印书馆，2005，第 490 页。

反映在西壁上，这很可能是当地新年庆典的某个时刻。

出行人群中有两位步行的人物（一位年长，另一位年轻无须）。他们的脸遮盖着典型的祆教仪式用的口罩"帕达姆"，周围甚至还有一些动物，或许在等待被献祭（图42）。根据马尔沙克的看法，这两个戴口罩的角色可能是当地社群中地位较高的成员，被选中来献祭牺牲，而不是专业的祭司。这一点可以从两人的华贵服饰与腰带上悬挂的武器显示出来。这种直观的解读再一次得到了文献的清晰反映，如上所述，康国和石国国王（或他们的大臣们）的贵族宾客应邀来到宫廷，一齐助祭典仪。

骑骆驼的两名男子（图43）手执仪式棍，据祆教史料的描述，这是用来杖杀动物而不致其流血的工具。[86]不过，应当指出，在祆教文献中有一些证据表明，祭司可以使用长剑、匕首、盾牌和棍棒等武器来捍卫他们的圣地。[87]所以，对于阿夫拉西阿卜来说，这无非是撒马尔罕当地祆教的一个宗教习俗，并不值得大惊小怪。在骑骆驼的两人中，只有暗红色皮肤者伸出双手，这似乎意味着游行的尽头，即（可能是）画面左边部分得以保存的阶梯状建筑。

尽管场景中有几个部分缺失，但似乎有足够的空间来描绘一顶帐篷，就像汉文文献所描述的那样，国王会在行完仪式后与众臣退回到帐篷里。然而，一些看来是表现"胡人"（barbaric）主题的宋代绢画——它们很可能是更古老原作的临摹本——描绘了游牧帐篷周围的欢乐景象，这与西安入华粟特人葬具上观察到的图景非常相似（图44）。此外，在这些中国画中，还在帐篷外面描画了武器架（图45），这与大使厅西壁上看到的立杆（长矛？）架十分相像。[88]魏义天率先提出该墙面

图 42　献祭动物与面戴"帕达姆"的祭司

采自 Al'baum，1975：fig. 12。

的构拟图应包括一个帐篷，这是一个特别适合营造游牧环境的
元素，也正是这些场景所试图描绘的（图30）。[89]

　　同样，要对阿夫拉西阿卜壁画环带确立一个最权威的重构
方案将是极为困难的，因为目前存在着几个基于史料文献却又
相互抵牾的假设，其中许多前文已经述及。这些假设均认为这
是一个充满了意义和复杂性的作品，以致其中的许多细节可能

图 43　骑骆驼的人

采自 Al'baum，1975：fig. 11。

仍然是神秘莫测的，如同它们一直引人入胜一样。同时，在学者们的不懈努力之下，阿夫拉西阿卜壁画更宽泛的意义、语境和主题象征正在逐渐浮出水面。

在被献祭的动物中有四只白鸟[90]（属于一种水禽）和一匹套有挽具无人骑乘的骏马。这匹无人骑乘的马的出现似乎具有双重意义，若结合诺鲁孜节庆典或举行丧葬仪式的语境，可能会让我们更好地理解它出现的意义。关于这个主题已有多篇论文论及。[91]这里我们有必要回顾一下，在一些汉文史料中也能找到与古代伊朗仪式相呼应的马匹祭祀。[92]

图 44　安伽围屏石榻石屏

采自 Rong, 2003: fig. 1. 4。

粟特人曾采纳并改造了印度的图像志以用来表现他们自己的神灵（一种可在片治肯特壁画和其他几处遗址看到的现象），根据这一理论，应当把象征性动物或神圣的兽形载具

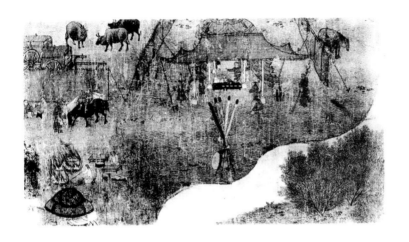

图 45　宋代佚名绢画（现藏于波士顿艺术博物馆）

采自 Haskins, 1963: fig. 2, 6。

（梵语作 *vāhana*）解读为旨在使人立即想起一位特定的神。在这种情形下，马可能意味着梅赫尔（Mehr）或密特拉（Mithra），而鸟则隐喻祖尔万（Zurvān）。[93]

人们注意到，出于未知的原因，从 6 世纪起，粟特人似乎已经开始用让人联想起印度神的图像志来取代他们自己神的图像谱系。于是，阿胡拉·马兹达－阿摩（Ahura Mazdā-Ādbagh）[①] 与帝释天或因陀罗（Indra）有了关联，祖尔万与梵天（Brahmā）相对应，维什帕卡［Wēšparkar，阿维斯塔语 Vāyu（瓦尤）的粟特语形式，是风的神性体现］与大自在天（Mahādeva）或湿婆相联系。阿胡拉·马兹达－阿摩被描绘成有三只眼睛，祖尔万蓄着长胡须，而一个有三头的人物似乎已

----

① Ādbagh 粟特文写作 'dBag，乃复合词，意为"大神"。

成为维什帕卡的形象表现。我们主要的信息来源仍然是粟特语佛教文献，其中还发现了两个更典型的印度神，他们似乎没有马兹达教神祇的先例：身披盔甲的毗沙门天（Vaiśravaṇa）和有着十六只手臂的毗湿奴－那罗延天。毗沙门天可能与阎摩（Yima，死神）有关，[94]不过目前还没有一个对当地那罗延天的可信的比定。片治肯特有一幅独一无二的一手拿三叉戟（梵语作 *triśūla*）的三头神的壁画（图46）。据利夫什茨释读，[95]这位神的一条腿上题写着"*wšpr(kr)*"——Wēšparkar（维什帕卡）的题记，如今在艾尔米塔什博物馆陈列的壁画上还能看到这则题记。

有鉴于此，我们可以根据通用的南亚次大陆原型，通过适当的实体或兽形载具所象征性地代表的神明，对这些引人入胜的印度化了的粟特神进行分析，从而进一步了解他们。根据这一假设，葛乐耐提出，阿夫拉西阿卜南壁上束挽具的马是用来祭祀密特拉的，而四只鸟则用来献给祖尔万。[96]实际上，在印度人（还有希腊人和罗马人）观念中，马是与太阳神联系在一起的动物。而作为长颈鸟的天鹅（梵语作 *hamsa*，阿拉伯语作 *Anqā*），在粟特则充当了梵天－祖尔万的兽形载具。

现在，我们回到南壁最左边的场景。汉文史料对这类建筑内外的图景早有著录，比如何国国王祭祖的重楼。图景中的一些人物或许是祭司或侍从。他们很可能是接受（或继承）施行祭祀仪式特权的特殊贵族（图41）。[97]然而，这座建筑的宗教礼拜性质意味着我们不能排除这些画是神祇画像的可能性，甚至可能是其他绘画或雕像的再现。在某些情形下，纺织物的设计和纹样是可以辨别的，现在我们将注意力转移到这些主题上。

**图 46 站立的维什帕卡－大自在天和坐着的
阿帕姆·纳帕特（Apam Napāt）?，片治肯特**

采自 Shenkar, 2014: fig. 30。

由于画中人物的下肢仅存很小一部分残片，我们只能以高度推测的方式来判断。人物衣着装饰纹样的突出特点是含有所谓的联珠圈，或曰一种圆形图案。这是一种骨架装饰元素，内填各种具象的和动物形题材。它是广泛用于前伊斯兰时期伊朗艺术的常见装饰原型。然而，这并不意味着它应当被自动归属为萨珊专有，因为这个特别的图案在粟特亦被普遍使用。[98] 这种装饰的纺织物残片也见于中亚其他地区 7～8 世纪的考古遗存中。

在研究粟特文明（乃至更广泛的伊朗文明）的各个方面

时，我们面临的最大问题是书面文献的匮乏。在缺乏文本资料的情况下，我们必须将注意力转向纺织品设计；在一个显然居住着大量贩易国际纺织品商贾的国家，纺织品也许不应完全被视为二手资料。

特别是来自吐鲁番和青海都兰地区的用联珠纹装饰的一批丝织品残片，由于其在墓葬语境下的功用而格外有趣。实际上，这批墓葬纺织物所显露出的对一些特定装饰元素的偏爱，包括对翼马珀伽索斯（Pegasus）的描绘（图47），可能是因为这些元素暗示了逝者灵魂从人间到彼岸世界的理想过渡，正如在印欧语社会文化圈内，由通向冥界的各种接引使者①所传达的那样。[99]吐鲁番的翼马在从高加索（图48）到埃及（图49）的其他墓葬环境中发现了几乎一模一样的纺织品图案。这种图像元素广泛的地理分布与粟特人无远弗至的商业活动不无关系。[100]

上述考量也同样适用于粟特本土，尤其是撒马尔罕。因此，如果被比定为先祖祠堂的建筑内外的人物是当地神祇的话，那么连他们衣服上的图案都可能暗示其超脱尘世的属性，而这些神的兽形载具（独特的动物形态象征）往往成为其装饰图案的首选。简言之，那些衣着上饰有联珠圈内填水鸟纹的人物可能是祖尔万－梵天，而点缀有骏马纹样者则可能是梅赫尔/密特拉。第三个人物的衣服上联珠圈内的图像已经不存，祠堂外身披铠甲的人可被比定为毗沙门天。如果在这一特殊情境下，纺织品图案能为我们提供正确读图的钥匙的话，那么神祠里第三个人物的服装上可能原本饰有大象，用来暗示阿胡拉·马兹达－阿摩；或饰有公牛，用来指代维什帕卡－大自在天

---

① *psychopomp*，古希腊语，意为送魂者、冥府使者。

图47 来自吐鲁番阿斯塔那的珀伽索斯

采自赵丰，1992：图7-3.d。

（但在片治肯特壁画中，这位神的载具是野猪[101]）。

　　另一位研究阿夫拉西阿卜南壁壁画的学者莫托夫（Yu. Motov）也提出了基于对纺织品装饰图案象征意义的解读而得出的相似发现。但是，他认为南壁所描绘的庆祝活动是梅赫尔节（Mehragān），这是一个最初为了奉祀梅赫尔/密特拉神而产生的节日。[102]太阳神的象征动物是马。根据斯特拉博的说法，亚美尼亚人（他们是阿契美尼德伟大君王的亲密盟友和热切的祆教徒）之所以每年朝贡两万匹马，也许是为了在波斯节日盛宴上献祭（《地理学》，XI.14，9）。[103]尽管这份报告或许有些夸大其词，但它仍然是我们现有的唯一线索，指引

图 48　来自俄罗斯哈索特（Khasaut）的珀伽索斯

采自 Jerusalimskaja，1972：fig. 5. 2。

我们基于伊朗众神各自的象征动物而识别可能与某一特定天神
相关的献祭动物。

　　这一假设并不被所有学者所接受。[104]事实上，神祠里人物
衣着上的纹样也同样装饰在阿夫拉西阿卜壁画其他人物的服装
上面。例如，翼马纹样就点缀在西壁至少一个突厥人的长袍
上，还出现在 3 号房址的突厥人像上（图 12）。另外值得注意
的是，如果神祠里的人像被解读为神的话，那么根据当时的惯
例，他们的尺寸应当比崇拜者的更大。片治肯特壁画中就反映
了这种做法。当然，这些形象可能只是神祇的一种表现形态，

图 49 来自埃及安提诺伊（Antinoe）的珀伽索斯

采自 Azarpay，2000：fig. 16。

以符合并彰显这栋建筑的功用；抑或仅仅是根据崇拜者的身量
而等比例描绘的护佑神像。一些文献间接提到粟特艺术中有偶
像，以及反复出现的便携式神像的存在。[105] 1979 年在名为库赫·
苏尔赫（Kuh-i Surkh，塔吉克斯坦西部）的洞窟中发现的木
雕偶像很可能就属于这一类型（图 50）。这个偶像高约一米，
呈坐姿，有浓密的小胡须。[106] 它的雕刻手法原始稚拙，本应套
有一些衣服，甚或一双皮靴。其王冠部分幸存下来的一些金属
部件形似太阳和月亮。此外，还发现了一根被塑造成三只公羊
头的木杆的末端，木杆最初可能握在偶像的右手里。最初的调
查认为，木制偶像为梅赫尔/密特拉或阿胡拉·马兹达的形象，
尽管公羊更可能是"灵光"（婆罗钵语作 *xwarrah*，粟特语作
farn）或曰神赐荣耀的拟人化表现。[107] 撇开偶像的身份不谈，若

图 50 来自塔吉克斯坦库赫·苏尔赫的木制偶像

采自 Catalogue Rome, 1993：cat. 83。

能知道偶像衣服上的装饰纹样也是很有意思的。可惜这些信息我们恐怕永远也无法获知了。如果阿夫拉西阿卜大使厅南壁神祠里的形象是便携式偶像的话，那么它们的尺寸很可能被绘制壁画环带的艺术家们等比例缩小了，以实现更强的写实效果。就目前的情况看，重构的壁画环带中唯一不成比例的因素就是君王们及其妻妾的巨大尺寸。在保存更为完好的、绘有中国内容的北壁可以清楚地看到这一点。这并不一定意味着这些偶像有头光或焰肩，两者都是用来暗示神圣属性的图像配置。这些元素在粟特图像志特别是绘画领域经常出现。

对于上述假设还有几个反对意见。首先，可以观察到假定的祖尔万神身上鸟的外形更让人联想到孔雀，而不是天鹅或家鹅。再则，以这个想法为依据，可以推测在朝神祠行进的队伍中至少还应当描绘维什帕卡的一头公牛。维什帕卡的象征动物或是公牛，或如上文所述，是在伊朗文化圈充当维什帕卡"载具"的野猪。

最后，同一件衣服上的其他动物形态的图案亦不容忽视。这些图案包括假定祖尔万的人物衣服上内填含绶鸟的联珠圈纹饰下方的颈系飘带的公羊，还有位于被认为是梅赫尔/密特拉的人物长袍下缘内填野猪头的联珠圈纹饰。之所以出现这种情形，要么是因为在动物形态的象征意义上有一些混淆，要么，很可能，这些元素不应被视为是直接暗示其穿着者的属性。实际上，公羊和野猪可能会使人联想到其他神灵。此外，汉文文献提到在神祠里的一个宝座上放置着一只金瓮，但同时却疏于提及任何神圣的图像。根据这个想法，白象有可能是献给阿胡拉·马兹达－阿摩的祭品。然而，这一假设并不符合被普遍接受的认为这头动物驮载着王后（身量被描绘成比随行后妃/侍女更大）的理论。而根据莫德的说法，还有一种更平实的解释，即它可能只是一组乐师的运载工具。[108] 况且，斯特拉博所提供的"波斯人将马献祭给太阳神"的信息颇具争议，我们不能据此就想当然地假定充当载具的动物也应该被认为是供奉神祇的合宜祭品。存世的关于这方面的袄教文本并没有提供太多帮助，而只是提到形形色色模棱两可的动物类别，包括那些在狩猎中被杀死的猎物。[109]

在我们继续之前，还有最后值得注意的一点，那就是一匹套好马具、鞍辔齐备，却无人骑乘的马。这一主题似乎不仅与粟特丧葬艺术息息相关，也与诺鲁孜节庆典有关。乐仲迪曾整理了一份在中国发现的粟特人纪念性葬具的详尽清单，其中就描述了这种具有双重功能的马。[110] 甚至说这种马具备三种功能可能都是恰当的，因为诚如乐仲迪所指出的，无人骑乘的套好马具的马在中华文化语境下也是一种对逝者的富有诗意的暗示。这个理论与在许多其他文化语境（包括伊朗和希腊－罗马世界，那里的动物往往有双翼）中发现的一种由来已久的模式十分契合。换句话说，马不仅是生者的坐骑，也为逝者进入来世提供了一个生动形象的恰当隐喻。[111] 简而言之，所有迹象都表明，埋葬在中国高等级墓葬的粟特人，既在朝廷中获得了上层地位，同时又能够持守自己的宗教传统。

对与诺鲁孜节庆典有关的场景的假设，似乎也适用于阿夫拉西阿卜南壁上的画面。

3.2.4　北壁

按照重要性排序，描绘当地节庆的墙面在概念上可能后面会紧跟着北壁画面。根据文献记载，北壁这铺壁画是"献给"中国，或者确切地说是"献给"中国皇帝的。因此，若要分析"大使厅"四壁画面，与其说以顺时针为序，不如说应优先考虑北壁，最后考虑东壁。北壁壁画描绘了一个极其复杂的场面，同时也向观者表明粟特人可能对中华文化有深入的了解。

这面墙的主要特点是它的构图被分为不同的两个部分，由一条几乎位于画面中央表示水体的斜线分隔开来（图17）。可以有把握地假设这条线是一条河或一个湖，因为左边描绘了一个几乎全部由女性组成的、发生在水上和水中的场景（图51）。根据莫德的看法，这只可能是一条河，因为有证据表明绘制该场景的画师了解古代中国绘画用特定方式表现河岸的惯例。[112]用水线把整个场景一分为二是一种在构图中呈现透视效果的巧妙做法。这种方式在伊朗艺术中也并非完全没有。但是，在专门描绘撒马尔罕节日庆典的墙面上，三维效果是通过另一种方式——将人物分配在不同层次上——实现的。莫德的比定无疑是正确的，虽然不能完全肯定这位粟特艺术家是否一定有意画一条河。它更有可能反映的是艺术家想要效仿一种久负盛名的中国风格的愿望。这种预感会经由对东壁的观察而越发强烈。描绘印度的东壁，并未使用任何有意营造透视效果的手法，尽管东壁上有几个人似乎正浸身于河里或池塘里。然而，应当指出的是，东壁场景的保存状态非常糟糕。我们稍后会回到这一点，因为汉代墓葬浮雕和绘画的一些铭文题记均提到了与朝廷活动有关的渭水的名字。在我看来，这一点应与阿夫拉西阿卜北壁壁画并列观之。

北壁右侧的场景与左侧形成对比，呈现出一个更为男性化的骑马狩猎图景（图52）。在左侧场景那艘船的中央，一位夫人因她的身量高大而显得特别突出。同样，右侧画面下半部有

图 51　北壁左侧画面

采自 Al'baum, 1975：fig. 21。

一位比周围其他猎手更大的骑士（图 56）。毫无疑问，这两个角色正是被着意打造的整个场景的焦点。正如我们的汉文史料所述，中国皇帝的画像曾出现在何国国王重楼的北壁上。所以几乎可以肯定地说，在这样的情形下，较大的人物可能被比定为中国君主和他的眷属。这幅壁画展现了与这对帝王夫妇的高贵地位十分相宜的活动。对画作的初步分析得出的结论是，这的确是唐朝宫廷悠闲逸乐生活的常规表现。这种判断很可能是正确的，但在经过更深入的分析后，一些特别的元素似乎使我们（在我看来）能更精准地识别壁画中所描绘的节日。

　　这项识别工作的第一步是在中国艺术品中搜寻相似的表现形式，如若可能的话，尽可能找到与阿夫拉西阿卜壁画同时代的作品。遗憾的是，除了一些狩猎场景，没有任何一件现存的

图 52　北壁右侧画面

采自 Al'baum，1975：fig. 18。

唐代艺术品能呈绐我们类似的东西。直至汉代，浮雕狩猎场景才成为中国纪念性陵墓的常见装饰特征，表现这种题材的汉画像砖的生产高峰出现在公元 2 世纪。随着 7 世纪初唐朝的建立，对狩猎题材的描绘在上层阶级中继续受到追捧，尽管人们逐渐放弃了浮雕载体而更加好尚绘画的形式。与此同时，纪念性丧葬建筑也经历了一些改造。值得一提的，是初唐最具名望的画家之一阎立本（卒于 673 年）在丝绸卷轴上描绘的一些中国皇帝的画像。[113]

尽管据说在这些绢画上可能有一些对皇家狩猎的表现，[114]但仅有的几幅阎立本作品（仅余晚出临摹本存世），均有代表性地展现了皇帝在正常大小的仆人、使节、侍从陪同下的巨大肖像（图 53）。

3.2.4.1　狩猎场景

唐朝从中亚引进了许多奢侈品，这些奢侈品常常饰有伊朗民族中普遍流行的狩猎场面。然而，近年的研究修正了之前所认为的一些器物理所当然起源于波斯的观点，包括在波斯艺术中屡屡可见的骑士姿势，即"飞驰式"（flying gallop）和"安息射"（或曰"帕提亚射"）。有证据表明，这些现今被认为是典型波斯式的图像定式，实际上是从中亚的先例中被引入伊朗的。[115]而且，这些定式似乎至少从公元前 1 世纪开始就在中国艺术中流传，并依照当地准则呈现了出来。[116]当然这并不意味着它们不是取自帕提亚艺术的范式。[117]这种做法的确表明人们可能已经认同这种姿势特别适合代表蛮族（汉语称"胡人"）骑兵，尤其是匈奴骑兵。[118]

下葬时间为公元 151 年的山东苍山汉墓的一则铭文似乎支持了这个假设。的确，苍山画像石的每一个场景都带有解释性诗体榜题。对于唯一一个骑马回首射箭的人物，铭文描述道："前有功曹后主簿，亭长骑佐胡使弩"（图 54）。[119]艺术家用胡须和尖帽来刻画这个胡人，这两个元素都暗示他出身中亚（可能是伊朗人，抑或匈奴人？）。苍山汉墓图像装饰对研究中国狩猎图景起着重要作用，很可能也是阿夫拉西阿卜画师们

图 53　众侍女中间的唐太宗（阎立本绘）

采自 5000 ans d'art chinois, 1988：233，fig. 2。

的早期范本。这一点我们有必要稍后再探讨。目前足以引起
重视的是，唐代墓葬壁画包含了丰富多样的狩猎场景，以至
于可以说狩猎是当时最受青睐的题材之一。在陕西李寿
（577～630）墓壁画上，有一幅有趣的唐代"飞驰式"狩猎
图，其中还描绘了一个作"安息射"姿势的人物。然而，此
处马背上的射手绝对是汉人（图 55），[120] 正如阿夫拉西阿卜壁
画里所表现的那样。

图 54 苍山汉墓画像石浮雕

采自 Wu, 1998：fig. 1。

图 55 李寿墓东壁壁画线描图

采自陕西省博物馆、陕西省文管会，1974：图 16。

这种认为粟特人可能会采用中国范本的观点并不牵强，因为粟特人很有可能从中国不仅引进丝绸和其他奢侈品，还引进卷轴图卷，就像在阿夫拉西阿卜西壁上可以清楚看到的那样。[121]与此相反的现象在汉文史料中也有记载，在这里，中亚画家的作品受到称赞。[122]例如，一个身形巨大的骑手正用长矛

攻击一头豹子，而另一头豹子已负伤倒地，这一画面的确颇具
张力，引人共鸣（图56）。

图56 阿尔鲍姆对北壁右侧画面的构拟图

采自 Al'baum, 1975: fig. 16。

基于典型的萨珊图像定式的象征性阐释，波斯国王在猎
杀猎物时从不失手，因为他得到了众神的赞许。因此，在萨
珊艺术尤其是金银器上描绘的几乎每一个狩猎场景中，总是
会重现猎物死在国王的马蹄之下。[123]仔细观察，会发现画面中
倒在地上的豹子尺寸比面对猎手的那只要小，这很可能是因
为画师并无意应用萨珊图像定式。在阿夫拉西阿卜壁画中，
没有找到萨珊王室艺术那种一切都应表达众神所眷顾的万王
之王至高威权的习用原则。相反，动物们被刻画得惟妙惟肖，

顽强抵抗着一个庞大猎手的攻击。他是场景中唯一与两头豹子搏斗的人物，因为他无疑是主角。需要再次指出的是，倒地的豹子看起来并没有死，而是在现实的剧痛中扭动翻滚，类似于唐代墓葬壁画中对野生动物的某些表现。罗马和早期拜占庭艺术中的狩猎场景，也非常逼真地描绘了被猎杀动物的痛苦。[124] 然而，这并不是一个令人信服的假设，因为它无法解释一位粟特艺术家为何会使用一种"西方的"定式来表现唐朝皇帝。那么，这就为我们提供了另一种暗示，即应当存在着一种中国范本被用来决定阿夫拉西阿卜壁画，或者至少是北壁画作的构图。

然而，很难把这看作是对唐高宗的假想画像。高宗是与拂呼缦同时代的中国皇帝，更是这位粟特小王的正式领主。但高宗曾受健康问题困扰，他在位期间有段时间甚至缠绵病榻，[125] 他射猎的形象可能不如他父亲太宗那样被更多地记录下来。因此，如果阿夫拉西阿卜北壁描绘的确是一位唐朝皇帝狩猎的宫廷场景，那么这位皇帝更有可能是高宗的父亲太宗。[126] 据同时代的文献记载，太宗个性果敢、意志坚定、充满活力，既富有军事才能，又是一位出色的猎手。的确，儒家大臣们不免对太宗多有劝谏，① 特别是他的"胡气"使他过分沉迷于频繁的狩猎探险。[127]

自汉代以来，狩猎一直是中国官方艺术中非常流行的题

---

① 如《旧唐书·唐俭传》载："（俭）后从幸洛阳苑射猛兽，群豕突出林中，太宗引弓四发，殪四豕，有雄彘突及马镫，俭投马搏之，太宗拔剑断豕，顾笑曰：'天策长史不见上将击贼耶？何惧之甚？'对曰：'汉祖以马上得之，不以马上治；陛下以神武定四方，岂复逞雄心于一兽。'太宗纳之，因为罢猎。"出自［后晋］刘昫等撰：《旧唐书》卷五十八，列传第八《唐俭传》，中华书局，1975 年 5 月第 1 版，页二三○七。

材。但有些奇怪的是，唐太宗因打猎过多而受到大臣的非议。廷臣们指摘的原因极有可能不是狩猎本身，而是太宗打猎的方式。他是骑在马背上，而不是坐在战车后方打猎，或许后一种才是被视为在战场作战的帝王合乎法礼的仪态。这一传统可见于汉代画像石上，其上最重要的人物被描绘为大于常人比例，可能是从战车上狩猎。出于尚不清楚的原因，他们经常被描绘为正在通过一座桥（见图54）。这里还应提到一个例外：陕西米脂东汉（2世纪）画像石浮雕展现了与阿夫拉西阿卜北壁图景奇特的相似之处，因为在画面中，较大人物骑在马上正在用矛刺一只豹子（图57）。[128]活跃于唐开元年间（713～742）的画家殷黟，曾绘制一幅著名的战车上的太宗画像，遗憾的是，殷黟的作品无一存世，[129]我们只能从书面文献上窥知其吉光片羽。

图57　米脂东汉墓葬画像石

采自蒋英炬、杨爱国，2003：图5。

现在，我们不得不稍加一点题外话，来进一步描述汉代艺术中人物在桥上的战车狩猎或战斗的表现。这类图像出现在众多墓葬画像石上，墓葬年代几乎都可追溯到公元2世纪，其中就包括苍山汉墓的一件（图54）。这一场景总是被不断重现，伴随着一些细微的变化：一场战斗发生在一座梯形桥上，而包括狩猎和钓鱼在内的一系列行动则被呈现在它周围。战斗有条不紊地进行着，还出现了众多人物。擎举旌旗的旗手、高级骑士，整个步兵阵列以及一个通常尺寸更大的人物正从战车上与敌方胡人骑兵交战，这个人物可以通过衣服和胡子的造型被辨认出来。在焦点场景周围还有狩猎、出行和亭台宴饮等其他模糊场景。桥下是一片和平景象，出现了女性人物和身形较小的侍女，她们似乎在垂钓。应当指出，并非每一幅画像石都表现了所有这些元素。

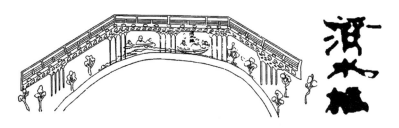

图 58 和林格尔墓葬壁画及"渭水桥"榜题细部

采自罗哲文，1974：图 1。

我想提请读者注意两个场景，它们来自同一时代，均带有榜题，因此更显重要。一个是上文已经述及的苍山汉墓画像石（图 54）；另一个是来自中国内蒙古自治区和林格尔的东汉古墓，该墓并没有画像石浮雕，却有一幅彩绘壁画（图 58）。[130]这两个场景都呈现出一个对我们的讨论至关重要的细节——在有战车的梯形桥下穿流而过的河流被标记为"渭水"。这条河可能是正确解读多年来引起汉学家们兴趣的，所谓"桥头水陆攻战图"的关键所在。实际上，流行于汉代但辑录于 6 世纪的赋体文，明确提到渭水是上林苑的天然边界，上林苑是一处距汉代长安城不远的皇家游猎宫苑（图 59）。提及渭水的汉赋有《西都赋》《上林赋》等。[131]

现在，应对场景所描绘的庆典各阶段做一总结，以强调文

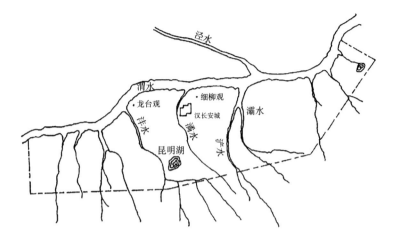

图 59 皇家上林苑地形示意图

采自 Knechtges，1987：72。

本对于正确解读迄今被视为神秘莫测的艺术表现的重要性。奇怪的是，近年一些专门针对所谓"桥头交战"其他场景的研究却忽视了这些汉赋，这也许是因为它们没有被列入官修编年史，尽管这些汉赋在反映同时代的社会现实方面颇为重要。[132]此外，在某些方面，几首中国古代诗词歌赋中的描述与阿夫拉西阿卜北壁中的场景十分吻合。

汉赋描写了繁复的仪式，包括对上林苑的一处园林内皇室游猎盛况的铺叙。这处园林被围墙围住，以防止猎物逃脱。这种游猎据记载是在冬季进行的，并提到有一些胡人参与。

皇帝在高级官员的陪同下，从饰有旌旗的战车上狩猎。所使用的武器被描述为弓箭和长矛，但也可能还有其他武器。捕猎对象通常是大型猫科动物，如狮子、老虎、豹子和野猫。狩猎结束后，皇帝退归昆明湖畔，观赏歌舞表演、宴乐美景。在开满荷花的玄湖上，有一些造型奇特、船头雕成鸟头或龙头的船。人们被允许潜入昆明湖并捕捞水生动物（鱼类、爬行动物和青蛙）。巡游的伶人和杂耍艺人参加了表演。汉赋中还可找到对一些兽类的描述。稍后我们会再探讨这些奇禽异兽，从而寻找阿夫拉西阿卜壁画的参照物。

这些中国节庆活动与由汉代皇帝倡导的另一种传统有关，那就是军事训练，并让这些军队参与大规模冬狩。[133]众所周知，在古代，冬季作战并不常见，汉代军队的训练可能包括在皇家园林里举行冬季战斗演习。[134]

我对桥头交战图的解读始于以下假设：这些场景并非对真实战斗的描摹，而是表现了每年的特定时间在皇家园林内举行的军事演练，其中一些部队会扮演敌方胡人士兵的角色。汉代艺术家的对写实的偏爱使他们在表面带有暴力色彩的战斗场面旁边，创作了河流中人们的和平景象。这种明显的安和乐利似乎更符合观者的心理预期，他们只想欣赏一场表演，而不打算旁观一场会使他们不可避免地卷入其中或身处险境的真实战斗。[135]

实际上，五十年前，一位中国艺术评论家曾独立表达过非常相似的想法。[136]然而，这位学者未能将描写中国都城的汉赋与渭水联系起来，因为彼时尚未发现和林格尔墓与苍山汉墓。其他学者亦提出对桥头交战的种种解说。从这些众说纷纭的争论中，足以看出这类场景在中国古代艺术中早有先例。我们从唐代艺术获得的图像，既可能是汉代以来非常盛行的神话主题的再现，也可能是对古代汉人与中亚胡人真实战斗场面的表现。这两种假设似乎都是合理的。[137]应该排除一种假设，即桥上这些战斗场景代表了墓主人生前的赫赫战功，因为有证据表明，它们更可能是标准化的图像定式。在许多墓葬中都发现了桥头战斗图（尽管不是所有的都完全相同），但没有任何一座墓的主人是帝王或者高级将领。[138] 在皇家宫苑内举办帝王狩猎庆典通常是一项既定的活动，宫苑以渭水为界，位于其北岸。但在中国汉代，这一典仪的象征意义一定相当重大，因为有如此多的显要权贵争相定制它的图像作为他们身后永恒纪念物的一部分。总之可以推测，无论疆场武官还是朝廷重臣，都清楚认识到自己的地位，并希望重申自己属于上层阶级的一员，便定制了这些场景，这成为那个时代的一种"时尚"，也是当时每一位体面士绅的墓葬装饰必需品。

"过桥"在汉代文化中一定具有明确的象征意义。它与丧葬习俗明显的密切联系，将它与渡入来世[139]的理念直接关联起来，在来世，贵族们希冀能为其最钟爱的娱乐活动（包括狩猎）找到合适的空间。尽管中国艺术中只是在汉代画像石上描绘了过桥图，但其与西安发现的 6 世纪粟特人墓葬浮雕的相似之处似乎很明显。人们可能会注意到这样一个事实，那就是粟特人也十分喜爱狩猎场景，而过桥的过程也以改易后的驼马商队形式频繁出现在粟特人的石棺和围屏石榻上。逝者即使是外国人，看来仍然需要表现与中国上层社会有关的主题。对于涉及汉人和狩猎的场景，似乎没有多少误读的余地。过桥不仅完美象征了中国丧葬信仰，也与粟特人通往来世的观念产生共鸣，尽管在粟特本土的艺术作品中并没有出现任何类似的东西。在祆教宗教文献中，有几处提及逝者的灵魂穿过钦瓦特桥①。祆教徒相信，若逝者生前为善士，过桥时就会平安无虞；若为恶徒，

---

① Činwad，意即"审判之桥"或曰"筛选之桥"，是古伊朗神话中人间与冥世之界桥。

则注定会跌入深渊，因为人越是生前作恶多端，那座桥就越狭窄局促，直到变得像刀锋一般尖利而陡峭。[140]

所以，这个传统似乎十分契合我们正在研究的意象。不过，汉代桥头交战图与阿夫拉西阿卜壁画的联系仍有待说明。D. 卜德（D. Bodde）在其研究汉代节日的经典著作中，毋庸置疑地将《西都赋》所描写的帝王游猎归入中国农历新年的庆祝活动。在大游猎结束时，杂耍艺人和伶人游行队伍中一些神话动物（含利或舍利）的出现，支持了他的主要论点。在另一件 2 世纪的中国汉代艺术作品中，也可以看到同样的珍奇异兽。这件作品确切地说与中国农历新年的一个仪式有关，被称为《汉官典职仪式选用》。[141]这与阿夫拉西阿卜西壁场面似乎有着明确的相似之处，后者描绘的是伊朗新年庆典，而前者则是中国农历新年仪式。

然而，仍然存在一些疑问。首先，上述汉赋并没有言及新年，而其他一些唐代文献甚至三令五申禁止在（中国农历）正月、五月和九月狩猎。[142]其次，在中国的农历系统中，新年（春节）总是在冬天到来。这意味着，用现行公历（格里高利历）表示，即每年的 1 月到 2 月之间，这个时段正如下文即将述及的，是非常重要的。还应指出的是，并非所有汉学家都认同卜德的意见。比如康达维（David R. Knechtges）就不接受中国古典文学中的神话动物与新年之间有任何关联，[143]尽管目前对汉代艺术的一些研究似乎证实了这一点。[144]然而，应当承认，假若中国农历新年庆典还包括冬季狩猎和桥头攻战的话，那么桥下的船应会遇到河流结冰的问题，或者，这类场景只能发生在气温不太低的时候。还需注意的是，唐高宗在位时期有一个举办登基典礼和新年庆典的特定场所，是位于唐长安城东北部

（今西安市城区北郊）大明宫的含元殿。[145]但是，大明宫宫闱之内似乎并没有被用于任何狩猎仪式的场地。所以，正在讨论的汉赋仍然是关于中国文化这方面的一个相当重要的文献来源。

尽管这些赋体诗的内容来自汉代，但人们很容易认为它们在唐代时早已广为人知，这一点也许可从 6 世纪对汉赋的辑录整理得到证实。然而，我们不能忽略这两个时期的时间间隔以及在此期间的诸多世事变迁。但是，假若像唐代文献所暗示的，在太宗和高宗执政时期某种形式的（仪式性？）狩猎活动仍得以存续的话，那么在考虑一定变化和差异的情况下，使用当时文献所征引的文学作品来推断这些非同时代问题的含义与重要性，或许是合适的做法。事实上，这类包含狩猎的庆祝活动本身已存在一定的混乱，这在一些中国文人的作品中是显而易见的。这样一来，这种局面——当古代文化－宗教习俗的象征体系和意义变得模糊不清，甚至在那些认为它们代表着传统的连续性的人们中间也变得困惑，而这些传统的某些方面及相关象征意义又被移用到诸如撒马尔罕这一非汉文化语境下的时候——就被极大地放大了。[146]关于某些月份限制狩猎的禁令，应当指出的是，正如其他事情一样，皇帝经常无视这些限制和禁忌。[147]因此，阿夫拉西阿卜北壁右边画面的巨大猎手能被比定出的唯一身份只能是中国皇帝。

在我提到的汉文文献中，一些胡人（或许是使臣？）猎手也被描述为参与者。[148]如果我们假定在唐朝，这些胡人中的一些人能获得参与皇家狩猎的荣耀地位，那么还有谁比一位粟特骑士宾客更适合、更有资格成为这项活动的参与者呢？如果情况果真如此，那么阿夫拉西阿卜艺术家可能已经从这些狩猎参与者那里获知第一手的描述，当然，一手资料也来自可能被引进到撒马尔罕乃至整个粟特地区的中国卷轴画。这些狩猎活动可能发生在唐代时曾经存在过的皇家园林里。薛爱华（E. Schafer）的名作《撒马尔罕的金桃》，书名源于《旧唐书》所载的一段情节：一位粟特使臣被派往唐朝宫廷，向皇帝贡献了一篮大如鹅卵、珍异灿黄的桃子，故称作"金桃"①。后来应唐太宗的专门要求，金桃被移植进了皇家花园中。[149]《旧唐书》中提及的如果不是专供皇室公卿悠游逸乐的、举行狩猎的私家围场，那又会是哪一处宫苑呢？

为了找到中国农历新年和伊朗新年之间划时代的重合，现在我们必须转到画作的左边部分。

3.2.4.2　水上场景

猎豹的帝王在构图上与左边船上比侍女身形更大的贵夫人两相呼应（图51）。这位贵妇很可能被比定为武则天（624～705），她本是高宗的一位嫔妃，后晋升皇后，并最终成为真正的女皇。

武则天是中国历史上唯一一位能够废黜合法皇帝并使自己成为帝王的女性，她甚至建立了自己的朝代。[150]受儒家思想影响的中国编纂史学传统，从来不能容忍这种对天朝悠久习俗的

---

① 撒马尔罕城向唐廷进贡金桃之事可见于《通典》卷一百九十三《边防典九》"大唐贞观二十一年（647），其国献黄桃，大如鹅卵，其色如金，亦呼为金桃"，《旧唐书》卷一百九十八《西戎列传·康国》"（贞观）十一年（637），又献金桃、银桃，诏令植之于苑囿"，《唐会要》卷九十九《康国》"（贞观九年）十一月（635），又献金桃、银桃，诏令植于苑囿"，《新唐书》卷二百二十一下《西域列传下·康国》"（贞观时）自是岁入贡，致金桃、银桃，诏令植苑中"。此处作者据薛爱华名著仅转引了《旧唐书》中的记载。详见本书第三部分。

悖逆，进而也可能永远不会允许她的形象出现在任何纪功艺术作品上。[151]根据阿夫拉西阿卜的粟特壁画所估计的年代（约660年），这幅画很可能是那个时期的武则天肖像，可能正处于她已不再只是高宗后宫中区区一个嫔妃的时期。

中国历史上还有一个特别重要的注脚，值得在这里书上一笔。公元前4年，西汉元帝（前48～前33年在位）的皇后王氏，也是篡位者王莽（9～23年在位）的姑母，就参与过一次皇家狩猎，尽管当时她已经将近75岁高龄。[152]这一史事可能会在朝廷引起一些丑闻。而聪明绝顶又野心勃勃的武则天也许试图以某种方式将自己与那位世人皆知、离经叛道、差点儿导致汉朝灭亡的王皇后联系在一起。

在阿夫拉西阿卜的水上场景中，皇后坐在一艘船头造型为龙（抑或是奇幻生物格里芬）的船上。她与几位高级贵妇人和侍女被描绘在一起，包括两位划船的女子和至少两名乐师。她们的服装、发式以及衣物上的装饰都与初唐的女性风尚保持一致。这种风尚已为西安地区发现的一些墓葬壁画所证实，并由影山悦子详尽研究过。[153]并不是所有学者都同意这个人物的身份是皇后，因为有反对者认为该人物的服饰并没有反映出唐朝时尚。[154]然而，这一观察忽略了一个事实，即这不是一幅中国画，而是一幅以中国画为蓝本的粟特绘画作品，前者的许多细节可能没有被粟特画师所理解，因而未能以应有的精确度予以再现。

一批俄罗斯学者倾向于认为船上的贵夫人是于阗公主。[155]根据B.斯塔维斯基（B. Staviskij）和S.亚岑科的说法，在船上妇人们的下方，应当会盖有画家的汉字私人名章，应是为"摹写……某位于阗［画家］图卷"而设计的。[156]除了反驳这个人物是于阗贵族妇女的其他论点外，对阿夫拉西阿卜题铭的分析也并未透露任何唐代印章的印痕或题记，而且似乎没有其他证据来提升这幅画是出自于阗艺术家之手的可能性。因此，B. 斯塔维斯基和 S. 亚岑科的观点缺乏证据支持。

莫德亦不认为这个人物是皇后，尽管他没有质疑该女性形象是一位唐代贵族的事实。莫德更倾向于将其比定为一位嫁给中亚突厥君主的公主，并为她为何被描绘在一艘船上构建了一种叙事：仅仅是因为公主正在前往中亚新家的路上。[157]

当然，帝国时代的中国河道运输网络是高度发达的。然而需要注意的是，根据一个悠久的传统，古代中国的淑女（通常是贵族）应是乘坐四轮牛车出行的。这是一个可在中国发现的粟特人石葬具上看到的图像：一位夫人正撩起由牛牵拉的四轮大车车窗上的窗帘，这表明这种牛车确实被认为是贵族女性最适宜的出行工具（图 60）。然而，在粟特人纪念性葬具上所表现的仪式部分可能只是旅行的尾声，这并不排除该女子的中亚之行中有一段旅途是乘船完成的。因此，莫德关于一位唐朝公主乘船到中亚旅行的想法是合理的。这里只是提供了基于其他粟特具象艺术作品分析的另一种假设。[158]

回到水上场景，有一个非常重要的细节是理解整个场景的关键之一：庞大女性人物左手的位置。女子摊开的手指着水面，似乎暗示着她刚刚把什么东西丢进了水里，那里聚集了一群鱼。动物们正在争食这位贵妇人刚刚投给它们的食物。稍微向右，在靠近只有男性侍从（宦官？）的第二艘船的位置，一个赤膊男子正踏入水中，用一根棍子（在图 61 中无法看到，但在图 17 F. 奥里构拟图中可见）探触水底。这些人物的身姿颇使人联想起一个至今仍被普遍庆祝的中国节日，特别是在南方，它与水有着极其密切的联系，即端午节。[159]

图 60　法国吉美博物馆 Kooros 家族收藏的石棺床石屏

采自 Riboud，2004：fig. 28。

　　这个节庆发生在中国农历五月初五，约对应于公历 5 月底或 6 月初。这是一个仲夏时分的传统节日，庆祝方式包括在江河湖泊上赛龙舟，岸上的人们则参与杂耍、舞蹈和音乐表演，并将一种用粽叶包裹着米和肉的食物（即粽子）丢入水中。根据传说，舟船竞渡最初是为了搜救战国时期自沉于湖南汩罗

图 61　河（或池塘）岸边的人正进入水中

采自 Al'baum，1975：fig. 20。

江的诗人屈原（前 340 ~ 前 287）。尽管当地百姓极力搜寻，但屈原的真身从未被找到。为纪念屈原之死，人们象征性地把食物投入江中，引诱鱼儿上钩，这样它们就不会吃掉这位伟大诗人的躯体了。即使在今天，可能还有人会在端午节时潜入水中，象征性地试图寻觅屈原的身体，或者抓捕被烟花迷惑的水生动物。这些庆祝活动没有任何一个阶段能够完全解释这个传说的起源——它似乎要复杂得多，其中一些元素可能是从现在东南亚地区的文化中借用或衍生出来的。[160]

　　不管端午节的起源是什么，在阿夫拉西阿卜北壁壁画中都可以找到与它相关的几个元素。只有与两匹马一起浸在水中的男子的出现尚未得到合理的解释（图62）。这个部分在中国艺术中没有精确的类似物，尽管现藏北京故宫博物院的一幅唐代彩绘图卷的确描绘了一群侍者在溪流中浴马的情景（图63）。然而，即使是这个细节，也可能是从中国画原作摹制而来。[161]因此，它一定是一种深深植根于中华文化的仪式，也许在汉文史料中还有更多细节有待发现。

图62　水中的人与两匹马

采自 Al'baum，1975：pl. XXXVII。

图63　北京故宫博物院所藏一幅中国绢画细部

采自 *5000 ans d'art chinois*, 1988：fig. 29。

在宋朝（960～1279）时期的杭州城，端午节也是一个纪念马的节日，马在中华文化中是与火元素和战争密切相关的动物。[162]第二个更有趣的参考，可以在 9 世纪晚唐小说家段成式（约803～863）创作的笔记小说集《酉阳杂俎》里找到。据该书列举天下奇事异物的《物异卷》（前集卷十）"铜马"条记载，俱德建国（西域古国名）每到新年第一天会有一匹金色的马从乌浒河（即阿姆河）中跃出，与另一匹神异的铜马相对嘶鸣，而后没入水中。据一些学者的观点，这可能与阿夫拉西阿卜壁画上的水中两马有些关联，也可能与现藏台北"故宫博物院"的中国卷轴画上那些涉水的马有关。[163]然而，这份唯一提及中国绘画中水题材的文献，听起来只是对浴马的平淡无奇的描写；而且，阿夫拉西阿卜壁画上的马可能也在沐浴。实际上，没有任何文献提到过一种可与俱德建国新年第一天金马出水相对照的粟特仪式。[164]按照《酉阳杂俎》的描写，一匹马在水里，另一匹马则在沙洲上。

阿夫拉西阿卜关于中国内容的壁面上绘制了水中之马，也许是为了在整体上建构一种与南壁以及稍后会看到的东壁上那些我们所推想的神圣马匹相呼应的对称性构图。然而，如果是这样的话，这个举起手好像要击打动物的人的姿势就不会被误认为是一种表示尊重的姿势。5世纪的另一份资料《宋书》记载，（中国农历）六月二十八在晋宁滇池县，一黑一白两匹神马忽而冒出水面，并在河岸边悠闲信步，人们都认为这是一个吉祥瑞象。[165]我们可以再一次提出反对意见，即在粟特壁画（或更确切地说，在水彩复原图）中，两匹马分别是蓝色和红色的，它们毫无疑问是在泅泳，而不是在岸边散步。

不过，文献中提到的节庆信息应当是正确的，它可以被比定为像阿夫拉西阿卜壁画上所描绘的端午节这样的节日庆典活动。更何况这个节日与西壁（和南壁）上的诺鲁孜节在时间上的吻合也与实际相符，因为7世纪时这个伊朗节日的确是在夏季庆祝的。正如一些隐语诗歌所描述的那样，端午节很容易与古代庆祝中国农历新年的某些阶段相混。值得一提的是，对中国人自身而言，这两个节日是同等重要的。这一点可以从新年期间更换年画的习俗中得到证明，这种习俗一直延续到近代中国，其中许多年画都描绘着吉祥的场景。

艾尔米塔什博物馆是收藏这类年画数量最多的机构之一。这些年画有时绘有一些传统中国童子在龙舟上庆祝端午节的场景（图64）。[166]因此，粟特人很可能试图在一个场景中同时表现中国人庆祝这两个同样重要节日的习俗。艺术家们恐怕意识到他们的新年在任何情况下都无法与中国农历新年在历法上相合，因此，阿夫拉西阿卜的画师们（或如葛乐耐所建议的，更应称他们为"画家－占星师"）选择了一个适逢他们自己的诺鲁孜节前后的中国节日加以描绘。

另外，我们必须考虑到河岸第二艘船上的侍从，还有皇家狩猎部分那位正在拆卸巨大货物的随从（图61）。他们也可以

图64　艾尔米塔什博物馆藏清代（19世纪）年画

采自 Rudova, 1969：fig. 13。

被解读为端午节节庆图的一部分，可能是仆从（宦官？）正在打理贵妇人们庆祝节日所需的物品。

最后，我们不应忘记贵妇人船下方的神兽（图51）。它是一种有翼复合神兽，其图像志或起源于希腊化与近东[167]的神话和传说。该神兽的造型元素包括犄角、马蹄和螺旋状的尾巴，尾端如同鱼鳍。I. 阿赞切娃和 O. 伊奈瓦特金娜最近提出了更为精确的重构图。神兽长角的头部应表现为嘴巴大张，向后张望（图65）。[168]仅此一点，就使人联想起克孜尔（图66）和敦煌壁画（图67）描绘的中国唐代龙的一些细节。其他元素则尤其让人想起唐代画家吴道子（8世纪）的一幅彩绘图卷，上面的奇幻生物是面朝前方的（图68）。[169]

汉赋与其他同时代文献描述了中国农历新年节庆的各个阶段，同时也提到了一些神话生物的祥瑞形象。最有趣也是第一个被提及的是神兽含利。然而上述文献对它的描述不甚周详，

图 65 北壁舟船下方龙的构拟图

采自 Arzhantseva, Inevatkina, 2006a: fig. 8。

图 66 克孜尔壁画上的龙

采自 Compareti, 2007b: fig. 11。

仅记录了它能口吐黄金，被看作是好兆头的瑞兽。含利潜入水后，会先变成比目鱼，然后化身为龙。[170]含利变形，又会出现

图 67　敦煌壁画中的龙

采自 Compareti，2007b：fig. 12。

图 68　吴道子所绘之龙

采自 Compareti，2007b：fig. 13。

一众鱼龙的游行队伍，杂耍艺人和优伶也加入其中。[171]山东沂南汉墓画像石浮雕似乎表现了庆祝活动的这一阶段，从那里我们可以辨识出包含杂耍者、大鱼和其他巨大异兽的巡游队列，其中甚至可能还包括含利（图69）。[172]如上所述，并非所有学者都同意将这种汉代画像石描绘的场景识别为同时代汉赋所提到的节庆。不过，值得记住的是，戴着面具的舞蹈演员持道具假扮长龙的舞龙表演至今仍是中国境内与海外华人春节庆祝活动最重要的象征之一。[173]

图69　奇禽异兽和杂耍伶人的巡游，沂南汉墓

采自 Berger, 1998：fig. 9。

阿夫拉西阿卜壁画所描绘的水上场景中的异兽极有可能正是汉文史料所描写的神兽之一。它的出现是为了强调这可能是新年狩猎的一个场景。这进一步加强了一种假设的说服力，即粟特艺术家试图将两个中国节日结合在一个适当的形象组合中，并使其在美学上也赏心悦目、引人入胜。最后，有必要提醒一句，这种在图像和主题上的交融当然可能是由早期中国画家完成的，而粟特人或许只是仿制了他们引进的这样一幅中国图卷而已。

我们已经注意到，在现存唐代艺术中，没有类似作品可供参考，以确定那个时代的端午节庆典是被如何描绘的。尽管缺乏解释性铭文,但我们从汉代艺术中仍然可以推断出一些信息。四川郫县汉墓一号墓(128 年)浮雕展现了一个被分为上下两部分的场景,较低的部分无疑是设置在水面上的(图70)。[174]上半部分刻画了一群神奇生灵的游行,他们以各种姿态进行一种神秘的仪式性表演。这些形象的巨大尺寸意味着他们应被解读为神。巡游队伍中间的主角是唯一坐着的人物,他的坐骑似乎是一条龙或其他神话中的神兽。画面底部,几个人弓身对着水面,好像正在搜寻什么,而其他人则带着各式物品,包括一杆旗和一把伞。更左边是一条船,一人坐在船中央,一个桨手在船尾,另一个仆役正从船头登船。一些水生动物和莲花等植物的出现强调了船周围的水上环境。

图 70　神怪异兽的游行与水上场景,郫县汉墓一号墓

采自信立祥,2000:图 145.5。

郫县汉墓浮雕与端午节的比定无法得到任何证实,但该场面的一些元素似乎让人想起阿夫拉西阿卜壁画的构图。两者的相似之处包括船的位置、桨手、登船者、莲花、水鸟,甚至还有粟特壁画最左边的一条形似鳗鱼的鱼,这条鱼让人联想到正欲捕食青蛙的蛇(图 51)。谨慎起见,我们应把郫县浮雕仅仅看作一类描绘水上场景的代表,这类水景可能取材于一种具象的传统，这一传统在五百年后的唐代依然流行且影响广泛。这些经久流传的图像组合范本，可能是已经被用于暗示与水有关的特别庆祝活动中的任何一种。如果阿夫拉西阿卜壁画真的是以中国画原作为蓝本，那么粟特艺术家们很可能受到了郫县汉墓浮雕之类的艺术表现的启发。然而，很难看出图 70 中的船是端午节的龙舟。实际上，这幅画根本没有龙的形象。

最后，我们必须提到一些鲜为人知的来自阿夫拉西阿卜的壁画残片，残片上有一些着衣人物，最重要的是，他们留着印度人的发式（图71，图72—74）。根据莫德的说法，图 71 和图 73 中复制的残片必定来自北壁，它们可能是战斗场面的一部分，其中有动物和神话生物在场，尽管在重构过程中并不总是遵守适当的比例。因此，应当谨慎考虑这些问题。[175] 重构后的图 71 描绘的可能是一个战斗场景，但图 73 被解释为描绘了一个有着深色皮肤、手拿一根棍棒，可能被长矛刺伤的人物。图 72 中的残片

图71 莫德发表在互联网上的构拟图

此图为作者手绘。

是最为神秘难辨的，我们也无法确定它应该归属于哪面墙。图中至少有两种动物的腿是可以辨识的，一种是狮子，另一种是大象。

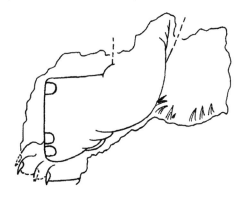

图 72　一幅残破壁画的复制品

采自 Al'baum，1975：pl. XLVIII。

最后一幅残缺的画作（图 74）描绘了一个身穿锁子甲的男人的下半部分。他一手拿着盾牌，另一手大概拿着长矛。在左下角，可以辨认出两根手指，好像在拉弦或往回拉弓。目前还不清楚最后这块残片属于哪面墙。根据阿尔鲍姆的著作，它可能来自北壁，因此或许是狩猎场景的一部分。[176]

根据残存的少数碎片提出任何解读都是一项挑战，尽管这些残片上的一些人物似乎会引发我们对印度的联想（例如，参见图 71 中男子的发型）。

3.2.5　东壁

许多学者认为，阿夫拉西阿卜东壁的场景与引发对印度的联想有关。这一假设在很大程度上是基于两唐书中的资料。遗憾的是，与其他情形一样，汉文文献并未提供这个场景的细节特征。这一部分壁画残缺不全的保存状态也使得任何解读都异常困难。事实上，考虑到东壁画面损毁严重，对整面墙进行整体解读已是不可能的。因此，这里可提供的唯一分析将集中于几个部分被保存下来的外围场景。还应提请读者注意的是，整个东壁的构图被位于墙面中间的房间入口分隔开来。

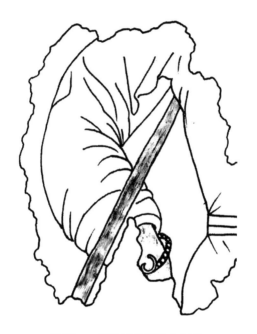

图 73　一幅残破壁画的复制品

采自 Al'baum，1975：pl. XL。

保存最完好的部分均位于下部（图 18）。从左边开始，有两个人以典型的师 - 徒姿势相对而坐。左边坐在方形座位上的较大人物可初步判定为老师，身形较小的学生坐在右边。两人都身着长袍，赤脚。在他们之间有一个几乎漫漶不见的圆形物体（图 75）。在一篇论文中，葛乐耐重点评论了东壁场景的左边部分，并发现了一个与西方古典艺术相似的地方。在那里，这

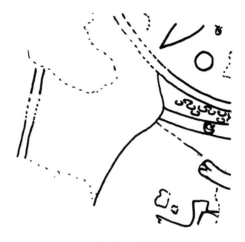

图 74　一幅残破壁画的复制品

采自 Al'baum，1975：pl. XLVII。

样的构图的确被用来表现缪斯女神乌拉妮娅①向诗人阿拉图斯②
传授占星术的时刻。因此，这两个人物之间的圆形物体就可被
识别为一个浑天仪。但是，葛乐耐的假设并非只参考了西方的
先例。他还考虑到了印度文化背景，据说东壁的构图引发了这
种思考。我们知道，北印度精英阶层中有些人对希腊智识颇为
推重，并将其中的许多知识纳入他们自己的占星系统和其他科
学领域。[177]因此，在东壁的这个部分，人们可以想象自己正在观
看希腊人向印度人传授占星学（和天文学）知识的情景，或者
一些对印度有重大意义的类似的神话历史知识传播事件。[178]

　　师徒二人旁边还出现了一个身着长袍的骑马人物，面朝反
方向，对此迄今还没有令人信服的解释。唯一可以观察到的重

---

①　Urania，希腊神话中九位缪斯女神之一，司掌天文学和占星学。
②　Arathus（前 315/前 310 ～ 前 240），古希腊最具名望的诗人之一，以长诗
　　《物象》传世，该诗对研究古代的天文学、气象学具有极高价值。

图 75　东壁左侧画面

采自 Al'baum，1975：fig. 27。

要细节是马和骑者的尺寸与传授占星术（或其他一些知识）的场景中的人和物相比更小。考虑到其他三面墙的叙事特征，这面墙上的所有场景也很可能是相互关联的，尤其是那些在同一层次上彼此相邻的场景。它们甚至可能是与印度新年节日有关的古代祭马仪式的不同阶段。

在房间入口的另一侧，有一些残缺的人物和动物图形。从最底层开始，依稀可见一个身着长袍的人，这个人抱着一个孩子处于旋涡状波纹所营造的水生环境中，而对岸则有三只大鸟在观望（图76）。根据葛乐耐的阐释，该场景表现的是由恶魔－鸟布陀那（Putānā）发起的对克里希纳①及其养母耶输达[179]（Yaśodā）的攻击。在水上场景的上方，可以看到一个人的脚（可能还有另一个人物）和一只动物的下半身。葛乐耐认为，这只动物是一匹马，或者更确切地说，是与克里希纳战斗并被击败的恶

---

①　Krishna，又译"黑天"或"奎师那"，字面意思为"黑色"或"暗如阴云"，至尊人格首神，是印度教诸神中最广受崇拜的一位神祇，被视为毗湿奴的第八个化身。

魔马克申（Keśin）。[180]葛乐耐的阐释不容忽视，尽管几年前莫德曾依据汉文史料提出一种解读，其中明确提到在粟特何国的重楼中，东墙是专门用来描绘印度人或突厥人的。基于此，这位德国学者更倾向于将这只动物残存的腿和尾巴识别为汉文史料记载的古代突厥人起源传说中的母狼。[181]这两种观点都包含一些有趣的见解，不过现在不妨考虑第三种解读。

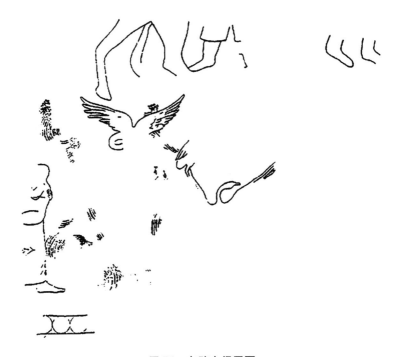

图 76 东壁中间画面

采自 Al'baum，1975：fig. 26。

首先，应当指出的是，这一场景和有关传授占星术（或其他重要的神学或科学知识）的场景描绘的人物形象都比其他人更大。如果参照南壁和北壁上的巨大人物，就不难理解这种画法的用意所在，这是对统治者或其他显贵，甚至可能是神祇的清晰暗示。遗憾的是，东壁糟糕的保存状态不允许我们提出有关其确定性质的建议。然而，这幅构图的初衷似乎是为了将观者的注意力集中在一个位置更居中且更高的图像或图像组合上，但这个图像或组合并没有被保存下来。简而言之，主要场景是围绕着动物展开的，其下部可与邻近的一个或多个人联系在一起。如果这只动物可以被毫无疑义地认定为母狼，那么莫德的解读就会更有说服力。如果它是一匹马，那么应当根据印度文化来对画面进行解读的提议就得到了加强，而且存在许多不同的可能性，不一定仅限于克里希纳的领域。

很明显，马在南壁扮演了一个主要角色（图42），它似乎是正要被献祭给当地神祇（或许是密特拉神）；在北壁亦是如此（图62）。然而，如前所述，马（实际上共有两匹马，它们正在水中泅泳）出现的目的还有待澄清。倘若这种解读——为有统治者在场的情况下粟特的和中国的夏季节日庆祝活动有意建立一种对应关系——被认为是正确的（还需考虑到东壁左下角描绘的、可能为向印度人传授占星术或其他知识的场景），似乎可以顺理成章得出如下结论：这里可能表现的是一个具有同等重要意义和对应关系的印度节庆。也许，还必须有一匹马在场，以强调共时性和跨文化仪式的重要意义。在描绘中国唐朝的画面中，两匹马都是浸入水中的。而在伊朗文化圈，马和水元素之间有一种关联。[182] 在这样的背景下，就能合乎逻辑地推想这面描绘印度内容的东壁表现了一个与王室有关的当地庆典，在庆典中会献祭一匹马，它可能以某种方式与水联系在一起。事实上，印度的许多文献都明确提到过这样的节日，而且从吠陀时期到至少公元9世纪，它都是一个印度君主可以赞助的最重要的庆典，被称为"马祭"（Aśvamedha）。[183]

古印度马祭的意义在于将国王提升到全宇宙最高统治者[Cakravartin，字面意思是"推动（法）轮运转的人"]的尊位。这也是一种神奇的仪式，让人想起为确保王国国祚不衰而举行的古代太阳祭仪。国王要在其统治末期献上牺牲，以示将权力顺利移交给他的继任者。马祭的准备期相当漫长，通常为一年，有时甚至更长。[184]献祭动物的选择是由非常具体的参数决定的，包括牡马的颜色和速度等。牡马首先被浸入一个仪式池中，然后被释放，在一百匹骟马的陪伴下自由地向东北方向移动。这只动物的行踪会被严密观察，其足迹遍历的领土都要服从发起马祭仪式的君主的意志。如有居民违抗，将面临被消灭的危险。

被指定的王室继承人和其他年轻贵族负责跟随这匹马，并确保其行程畅通无阻。同时，他们还必须阻止它在这一年中交配，这项任务的失败被认为是不祥的。当被送回起点时，这匹牡马就成为一个持续三天的仪式的焦点，仪式包括歌唱与音乐。第二天，国王乘坐由这匹祭祀马拉着的战车，一同向圣池行进，进行净化仪式。在返回的途中，王后和嫔妃们边祈祷边被要求修整、装饰马尾和鬃毛。之后，这匹马在祭祀区北部被勒死。王后被命令躺在马的尸体旁边，而国王及其他宫廷成员（包括高等贵族女性）和祭司们则在仪式上交换淫秽信息。[185]只有在这个时候，当着所有阶层和种姓的人的面，马才能与其他祭祀动物一起被宰杀。然后，马肉被仪式性地分而食之。

在马祭期间，还会举行供奉阿耆尼①和苏摩天②的其他献

---

① Agni，"吠陀"中的火神，与因陀罗、苏里耶一起构成了"吠陀"系统中的三大主神。

② Soma，印度月神，后被称为旃陀罗。

祭仪式。特别是，在仪式第三天，会奉上一种被称作苏摩的仪式性饮料，然后所有与之接触的物品都必须丢弃到水中。[186]第四天，马祭仪式的所有参与者都必须经过净化浴，同时献祭二十一头不育的奶牛。至少马祭的这个部分让人想起端午节的某些习俗，而且，正如现在有机会观察到的，我们还可以描述其他一些有趣的相似之处。

马祭是在2月至3月间甚至夏季举行的庆祝活动，具有明确的天文－占星学关联。根据一些印度文献，作为牺牲的牡马的必要品质之一是身上有一个斑点或一绺与昴宿星团①有关的特定形状的鬃毛。这一信息可在美索不达米亚文学中找到明显的共同点，据记载，牺牲的马必须具有相同的体貌特征，这被视为马拥有与一年中特定时刻相配的吉祥禀赋，而这个时刻就是昴宿星团最为明亮耀眼之时，与主要河流的泛滥期及由此产生的低洼农田上的肥沃淤泥的沉积时期相吻合。因此，这个仪式旨在安抚神灵和自然环境，并确保丰饶多产。这也提供了水、马和天文－占星学之间有趣的联系。[187]

回到阿夫拉西阿卜的壁画环带，在表现中国内容的北壁上，可以看到皇帝和皇后参与仪式的方式，这种方式也可能反映在西壁与南壁上，拂呼缦在妻子陪同下举行诺鲁孜节庆典；而东壁则可能描绘了一对假想的印度王室夫妇正在执行马祭典仪中的某个步骤。印度祭祀仪式的目的是使国王的统治合法化。同样在撒马尔罕，极有可能加冕仪式也在诺鲁孜节期间举行。举行这些节庆典仪的时间与"大使厅"所有墙面上的图

---

① Pleiades，一个位于金牛座的大而明亮的疏散星团，为中国古代神话二十八宿之一。星团中裸眼可辨最明亮的七颗星，在希腊神话中被称为"七姊妹星团"。

景都能很好地匹配，因为在 7 世纪，上述提及的节庆（除了马祭的部分例外）时间都发生在夏至前后。

粟特画家及其赞助人的世界性知识想必是相当丰富的，即使他们尽其所能地利用了引进的印度和中国艺术作品——最有可能是绘画作品，来创造这个似乎试图表现某种跨文化精神共时性的构图。遗憾的是，除了一些笈多钱币和雕塑对祭祀之马本身的表现之外（图 77），在现存古代印度艺术中并不存在对马祭的描绘。[188]来自甘吉布勒姆（泰米尔纳德邦）的 9 世纪伯勒沃（Pallava）"牺牲之马"岩石浮雕（藏品编号 74. 220），目前保存在德里国家博物馆庭院中，可被视为这类主题最后的表现之一（图 78）。

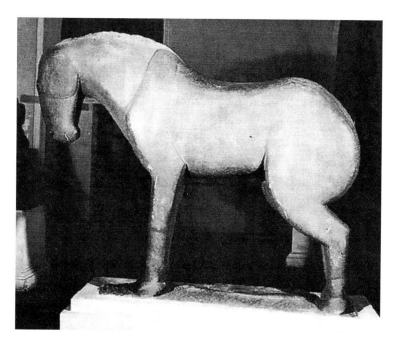

图 77　疑似笈多王朝时期马祭仪式所用的马的雕像

采自 Huntington，1985；fig. 10. 1。

图 78　一尊疑似伯勒沃"牺牲之马"，德里国家博物馆（藏品编号 74. 220）

作者摄影。

在这件浮雕中，骏马的一个非常有意思的细节是它那雉堞状的鬃毛，使人联想起在很长一段时间内一个广阔地域中不同文化对马的其他表现形式，从汉代中国到萨珊波斯，中间经过中亚——这种形式可能的起源地。[189]

近年，威利斯（Willis）提议将一个来自桑奇地区（确切地说是在 Nagauri）的神秘岩画比定为马祭的图像（图 79）。[190]印度中部的岩画仍有待全面研究，因此目前很难确定它们的年代。其他一些来自皮姆贝卡（Bhīmbeṭkā，位于中央邦，距博帕尔不远）岩洞 III C－30 号洞窟的岩画，也描绘了在植物花瓶（*purnaghata*）前面的一匹马的图像，这匹马一只前蹄抬起，仿佛在表示尊重，这种姿势也被伊朗艺术广泛采用。马的上方有一个难以分辨的痕迹，看起来不像是骑手（图 80）。[191]杰盖耶贝达（Jaggayyapeta，位于安得拉邦）的一幅远近闻名的公元前 1 世纪的浮雕图像，描绘了一位有着彰显王室身份的转轮圣王（Cakravartin），根据印度人的观念，其王室属性即由随侍及大象和马等动物来体现。[192]大英博物馆收藏的一幅来自阿马勒沃蒂（Amarāvatī）的饰带浮雕残件（约公元 1 世纪），刻画了另一幅转轮王与随侍、女眷（他的妻妾们?）和他的马的画面。考虑到这些艺术作品的文化语境，很明显，这些图像也可能被佛教徒使用过。[193]

图 79　Nagauri 岩画

采自 Shaw，2007：fig. 11. 3。

对某种形式的马祭仪式（被称为 Mahanavami）的精确引述，出现在更晚期的毗奢耶那伽罗王朝①文献和艺术中。[194]位于

---

① Kingdom of Vijayanagara，中世纪印度南部德干高原的印度教王朝，1336 年建立，领域包括卡纳塔克邦、玛哈拉施特拉邦和安得拉邦，首都为今天的亨比（Hampī），1565 年受到德干高原的伊斯兰苏丹国侵略。"毗奢耶那伽罗"一名来自其首都毗奢耶伽罗城，如今这座城的废墟依然矗立在亨比村。

图 80　来自皮姆贝卡岩洞的岩画（III C－30 号洞窟）

作者摄影。

图 81　亨比哈扎拉·罗摩神庙浮雕

采自 Goetz, 1967: fig. 11。

亨比的哈扎拉·罗摩神庙（Hazara Rama）的一些 16 世纪浮雕就与这种献祭有关，并对献祭做了轻微改动，这种献祭是在公共场所进行的，并得到了完备的文献记载（图 81）。[195]

无须在晚近的时代过多驻足，仅仅是古代的神秘图像就足够有趣并值得我们做一些阐明。其中，尤为奇特者当属一枚骨质圆筒印章上的图像，被发现于塔赫特·桑金（Takht-i Sangīn，塔吉克斯坦）遗址希腊－巴克特里亚神庙，它被认为是一件印度艺术作品（图 82）。[196]要对筒印上所表现的主题做

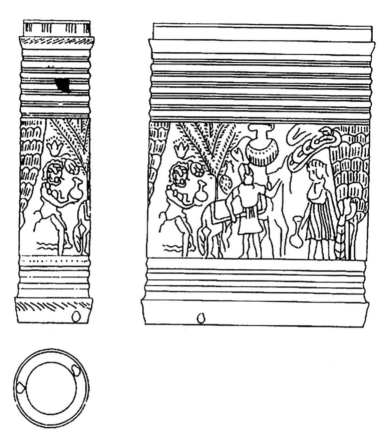

图 82　来自塔赫特·桑金的印度筒印装饰图像

采自 Rapin，1995：fig. 29. b。

出令人满意的解读并不容易，但我们可以辨别出一位主要人物，他站在马跟前，一只手或许放在带鞘的剑柄上。在印度艺术中缺乏铭文或明显相似物的情况下，很难将圆筒上所刻画的图像视为任何一种祭祀的表现，尽管它与阿夫拉西阿卜东壁上人物的脚和应当是马的动物腿部具有无可否认的相似之处。

甚至一块来自贝格拉姆（阿富汗）的贵霜时期、疑似佛教器物的象牙饰板，也呈现了一个相似的场景：画面左边有一匹没有鞍的马，它旁边可能是一个祭坛，而右边则雕饰了一个比周围人更大的人物（图83）。寥寥几笔镂刻，艺术家就生动传神地表现出躁动不安的动物正转向这个更大的人物，从人物的身形和一名仆役为其负剑的情景来看，此人应当是一位君王。[197]这里还须提到在古物市场发现的另一件献祭图像，尽管这个图像来自6~7世纪的埃及，却颇让人联想起伊朗的图像定式（图84）。

图83　贝格拉姆象牙饰板

采自 Catalogue Torino，2007：cat. 193。

正如我在其他地方所指出的，这件纺织物残片上的场景与上述亨比神庙浮雕所描绘的内容非常相似，尽管这两件艺术品完成的年代之间有着巨大的间隔。[198]塔赫特·桑金骨筒印和阿夫拉西阿卜壁画也是如此。很显然，在比较那些乍看之下十分相似却是相隔几个世纪甚至是在不同的大陆产制的艺术品时，我们应当格外谨慎。在这些文物之间，不应当也不可能提出无

图 84　埃及纺织物残片（？）

采自 Trilling，1982：pl. 17。

可辩驳的比定或关联。

　　然而，虽然几乎不可能证明一种直接的关系，仍有几个因素似乎可以合理地使人联想到某些特定类型和风格的图像学知识，这些知识可能与某些伊朗或印度艺术语境下经久沿用的图像志有关。或许可以试探性地提出，这一横贯欧亚大陆的知识是阿夫拉西阿卜东壁部分画面的一个灵感来源。

　　这个观点仍是高度假设性的，就像这位君王的身份一样，他与他的王后可能在 7 世纪中叶参与了一场令人难忘的马祭典仪，而阿夫拉西阿卜壁画正绘制于这个年代。在最负盛名的 7 世纪北印度君主中，戒日王（Harṣa，606～647 年在位）无疑是卓尔不群的一位，但无论是由宫廷文人波那（Bāṇabhaṭṭa）撰写的《戒日王传》（Harṣacarita），还是 7 世纪玄奘对印度的介绍，均只字未提任何马祭。也许有人会联想到 7 世纪笈多王朝末期君主阿迭多犀那（Ādityasena）所主持的著名马祭，阿迭多犀那视自己为古典笈多王室的后裔。然而，这次马祭的时间是可以确定的，正好是 672 年，也就是说，晚于本书提出的阿夫拉西阿卜壁画的绘制年代。[199]

第二个水上场景填补了东壁最右边——毗邻南壁的墙面（图 85）。画面中可以辨认出三个赤裸的矮小弓箭手及其身后一个头发绑在脑后的人。此人在水中正用双手握着一头水牛的尾巴。整个画面的构图是由一个跪着的形象完结的。分布于画面的游鱼、鸭子、莲花，乃至乌龟都在着力营造一种水生环境。葛乐耐依据其提出的克里希纳故事的阐释，将弓箭手比定为印度爱神迦摩（Kama）的多重化身，他们被纳入整个图景中以衬托克里希纳与牧牛女（梵名 *gopi*，音译瞿夷）的青春期爱欲情事。[200]然而，马库斯·莫德在早些时候所做的比定表明，这些弓箭手是绘在"大使厅"入口旁边捕猎水鸟的俾格米人①。这是罗马壁画中最受人青睐的题材。[201]

莫德提出的解读方案可能更适合总体语境下的壁画阐释，特别是很好地契合了葛乐耐关于占星术传授场景的见解，而占星术传授图亦采用了古典艺术的另一个主题。另外值得注意的是，恶魔布陀那通常被描绘成一个单独的个体，而东壁中心画面的水鸟至少有三只。再则，两只鸟张开翅膀的姿势，就好像它们刚刚受到惊吓一样，完全切合了它们正受到最右边俾格米人袭击的假设。即使葛乐耐将这一场景与克里希纳的事迹关联

———————

① pygmies，泛指平均身高不足 1.50 米的矮人部落，主要分布在非洲中部刚果盆地及东南亚和大洋洲某些岛屿，这一名称源于古希腊人对生活在印度和相当于今埃塞俄比亚地区的矮人的称呼。

图 85   东壁右侧场景

采自 Al'baum，1975：fig. 25。

在一起不再是唯一可能解译这幅壁画的关键，入口旁边的（女性？）人物及其怀抱的婴孩的身份仍然成谜（图 76）。葛乐耐把婴孩看作一个重要人物（可能是克里希纳本人），因为他身上有一处现已无法辨认的题记。[202]以我们目前的知识水平，很难提出任何具有说服力的解释性假设。然而，至少水的氛围可能与马祭有关。事实上，在祭祀的开始和结尾，马都必须被引导到圣池里，进行净化仪式。

除了三个俾格米弓箭手，东壁最右边的水景尚未得到合理的释读（图 85）。在记载古代仪式的主要印度古典文献之一《百道梵书》（Śatapatha Brāhmaṇa）中，可以找到一些很有意思的讯息，其中叙述了庆祝马祭的各个阶段。在该文献专门记述丧葬礼仪的章节中，举行葬礼最吉祥的时间被描述为秋天或夏天。此外，这个仪式还要求建造一个面向西南的祭坛。这里所探讨的水上场景，实际上是被绘制在东壁与南壁之间的拐角上的。有趣的是这里引人联想起吠陀火坛祭（Agnicayana，意为"火祭坛的建造"），根据《百道梵书》记载，火坛建造过程中需要有像乌龟这样的动物在场，而在图 85 画面中跪在水中的男子旁边，的确可以看到一只乌龟。葬礼结束时，死者的亲属必须在有水的地方清洁身体，穿上新衣后，还被要求挽着公牛的尾巴回家。[203] 尽管并非总能轻易地找到文本与图像之间一种精确的对应关系，但《百道梵书》中对这种仪式的描述，与大使厅东壁上浸在水中手抓水牛尾的人物形象的巧合是显而易见的。

对此提出的反对意见包括，在印度经典文本中规定的公牛应当是家牛（学名 bos taurus）或瘤牛（学名 bos indicus），而壁画则可能描绘的是典型的印度水牛（学名 bubalus bubalus）。而且，画面中抓着动物尾巴的男子仍然在水里，但在仪式的这个阶段，他本应在葬礼后离开水里返回家中。这种图像与文本的不协调大概可以被解释为这样一个事实，即粟特艺术家（们）不熟悉印度仪式中每一个规定元素的精确意涵；或者，他（们）可能只是对这一场景做出了自己的解读。

同样值得强调的是，阿夫拉西阿卜有关印度的壁画上，马匹祭祀与丧葬仪式之间的联系也很重要。如果粟特画家决定只在印度场景中表现一些与葬礼无关的内容，那会是一件相当奇怪的事。[204]

如前所述，马祭仪式只能由统治者来施行。在印度，如同在伊朗世界一样，君权统治即是筵宴、狩猎，以及延请专业天文学－占星师前来宫廷占验未来的一系列活动的代名词。因此，东壁上的画面被解读为向人类传授天文学的场景（图75），就有可能表现了一位占星师正在其门徒的帮助下，绘制一幅属于其君主的星占天宫图。达菲娜收集的、从希腊文学中发现的有关印度的一些记述显示，印度君主在狩猎和祭祀的时候是离开宫殿的（也许是在当地的新年庆典上？见斯特拉博第十五卷，1、55 和 58）。在新年之际，印度君主会让占星师禀告其未来运势（斯特拉博第十五卷，1、39 和 59；阿里安，*Indikē*，XI，1 – 8）。我们可以假设，如果一场马祭仪式在那一年举行，时间当紧随占卜之后。如果东壁左下角的两个人物（占星师和门徒）可被比定为正在为印度君王占卜运势的占星师，那么接下来的画面（骑手）就可被认为是在马祭的第一阶段跟随着马的印度王子。随后，应当会有一个对马祭仪式本身——国王、王后在上，而诡秘的水上场景在下——的呈现。正如我们所见，水对于印度牡马祭祀的第二部分相当重要。东壁接下来的画面是对印度的重现（鹤和持弓的俾格米人），以及可能是对一场葬礼某个阶段（在水中抓住水牛尾巴的男子）的描绘。

马祭并不是唯一一个可为东壁残缺的壁画提供可能的识别依据的印度庆典。实际上，在古代印度文献如《百道梵书》中还能找到与马祭有一些共同点的其他仪式。这些仪式包括瓦贾佩亚祭祀（*Vājapeya*）以及最重要的典仪——王祭（*Rājasūya*）。正如王祭的名称（*rāja* = 国王）所表明的，它可能与王权有关，但该文本与一位向往天堂的国王有明确的关联。有学者对王祭进行了非常重要的研究，[205] 这里仅做扼要概述。王祭的仪式流程需要一到两年，每一个环节都经过严密的天文 – 占星学计算，与罗盘的四个基本方位密切相关，并且与马祭有着诸多相似之处。这项仪式与登基典礼和重生密切相关，而且它与新年的关系是很明确的。此外，王祭的典仪可能包括需要一个孩童（国王的继承人）及他的母亲在场的环节，这个步骤与水有关。在仪式开始前先是一段战车巡行，接着是清洗马匹、献祭动物（一头不孕的母牛和一只山羊），然后是掷骰游戏，再完成最后的沐浴。王祭的这些环节可能与阿夫拉西阿卜东壁的一些场景有相似之处。例如，画面中师徒的姿势可被识别为掷骰游戏，虽然那个圆形物体——在我们看来——被葛乐耐更恰当地识别为天文仪器。怀抱孩童的女子与印度庆典中国王继承人的出现及其浸入水中形成了明显的参照，而在东壁右边水上场景中的人则可被解读为对仪式最后的沐浴环节的描绘。王祭的另外两个流程也值得一提。首先，印度国王站在虎皮上主导着一些祭祀活动，正如波斯书籍插图中经常表现的伽约马德（Gayomard）——伊朗神话中的人类始祖——在诺鲁孜节期间所做的那样。[206]人们期望印度国王在节日的前一年留起头发。在王祭庆典的尾声，要举行剪发仪式。[207]印度庆典的这一部分使人想起《通典》引《西蕃记》关于康国（即撒马尔罕）诺鲁孜节的段落，其中描述的正是当地人及其国王剪剃头发和胡须的习俗。[208]

但最重要的是，王祭与新年伊始的明确关联应当引起我们的关注。曾撰写关于王祭专著的学者黑斯特曼（Heesterman）就坚持这一观点，尽管他无法比定出这个仪式起讫的确切季节，因为如前所述，印度历史上的这个时期并没有一个为所有地方一致遵循的单一历法系统。至于马祭仪式，印度艺术中并没有明确表现王祭的例证。此外，目前还不清楚南亚次大陆的宫廷实质上在何时举行王祭庆典。它的某些阶段无疑植根于非常古老的印欧传统，例如战车巡行。[209]阻碍阿夫拉西阿卜东壁壁画与这一仪式联系在一起的主要原因在于王祭期间并没有献祭马匹，这可能代表了一个恰当的假设，与北壁上的马匹，尤其西壁上的马匹相类似。东壁上本应表现马的部分相当残缺不全。因而应当考虑，在描绘王祭的情形下，马不会被献祭，而围绕着动物的人（们）的位置只是反映了印度的艺术定式。

这里描述的场景只是唤起了对印度的联想，但正如上文多次提到的，两唐书把这面墙所表现的内容还归于突厥人。基于这一文献，莫德更倾向于将阿夫拉西阿卜东壁上部那只动物的下部认定为突厥民族起源传说中的母狼。然而，还有另一种可能性。事实上，这里的确有与古代突厥人王权有关的节日庆典的重现，涉及天文星体的联结、马的出现，显然也与当地新年庆祝活动密切相关。盛宴被描述得较为频繁，尽管它们不一定与突厥新年庆典有关。[210] 如莫德所认定的，假若东壁壁画的残缺部分果真包含与突厥人相关的一些因素，那么则无须考察传说中母狼的形象，因为如同在印度文化中一样，在突厥文化语境下，在这里描绘一匹马也被认为是非常合适的。

然而，即便如此，这也只是目前尚无法证实的另一个解释性假设。

注释

1. 据费多洛夫（M. Fedorov）的说法，这一事件被列举在他的文章导论中。此外，他还举例说明了大多数壁画是如何在 11 ~ 12 世纪的侵入性工程中遭到无可挽回之损失的：Fedorov, 2006：222。克洛德·拉潘在 2008 年圣彼得堡学术会议期间的一次私人交谈中证实，四面墙壁上最高部分的画面早在修路的推土机对其破坏之前很长时间就已被损毁，因此，在西壁上没有找到任何当时表现所谓的国王（或任何其他人物）的残片。对该壁画的发现经过、研究以及比定的综述，参看 M. Compareti, "Afrāsyāb ii. Wall Paintings," in：*EI*, ed. E. Yarshater, 网络版本：http：//www. iranicaonline. org/articles/afrasiab – ii – wall –

paintings－2；Compareti，2010。

2. Field，Prostov，1938：242.

3. 在一些旧时的俄文出版物上可以看到对这些壁画的线描复原图，但没有关于可能的摄影复制品的信息：D'jakonov，1954：fig. 1。两个跪着的人物似乎双手被绑在背后，这种表现方式至少与一处来自片治肯特8世纪壁画（第 Ⅵ 区/13 号房址）上所见的人物近似：Belenitskii，1973：pl. 5；Belenizki，1980：102。

4. Pugachenkova，Rtveladze，1984。另见 Cristoforetti，2006a。

5. 阿夫拉西阿卜壁画保护协会（Association pour la Sauvegarde de la Peinture d'Afrasiab），协会主席让・戴泽路（Jean Dezellus），会址位于巴黎乌尔姆街 45 号（rue d'Ulm 45），巴黎高等师范学院（l'École Normale Supérieure）内。

6. 这些残片收录在阿尔鲍姆的著作（1975：pls. XLVII－L，LVII）里。马库斯・莫德对壁画提出的一些重构假说可在本章注释 18 中公布的网站中找到。

7. 费多洛夫曾撰专文论述这一主题：Fedorov，2006。另见本章注释 97。

8. Al'baum，1975：pl. V；La Vaissière，2006b：fig. 2. 值得关注的是，据汉文文献记载，突厥人并不是唯一留辫发的游牧民族：Boodberg，1938：240。据塞奥法尼斯（Theophanes）记载，阿瓦尔人（Avars）在 557 年或 558 年访问拜占庭时就留有相似的发型：Mango，Scott，1997：340。

9. Al'baum，1975：pl. II. 男性神祇手托一只盘子，上有一尊骆驼小雕像，这尊雕像似乎应与布哈拉的守护神——"法恩"（粟特语 *farn*，意为"灵光"、"神赐荣耀"）的化身或巴赫拉姆（Bahram，又译"瓦赫拉姆"，战争与胜利之神）有关：Lo Muzio，2009：31，n. 60；Silvi Antonini，2010：160。另见本书第三部分《隋书》中关于安国（布哈拉）的介绍。

10. Al'baum，1975：pl. I.

11. 关于阿夫拉西阿卜粟特语铭文的最新翻译，见 Livshits，2006。

12. Šiškin，1966；Al'baum，1971.

13. Abdurazakov，Kambarov，1975；Ahunbabaev，1990；Ahunbabaev，1999. 在 1965 年被发现后，为避免更进一步的氧化和破坏，该遗址被回填。20世纪 70 年代遗址重新开放，但要获得一些细节的信息并不容易，例如壁画被移入阿夫拉西阿卜博物馆的精确年份。近年撒马尔罕考古博物馆被拆除，其大部分藏品现在都在阿夫拉西阿卜博物馆展出，2013 年 9 月我曾赴该馆参观这些藏品。

14. Grenet, 2010a：fig. at p. 53 bottom. 关于最新发现的一些壁画，见 Fray, Grenet et al. , 2015。发现于阿夫拉西阿卜的一些陶器残片也表现出若干富有粟特奢华艺术风格的画面：Maršak, Raspopova et al. , 2006：49；Compareti, 2011b：fig. 2。

15. Ahunbabaev, 1987；Compareti, 2006b.

16. Inevatkina, 1999；Karev, 2003；Karev, 2005.

17. Bernard, Grenet, Isamiddinov, 1990；Bernard, Grenet, Isamiddinov, 1992. 关于壁画的研究，见 Grenet, 2003；Grenet, 2004；Grenet, 2005b。

18. Mode, 1993. 另参 M. Mode, 2002：*Court Art of Sogdian Samarqand in the 7th Century AD：Some Remarks to an Old Problem-A Web Publication*（《公元 7 世纪撒马尔罕的粟特宫廷艺术：对一个老问题的评论——网络出版物》），http：//www. orientarch. uni – halle. de/ca/afras/index. htm。

19. Silvi Antonini, 1989；Mode, 1993；Maršak, 1994a. 关于敦煌壁画与粟特壁画（尤其是阿夫拉西阿卜环带）的一份中文比较研究，见姜伯勤，1996：157 – 178。

20. Mode, 1993：85. 学界至今尚未比定出古代遗址屈霜你迦的方位：Compareti, 2011a：229。

21. 该记载的法文译本见 Chavannes, 1903a：145。另见本书第三部分。葛乐耐认为：这种对与粟特有接触的世界之划分反映出以粟特为中心的世界观，因为如果一位旅行者想要（从粟特）到达中国就必须北上，而向东的道路是抵达印度的最佳路线：Grenet, 2005b：129。阿拉伯文献《诸地形胜》也记录了印度毗邻河中地区的东界：见第三部分。

22. 无论南壁描绘的神殿（参见图 41），还是阿夫拉西阿卜的宫殿，都令人联想起《新唐书》所传达的信息，尽管宫殿与考古遗址的中心邻近，并非如文献所说的坐落在东边。这一事实并不能否定阿夫拉西阿卜宫殿曾是与何国重楼类似建筑的可能性。故此，该宫殿很可能具有宗教意义：Compareti, 2007c：38。与祆教有关的祆祠、胡寺一般都建在西域（今新疆等地）和敦煌的粟特聚落的东部边界上：Rong, 2012：123 – 129。一部年代较晚的、来自 15 世纪初中国明代（1368 ~ 1644）的文献，记述了撒马尔罕城里的一座宗教建筑。这部文献是陈诚（卒于 1457 年）和李暹（1376～1445）撰写的《西域番国志》。这两位撰者皆是 1413～1415 年出使赫拉特的帖木儿宫廷的外交使臣，而且多半亲眼见证了其所报告的史实。关于撒马尔罕的段落，文献中写道："城东北隅有土屋一所，为回回拜天之处，规制甚精壮，皆青石，雕镂尤工，四面回廊宽敞，中堂设讲经之所，经文皆羊皮包裹，文字书以泥金。"参见 Krol', 1998：259（英文版见 Rossabi, 1983）。尽管我们无法判定文中提到的楼宇（毋庸置疑是一座清真寺）是否建在业已存在的神殿废墟之上（如果考虑到纳尔沙希对布哈拉的记述，这并非毫无可能。参看 Frye, 1954：48；Compareti, 2008a：4-12；Grenet, 2008：12），值得注意的是，这座楼宇面朝的方向（东方）极为精确地对应了何国国王宫殿的方位。敦煌一份 8 世纪汉文地理图志中，曾提到在距城东一里的地方有一座粟特神庙：Riboud, 2005：74。

23. Kageyama, 2002；Grenet, 2003.

24. Compareti, Cristoforetti, 2005；Cristoforetti, 2007. 关于粟特文化中的印度天文 - 占星学，参看 Azarnouche, Grenet, 2010。

25. Grenet, 2006b：43.

26. Silvi Antonini, 1989：117；Silvi Antonini, 1994. 在韩国近年举办的一场关于古代乌兹别克斯坦文化与艺术的展览图录上，策展人似乎采纳了由葛乐耐和奥里提出的大部分构拟方案。撒马尔罕考古研究所根据水彩复原图所作的场景排布也反映了法国同人和本书所提出的重构方案：Min, 2009：150 - 157。

27. La Vaissière, 2006b：148.

28. Pelliot, 1923. 另参 Ferrand, 1930 - 32。古典艺术并未采用抽象的思维模式，即根据文献所描述的标准来划分世界。在罗马，关于世界的最重要记录是地理图志，上面总是将地中海描绘为世界的中心：Trousset, 1993。

29. Boyce, 1968：63 - 64. 值得注意的是，每一个方位（即每一个族群）都与其自身的特质和一种颜色相关联。这一概念见于经由阿拉伯人流传下来的大量婆罗钵语（中古波斯语）文献史料：Shaked, 1984：41 - 49。伊朗与中国的颜色类比研究见 Scarcia, 1985；Rossi, 1996；Azarnouche, Grenet, 2010：38 - 44。根据主要方位而形成的古典伊朗对世界划分的思维模式，也体现在阿契美尼德时期雕塑对主体民族的表现之中：Briant，1996：191 – 196。

30. Grenet，2005b：130.

31. Creswell，1979：408. 20 世纪 60 年代考古学家列奥·楚佩曼（Leo Trümpelmann）发现了这座萨珊城堡。然而，这里并未发现任何壁画：Fowden，2004a：285。

32. Grenet，2005b：130；Grenet，2007a：15. 莫德早些时候也公布了在伊斯兰文献中发现的一些重要观点：Mode，1993：115 – 118。另参 Canepa，2009：59 – 63；Canepa，2010：132。

33. 最新参考文献见 Fowden，2004b。

34. 迪·布兰科的有趣结论发表于 Di Branco，2007：610 – 614；Di Branco，2009a：51 – 52；Di Branco，2009b：231 – 254。尚不清楚这些人物之间是否存在等级关系，因为有的人处于前排，而其他人位于后排。

35. Livshits，2006.

36. 一些学者认为，这些题记实际上与壁画无关：La Vaissière，2006b：15961。因此在这种情形下，从这些题记所获得的信息不应被视为可靠的或不容争辩的。壁画的一些部分显示出无可辩驳的被反偶像崇拜者蓄意破坏的迹象，包括擦除眼睛和遗留在脖颈上的企图斩首的痕迹。这些蓄意破坏行为可能是在整栋建筑被遗弃后发生的。在喀喇汗王朝宫殿里所描绘的人物身上也能看到非常相似的痕迹：Karev，2003：1720。

37. 见第二章注释 56 及第三部分辑录《唐会要》的内容。公元 660 年前后几年似乎是最有可能的年份。从中国天文占星学的角度来看，公元 660 年是非常有趣的一年。唐代最有名的占卜书之一《符天历》（"天 [兆] 的解释"），撰于 780 ~ 793 年，一度在中国与日本非常流行。根据《符天历》的说法，黄金时代始于 660 年的一个星期日，正值昼夜平分日（春分或秋分）落在双鱼宫且出现独特的日月相合之时。对星期日的重视令人联想起粟特摩尼教徒，以及其他伊朗元素：Schafer，1977：11。见第二章注释 58。大约在这一时期，粟特佛教僧侣曾非常活跃地为汉人担当出使印度使者的角色：Sen，2001：20。

38. Frye，1954：40；Smirnova，1970a：275. 莫德也注意到了这一信息（1993：22）。粟特贵族之间皆为亲属关系，通常由一位邻邦君主来决定谁能登上王位，且这一人选还须经过中国皇帝的首肯：见第三部分。

39. Maršak，1994a：6；Maršak，2006：75－76. 如上文所述（见第二章注释11、66和73），《新唐书》对何国的记述也可被视为普遍适用于粟特的其他城国，而片治肯特壁画则在许多情况下展现出阿夫拉西阿卜或瓦拉赫沙所没有的相当奇特的元素：Compareti，2007c：38. 马尔沙克还考虑到场景中应有一对神祇夫妇在场的假说。马库斯·莫德也没有忽视画面中曾描绘守护神的可能性：Mode，2006a：115. 他在早期一篇论文中表达了类似观点：Mode，2004. 其他一些学者不认同这种比定的合理性：La Vaissière，2006b：153. 在片治肯特XXV区28号房址发现了一个与阿夫拉西阿卜相似的图景，但更为残缺不全。在这里，至少可以辨别出四个宴饮场面，其中权贵们正在接受来自外国使节的礼物（？）。那些场景中涉及凡人的活动被描绘于两面墙壁（南壁和北壁）上，画面中他们处于当地神祇的保护之下：Maršak，Raspopova，1990a. 莫德对其所做的上述房址画面与阿夫拉西阿卜壁画的对比确信无疑：Mode，1993：fig. 27. 魏义天认为，这些元素足以说明宴会场景与突厥文化圈有关：La Vaissière，2006b：150－151.

40. Mode，1993：56. 据塔巴里称，伊嗣俟三世去世前一段时间曾亲赴撒马尔罕和拔汗那，凄绝穷蹙中寻求能与他共同抗击阿拉伯人的盟军：Mode：56。图20人物脖颈上的粟特文题记现已难以辨认。在1965年发现之初，曾有学者审慎地提出题记可被释读为"拂呼缦"，尽管对这种读法并无十足的把握。出现在该人物旁边的一位人物上的另一粟特文题记读作"支汗那大臣"：La Vaissière，2006b：160。阿扎佩认为，这条题记为撒马尔罕王的身份比定提供了有利证据，尽管她也承认，题记有可能是在阿夫拉西阿卜宫殿被遗弃后才题写上去的：Azarpay，2013；Azarpay，2014。另外，题记还有可能是不知名的到访者留下的，因为题写部位离地面较近，容易够到。应当注意的是，两个人物之间好像并没有互动。相反，他们似乎正朝同一个方向走着，可能是为了送出手中的礼品。似乎还未有人考虑到这样一种可能性，即西壁表现的是与《新唐书》所述内容相吻合的波斯新年诺鲁孜节庆典，因为根据《新唐书》记载，波斯王、拂菻（拜占庭）诸王的形象占据了何国重楼的西壁。在这种情形下，场景上部会出现一个萨珊君主，可能正是伊嗣俟三世。如同莫德提出的比定方案无法服众那样，上述假设似乎也没有多少说服力，因为没有人物可被确定为拜占庭人或波斯人，况且伊嗣俟三世去世和撒马尔罕壁画的创制年代还有一段时间差。另外，突厥武士这一身份与波斯语境并不相符。

41. Tanabe，2006b；Mode，2006b. 另参看 Movassat，2005；Cristoforetti，Scarcia，2013。值得注意的是，西壁上踞坐的人物使人联想起伊朗塔克·布斯坦猎鹿浮雕中的一名侍从：Movassat，2005：pl. 34。

42. 见第二章注释 53。

43. La Vaissière，2005c；Stark，2007. 魏义天认为，这些武士可能是可汗的贴身侍卫：La Vaissière，2007：106。然而，该位置粟特人的缺席则暗示他们是"吴拉姆"（ghulam，意为奴仆或侍从）：La Vaissière，2005e：146。根据服饰、兵器和发式所做的突厥人的比定，见 Yatsenko，2009；Lo Muzio，2010：433。

44. Arzantseva，Inevatkina，2006a：fig. 3. 关于文中相关人物的伊朗民族或突厥民族身份及其服饰的比定，下述文献提出了颇具说服力的论证：Arzhantseva，Inevatkina，2006b；Raspopova，2006。

45. 两位唐朝使节拿着的是一些生丝而不是早先所认为的蚕茧，这些生丝以一种奇特的、现代中国仍在使用的方式收拢起来（参看 La Vaissière，2006b：149）。这一见解是由马尔沙克在 2004 年圣彼得堡举办的一次会议上提出的。见 Knauer，1998：114 - 116。在不同的唐代墓葬或私人藏品中发现的若干明器（随葬陶俑）显示了在骆驼驼囊上驮载的以同样方式捆结的生丝：Knauer，1998：figs. 24，33 - 34，58，59b - 60b。

46. Barbet，2006：fig. 9 - 10.

47. Grenet，2005b：138. 西壁上所有其他突厥人都身着白色、黄色、粉色和红色服装。另参蓝色与突厥王族名阿史那的渊源。语言学家认为，阿史那很可能不是突厥语词，而是从其他一种中亚语言中借用的，如吐火罗语或中古伊朗语东支于阗语：Klyashtorny，1994；Golden，2006：142。

48. Grenet，2004：pl. B；Grenet，2007a：16.

49. Mode，2006a：120 - 121.

50. 见第三部分。唐章怀太子李贤（卒于 684 年）墓壁画《礼宾图》

（或称《客使图》）中描绘了外国使臣的样貌。其中有一位来自朝鲜
半岛的使者，头戴与阿夫拉西阿卜壁画中同样的羽毛冠，还有一位
高鼻深目、剃发（非秃头？）的"西方人"：张鸿修，1995：图 117；
Kageyama，2002：fig. 4b。根据 I. 阿赞切娃和 O. 伊奈瓦特金娜最新
发表的构拟图，粟特译语人不会是秃头：Aržanceva，Inevatkina，
2006a：fig. 11。玄奘的陈述应被加以修正：这位虔诚的求法僧或许
只是想将粟特人与其他蓄长发的民族，如突厥人加以区分。慧超也
曾叙说粟特人流行短发的风尚：见第四章注释 13。影山悦子对阿夫
拉西阿卜与章怀太子墓壁画上的朝鲜半岛使者做了饶有趣味的比较，
这有力地表明了粟特人对其他民族的刻板化印象，以及唐朝粉本对
粟特人表现外国使节画法的影响：Kageyama，2002。

51. Mode，2006a：110－111；La Vaissière，2006b：149，156－157。许多唐
墓壁画上都表现了这种倚在架子上的长矛与列戟：张鸿修，1995：
图 11，91－92，153，155，171；Eckfeld，2005：101－104；Zhou，
2009：108。马库斯·莫德再一次征引了中国艺术中的一些例证：
Mode，1993：figs. 197－199。

52. 见本章注释 88 和图 45。

53. Silvi Antonini，1989：125－126. 另参 Kuhrt，2010：97。关于萨曼时期
粟特（瓦拉赫沙，距布哈拉不远）仍在庆祝的新年庆典，参看
Naymark，2005：536－537；Cristoforetti，2006a. A。奈马克的假说也
被写实艺术作品所证实。

54. Ghirshman，1957；Ghirshman，1962：154－209。另参 Gnoli，1964：249。
对吉尔什曼这一假设的评论，见 Nylander，1974；Kuhrt，1991；
Wiesehöfer，1996 ［reprint 2005］：25；Briant，1996：196－198；
Imanpour，2006. 阿契美尼德王朝的君主很可能定期与他们的朝臣从
一座城市迁到另一座城市，大概是为了庆祝特定的当地的仪式：
Tuplin，1998. 研究阿契美尼德时期的主要学者之一 P. 布赖恩特
（P. Briant），也证实了这一假设：Briant，2009：31；Kuhrt，2010：98。
另参 Briant，1996：200－207。在阿契美尼德王朝倾覆几个世纪之后，
一位臣服于沙普尔二世（Šābuhr Ⅱ，309～379）的波斯小王在波斯波
利斯庆祝了一个我们无法确知的节日，同时还向他的祖先们献上了一
些祷文。他在波斯波利斯留下了若干婆罗钵语铭文以记录这一事件：
Back，1978（转引自 Wiesehöfer，1996 ［reprint 2005］：223）。

55. 关于这个问题和神秘的置闰法，见 Blois, 1996：40；Cristoforetti, 2000：37 – 69, 149, 155。另参 Sachau, 1879［1969］：220。据中国求法僧宋云（活跃于 6 世纪初）记述，嚈哒人（尽管其族源很神秘）亦采用了类似的系统——这大概是由于他们的伊朗化文化——即巴克特里亚的系统：Beal, 1869［1996］：184；Beal, 1884［2004］：xci（法文版见 Chavannes, 1903b）。

56. Christensen, 1934：148 – 154；Christensen, 1944［1971］：172, 180, note 1；Widengren, 1959：253；Cumont, 1964：61［1969：3 – 4］quotes：S. H. Taqizadeh, "The Early Sassanians," *BSOAS*, 11, 1943：15 – 16. 另参 Sachau, 1879：207。S. 泰勒 – 史密斯在最近对库思老二世钱币的研究中表明，库思老二世可能是在夏天加冕的，这一史实似乎与那个时期诺鲁孜节所在的季节相吻合：Tyler-Smith, 2004。穆斯林作家还记录了历书上的诺鲁孜节与假想的"王室"春季诺鲁孜节的差异。尤其是瓦赫拉姆·科宾（Wahrām Čobin）的加冕礼似乎是在"王室"诺鲁孜节（春天）前后举行的：Higgins, 1955。来自摩尼教文献的一些信息称，阿尔达希尔（Ardašīr）的儿子沙普尔（Šabuhr）的加冕是在"一个星期日，尼桑（Nisan）月的第一天，当太阳处于白羊宫之时"：Cumont, 1964：62［1969：6］；Sundermann, 1990。在萨珊王朝初期，诺鲁孜节是发生在秋天的，这在前伊斯兰和伊斯兰时期的文献中均有记载，最近巴克特里亚文献也证明了这一点：Widengren, 1971：717, 719, 730, 744, 766 – 767, 771, 774 – 775, 782；Nylander, 1974：142；Blois, 2006：995。根据某些具体研究，阿契美尼德王朝君主的加冕仪式是在帕萨尔加德（Pasargadae）的塔上和法尔斯省纳克什·鲁斯塔姆（Naqsh-i Rustam）的卡巴 – 耶·扎杜什特塔（一种四边形阶梯式石结构建筑名称，字面意思为"琐罗亚斯德立方体"）进行的，此二者应被视为该朝祖先的丧葬纪念建筑群：Sancisi-Weerdenburg, 1983。另参 Potts, 2007a：287 – 288。有些学者认为，加冕是在一个（或不止一个？）未特定指明的"火庙"里举行的：Harper, Meyers, 1981：103, 122。关于帕提亚（安息）人的加冕礼，参看 Cumont, 1961［1969］。据一份相对含混的汉文史料称，唐朝在 661 年的诺鲁孜节期间曾册封了中亚一些地区的王或地方君长：Kuwayama, 2005：143。

57. Sachau, 1879：204；Christensen, 1944［1971］：125, 172 – 173, 407；

1. 阿夫拉西阿卜博物馆。

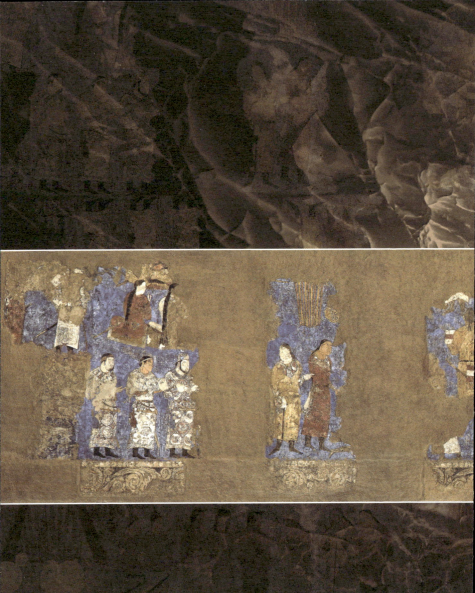

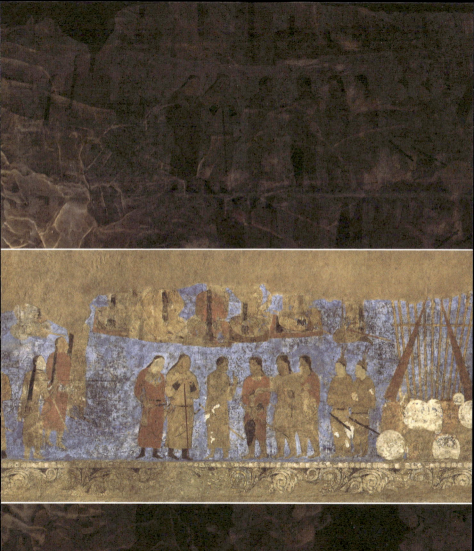

3. 西壁左边部分细部。画面下部有三位携带礼物的外国使臣。画面上部有一
站立的突厥武士，其白色衣服上写有整套壁画环带中最长的粟特语题记。

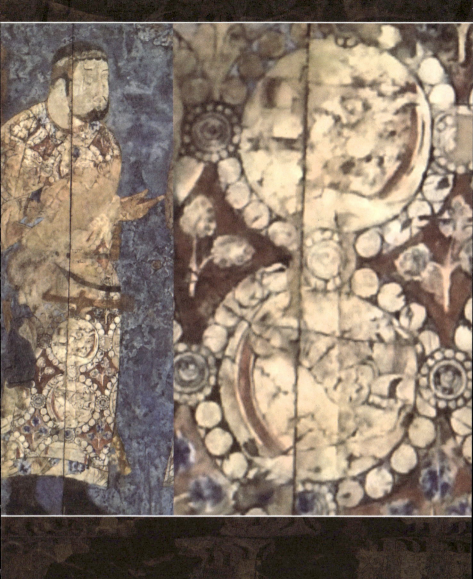

4. 一位外国使臣衣服上的装饰纹样细部。

左：5. 西壁左边部分细部，几位坐在地毯或靠垫上的突厥武士。画面左上部有一保存不甚完好的动物下部，它可能是一只狗。图中清晰描绘了突厥人典型的长辫发。

右：6. 西壁左边部分细部，一位引领一列外国使臣的突厥武士。

左：7. 西壁中央部分细部，一列唐朝使者呈献
丝绸制品。

右上：8. 西壁右边部分细部。画面上半部有几
位坐在地毯或靠垫上的突厥武士。画面下部左
起有两位突厥武士和一名粟特译语人，正在引
介两组外国使臣。前三位使臣正如他们身上的
粟特语题记所载，是"山地居民"（吐蕃人？）
的代表。最后两位很可能是朝鲜半岛使臣，因
为他们头戴长羽冠。

右下：9. 西壁中引介外国使臣的两位突厥武士
细部。值得注意的是，右边的武士将其长袍向
下翻卷至腰间，这可能是因为壁画描绘的事件
发生时正值夏季。

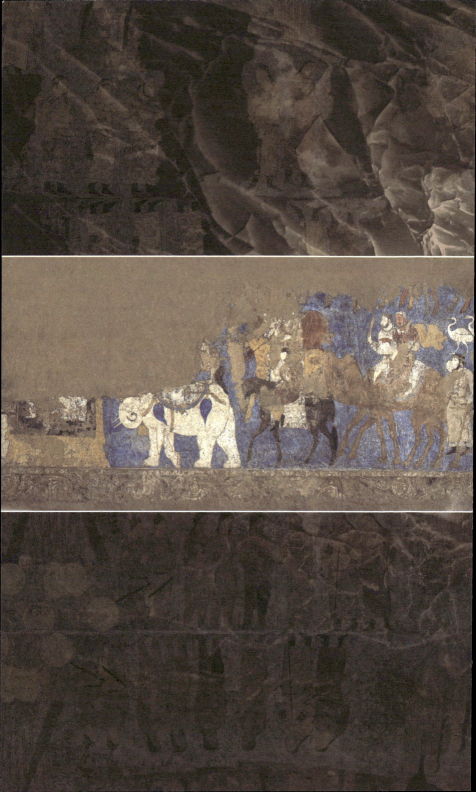

11. 南壁中央部分细部。图中展示了手持仪式用棍棒、骑骆驼的两个重要人物，在他们身后还有另外两个戴着袄教祭司传统口罩"帕达姆"的男子。这些人很可能要进行一种献祭，献祭动物包括跟在人物后面无人骑乘的马和四只白鸟。

12. 南壁右边部分细部，陪同未能保存下来的巨大主角（可能是国王）的贵族骑士之一。

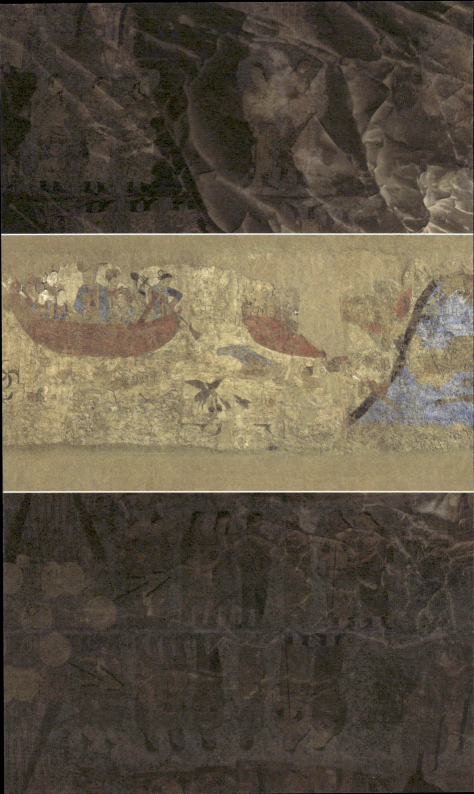

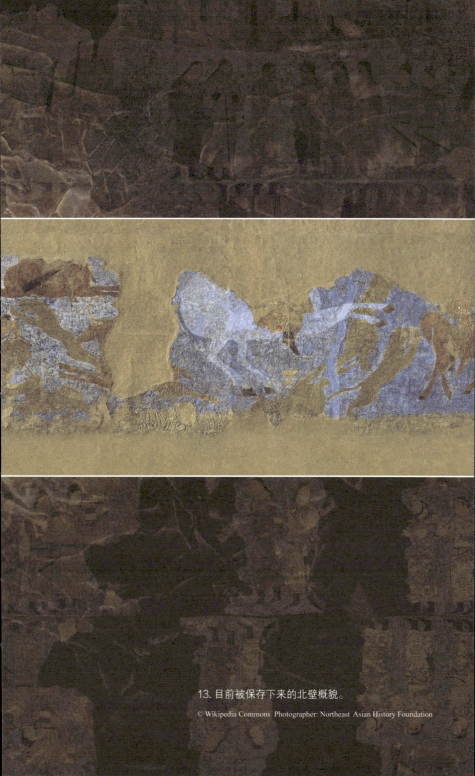

13. 目前被保存下来的北壁概貌。

14. 北壁左边部分细部。画面上部有
一艘载有唐朝贵族女性的、船头造型
似龙的船。在船周围的水中有多种水
生动物。船下方可以看到一只有翼复
合神兽，很可能是另一条龙。

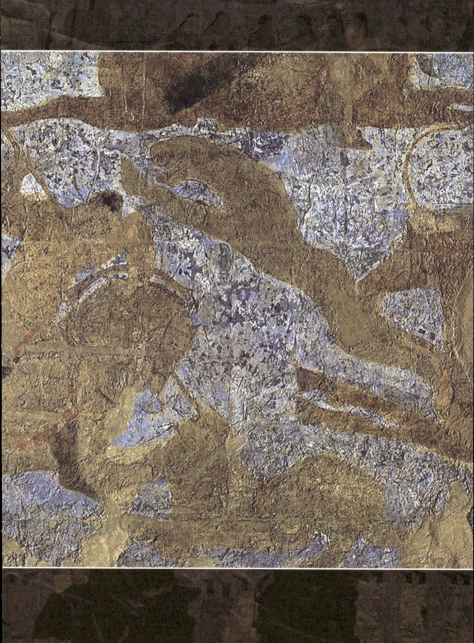

15. 北壁右边部分细部，猎豹的唐朝骑士。

16. 目前被保存下来的东壁概貌。

17. 东壁是"大使厅"壁画环带中保存状态最差的。本页三张图为 F. 奥里对东壁的构拟图。
汉文文献表明东壁是专门用来描绘印度人或突厥人的。

采自 Al'baum, 1975: fig. 25-27

Nylander, 1974：147. 关于阿拉伯语文本记录的萨珊宫廷这一节日习俗的详细研究，参看 Ehrlich, 1930。特定在 7 世纪庆祝的诺鲁孜节（即夏季）上赠送的礼品可视为向唐朝皇帝纳税，而唐朝皇帝可能只是名义上的粟特领主：Azarpay, 2013：312；Azarpay, 2014。这一假设似乎是正确的，因为汉文史志记录有粟特人曾携贡礼（并请求回赐）觐见。中国史官并没有说明那些贡礼是不是在特殊场合赠送的，但值得注意的是，史志通常都给出了确切的入贡年份，而且据说粟特人经常在每年一月——很有可能正值农历新年庆典之时——赠送礼物（见第三部分）。由是观之，阿夫拉西阿卜壁画对唐朝皇帝的描摹，应是表现了粟特人在阿拉伯人入侵之初向大唐请求援兵的意味。

58. Christensen, 1934：147, 154. 关于庆典上使用的贵重金银器，参看 Melikian-Chirvani, 1992；Melikian-Chirvani, 1996；Cristoforetti, 2007 - 08；Callieri, 2008。伊朗的新年节庆可能是效仿古巴比伦一个名为"阿吉图"（*Akītu*，西方学者通常将其译为"新年节"）的节日，节庆历时数日：Gnoli, 1974：28 - 29；Taqizadeh, 2010：48。这是一个起源于苏美尔 - 阿卡德文化的节日，具有巡游、供奉礼品、宴会、君王的象征性的加冕礼，以及一个复杂的、与水有关的庆祝活动等一套流程：Black, Green, 1992［2004］：136 - 137；Bidmead, 2002：45 - 127。对苏美尔人欢庆这一节日的表现，见 Parrot, 1968：figs. 70 - 73。一些可以追溯至公元前 3000 年的黏土印章描绘了若干场景，有学者将这些场景比定为当地的新年节日庆典：Collon, 1987［2005］：27。美索不达米亚文化的某些方面对伊朗（和中亚）文化有深刻影响，特别是那些与王权和科学相关的知识，如天文学：见结论部分注释 14，注释 25—26。N. 辛姆斯 - 威廉姆斯研究的一篇与景教有关的粟特语文献表明，在古代美索不达米亚发展起来的美索不达米亚惯例（formulae），实际上仍然在伊斯兰时期的中亚被不加修改地用于占卜未来：Sims-Williams, 1996c。美索不达米亚和希腊的知识会经过伊朗文化圈传到印度，虽然近年的一些假说提出了前两者与印度有一系列直接接触的观点：Falk, 2000；Potts, 2007c。安条克三世很可能于公元前 205 年 4 月 6 日在巴比伦亲自主持了阿吉图节的庆典：Sherwin-White, Kuhrt, 1993：130 - 131, 199 - 200。正如现藏布鲁克林博物馆的公元前 5 世纪末至前 4 世纪初的 47. 218. 50 号莎草纸记录的那样，在古埃及，王室奉献和祝圣仪式也是在新年庆典这种场合举行的：Goyon，1972。

59. La Vaissière，2006b：fig. 3；La Vaissière，2007：104 – 106，fig. 6；Azarpay，2013：311。

60. Ory，2006.

61. Grube，1991；Raby，1991。

62. Maršak，2002：55 – 158.

63. Raby，1991：18 – 28.

64. Sims，2002：91 – 131.

65. 埃辛的假设概述如下：Esin，1977。她认为，御座上的国王及其两旁随侍的中心位置，让人联想起佛陀与两位胁侍菩萨的典范图像。然而，这种图式在基督教艺术［朱尼乌斯·巴苏斯（Junius Bassus）石棺上耶稣位于两位使徒之间］和犹太艺术（杜拉－欧罗普斯的犹太教会堂）中也很出名：Grabar，1980：figs. 32 – 33，41。在伊斯兰社会环境中，一些表现建筑模型的 12~13 世纪的塞尔柱陶瓷被认为是采用了诺鲁孜节不同阶段的其他可能的表现形式：Graves，2008：248 – 249。

66. Pugačenkova，1987. 学界对这件托普卡帕宫藏书卷首插图的年代没有达成共识。在一份最新的关于伊儿汗国时期书籍插图的研究中，这件卷首插图并未被包括在内：Carboni，2004。

67. Ipşiroğlu，1967：51 – 54，99.

68. Grabar，1989：13 – 32，60 – 62，108 – 118，257，262.

69. Sims，2002：22 – 24；Baer，2004：6 – 8，14 – 19，22 – 31.

70. Maršak，2001；Lerner，2005.

71. 西安市文物保护考古所，2005：图 50。在伊斯兰时期的一些书籍插图中可以看到一只狗在马身下的图像母题。托普卡帕宫博物馆收藏（Hazine 841）的一份塞尔柱时期（12 世纪末至 13 世纪初）的《瓦尔卡与高尔沙》（Varqa and Golshāh）的波斯文手抄本描绘了完全相同的狗：Melikian-Chirvâni，1970：fig. 24。奇怪的是，这里描绘的是决斗而非狩猎场面。在同一部手抄本的其他一些插图中，狗被兔子所替代：Melikian-Chirvâni，figs. 18 – 19。

72. Lerner，1995. 关于狗在祆教领域的中心角色，参看 Boyce，1996；Moazami，2006；Andrés-Toledo，2013。关于美秀美术馆石榻围屏图像

上所举行全部仪式的可能比定，见 Grenet，2009a。

73. Lerner，2005：table 2. 经常出现在这些葬具上的带头光的鸟，还出现在苏联时期梅尔夫发现的一个疑似与葬具同时期的花瓶上。实际上，这个花瓶与葬具图像很可能共享一个相似的范本：Compareti，2011b。据一些汉文史料记载，在农历新年节庆期间中国人通常把用纸做的这种鸟挂在窗户上方，以驱除厄运邪祟：Birrell，1993：237 - 238。在中国南方，专用于展示在房屋外的用纸做成的动物（特别是马）十分常见，它们可能与丧葬有某种联系：Aijmer，2005：214 - 215。影山悦子认为，安阳石床图像上的一些人可能不是外国国王（如马尔沙克所以为的），而是对进入来世不同阶段的描绘：Kageyama，2005：263。

74. Silvi Antonini，1996. 这些场景在萨珊艺术中十分常见，但不一定与狩猎或诺鲁孜节有关：Rosen-Ayalon，1984。在安息王朝时期的亚美尼亚，宴饮和王室狩猎的题材也具有相当突出的意义：Uluhogian，2006。帕夫斯托斯·布赞德（P'awstos Buzand，5 世纪）在其撰写的《亚美尼亚人的历史》中明确提到，宴饮和围场狩猎与"纳瓦萨德"节（*Nawasard*，亚美尼亚新年节）有关：P'awstos Buzand，1997：111 - 112。我曾在另一篇论文中指出，这类包括宴饮和狩猎在内的场面可能也影响了粟特的邻邦，如 8 ~ 13 世纪的喜马拉雅地区：Compareti，2009c。另请参阅 Flood，2005。近年在青海（历史上是吐蕃统治区域的一部分）的考古发现，使得判定一些 8 ~ 9 世纪墓葬绘画对粟特图像的直接借用成为可能：Heller，2013。

75. 蒙西莫内·克里斯托弗雷蒂提供有关《诺鲁孜纪》的所有信息，特此致谢：Cristoforetti，2007 - 08。该书波斯语版本参看 Minowi，1312/1933 - 34；'Omar b. Ebrāhim Khayyām Neshāburi，1357/1978。关于伦敦手稿的总体信息，见 Rieu，1881：vol. 2，852。值得注意的是，其他文本（均为伊斯兰教时代）提到了诺鲁孜节庆祝期间必须遵守的礼节和仪式。贾希德（al-Gāḥiḍ，9 世纪）所著的《王冠之书》（*Kitāb aḥlāq al-mulūk*）提到了在仪式上要进献给萨珊君主的贡礼：贡礼取决于献礼人的职业，比如一支箭、一匹马等：Gabrieli，1928：299 - 300。不那么有趣但值得一提的是伊本·穆卡法所提供的信息：Grignaschi，1966：129 - 133。在诗歌中也能找到对诺鲁孜节庆典不同阶段的一些记载：Reisner，2004。另外还有萨珊晚期的婆罗钵语文本，这些文本对根据已确立的等级制度而形成的不同阶层的礼节和荣誉的记述非常有趣：Daryaee，2007。关于诺鲁孜节第六天的婆罗钵语宗教文本，见 Grenet，2009b。

76. Arzhantseva，Inevatkina，2006a：191 – 192，194 – 196。在整个中亚和 6 世纪中国的粟特人纪念性葬具石屏上的宴饮场面，经常有对舞者和乐师的描绘。这类宴乐图中最有意思的当属巴克特里亚遗址巴拉雷克泰佩（Balalyk Tepe，乌兹别克斯坦南部，约公元 7 世纪）东壁上的一组乐师，而且，在显著位置有一位女子本来正在吹奏长笛，遗憾的是画面现已漫漶不清：Al'baum，1960：figs. 126 – 127。女子右手一只手指翘起的姿态，可与史君石堂（约 579 年）西面第一块石屏浅浮雕相对照：La Vaissière，2005d：359。另参林梅村，2006；图 3。

77. 近年莫德和魏义天提出了一个非常相似的构拟设想，虽然根据他们的说法，突厥可汗是与当地君主并列出现的：La Vaissière，2006b；Mode，2006a。甚至更近些时候，魏义天又重申了他个人首选的重构方案：La Vaissière，2007：104 – 106。另参 Azarpay，2014。但应当指出的是，即使粟特地区除阿夫拉西阿卜以外的其他壁画没有描绘突厥人，并不意味着未来的考古工作不会发现它们。实际上，汉文史料记载王宫东壁绘有外国君主的地点在何国（屈霜你迦）而非康国（撒马尔罕）。因此，很可能这一描述（描绘）至少在两个地方有所体现：一处见于汉文史料，而另一处则来自撒马尔罕实地发掘。而且，粟特人把自己描绘成臣服于中国皇帝的姿态，即使这种臣属事实上只是名义上的。

78. Grenet，2005b：138。不过，男性也可佩戴这种有吊坠的项链。阿夫拉西阿卜南壁上骑骆驼的白皮肤男子就戴着这样一条项链：Juliano，Lerner，2001a：261。见本书图 43。

79. Grenet，Riboud，2003：141。

80. Azarpay，1975；Compareti，2013b：27 – 28。植物与鸟类时常出现在与诺鲁孜节有关的波斯诗歌中：Reisner，2004。

81. Compareti，2013a。

82. Boyce，1977：31 – 51。在诺鲁孜节期间食用甜食的习俗是古老而著名的：Christensen，1934：147。波斯人和粟特人在诺鲁孜节庆典中的弗拉瓦尔丁节（*Fravardīgān*，古代伊朗世界的万灵节）期间还会准备仪式性的餐食和饮品，参看 Sachau，1879：200；Taqizadeh，2010：43。

83. Maršak，1994a：14 – 15.

84. 《通典》也提供了类似记述（见本书第三部分）。在这种情形下，虽然这些是关于粟特其他城国的信息，但也可由其推知撒马尔罕的风习：La Vaissière，2006b：159。这座被比定为神殿的建筑的台阶呈梯形，这种造型或植根于希腊艺术。同样的风格图式还见于诸如瑞士阿贝格基金会（Abegg Stiftung）所保存的一件挂毯上，其上可见一座内有阿尔忒弥斯神像的典型的希腊神庙，其梯形台阶与阿夫拉西阿卜南壁上的建筑台阶式样相同：Baratte，1985。更晚近的一份研究表明，这种建筑元素是撒马尔罕的城门：Azarpay，2013：314。

85. Cristoforetti，2007：70 – 71.

86. Grenet，2005b：125。另参 Russell，1987：497。二人华贵的服饰和武器表明，他们应当是偶尔庆祝当地袄教仪式的社区教徒。要在伊朗文化圈找到以上图像的精确相似物并非易事。近年在蒙古国诺彦乌拉（Noin Ula）墓地发现的公元前 1 世纪至公元 1 世纪（由于年代过早而不能被认为是贵霜时期，可能与哈尔恰扬雕塑一样，被归属为月氏－前贵霜时期）的纺织品残片被识别为表现了这种祭典场面，其中一位祭司或国王正在主持一项可能与饮用圣草豪麻（Haoma）汁有关的仪式：Erdene-Ochir，2011：figs. 383 – 386；Yatsenko，2012。阿扎佩认为，无论是骑骆驼的人还是戴"帕达姆"的人都不应被看作祭司，特别是后者应被认定为仆从。前面的男子应被视为一个马夫，正用手势指挥马匹，而后面的人则应被视为一名女子，负责看管四只鸟：Azarpay，2013：316。

87. Boyce，1968：53 *apud* Russell，1987：484.

88. Haskins，1963：figs. 2, 6。另参 Rorex, Fong, 1974。

89. 然而应当指出的是，在汉代艺术中，也有对几个人物在帐篷里欢享宴乐的相似描绘。一件来自安徽马鞍山朱然（卒于 249 年）墓出土的漆盘就装饰有上述场景，场景中还出现了皇帝夫妇：Barbieri-Low，2007：fig. 5. 16。唐高宗于 650～655 年册封拂呼缦为昭武九姓胡国之王，因此，这位唐朝皇帝有可能就是西壁缺失的画面最初所描绘的人物，或许，他被同时代的中亚人视为整个粟特政治结构的一个要素。但请记住，大使厅的整面北壁明确无疑是为中国而绘。这可能是使上述设想无法成立的一个关键点。

90. 四鸟之一身上的粟特文题记可译为"礼物"，它或许可以被解释为：

献给神的礼物，换言之，是一件祭品：Livshits，2006：68。

91. Grenet，1993：60 - 61；Maršak，1994a：10 - 11. 莫德也认为这匹马或具有丧葬仪式性的含义。此观点可见于 http://www. orientarch. uni - halle. de/ca/afras/text/smain2. htm#horse。拜占庭人观察到波斯的祆教徒崇拜一种神秘的马具，这可能与祭祀用的马匹有关：Pertusi，1958：25 - 27。在毕沙普尔（Bishapur）一处岩石浮雕（毕沙普尔Ⅲ号，登记 3 号）上可以看到在献给沙普尔一世（241～272 年在位）的供品中有一匹装上挽具无人乘骑的马：Herrmann，1980：43，fig. 1，pls. 9 - 10。在同一地点至少两处岩石浮雕（毕沙普尔Ⅱ号和Ⅲ号）上都出现了外国使团向沙普尔一世呈献供品的画面，这令人联想起阿夫拉西阿卜西壁和南壁描绘的图景。此外，在毕沙普尔Ⅱ号浮雕上出现了一个（来自中亚的伊朗民族的?）三人组成的外国使团，他们头戴一种奇特的可覆盖住脖颈直到背部的帽子：Herrmann，1998：fig. 5，pl. V. a。在科隆东亚艺术博物馆（Museum für Ostasiatische Kunst，Köln）保存的安阳围屏石榻的一块石屏上可观察到至少三人戴着非常相似的帽子。根据马尔沙克的说法，头戴这种帽饰的身材较高大者应被看作是君王：Maršak，1994a：13。如若这一比定能令人心悦诚服的话，那么或许也有一些证据可以支持 G. 赫尔曼（G. Herrmann）的假设，即假定该使团来自中亚（甚至粟特?）。

92. Lerner，2005：17 - 20. 萨珊君王卑路斯（Pērōz，伊嗣俟三世之子兼继承人）曾流亡并客死中国，关于其葬礼上（不完全清晰的）一匹马的出现，见 Compareti，2003c：200 - 201。

93. 粟特艺术中并没有确凿无疑的祖尔万图像，虽然根据文献记载，在中亚这一地区对它的崇拜可能已经相当普遍。祖尔万是高度抽象的时间与空间的至高无上的大神，最初是由颇具影响力（尽管被视为异端）的一支祆教派别在较晚时期构想出来的，用以解决正统的马兹达信仰中，在善恶二元论和最高创造神问题上感知的神学矛盾。在伊朗文化所辐射到的广大区域的某些地方，祖尔万后来或被赋予了更多拟人化和特殊属性，以符合更典型的泛神论神格特征。关于可能从贾尔泰佩的青铜香炉碎片上比定出祖尔万图像的假设，见 Compareti，2009a：196。

94. Grenet，1995/96；Grenet，2012：88 - 92. 依照印度图像志定式来表现粟特神祇是另一个引发学者聚讼纷纭的问题，参看 Humbach，1975；

Belenitskii, Maršak, 1981：29 – 30；Grenet, 1994；Grenet, 1995/96：277 – 278；Mode, 2003；Tremblay, 2007：84 – 85, 89 – 91；Gnoli, 2009：146 – 149；Compareti, 2009a；Grenet, 2010c。这些神祇的名字可见于粟特文《须大拏太子生经》（*Vessantara Jātaka*, VJ 908 – 922）：Benveniste, 1946：57 – 58。另一份粟特文佛教文献伯希和第 8 号文书（P. 8, 41 – 42）提到了他们的属性：Benveniste, 1940：107, text 8, lines 41 – 42。特别是关于阿胡拉·马兹达 – 阿摩（Ahura Mazdā – Ādbagh）的图像，可详见 Wendtland, 2009；Compareti, 2013c。

95. Belenitskii, Maršak, 1981：fig. 30. 另参 Lur'e, 2008：214。维什帕卡/*wšpr(kr)* 一名反映了阿维斯塔语形式的 *vayuš（ya）upari-kara*，意即"居于上界（empireus）的瓦尤（Vāyu）"。马尔沙克将端坐的神祇比定为阿帕姆·纳帕特（*Apam Napāt*），该比定得到了其他几位学者的认同：Strohm, 2013。在片治肯特的所有宗教绘画图像素材库中，只有一位神祇的一条腿上出现了用粟特文题写的神祇之名：Shenkar, 2014：66。

96. Grenet, 2005b：125.

97. 在祆教经文中可以找到古老的律法规定，即只要能熟记《阿维斯塔》祷文及礼拜教义，任何人（甚至女人和儿童）都是可以履行仪式的：Rose, 2011：84 – 86。现存塔什干乌兹别克斯坦历史博物馆的武士头像（图 8），很可能是守卫在神祠外面的、身披盔甲的士兵（雕像？）。M. 费多洛夫甚至提议将武士比定为拂呼缦本人。他的这一假设是根据武士面容与科绍伊科尔贡（Košoy Korgon，位于吉尔吉斯斯坦 Atbaši）发现的 7～8 世纪香炉上装饰的脸孔十分相似而得出的。两张面孔都有与众不同的不对称双眼，而正是出于这个主要原因，费多洛夫称其为同一个人的肖像表现：Fedorov, 2006。且不说香炉上人物的身份尚不明了，我不认为费多洛夫的提议让人信服，因为在这种情况下，双眼的位置更可能是反映了粟特画师是在运用一种风格上的定式来表现透视，而不是着力记录个性化的相貌特征。此外，南壁上唯一可能被比定为拂呼缦者是那位骑着高头大马的人物，其与北壁上身形甚至更为巨大的中国皇帝的描绘方式几乎毫无二致。彩绘头像图版发表在：Min, 2009：148 – 149。

98. Compareti, 2004b；Kageyama, 2006a. 请记住，隋朝皇帝曾命何稠制造专供宫廷豪奢享受之用的奢侈品（及纺织品），何稠是一位来自何国的粟特人：Compareti，2011a。正如在图 7 中已经观察到的，联珠串纹样是粟特绘画中一个常用的设计，在这里用于为画面中的一个场景与下部其他场景分界。该纹样亦常见于片治肯特。这种装饰还被用于萨珊晚期到伊斯兰早期的波斯绘画中，例如，在伊朗伊斯法罕的星期五清真寺壁画的一块非常残破的画面中就可以看到它：Jung et al.，2011：fig. 3。

99. Compareti，2003d：36. 都兰墓群主要为吐谷浑人（与吐蕃人有关）所使用，也就是说，这些墓葬处于与任何印欧语族群活跃范围皆无关联的语境中。然而，来自吐鲁番的一些丝织品看起来与都兰出土物非常相似，这可能表明它们是在有许多粟特人居住的地方织造的：Compareti，2006c。

100. 在吐鲁番周边的墓地中发现的人类遗骸面部经常被一种特殊的面罩覆盖，这类面罩在汉语里被称为"覆面"。覆面几乎总是饰以联珠圈纹，圈内有面对面的一对翼马或野猪头，这种设计与典型的伊朗式样十分相符：Riboud，1977；Kageyama，2006a：322 – 324。然而，出现在翼马身上或野猪面部的一些几何元素，与粟特艺术有明显的相似之处，而与萨珊艺术判然有别：Compareti，2006c：155。另外值得一提的是，现存吐鲁番纺织品中，完全不见所谓的神鸟"森莫夫"（婆罗钵语作 senmurv，现代波斯语作 simurgh）的踪迹。这是一种在伊朗民族中颇受欢迎的神话动物，不过它与吐鲁番当地神话中的任何神兽都没有明显的关联。因此，所谓的"森莫夫"纹饰不太可能引起当地人的共鸣，故而敏锐细心的粟特商人也就不太可能将其推广贩易了。在粟特本土，可以在阿夫拉西阿卜西壁（见图22）一位外国使节（可能来自东伊朗，如锡斯坦等地）的衣服上，以及互联网公布的私人收藏的一件神秘的所谓"赞丹尼奇"锦残件上看到这种怪兽：Compareti，2013b。所谓的"森莫夫"［其图像志很可能植根于希腊化艺术，且有很强的天文 – 星象学意涵，即马头鱼尾怪 – 海马兽（Ketos-Hippocamp）］应被看作萨珊艺术中王室荣耀（婆罗钵语 xwarrah，粟特语 farn）的象征，见 Compareti，2006d；Compareti，2009 – 10。

101. Belenitskii，Maršak，1981：fig. 14.

102. Motov，1999．10. 不应忘记的是，基于同样的前提，还出现了第三种假设，是 M. 多米奥（M. Domyo）在对 7 世纪萨珊遗址塔克·布斯坦岩石浮雕纺织物装饰的研究中提出的。实际上，这处岩石浮雕描绘了用于服装装饰的几个动物纹样，正是这些纹样隐喻了特定的祆教神祇，因此被用来作为护佑穿着者的强大护身符：Domyo，1997。尽管莫托夫的论证十分精彩，但浮雕中巨大的骑者似乎并不应被比定为密特拉神，因为根据其他证据，这个形象更像是一个地位显赫的凡人，正如阿夫拉西阿卜北壁上所刻画的人物那样。多位学者指出，在萨珊时期的伊朗，梅赫尔/密特拉节正好在诺鲁孜节六个月之后，这两个节日被认为是同等重要的：Boyce，1983［1986］：801－802；Daryaee，2009：42；Taqizadeh，2010：31。另参Sachau，1879［1969］：208。阿夫拉西阿卜所描绘的图景是各种节日的混合也不是没有可能，如在下文中关于中国节日的文字所描述的，参见 Cristoforetti，2006－07，该文提到了这些节日与得悉神节［*Tirgān*，得悉神（Tir）是伊朗－雅利安神话中的雨神］并置的内容。

103. Russell，1987：262。关于阿契美尼德时代的马祭，参看 Gabrielli，2006：11－12。非常奇怪的是，斯特拉博鲜少直接提及"索格底亚那"（即粟特）（XV，22.8）：Biffi，2005：113。参看 Herodotus I，216。

104. 在私人交谈中，马尔沙克和葛乐耐告诉我他们并不喜欢这个想法。上文所述的假设发表在 Compareti，2009b。

105. Belenitskii，Maršak，1981：30－31，fig. 6。莫德近年提出了一个对哈尔恰扬神殿的构拟方案，这与可能在粟特绘画中描绘的便携式神像理论相吻合。他的假设在迦腻色伽（Kaniṣka）的罗巴塔克（Rabatak）铭文中得到了一些印证：Mode，2010。另见第二章注释 25 和本章注释 86。

106. 至少有两个展览的图录上刊登过这尊雕像的图画：Catalogue Dušanbe，1985：cat. 595；Catalogue Roma，1993：cat. 83。另参 Jakubov，1983。

107. Lee，Grenet，1998：83.

108. Mode，1993：88－89。我个人对该图像的比定应当只是另一种可选的读图思路，因为我认为，莫德的意见是把阿夫拉西阿卜环带作整体观的最佳构拟方案之一。一些汉文文献记载，至少从 3 世纪开始，在新年节庆场合，大象就被用来作为运载乐师的一种工具：Nickel，2000：62－63。虽然这一信息与中亚地区无涉，却是一个值得关注的细节，因为它与阿夫拉西阿卜壁画上的情形十分吻合。费鲁扎·阿卜杜拉耶娃（Firuza Abdullaeva）向我建议，大象非常适合驮载女性，因为贵族女性往往行李繁多，尤其是在运送她们的结婚礼服等嫁妆之时。根据祆教徒的观念，大象本被视为恶魔般（demoniac）的动物：Scarcia, 1967：44；Tafazzoli, 1975：395 – 398。尽管有这种（负面）性质，在波斯，大象和狮子［另一种与恶魔"提婆"（deva）有关的动物］一样，却是与王室联系在一起的：Tafazzoli。如果说大象曾被看作一位重要粟特神祇，甚至可能是当地和其他伊朗民族文化中万神殿之首的坐骑，也并非全无可能。库尔提乌斯·鲁弗斯作品中的一段话（VII. 11. 1 – 29）说明了前伊斯兰时期粟特对阿胡拉·马兹达 – 阿摩的虔诚，其中有对亚历山大征服了一个名为阿里马兹（Arimaze）的当地酋长的城堡的描述。这个名字很可能是"阿胡拉·马兹达"的一种变体，正如以下论著所述：Russell, 1987：164。另参 Wendtland, 2009。

109. Jong, 2002：133 – 141.

110. Lerner, 2005：17 – 18；Lerner, 2013. 在西安周边发现的一些粟特人纪念式葬具上，可以看到一位或多位人物正在敬拜这种无人乘骑的马（例如在日本美秀美术馆馆藏围屏石榻图像中）。在青州发现的（6 世纪）佛像佛衣上也出现了一个非常相似的场景。在这里，这匹马被安置在中央的莲花座上，旁边是两位带头光的信徒，他们双手合十做祈祷状：宫德杰，2002。

111. 在史君石堂的一个场景中，可以看到几匹翼马现身于运送人物的过程中，这个场景被比定为逝者亡灵进入冥界：Grenet, Riboud, Yang, 2004：fig. 3；Grenet, 2007b：471 – 474。

112. Mode, 2006a：113, n. 1.

113. Sirén, 1956：99 – 100；Acker, 1974：210 – 218；Soper, 1991. 关于在宗教建筑内展示帝王肖像的做法，可以在闻名天下的西安《大秦景教流行中国碑》（8 世纪）的碑文里找到一个可能的线索。碑文中提到："（玄宗皇帝）令大将军高力士送五圣写真寺内安置。赐绢百匹。"这里的"五圣"很可能是指玄宗以前的唐朝主要几位皇帝，或指神话中的中华文明缔造者"五帝"：Nicolini-Zani, 2001：35。在唐太宗乘船游览"春苑"时，阎立本至少有一次在场：Soper, 1991：204。

114. Acker, 1974：214，217.

115. Lo Muzio, 2003a：529 - 533.

116. Jacobson, 1985.

117. Takeuchi, 2004：38.

118. Wallace, 2011.

119. Wu, 1994：93；Wu, 1995：241 - 242；Wu, 1998：22；Wu, 2010：194 - 197. 苍山画像石铭文明确提及这条河的名字是渭水。这是一条距中国古都长安不远的河流。

120. 张鸿修, 1995：图 1。关于唐墓壁画的狩猎场景，参看 Caterina, 1980：353 - 355；Eckfeld, 2005：114 - 118。一些学者对在陕西西安发现的粟特人墓葬浮雕是受到传统中国艺术之启发的观点进行了探讨：Kageyama, 2005：263。

121. 三国时期（220 ~ 280）中国画家的文献描述了那些善画胡人的画家。中国皇帝把这些肖像画赠予胡人，后者往往也乐意收到这样的馈赠：Acker, 1974：21 - 22。沙门僧珍，一位活跃在南齐（479 ~ 502）时期的画家，以"沙门"（梵语 Śramana 之音译）一名而为人所知，曾画过来自康居的骑士。康居在那个时期只可能是指撒马尔罕或粟特。这些信息仅在汉文史料中得以保存：Acker, 1974：153。一件现属曼谷哈桑收藏（Hassan collection）的，发掘于新疆某地、可能属于贵霜的织物画表明，这类绘画早在唐代兴起之前的很长时间就已经在丝绸之路上被交换流传了：Maršak, Grenet, 2006。

122. 活跃在唐朝宫廷的胡人画家享有盛名，其中最知名者包括于阗和粟特家：Sirén, 1956：68 - 77；Acker, 1974：193，196，224 - 225；Samosiuk, 1989。

123. Francovich, 1984：89 - 97. 见本书图 93，尽管在这种情形下，它十有八九是一件贵霜 - 萨珊（Kushano-Sasanian）银盘。在一些描绘有瓦赫兰五世（Wahrām V Gōr）与阿扎德（Āzāde）故事的 12 ~ 13 世纪陶瓷制品上，我们也可以看到对死者的再次复制。众所周知，后者最终被萨珊国王杀死。因此，这里可以观察到她已然葬身马下：Fontana, 1986：fig. 19 - 22b。在片治肯特最古老（6 世纪）的粟特壁画上，出现了实际上是依照波斯与中亚常见的艺术创作手法而绘制的动物垂死于马下的狩猎场景：Maršak, Raspopova, 1990b（见图版 86）。来自贾尔泰佩的一些相当古老的粟特壁画（4 ~ 5 世纪）中，没有出现动物尸体：Berdimuradov, Samibaev, 2001：fig. 4。

124. 有关罗马艺术的狩猎图与萨珊狩猎图的相似之处，参看 Harper, 2008：80。

125. Twitchett, Wechsler, 1979：242. 高宗很可能也有一些精神疾患（《新唐书》《资治通鉴》称为"风疾"）：Reed, 2003：80。

126. 根据莫德的观点，北壁上的唐朝皇帝也应当是太宗，只不过他的比定是基于年代学上的原因：Mode, 2006a：108 – 109。

127. Wechsler, 1979：192；Maršak, 2004：47；Zhou, 2009：127 – 131. 据《酉阳杂俎》前集卷之一《忠志》描述，太宗的体貌特征中还有一对"卷曲的胡须"（"太宗虬髯"）：［唐］段成式撰，方南生点校，1981：1；Reed, 2003：79。《隋书》中对北齐和北周等非汉族王朝的胡风胡俗多有责难，因为世人皆知这些朝代的淫秽仪式违背了儒家正统观念：Dien, 2003：111。

128. 蒋英炬、杨爱国, 2001：49，图 5。遗憾的是，在唐代艺术中没有发现与之相似的东西，而米脂画像石的刻制年代与阿夫拉西阿卜壁画之间的巨大时间鸿沟，亦无法让人提出任何关于两者存在直接的文化关联的假设。

129. Acker, 1974：229 – 230. 如果殷黔想要绘制一幅忠实于人物原型的太宗画像，他可能会使用既有卷轴绘卷作为粉本，因为在他生活的时代，太宗已经过世了。关于汉文文献记载皇帝使用战车狩猎的情况，见 Allsen, 2006：43。无论如何，唐代的书面文献从未质疑唐太宗对其亲自骑乘的骏马的珍爱。传阎立本绘制了太宗最爱的六匹战马，以其绘画为蓝本的高浮雕石刻"昭陵六骏"举世闻名，现在人们可在西安碑林博物馆和美国宾夕法尼亚大学博物馆欣赏到它们的英姿：Desroches, 1995：94 – 96；Zhou, 2009：133 – 229。据汉文史料记录，阎立本也绘制过战车：Eckfeld, 2005：66。

130. 关于和林格尔墓，参见罗哲文, 1974：图 1；Wu, 2010：195。关于苍山汉墓画像石，见本章注释108。实际上，在其他汉代画像石上也经常发现汉字榜题，以及战车上的众人在桥头交战的场面，正如2 世纪山东武氏家族墓地遗存所表现的那样。另参武荣（卒于公元167 年）墓：Liu, Yue, 1991：56 – 61。

131. Schafer, 1968；Knechtges, 1976：63；Knechtges, 1982：181 – 241；Knechtges, 1987：73 – 113. 关于汉文史料中的上林苑，另参 Allsen,

2006：41－43。以下这部著作提到了这些汉赋的重要性：Loewe，1991：98。

132. Bulling，1966－67：34－43；Berger，1976；James，1982；James，1988/89：69－70；Kim，2007；Wallace，2011：244. 关于汉代墓葬艺术的主要研究，参看 Wu，1989；Tseng，2011。巫鸿在关于汉代墓葬艺术的著作中概述了布林（Bulling）与伯格（Berger）的大部分观点，并专门研究了"桥头水陆攻战"，或更恰当地说是过桥图：Wu，1989：61；Wu，2010：195－196。巫鸿非常清楚地指出了一点，即书面文献的欠缺可能妨碍了对汉代墓葬艺术场景的精确识读。对巫鸿著作（1989 年版）的一些有趣评论，见 Loewe，1991。渭水对于唐代其他节日也十分重要。在中国农历三月的第三天（约在春季），渭水边的亭阁会举行由皇帝主持的沐浴仪式。据记录，这个节庆活动举行于公元 710 年：Schafer，1956：69。由于渭水冬季结冰，因此春天在这里欢庆节日应比中国农历新年庆典要更方便易行。

133. 关于这一点，特别是涉及唐代的信息，见 Wechsler，1979：208；Hargett，1988－89：4－5。关于汉代，参看 Wallace，2011：235－237。

134. Compareti，2005c；Compareti，2006e：181. 很难确定唐代是否有模拟战，以及哪个地点最合适演习。至少从公元 3 世纪开始，直到希拉克略皇帝（Emperor Heraclius）对库思老二世发动战争（约 610～628）时，模拟冬季战役都是罗马和拜占庭的常见演习：Rance，2000：234－236，271。

135. 然而，应当注意的是，桥下的场景并非总是完全和平安宁的，因为在某些情形下，船上的人们（女人们）似乎被描绘成正在作战。特别参看 2 世纪武氏家族墓葬纪念物的石板：James，1982：figs. 1－2。对于这些图像表现，虽然桥下的人看似与桥头众人并无瓜葛，但目前尚无令人满意的解释。在汉代墓葬画像石中，有时会出现对汉兵与胡人真实交战的描摹，例如 1 世纪孝堂山祠堂即表现了戴着尖顶帽的胡人士兵，甚至还出现了一个通过明确榜题所识别出的被擒获的"胡王"形象：Wu，1989：199－200。苍山汉墓浮雕画像石中，渭水桥下的确有一些女性，她们被描述为由男性仆从摆渡过河的墓主人的妻室们：Wu，2010：195。

136. Bulling，1966－67：37.

137. Duyvendak, 1938：257；James, 1988/89：69；Eckfeld, 2005：105. 有人认为，这种战斗场景只是简单复制了皇家宫苑外立面和内部所表现的威仪形象。这一模式继而在另一个语境下或多或少被忠实借鉴和复制：Barbieri-Low, 2007：176 – 177。

138. Fairbank, 1941：35；Soper, 1954；James, 1985：284；Thorp, Vinograd, 2001：130；Eckfeld, 2005：109 – 110. 汉文史料显示，唐代有一些私人宫苑和园林，它们属于一些显要名人，但这些人不一定是皇室成员：Hargett, 1988 – 89：4 – 5。

139. Kim, 2007；Wallace, 2011：239 – 247；Wu, 2010：194 – 197.

140. Grenet, Riboud, Yang, 2004：279；Grenet, 2007b：412 – 414. 载述有关钦瓦特桥的祆教文本是《宗教判决书》（*Dādistān ī Dīnīk*）第ⅩⅥ章第5节，参看 West, 1882［2004］：48 – 49；Skjærvø, 2011：33。在撒马尔罕周边发现的7世纪粟特人纳骨器的一个碎片上，有一个类似桥梁的结构，桥上可能表现了两位冥界神祇［拉什努（Rašnu）和斯鲁沙（Sraoša?）］。当然，在这样的结构下方，可以辨识出有水流过，因为同样的表现方式也出现在入华粟特人石葬具图像上：Chuvin, 2002：fig. 226。

141. Bodde, 1975：161. 据同一份汉文文献记载，在（中国农历）一月初一这天，皇帝会接受来自邻邦胡族王国的贡礼：Bodde, 1975：152。汉人的这一习俗可能被粟特人知晓，显然会使他们联想起诺鲁孜节，正如阿夫拉西阿卜西壁所描绘的那样。

142. Schafer, 1962：288 – 289, 304.

143. Knechtges, 1982：230 – 233.

144. James, 1985：284；Berger, 1998：50 – 52. 根据詹姆斯（James）的说法，包括狩猎在内的节日实际上被称为"腊"，也被称为"小新岁"，是冬至前后举行的一种祭祀活动：Bodde, 1975：49 – 74。当一些胡人、动物和猎手参加庆祝活动时，这个节日就与另一个更为古老的被称为"蜡"（读 zhà，旧写作"褚"）的祭祀节日混淆了：Bodde, 1975：68 – 74。它的某些庆祝阶段可以在中国艺术中得到识别，其中可能也有伶人出现：Thompson, 2001：278 – 281。关于汉字"蜡"有一些歧义：卜德和汤普森（Thompson）用 zha 或 la 音来标注它，同样根据马修斯词典（Mathews dictionary，编号3764），它应读作 là，而同一词典还记录了读作 zha 的另一个汉字（编号79）。

应当进一步认识到的是，一项针对该主题最早的研究表明，桥头攻战最可能发生在一年中的秋季或冬季：Bulling, 1966 - 67：42。另参 Boltz, 1979。

145. Chung, 1990：35.

146. Compareti, 2006e：176 - 177. 宋朝的一些汉文史料谈到了宋徽宗（1100～1126 年在位）闻名遐迩的皇家园林"艮岳园"，其中提到了关于这一研究的一些重要问题。然而，这些文献并没有提及一年中应当进行狩猎的时期，因为很可能这已不再是定期举办的宗教仪式。简言之，宋朝皇帝可以随时来到这座宫苑游乐娱憩，而不必等到需要施行与新年庆典或其他节庆有关的特定祭祀时才能入园：Hargett, 1988 - 89。由此推想唐朝皇帝可能也有同样的行事方式。在中国，钓鱼也与庆祝新年有关：Bodde, 1975：132 - 133。

147. Sterckx, 1996：68；Riboud, 2003：153.

148. Allsen, 2006：28（引《汉书》卷十，327；卷八十七下，3558）。华莱士（Wallace）的假设是，这些胡人是逝者灵魂在进入冥界过程中遇到的正面或负面形象的象征性表现，其假设并没有考虑到这一重要信息：Wallace, 2011。

149. Schafer, 1963. 参阅本书第三部分。

150. 武周时期简短而论证详赡的分析，见 Forte, 2005。主要历史事件见 Twitchett, Wechsler：1979。

151. 关于中国艺术对武则天的表现，见 Karetzky, 1999：221 - 227。这是很重要的一点，如果阿夫拉西阿卜的这幅作品可能的创作时间是 660 年，那么武则天当时仍然只是一个妃嫔，因此即使在中国，她被画成低于皇帝的形象，也是无可厚非的。

152. Bodde, 1975：383（引《汉书》卷九十八 /《元后传》第六十八）。

153. Kageyama, 2006b.

154. Yatsenko, 2004；Yatsenko, 2007.

155. Majtdinova, 1984.

156. Staviskij, Jacenko, 2002：344 - 345, fig. 10. 3；Stavisky, 2006：577.

157. Mode, 2006a：124.

158. 关于法国吉美博物馆展出的 Kooros 家族收藏的石棺床，见 Riboud, 2004：26 - 31；Delacour, 2005：fig. 14（在左侧角落出现了无处不在的犬类陪伴）。拜占庭作家狄奥菲拉克特·西莫卡塔（Theophylact

Simocatta，7 世纪）的著作很难得地保存了对中国贵族这一习俗的反映：Boodberg，1938：224，233；Whitby，Whitby，1996：191 - 192。至于在塔里木盆地绿洲之间使用牛车长途运载贵族，在吐鲁番地区发现的文献中亦能找到一些证据。这些牛车的运输业务通常是由粟特人掌控的：Arakawa，2008：84 - 86。荒川氏（Arakawa）的著作并未提及中国内地与塔里木盆地之间任何正式的运输系统，但可以肯定地认为，这些由牛牵拉的车厢也可以与其他驮兽（主要是马和骆驼）搭配使用，因为这似乎是中亚人采用的一种中国习俗。关于花剌子模曾出现牛拉大车的史实，请参阅本书第三部分涉及《新唐书》的内容。粟特河流的适航性，参看罗马史家阿米亚诺斯·马尔切利努斯（Ammianus Marcellinus）的著作《功业录》（*Res Gestae*，23. 6. 59）：Feraco，2007：97，230 - 231（该书对中亚的地理有一些不精确之处）。据汉文文献记载，奥克苏斯河（阿姆河）至少直到汉代都是可以通航的：Zhou，2009：150（引《史记》卷一百二十三，《大宛列传》第六十三）。《梅赫尔·亚什特》（13 - 14）明确指出，伊朗人所居住的中亚土地是一个"有适于航行的江河"的地方：Gershevitch，1967：79 - 80。根据法兰克福（Francfort，然而他并未征引任何具体段落）的说法，希罗多德曾写道，在薛西斯入侵希腊期间，塞人（Saka）在阿契美尼德人的海军中被用作执行登陆作战任务的兵种（相当于现代海军陆战队员）：Francfort，1988：175。

159. Compareti, Cristoforetti, 2005.

160. Bodde, 1975：314 - 316；Compareti, 2007a：21. 在中国南方和东南亚的某些地区，人们通过相互泼水来庆祝这个节日。这是上述地区尤其是泰国远近闻名的旅游观光看点之一。同样在伊朗诺鲁孜节期间，人们依据一种著名的被称为阿布力泽节（*ābrizegān*）的仪式，在街道上泼水欢庆。伊斯兰文献（见 Sachau，1879：203；Christensen，1944［1971］：176）和汉文文献（即泼寒胡戏，本书第三部分辑录的《新唐书》和《唐会要》）均提到了这个节日习俗。据西行取经的佛教高僧法显（4 世纪末至 5 世纪初）记述，一则关于于阗（一个信奉佛教，但在语言和文化上属伊朗系统的王国）的有趣信息提到了一个涉及水的仪式。这个与水有关的仪式会在每年（中国农历？）四月的第一天举行，同时还有盛大的巡游：Beal，1869［1996］：10 - 11；Beal，1884［2004］：xxvi - xxvii；Legge，1886

[1993]：18 – 19。正如卜德（1975：314）所提到的，古老时代的端午节还包括人祭。关于相对应的伊朗风俗，参看 Cristoforetti, 2006 – 07：151。

161. *5000 ans d'art chinois*, 1988：pl. 29. 我们并不能将这幅画与端午节的庆祝活动混为一谈。然而，河畔马的身姿暗示它并不情愿跳入水中。这一场景使人联想起阿夫拉西阿卜北壁上一位猎手骑的马。可参见图61。中国艺术中表现端午节节庆的年代最早的作品出自董源（约卒于 960 年）之手，该画作现藏台北"故宫博物院"。但是，它所反映的绘画水准与阿夫拉西阿卜所显示出来的截然不同：Cahill, 1976：pl. 91。关于对"唐现实主义"和"宋 – 元印象主义"相对立的思考，见 Eckfeld, 2005：87 – 88。

162. Eberhard, 1968：159.

163. 铜马，俱德建国乌浒河中，滩派中有火祆祠。相传祆神本自波斯国乘神通来此，常见灵异，因立祆祠。内无像，于大屋下置大小炉，舍簷向西，人向东礼。有一铜马，大如次马，国人言自天下，屈前脚在空中而对神立，后脚入土。自古数有穿视者，深数十丈，竟不及其蹄。西域以五月为岁，每岁日，乌浒河中有马出，其色金，与此铜马嘶相应，俄复入水。……

   见［唐］段成式撰，方南生点校《酉阳杂俎》前集卷之十《物异》，1981：页九八至九九。这段记载中的"祆祠"，与一座被一些学者比定为塔吉克斯坦塔赫特·桑金（Takht-i Sangīn）遗址的庙宇有关：Drège, Grenet, 1987。

164. Bernard, 1994：97 – 98. 伊朗传统中的马匹相搏，如《阿维斯塔》［特别是《蒂什塔尔·亚什特》（Tištar Yašt，婆罗钵语 Tištar 为伊朗雅利安人神话中的星辰名，代表天狼星，被尊为雨神）］所描述的马之间的搏斗在这里似乎并不合适。《蒂什塔尔·亚什特》中言及蒂什特里亚（Tištrya，雨神的阿维斯塔语名）与恶魔阿普沙（Apaoša，即旱魃，蒂什塔尔的死对头）之间的战斗，是以两者分别化身一匹白骏马和一匹黑秃马的形象进行的：Malandra, 1983：141。

165. Riboud, 2003：153. 倘若粟特人的确知晓这一仪式，那么他们可能已经认识到了中华文化中有一些与自身文化传统产生共鸣的东西，因为白马和黑马也是伊朗民族所钟爱的题材。关于中国汉代河神祭祀，参看 Sterckx，1996：68。但是，祭马并不是中华文化的一个独创特色，而更可能是突厥人的习俗：Sterckx，1996，69。626 年唐太宗与东突厥颉利可汗在渭水会盟期间，便举行了祭祀白马的仪式：Zhou，2009：129（引《旧唐书》卷一九四上，列传第一百四十四突厥上）。自 5 世纪以来出现在中国墓葬绘画上的无人骑乘的马，被解读为服务于逝者灵魂的特殊用途：Wu，2010：204 – 217。

166. Rudova，1969：258 –261；Rudova，1988：fig. 111. 另参 Eliasberg，1978。

167. Compareti，2007b. 另参现藏大都会博物馆的可能来自犍陀罗的 6 ~ 8 世纪铜盆上的龙：Lerner，Sims-Williams，2011：fig. 9。

168. Arzhantseva，Inevatkina，2006a：fig. 8.

169. 这些图像均收集在：Compareti，2007b。

170. Bodde，1975：152 – 155. 近年在河南安阳发现了一座东汉墓葬，墓葬饰有一些神异动物，还有一些漩涡形雕饰指向它们的名称，这一发现可能注定要改变我们对这些神兽的看法：贾振林，2011。另参 Paludan，1991：262，n. 22。

171. Bodde，1975：160 – 161.

172. Berger，1998：50 – 52. 同一座墓中还有表现所谓"桥上交战图"的浮雕，这是上述 2 世纪汉代墓葬艺术的典型题材。

173. Bodde，1975：159. 有关对卜德假设的批评，见本章注释143。龙还暗示了与端午节的某种关联：Diény，1994：163 – 167。此外，在中华文化中，马与龙是联系在一起的，阿夫拉西阿卜壁画中既有神秘的马，也有一条龙：Sterckx，1996：71 – 72。

174. 信立祥，2000：276 – 279，图 145.5。图 70 中的船没有装饰龙头，因此不太可能是在表现端午节。阿夫拉西阿卜水上场景中的船装饰有龙头，形似希腊神话中半狮半鹫的怪兽格里芬（乐仲迪在一次私人交流中提及的），尽管不太清楚粟特艺术家为什么认为带有鸟喙和耳朵的怪异兽头是一个合适的造型。因此，再一次地，在这种情形下，把这一造型与"西方"相联系也是合乎情理的。带有格里芬头部的船舶在印度艺术中出现的时间相当早，例如在桑奇（公元 2 世纪）：Guy，1997。

175. 这些复原图可以在以下网站找到：http：//www. orientarch. uni - halle. de/ca/afras/index. htm。根据葛乐耐的观点，我们的图 71 或应

来自东壁：Grenet，2003：fig.2c。马尔沙克对这些残片没有发表太多意见，尽管他也曾大胆假设东壁是其最有可能的源出地：Maršak，1994a：16 – 18。

176. Al'baum，1975：pl. XL.

177. Falk，2000.

178. Grenet，2003. 关于阿拉图斯与浑天仪，见 Zhitomirsky，2003。尽管身形巨大，但这两个人物并不能被视为王室人物，因为印度国王不会赤脚出现：Gonda，1956：56。

179. Grenet，2005b：128.

180. Grenet，2006b：45. 马尔沙克也认为这只动物应被比定为马：Maršak，1994a：16。

181. Mode，1993：97 – 104.

182. 关于马在中国仪式中的特定意义，见 Riboud，2003；Mao，2006。在伊朗仪式中的意义，见 Cristoforetti，2006a；Cristoforetti，2006 – 07：152 – 153。

183. 关于马祭的主要研究为：Dumont，1927。此处将只提供简短摘要。关于仪式中马是真实祭祀或象征性祭祀的问题，见 Houben，2001；Chierichetti，2011。马祭并不是有马参与的唯一的吠陀王室仪式。另外两个相关的王室奉献是瓦贾佩亚祭祀和王祭（*Rājasūya*）：Parpola，2004 – 05。有关王祭的详细信息，见 Heesterman，1957。然而，对于即将探讨的一系列与阿夫拉西阿卜其他墙面壁画的相似之处，我们假定东壁上表现的最有可能的印度仪式是马祭。与王祭的一些联系将在下文详述。

184. 献祭的时长本身具有明显的象征意义。这匹马可以自由地游荡一年，代表着太阳绕黄道十二宫一周的运动，以及统治一年的君主。这可以被正确地（尽管审慎地）认为是新年庆祝活动：Swennen，2004：206。无论如何，都很难将印度新年与夏季相匹配，因为在印度并没有整个次大陆都普遍行用的历法。古印度盛行两种历法制度：制底罗历（*Caitrādi*，根据该历，一年始于春季）和歌栗底迦历（*Kārttikādi*，该历将岁首置于秋季）：Dass，Willis，2002：36。目前还不清楚不同的印度王室宫廷在庆祝新年时发生了什么。根据麦加斯梯尼（Megasthenes）所收集的、经斯特拉博［第十五卷（印度、阿里亚纳、波斯），1、39 和 59］和阿里安［《亚历山大远征记》卷八（印度），XI，1-8］所传播的印度信息，君主在元旦会见了祭司，请后者占卜预言来年收成：Daffinà，1975-76：44。很显然，这些祭司是 *mauhūrtika*，换句话说，是专业的占星师。君主必须离开王宫参加庄严的祭祀和狩猎仪式（斯特拉博第十五卷，1、55 和 58）。虽然文献并未报告这些献祭和狩猎仪式是否在新年庆典期间举行，但提供了颇为有趣的信息：Daffinà，1975-76：43-44。

185. 祭司与宫廷成员参与了与印度新年庆典有关的猜谜竞赛，这使人回想起可能发生在其他一些所谓的古代印欧社会的事情：Kuiper，1960。

186. Dumont，1927：227.

187. Albright，Dumont，1934：124-127. 一些学者已经注意到印度的马祭与罗马庆祝的"十月马节"（*Equus October*，古代罗马人在秋季庆祝的一个节日，节日仪式包括献祭一匹马）之间的其他相似之处：Dumézil，2011［1974］：204-208。凯尔特人曾举行非常类似的与王权有关的马祭活动：Forester，2000：77-78。根据帕纳伊诺（Panaino）的说法，祆教与阿维斯塔神话之间有一种精确的相似性：Panaino，2009。

188. Huntington，1985：187-188；Lindquist，2003；Chierichetti，2011：136-139.

189. Lucidi，1969. 然而，在旃陀罗笈多二世（约 376/377 ~ 414 年在位）的一些金币（见 Catalogue Paris，2007：cat. 1-6RV)）和阿旃陀一幅 5 世纪壁画上亦可观察到相同的元素，不过，该壁画描绘的是一位可能来自伊朗的外族骑手：Okada，Nou，1996：194。另参 Compareti，2007d：fig. 9；Compareti，2014。关于伯勒沃统治者所举行的马祭仪式，见 Chierichetti，2011：134-135。

190. Willis，2009：197. 该岩画线描图见 Shaw，2007：fig. 11.3。

191. 这幅图被用作设计 1994 年出版的马尔穆（Malmoud）著作的封面。另一幅图被刊登在专门研究这组有趣岩画的印度考古调查专著中：Ota，2008：32。根据这部专著，这匹马上面有一个褪色的、几乎看不见的骑手。但是，如果仔细观察，"褪色"元素似乎是一种旗帜或植物装饰。有关皮姆贝卡岩洞的更多信息，见 Misra，1989：73。

192. 这一形象颇为有名且被发表在多部出版物上：Huntington，1985：fig. 5.36；Loth，2005：fig. 33。

193. Knox，1992：cat. 102. 这些表现都是雕塑，尽管很明显印度绘画

（特别是佛教绘画，如 5 世纪的阿旃陀壁画）对中亚艺术生产了巨大影响：Miyaji，2007。这可能是印度绘画被定期引进到中亚的一个迹象。

194. Stein，1983：75–88.

195. 这些文献被收录在：Compareti，2006/07：37–38。在 2007 年 6 月 2～7 日于意大利拉纳举办的"2007 年南亚考古学国际学术会议"上，我宣读了论文《阿夫拉西阿卜壁画对印度的重现：一些思考》，承蒙格尔德·梅菲森（Gerd Mevissen）指出亨比的这些人物可能是葡萄牙人，或有一些铭文可用来证明这一点，特此致谢。不管这些人物身份如何，他们至少都是外国人，而不是印度人。至少从其装束来看，他们不像欧洲人，而且他们的姿势似乎表明其对动物的攻击性。

196. Bernard，1994：112–113；Rapin，1995：275–281.

197. Tissot，2006：198，K. p. Beg. 430. 170；Catalogue Torino，2007：cat. 193.

198. Compareti，2005a：37–40。在伊朗文化视域内，虽然很多艺术品与希腊文化有很强的关联，但人们可能仍会想到阿富汗第尔伯金（Dilberjin）的 2～3 世纪巴克特里亚壁画所谓的"狄俄斯库里兄弟"（Dioscuri，又称卡斯托耳与波吕丢刻斯，古希腊罗马神话中的孪生神灵）画面中一人站在一匹马旁的镜像双重形象。这与塔赫特·桑金印章、埃及纺织品及正在探讨的阿夫拉西阿卜壁画所描绘的场景非常近似：Lo Muzio，1999。不过这也只是一种假设。

199. Compareti，2006/07：38–39；Chierichetti，2011：139.

200. Grenet，2006b：45.

201. Mode，1993：98。葛乐耐也认识到莫德的观察很有说服力，尽管他指出罗马壁画里弓箭从未出现在俾格米人所使用的武器中：Grenet，2006b：46–47。不过葛乐耐的这种观察是不正确的，因为在闻名遐迩的公元前 1 世纪普雷内斯特福祉神庙（the Tempio della Fortuna of Preneste）镶嵌画（现藏意大利帕莱斯特里纳国家考古博物馆）上，也可看到泛滥的尼罗河中的人群里有两个俾格米黑人在持弓逐鸟：Snowden，1976：figs. 234–235。麦加斯梯尼（前 4 世纪末至前 3 世纪初）报道了印度俾格米人及其与鹤的斗争，正如希罗多德所记述的那样：McCrindle，1926［2000］：73–74。在汉文史料（确切地说是《通典》卷第一百二十四）中，俾格米人只用弓箭与大鸟战斗：

Wakeman, 1990：811。根据中国史家的说法，这些俾格米人生活在中亚靠近突厥人的区域，尽管在现实中，这个故事可能被解释为希腊 - 罗马传说向中国的流播：Schafer, 1963：48。另见 Compareti, 2012。

202. Grenet, 2006b：45.

203. *Śatapatha-Brāhmaṇa*, 1900：421 - 440（有关网络版本的信息，请访问 http：//www. sacred - texts. com/hin/sbr/index. htm）。记述关于马祭的一些信息的印度文学作品名录，见 Chierichetti, 2011：130 - 131。在 2007 年 6 月 2 ~ 7 日于意大利拉文纳举办的 "2007 年南亚考古学国际学术会议" 上，我在讲演参会论文《阿夫拉西阿卜壁画对印度的重现：一些思考》时发表了这一观点。感谢弗朗切斯科·布里根蒂（Francesco Brighenti）讨论了以下一些要点，它们有助于我们对这里的相关印度仪式做出可能的识别。在印度艺术中，精确的相似之处似乎并不存在。现存阿马勒沃蒂（Amarāvatī，位于安得拉邦，公元 2 世纪）遗址博物馆的一件窣堵波残片（cat. 369）展现了一段浮雕饰带，上面雕饰了一个男子，他在两只动物之间，右手抓住其前方动物的尾巴。在男子面前的动物肯定是一匹疾驰的马，但不清楚在他身后的那只动物是什么物种，尽管从该动物的尾巴判断它是牛科动物而不是马。这个场景本身已经风化，但不应忘记它是处于佛教的背景下。这个男子似乎穿着紧身衣服，仿佛湿透了一样：Catalogue Wien, 1995：cat. 63。极为相似的浮雕还可见于大英博物馆，也表现了一名赤裸男子正抓着类似牛一样的动物的尾巴；还可见有翼动物甚至大象：Knox, 1992：cat. 33 - 34。

204. 希罗多德曾提到关于斯基泰人的神圣金器的看守人，其中一个有趣细节涉及死亡和一匹马在一天之内能够驰骋的领土（IV，7），这绝对让人想起印度马祭所用的那匹祭祀之马足迹遍历的距离，或北高加索地区奥塞梯人的葬礼：Dumézil, 1980：246。另请参看 Thordarson, 1989。

205. 已有学者详尽研究了这项仪式：Heesterman, 1957。

206. Heesterman, 1957：106 - 113. 这个细节可能会为伽约马德与他的印度对应者——生主（Prajāpati）提供进一步的相似之处。

207. Heesterman, 1957：212 - 219.

208. 见本书第三部分。

209. Parpola, 2004/05. 值得一提的是，对瓦贾佩亚（"力量之饮"）祭祀的描述中也包含战车竞赛的内容：Heesterman, 1957：134。如上所述，我们甚至不知道献祭是否真的以动物的死亡而终结：Houben, 2001；Chierichetti, 2011。即使很难让人相信马祭的每一个步骤都得到了遵行，印度书面文献强烈表明，动物祭祀在印度确实存在。例如，根据《戒日王传》的记载，很可能在 7 世纪时——阿夫拉西阿卜壁画绘制的年代——仍在举行动物祭祀：Kane, 1918 [1997]：236。

210. Esin, 1981. 汉文史料记载了古代突厥人在夏天举行的与水有关的祭马仪式：Roux, 1990：286 - 287；La Vaissière, 2006b：155 - 156。在突厥文化背景下，马祭可能还有重要的丧葬意义，参见 Roux, 1990：323。见本章注释 165。如前所述（见本章注释 51），西壁场景描绘了矛和鼓，它们无疑与突厥王权有关。我们不应忽略对大使厅可能描绘了一位可汗的加冕典礼的假设，哪怕还不清楚这一场景会呈现在哪面墙壁上：在西壁（如莫德和魏义天所认为的），或是在东壁（如《新唐书》中所述）？对手中执杯、坐在王座上的突厥君主形象的研究，见 Esin, 1969；Roux, 1982：59 - 108。突厥和伊朗文化在风俗和惯例上的相近之处并不限于这几个例子。实际上，还有 *kut*（古突厥语，意为"荣耀、吉祥、好运"）与 *xwarrah*（中古波斯语，意为"灵光"或"神赐荣耀"）的概念：Roux, 1990：188 - 192。同样，不仅伊朗民族与突厥人之间颇为相似，在古代美索不达米亚传统与伊朗传统之间也存在相似之处。*xwarrah* 的概念，实际上可以与巴比伦君主的"麦拉穆"（*melammu*，系阿卡德语取自苏美尔语的借用词，意思是"神圣光辉、灵光、光环"，伊朗世界尊崇的"灵光"概念即与麦拉穆一脉相承）这一古老理念相提并论：Black, Green, 1992：130 - 131。

结　论

　　阿夫拉西阿卜大使厅这一整幅壁画环带是由错综复杂、形形色色的场景组合构成的，这些场景实际上很可能是在图像学和叙事凝聚力层面上彼此呼应、相互关联的，尽管它每一面墙上的画面都会引发我们对当时已知世界的不同地区的联想。种种迹象表明，创作壁画的艺术家和赞助人对表现谁、表现什么、画中人物要摆出什么姿势，以及描绘一年中的哪个季节均做过周密严谨的考量。在唐代编年史料中找到的证据，以及从这些场景本身发现的一些蛛丝马迹，都支持了这幅壁画背后的缜密权衡。

　　对阿夫拉西阿卜表现中国内容的壁画的比定很难引起争议，因为它在北壁的位置与书面文献记载的一致。此外，北壁上人物的服饰和身姿明显参考了中国唐朝的文化元素。由于东壁幸存的画面极度残缺，有关印度的比定出现了一些问题。在这种情况下，对东壁的重构仍然是非常理论性的，并且是基于推理和可验证的证据。因此，关于这面墙实际描绘的内容，我们依然无法排除其他假说，包括东壁实际上可能描绘的是突厥人而非印度人的理论——这一可能性可从现存文献中找到些许支持。最后，撒马尔罕（以及整个粟特）的内容似乎占据了整整两面墙，尽管有史料表明，最初在这种类型的其他壁画中，只有南壁是专门描绘粟特人的祖国的。

　　学界已经注意到，壁画与文献之间的不甚相符可能是由于这样一个事实，即在阿夫拉西阿卜壁画创作所处的动荡年代（约公元650年），古代萨珊波斯帝国已被阿拉伯人征服；而希腊拜占庭帝国也遭到倭马亚王朝阿拉伯大军的重创。[1]由于撒马尔罕人对威胁着他们的倭马亚人的蔑视、畏惧，或者仅仅是缺乏了解，这面墙有可能最初是用来描绘波斯人和拜占庭人（即粟特以西的族群）的，而不是献给取代他们的阿拉伯人或其他人的。汉文史料包含贯穿整个倭马亚和阿拔斯王朝时期粟特九姓胡统治者向朝廷进呈的请愿书，吁求大唐直接出兵干预阿拉伯人的进逼。[2]

　　如果这里摆出的年代无误，那么我们也可假定武则天皇后的显赫出场表明，粟特人已然意识到她当时在唐朝政务中所扮演的举足轻重的角色，以及高宗（尤其是660年皇帝风眩症发作，目不能视之后）所处的相对弱势的局面。壁画的设计者可能正是敏锐察觉到这一迹象，于是审时度势地在画面中赋予武皇后一个突出位置，以加大他们向唐朝请援的力度。如前所述，阿拉伯人在654年就发动了对粟特的突袭，[3]一些流亡的波斯人肯定已经向撒马尔罕传达了萨珊波斯在过去十年中节节败退的消息。

　　粟特绘画和伊朗艺术最流行的主题之一无疑是狩猎（图86），这也经常出现在中国发现的祆教徒纪念性葬具上（图87）。然而，在整个阿夫拉西阿卜壁画环带中，只发现了一处狩猎画面，而且它就在表现中国内容的墙面上。人们注意到，作为公认的中亚统治者，唐朝皇帝可被视为诸多表面上臣服于他的伊朗和突厥族群的君主。在阿夫拉西阿卜，狩猎是一项与皇室有关的活动，这一点对于来自东方的外族拜访者是很容易理解的，因为自古以来，中国人也极为尊崇狩猎，对狩猎的描绘亦经常出现在著名墓葬纪念物上。在中国古代帝王狩猎仪式中，皇帝被要求将自己猎杀的动物作为祭品供奉在其祖先的神殿中。这与南壁上的粟特祭祀和东壁上以马为主角的印度祭祀十分吻合。

图86　表现猎手狩猎野山羊的粟特壁画（6世纪），片治肯特

采自 Maršak，Raspopova，1990b：fig. 6。

阿夫拉西阿卜遗址本身可能与水元素有着某种精神上的联结，而水元素反过来又象征性地与伊朗文化中的马息息相关。[4]唯一的马匹，是北壁水上场景中浸入水中的动物们，其象征意义尚不完全明了。然而，重要的是，它们是在场的，无论人们认为它们最初的象征意义是什么。

另外值得注意的是，这里提出的假设也容许阿夫拉西阿卜所描绘的各色场景之间存在其他可能的关联。古代中国将皇家苑囿作为帝王狩猎场所的习俗，即便是在特设围障内进行的象征性狩猎，都立刻使人想起《列王纪》[①] 里讲述萨珊人时提到

---

① 　*Shahnameh*，又译《王书》或《诸王之书》，系波斯诗人菲尔多西（Firdusi）于980年前后创作的一部卷帙浩繁、人物众多的波斯民族史诗，描写萨珊王朝被阿拉伯人推翻以前伊朗五十位国王统治时期的兴衰大事。

图 87　安伽墓围屏石榻石屏

采自 Rong，2003：fig. 1. 9。

的几乎相同的做法。对古典文学中所谓"天堂"（*paradeisos*，音译帕拉季索斯）一词的暗示似乎是显而易见的。阿米亚诺斯·马尔切利努斯（24.5.2）[①] 并非唯一一个注意到在罗马皇帝朱利安（360~363 年在位）进军波斯帝国首府泰西封期间，罗马军队观察到打猎主题绘画存在的人。今天，在伊朗西部城市克曼沙赫附近的塔克·布斯坦大石窟拱门中，我们仍可看到类似的场景（图 88）。[5]这处历史遗迹的许多元素，被一些人认为是萨珊晚期伊朗的非典型产物，这些元素被归于在伊朗高原东部，即中亚发展起来的风格与工艺。在这方面，场景中君主本人的服装和配饰尤其引人注目。[6]

**图 88　刻画有狩猎野猪场景的萨珊岩壁浮雕，
塔克·布斯坦（伊朗）**

采自 Ghirshman, 1962：fig. 236（detail）。

---

① Ammianus Marcellinus，简称阿米安，生于约 330 年，卒于 391~400 年，罗马帝国末期知名史学家，详细撰述了 4 世纪罗马帝国史。

　　让我们回到 6 世纪为唐廷服务的粟特人的纪念性葬具。对他们而言，对狩猎场景的描绘是不可或缺的葬具装饰元素，毫无疑问，这样的场景，不仅被伊朗民族，而且最重要的是，也被同时代的汉人视作逝者生前曾拥有显赫地位的标志。如果，就像假设的那样，一些粟特商胡或粟特裔官员被授予参与唐朝皇家狩猎的荣誉，那么还有什么比把这些狩猎场景织成便于携带的丝绸画卷，来向他们在中亚的亲属和国主回禀这份荣誉更合适的方式呢？而这种绢画完全可以用作彼时当地艺术生产的创作底本。与狩猎场景相结合，同样的葬具上还有一些宴会场景，至少在三种情况下可能表现了粟特诺鲁孜节[7]的某些阶段（图 36）。韦节《西番记》——一份 7 世纪文献（以残缺的形式保存在后来的 9 世纪著作里）——描写了一种常见的骑马箭术比赛（或许与狩猎有关?）。据说撒马尔罕（康国）人会于除夕夜一周后在都城以东的森林附近举行这一比赛。[8]

　　在最奇特的狩猎场景中，本书最感兴趣的当属史君石堂浮雕上的一幅狩猎图。在这幅图中，一个猎手双膝跪地，正一心张弓瞄准一头鹿（图 89）。一个有趣的细节是猎手头戴一顶造型独特的帽子，帽子上有两只尖尖的耳朵，仿佛在模仿一种野生动物。在距新疆库车不远的苏巴什遗址发现的文物上至少有两个场景描绘了与此一模一样的帽子，不过在这个例证中，它们是由乐师和舞者所戴（图 90）。从汉文史料所透露的信息来看，这两个场景被认定为当地新年节庆的变体。[9]9 世纪中期笔记小说集《酉阳杂俎》辑撰了当时与中土汉地有联系的外来民族和异域习俗，该书前集卷之四《境异》中有如下记述：

　　[……] 焉耆国元日、二月八日婆摩遮，三日野祀，四月十五日游林，五月五日弥勒下生，七月七日祀先祖，九月九日床（一作麻）撒，十月十日王为厌法。王出首家，酋领骑王马，一日一夜处分王事，十月十四日作乐至岁穷。[10]

图 89　史君石堂基座细部线描图

采自西安市文物保护考古所，2005：图 27。

　　焉耆、库车和吐鲁番地区的古代居民被称为吐火罗人，在语言上属于印欧语系，他们信奉佛教，在塔里木盆地的突厥化过程中逐渐销声匿迹。根据杰出汉学家伯希和的解释，吐鲁番和库车的吐火罗人轮流庆祝婆摩遮①盛宴，婆摩遮在汉文史料中也被称为婆罗遮和苏摩者。[11]尤其是后者，可与日本苏莫者（Somakusa）舞乐联系在一起，据说苏莫者舞乐是古时从西方经由中国传入日本的，是一种由装扮成奇幻动物的乐师和舞者来表演的娱乐活动。[12]根据对唐代汉语发音的重构，"苏莫者"这个名称的发音应该像 samacha 或 somacha。从起源来看，苏

---

　　① 亦作"苏幕遮"，是来自中亚的一种舞蹈，舞者戴假面，应节拍踏舞，民间俗称"踏舞"。敦煌文书 S. 1053 戊辰年（908）《寺院账目》："粟三斗，二月八日郎君踏悉磨遮用。"

图 90　库车舍利盒描绘的场景细部

采自孙机，1996：图 28。

莫者舞乐最初可能与印度神苏摩和在某些仪式上为了占卜而饮用精神饮品有关。[13] 同样的风俗也广泛流行于古代伊朗诸民族，更为普遍的是，在许多操元语言的（metalinguistic）印欧语人群史前社会里，在年轻勇士的入会－成年礼上，还会举行神话英雄/屠龙者的纪念仪式。这种纪念活动可能与古代伊朗或吐火罗人的新年庆典同时进行，当时一些伶人会装扮成动物的形象，以滑稽的方式表演、跳舞。[14]

据说狩猎在这些节庆活动中发挥了重大的象征意义，就像在中国发现的诸多 6 世纪粟特人纪念性葬具（图 87），以及在一些晚期甚至同期的片治肯特壁画（图 86）中所见到的那样，[15]尽管无法确定这些狩猎发生在一年中的哪个季节。同样在片治肯特，还发现了一些斑驳残缺的壁画，其中的人物似乎身披山羊皮（？），正腾跃起舞（图 91），[16]这些画面或与新年庆典有关，或与相邻的狩猎或战斗场景相关。在伊斯兰语境中，穿戴相似服装的舞者形象出现在 17 世纪以后的波斯绘画中，作为不那么严肃的主题的细节。[17]虽然上述场景属于不同时代或国度，但它们很可能以某种方式被联系起来，因为在萨法维王朝（Safavid）时代，似乎还保留着一些反映古老习俗的仪式，它们的神圣意涵业已丧失，却因其趣味和娱乐价值得以存续下来。

图 91　身穿兽皮的人物巡行图，片治肯特

采自 Maršak，Raspopova，2003：fig. 110。

　　我们所掌握的有关婆摩遮 – 苏摩遮庆典的信息并没有提到狩猎，而且苏巴什舍利盒上所呈现的画面亦没有表现狩猎。不过，说起装扮成动物或神兽的伶人，会让人联想起史君石堂上的猎手，甚至使人想起汉文史料中记述中国农历新年的一些片段，其中描述了帝王宫苑里的狩猎和巡游，伶人们也参与了这些游乐活动，他们很可能装扮成龙或其他神兽。[18]

　　人们注意到，前伊斯兰时期的伊朗世界唯一保存下来的，描绘有些许诺鲁孜节庆典元素的——尽管是不甚明确的——纪念性遗址是阿夫拉西阿卜壁画环带。在伊朗本土，唯一能被假设可能表现了诺鲁孜节庆典（该观点被许多人驳斥）的遗址是波斯波利斯阿帕丹那宫殿。也许，除了塔克·布斯坦浮雕上那隐而不彰的图景之外，整个萨珊时代都没有任何类似的遗迹存在。从来自萨珊帝国东部的稀有金银器上，或许能初步辨识出这个庆典的一些痕迹。大英博物馆一件属于贵霜－萨珊时期的银盘，根据 M. 卡特（M. Carter）的看法，就是以浮雕形式展现了诺鲁孜节庆祝活动的一些场景（图92）。银盘中央部分的上部被认为是"君主任命官员时的神圣化，以及众显贵在宫廷里向国王敬酒的仪式"。[19]这件银盘是一小组金银器的一部分，其中还包括另一件保存得更好的、时间可追溯到 5～6 世纪的银盘（图93），现藏艾尔米塔什博物馆。[20]卡特之所以提到这第二件银盘是因为它与大英博物馆的那件一样，在构图上都被划分为两层，尽管这两件萨珊金属制品的例证还共享了许多其他元素。艾尔米塔什博物馆馆藏的这件银盘中心的宫廷场景相当明确：一位国王庄严地端坐在宝座之上，双手搭在一把大剑的剑柄上，没有看向身旁以两人一组出现的四位职官（文臣或武将）。银盘下层表现了一场狩猎。没有迹象表明御座上的国王对这四位显要人物进行了任何形式的册封，但很明显，银盘上图的场景与狩猎的联系暗示了一个重要的场合：也许是一场精心筹划的（一年一度的?）由国王亲自出席的庆典。述及萨珊宫廷的伊斯兰文献仅提到诺鲁孜节被认为是馈赠和接受礼品的最佳时机。[21]

图 92　可能属于贵霜－萨珊的银盘

采自 Marschak，1986：fig. 86。

卡特认为，我们还能够初步识别在著名的梅尔夫彩绘花瓶
（可能来自 6 世纪）上对诺鲁孜节的暗示，因为出现了一个靠
近一只鸟的骑马弓箭手的场景。然而，这只飞鸟似乎并不是弓
箭手的真正目标，即使它正面对着他。事实上，在弓箭手身后
右侧，可以看到一只奔跑的瞪羚。在同一个花瓶瓶身，还有其
他场景，包括葬礼和宴会，它们也许是相互关联的，如果不是
因为躺卧者的眼睛是睁开的而不应将其视为死者的话。这让人
想起了加兹维尼（Qazvini，13 世纪）的一段话，其中提到一位

图 93　可能属于贵霜－萨珊的银盘

采自 Bussagli, 1986: fig. 23。

统治者在诺鲁孜节的早晨醒来时应当看到的东西——一个年轻英俊的骑士手托猎鹰，这显然是指狩猎。[22]这个假设非常有趣（尽管，诚如卡特本人承认的，在逻辑上相当不周密），并且得到了祆教信仰的支持——这一信仰的记录再一次地仅保留在伊斯兰时期的著作中。祆教信仰认为，在来世，真正的信徒（更确切地说，是完美的贵族）会像他活着的时候一样，享受欢宴和游猎。据说这是对他正业力（karma）的一种永恒补偿。[23]

现在回到上文提及的艾尔米塔什博物馆收藏的银盘。四个显赫人物的出现，透露出萨珊王朝一个广为人知的行政部署格局，即帝国被分成东南西北四个军区，每一个军区由一位大将军①或一个军事领袖/总督统治。这四个区域中的每一个都与一种颜色，或许还与一种特定的动物（就像在中国墓葬壁画中那样）有关。这些关联的证据可以从萨珊国王向各省总督馈赠礼品的惯例中推断出来，礼品包括一件用纺织品制成的衣服，上面的装饰可能与代表每位大将军的动物有某种联系。[24]

长期以来，现代学者都认为萨珊帝国这种可能存在的四分制不过是一个纯粹的传说。然而，铭刻有四个地区军事将领的萨珊印章的发现，似乎佐证了这种行政架构的实际存在。[25]我们从帕提亚艺术中亦能征引一些证据。贝希斯敦（伊朗西南部）几近残毁的浮雕场景就描绘了安息统治者米特里达梯二世（Mithridates II，前124/前123～前88/前87）与他的四个总督/大将军，这一信息可从附加在旁边的希腊文铭文得到确认；在同一崖面的不远处，人们可以看到骑马战斗图，但没有狩猎场景。[26]

根据塔西佗②对罗马皇帝克劳狄乌斯与帕提亚人之间的战争的描述，安息国王戈塔尔泽斯（Gotarzes）举行了一些与一座山顶上的某次狩猎有关的祭祀活动，有些学者将这座山比定为贝希斯敦遗址。[27]美国巴尔的摩沃尔特美术馆保存了至少一件仿制的萨珊（pseudo-Sasanian）银盘，银盘上描绘有端坐于坐榻上的国王和王后，坐榻下方出现了若干野猪头，这种场景

---

① *spāhbed*，中古波斯语，系萨珊帝国高级军官军衔，意为陆军总司令。该词的现代波斯语形式为 *sepahbod*，相当于中将。

② Tacitus，全名普布利乌斯（或盖乌斯）·科尔奈利乌斯·塔西佗（约56～120），罗马帝国历史学家、政治家，主要著作有《历史》和《编年史》等。

或许是在表明一次狩猎刚刚以胜利告终（图94）。[28]虽然在后一种情形下，银盘图像不可能透露任何丧葬语境（或者确实可能与诺鲁孜节有关联）的端倪，但其显然具有许多与阿夫拉西阿卜壁画所表现的文化领域所共有的细节，即使考虑到这种相似性有可能是纯粹偶合的，这些文化共通性也不容忽视。创作这一图像环带的粟特艺术家精心考量、设计了一幅构图，用以暗示象征性的社会–政治–精神意义，这些意义既会被四海为家的粟特人，又会被当时到访撒马尔罕的外邦人充分认可和理解。

转向更为理论性的问题，从阿夫拉西阿卜壁画中可以很清楚地看到另一个要素，那就是粟特人对天文学的兴趣。这并不令人惊讶，因为所有古代君主都会供养专门的天文学行家术士，这些天文占星师除了其他任务外，还受命为重要人物测绘星占图，或者更确切地说，预卜他们的前程。绘制星图的做法可在中华文化中找到明确的参照，如所周知，在公认的经典文本中，有一本叫作《易经》的古书。这是一本可供参考的卜筮手册，以避免占卜时易犯的错误，并保持其与儒家戒律的兼容性。

中国还是另一项重要的玄学之术——堪舆，现在被普遍称为“风水”术——的发源地。风水发展成为一套原则体系，小到鲜花的摆放，大到屋宅的位置，乃至最重要的皇家陵墓环境的选择，统统受其支配，以确保宅主或葬者得天地之蕴蓄，在冥界气运旺盛。[29]西安近郊发现的元乂（卒于525年）墓的几幅壁画，就被解读为墓主人的星盘运势图；另外几件现藏大英图书馆的敦煌8~10世纪汉文文书，也是根据天体运动来预卜未来的占书。[30]

图 94　美国巴尔的摩沃尔特美术馆馆藏银盘

采自 Ghirshman，1962：fig. 259。

　　为了完整勾画阿夫拉西阿卜所表现的民族群像，还不应忘记印度人，他们是一个在中国和中亚的天文－占星学领域皆备受重视的群体。事实上，《旧唐书》提到在康国（撒马尔罕）宫廷里出现了一个或多个职业占星师－婆罗门[31]（在这一具体例子中，即天文学者－婆罗门，梵语谓之 *mauhūrtika*）。[32]也许在彼时，印度人被认为在这门艺术/科学上远胜其他族群，这在伊斯兰文献中尤其明显。[33]

印度人作为占星师的声名是基于印度数千年的天文观测传统，以及当时人们普遍认为天体会对人间事务产生重大影响的观念。在古代，就像在今天印度的部分地区一样，占星师在一天之初会召唤作为行星人格化身的神灵，以确保这些神灵得到安抚。天体行星在视觉艺术中的表现与这些习俗息息相关。[34]一些学者声称某些印度的时间计算系统（特别是印度月宿 naksatras 体系）起源于公元前 1000 年前后，那时也许是雅利安印度文明的曙光时代。[35]这些假设无论多么妙趣横生或论证充分，都不能使所有学者信服。

遗憾的是，除了世界闻名的约旦 8 世纪早期倭马亚时期阿姆拉城堡壁画，尚没有其他确切的相似之作可供参照。如前所述，阿姆拉城堡是一处温泉浴场综合建筑群，其墙壁上装点着世俗题材壁画——尽管最新也是最令人信服的识别工作重新调整了壁画尺寸。[36]这些壁画甚至可能是对所谓"世界六王"的一种表现。在这座建筑群的一处穹顶上，人们发现了一幅描绘天空的图景，上面有根据希腊天文学体系绘制的星座图。[37]阿姆拉城堡的画作所源出的文化传统分明是希腊化的；这并不奇怪，因为它们是在前拜占庭帝国的一个地区创作的，而该地区只是当时刚刚被倭马亚人征服。

在中国的墓葬艺术中，星辰尤其是银河一直是自汉代以来最受欢迎的主题之一，并在唐代被频繁复制、重现。[38]传统的中国墓葬是由一条地下墓道组成的，它通向一系列次要空间，然后才可进入墓室。墓室通常是一个有穹顶的房间，最常见的模式是"灯笼式"屋顶（即汉文典籍中的"穹隆顶"、"穹顶"）——天顶往往装饰着天文星宿或其象征符号的图像。有时会通过四种传统象征动物来指示方向：青龙代表东方，白虎代表西方，朱雀代表南方，玄武（一只缠绕着蛇的乌龟）代表北方（图95）。这些动物和同样具有象征意义的星座也一直出现在与中国相邻并深受其文化影响地区（如朝鲜和日本）的墓葬绘画中。[39]

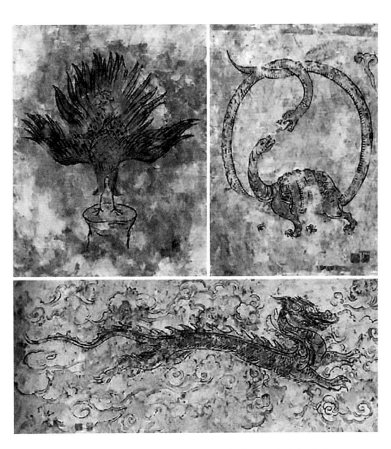

图95　高元珪墓中所绘指示方位的朱雀、玄武与青龙

采自张鸿修，1995：图193–195。

在印度，主流的殡葬习俗从未允许在坟墓中放置任何物品，尤其是我们感兴趣的历史时期的墓葬。那种有墓室壁画和器物的墓葬似乎并不存在。再者，尽管印度文学的文献卷帙浩繁，但并没有任何可与编修汉文典籍的学者－史官或希腊罗马历史学家相提并论的史家。因此，尽管工艺品，尤其是钱币学和碑铭学等物质文化的确为我们提供了进一步探索的路径，但仅凭印度文献很难建立一种令人信服的历史重构。然而，印度文献中关涉天文－占星学的资料十分丰富，并且有大量的参考史料。从这个角度来看，6~7 世纪一定是个非常有趣的时期。在印度最重要的天文学文献中，有一本 3 世纪（成书于 269 ~ 270 年）的著作，被称为《希腊人［的占星术］之书》①，该书的作者名叫金星相（Raja Sphujidhvaja）。[40] 这部书的书名本身即揭示了印度所采行的占星术体系的起源。这一体系是在希腊化时代发展起来的，并在公元前 327 ~ 前 326 年马其顿入侵后传播到印度。在埃及和美索不达米亚（"占星术的"②）文化中也可找到它的根源。印度人自己也很了解这种情况，6 世纪学者伐罗诃密醯罗（Varāhamihira）在其专著 *Bṛhatsaṃhitā* 中指出，希腊人（*Yavana*）确实是一个蛮族（*mlecchas*），但由于他们在天文学和占星术方面先进超群的知识，应当被给予与对印度智者同样的尊敬。[41]

　　最近的研究已经揭示了印度艺术中一些鲜为人知的面相，这些面相有助于破解一些艺术品和纪念遗址的天文学意义。近年专家关注的焦点，是一座笈多时期摩岩浮雕，它建于约 5 世

---

① 梵名 *Yavanajātaka*，直译为"耶槃那国本生"，Yavana（耶槃那）乃巴利语 yona-loka 与希腊语 Ionia（爱奥尼亚）之转讹，古印度人用它来称呼进入西北印度的希腊人。

② Chaldean，意为与古代迦勒底有关的人群、语言或文化，亦为"占星术的，神秘学的"之意，文中取第二个义项。

纪初，位于印度中央邦毗底沙县附近的乌德耶吉里（Udayagiri）山上。该石刻的主题是毗湿奴的一些化身，学界最近已对它们之于天体方位可能的意义进行了评估。这一工作揭示了许多以前被认为是简单装饰的元素，然而，现在似乎证明了设计师和艺术家本身拥有的先进的天文学知识。[42]

或许，在阿夫拉西阿卜与印度有关的墙面上，人们试图表现出其他几面墙上描绘的所有主题——根据当地习俗、祭祀和葬礼来表现新年节日。

简而言之，狩猎、宴会、葬礼元素的迹象、祭祖、马匹以及对占星术和天文学的指涉，都是一幅如今几乎漶漫殆尽的繁复拼图中的一部分。然而，尽管乍看之下壁画所牵涉文化地域的广阔驳杂、迥乎异质对解读工作造成了难以克服的困难，但我们仍然能够进行一种合理的重构。这是因为设计者显然有意识地试图表现出与粟特有接触的文化中，存在于某种特定（与新年有关的）宗教节日/庆典活动中的共同的宗教性（精神上或仪式性的）主题，而这些节日/庆典大致是在一年的同一时间（夏季）举行的。凡此种种，皆清晰反映了7世纪四海为家的粟特人不费周折便能理解的知识领域。

总之，阿夫拉西阿卜大使厅是一套描绘了7世纪中叶前后，与粟特有联系的几个王国的代表性图景的绘画程序。它们的排列方式暗示着一种跨文化的精神共时性，以及一种对广泛不同的精神和宗教传统在主题上的相似性与互补性的认知。我们在这些墙上看到的人物都在庆祝与他们的新年节庆或夏季有关的当地节日。这些节日显然并不完全一致，在某些情况下，它们甚至可能对庆祝节日的人来说也没有特别密切的精神意义。然而在这里，粟特艺术家们设计出一系列混融的技巧和无间断的转入来创造共时性与叙事性的统一，这或多或少是整个壁画环带布局所寻求的最高旨趣。壁画所表现的节日和仪式都经过精心拣选，以获得一种从外观上看密切的跨文化的宗教和季节上的巧合。

大使厅的体量表明，它远非一处公共空间或一个接待外国使节的大厅，它实际上是一栋私人建筑，也许是当地国主（拂呼缦）专用于供奉先祖的小型家族祠堂，他在这里敬拜先人或祭奠先人。如此一来，我们可以发现 8 世纪的汉文史料关于撒马尔罕的记载是颇为可靠的，因为其中叙述了在粟特地区中部有一座装饰成这种风格的建筑，统治者每日在那里祈祷。在阿夫拉西阿卜发现的粟特文题记中，拂呼缦的名字赫然在列，这一证据使我们不可能把壁画的年代定位在他统治时期之后。如果这处题记中的证据不是决定性因素的话，那么为壁画提出一个更晚的定年，即拂呼缦统治期之后，大概也是合理的。这样，曾委托创制大使厅壁画的粟特国主（肯定是与唐高宗同时代的人）就可以每日清晨来此敬拜他的祖先或先王，其中也包括拂呼缦。

本书利用阿夫拉西阿卜壁画环带展开研究，旨在为了解阿拉伯帝国征服前夕的粟特物质文明做出贡献，因为这一时期对我们许多人来说仍然有些晦暗不明。由于这一环带具有独特的、自觉的且多元/跨文化的内容，它首先会有助于揭开中亚、高加索和波斯深远腹地等这些共享同一历法系统的地区的一些新面相；其次，更好地突显粟特人与中国和印度次大陆的互动。这里所提出的解读和阐释，无疑将受到其他学者的质疑。但是，这项研究正是本着这样一种精神进行的，即我们从异见之争中所获得的益处远比固守旧教条要多。当然，我个人由衷希望，我对大使厅的研究成果能为日后更多更具整合性观点的提出，带来一些有益启示。

注释

1. Grenet, 2006b：45. 詹罗伯托·斯卡尔恰证实，新波斯语迅速成为伊斯兰教在东方传播的主要媒介，伊斯兰教与伊朗文化特色从来都是须臾相关的。见 La Vaissière, 2011。

2. La Vaissière, 2007：44 – 51. 见本书第三部分。一些 8 世纪的片治肯特壁画上描绘了阿拉伯人：Belenitskii, Maršak, 1981：64, fig. 31。

3. 见第二章注释 61。

4. Cristoforetti, 2006a. 另见 Cristoforetti, 2006 – 07：152 – 153。

5. Gignoux, 1983；Allsen, 2006：37 – 38；Drijvers, 2006：58 – 59. 公元 627 年入侵波斯的拜占庭军队注意到，在达拉卜盖尔德 [Darabgerd，忏悔者塞奥法尼斯（Theophanes the Confessor）谓之 "达什特盖尔德" （Dastagerd）] 王室宅邸中发现的场面表明，这种狩猎中使用了大量的野生动物：Turtledove, 1982：26；Mango, Scott, 1997：451. 设有围障的王室花园被古典作家称为 "帕拉季索斯" （paradeisos，意为天堂、至福境地），显然与阿契美尼德君主有关：Briant, 1996：309 – 310。库尔提乌斯·鲁弗斯（《历史》Ⅷ I. 10 – 12）也提到了在马其顿征服期间在粟特发现的一个名为巴济拉（Bazaira）的王室花园，花园里带有一个狩猎场：Briant, 1996：309。这个巴济拉被认为是西西里的狄奥多罗斯（Diodorus Siculus，VIII 17）提到的巴西斯塔（Basista）：Quintus Curtius Rufus, 1977：p. 472, n. 5。另参 Bosworth, 1988 [2008]：114；Ešonkulov, 2007：67 – 72。该地似乎离撒马尔罕很近，也是克雷塔斯即将被杀的地方。近年，拉潘注意到，阿里安大概认为克雷塔斯之死可能发生在巴克特里亚（Rapin, 2013：51），因为他不知道这个事件的发生地扎里亚斯帕（Zariaspa）实际上对应于马拉坎达（Maracanda）。在围场内狩猎的主题对古罗马人来说尽人皆知，这一点可在表现狩猎的古罗马镶嵌画上得到印证。除了亚美尼亚广场（西西里岛中部）上远近闻名的镶嵌画，还有希波·雷吉斯（Hippo Regius，阿尔及利亚）的镶嵌画为例：Dorigo, 1971：fig. 145。在倭马亚王朝艺术中也可找到这一主题，请看以下阿姆拉城堡壁画：

Blázquez, 1981: figs. 4 – 10; Almagro et al., 2002 [1975]: figs. 21, 40 – 51。另一处闻名遐迩的狩猎公园是叙利亚中部的特力帕拉季索斯 (Triparadeisos)，该地是亚历山大骤逝后的帝国摄政佩尔迪卡斯 (Perdiccas，又译坡狄卡斯，亚历山大大帝麾下主要将领和七位近身护卫官之一) 在公元前 320 年被暗杀之后，继业者们会面讨论划分亚历山大帝国的地方：Grainger, 1990 [1993]: 34。在中亚的伊朗人居住之地中，公元 1 世纪的花剌子模遗址托普拉克堡 (Toprak-Kala) 也被认为曾有一块指定给当地君主的 "帕拉季索斯"：Helms, 1998: 94。

6. Peck, 1969. 对于某些学者而言，塔克·布斯坦的狩猎场景应与诺鲁孜节有关：Movassat, 2005: 141。然而，在萨珊王朝艺术中并没有任何能够毫无争议地被比定为诺鲁孜节某个阶段的场景，即使有莫瓦萨 (Movassat) 对塔克·布斯坦和 V. 卢科宁 (V. Lukonin) 对毕沙普尔镶嵌画的大胆比定：Callieri, 2008: 117。根据另一位学者的说法，塔克·布斯坦可能是国王库思老二世的纪念式陵墓：Heidari, 2002。与贵族有关的活动的表现可能是萨珊君主墓葬纪念物的一种恰当的装饰。在《列王纪》中，菲尔多西提到在库思老一世陵墓上装饰着 "王宫" 及通用的 "领主" 与 "战斗" 题材的彩绘场景：Ghirshman, 1948: 306。

7. 见第三章注释 74。

8. 见本书第三部分。另见 Cristoforetti, 2006 – 07。

9. Gaulier, 1973: 168 – 170; Gaulier, 1982: 338; 耶格尔 (Jäger) 将面罩中的动物识别为蝙蝠：Jäger, 2003/04。柏孜克里克石窟第 25 窟 (约 10 世纪) 的一幅壁画上，可见一个翩翩起舞的长笛演奏者，头戴一顶饰有尖耳的头饰，见 Klimkeit, 1990: fig. 15。在一次私人交谈中，魏义天告诉我，时至今日，蒙古人还戴着一种尖耳头饰，所以这个细节应当被认为是中亚猎人的一种惯常装束。

10. [唐] 段成式撰，方南生点校：《酉阳杂俎》，1981: 页四六；Lévi, 1933: 12 – 13, n. 1。在这种语境下，提及中国岁历而不是当地历法似乎也是正确的。关于 "一日一夜处分王事" 之习俗，见 Cristoforetti, 2006 – 07: 146。

11. Pelliot, 1934: 104. 另见 Liu, 1969: 10, 170; 姜伯勤, 1996: 527 – 549。在吐火罗 A 语 (所谓的龟兹语) 中，夏季被称为 şme，而在吐

火罗 B 语（所谓的焉耆语）中，有一个形容词与夏季有关：ṣmāye（印欧语的 *sem-也以古爱尔兰语 sam summer、古英语 sumor 和阿维斯塔语 ham-的形式反复出现）：Adams，1999：668。感谢杰拉尔多·巴尔贝拉（Gerardo Barbera）惠告此参考文献。目前还不清楚汉语中的"苏摩遮"是否也与这些词有关。

12. Eckardt，1953［此承梅维恒（Victor Mair）教授相告，谨致谢忱］。一些古代俳优在表演这类节庆中使用的面具被保存在日本奈良皇家珍宝仓库正仓院：Eckardt，1953：fig. 3；姜伯勤，1996：536，图 3－4。

13. 姜伯勤，1996：529。

14. Widengren，1959：252－253；Widengren，1965：41－49；Eduljee，1988；Ivančik，1993；Ustinova，2002：105－115. 另参 Herodotus，IV，105。关于戴着狗头的印度人，见 Karttunen，1989：180－185。这种风俗在其他印欧语社会中也很普遍。在印欧文化背景下，有记录的最古老的节日庆典之一，是赫梯人的普如里节（Purulli）——风暴之神泰什沙卜（Teshshub）与恶龙伊鲁延卡（Illuyanka）作战的节日：Gaster，1961：161；Pecchioli Daddi，Polvani，1990。凯尔特人与日耳曼人的习俗也有一些有趣的共同点。例如，在一些节庆活动中，英雄（仪式性地）变成了狼：Speidel，2002。在库车（龟兹），庆祝新年是举行为期七天的赛绵羊、赛马和赛骆驼比赛。根据对获胜动物的观察，人们可以卜测来年的农业收成如何：Chavannes，1903a：115。在粟特和费尔干纳，这类比赛的参与者是男人而不是动物：Chavannes，1903a：133，148－149，转引自 La Vaissière，2007：64－65。有关几个所谓印欧语社会从童年到成年之历程的引人入胜的研究，参看 Russell，2004。这一庆典在美索不达米亚文化，也就是说，在闪米特族群中有些颇为有趣的相似之处。关于亚述新年与巴比伦神马杜克（Marduk）和提亚马特（Tiamat）传奇之战的关系，参看 Cohen，1993：440。这些并不是与美索不达米亚世界唯一的、可能的关联。至少在整个公元前 19 至前 18 世纪，在乌鲁克（Uruk）曾有一场盛大庆典，举办了敬奉各种神灵（也包括娜娜女神）的宴会和巡行。巴比伦历四月的第一天（献给塔木兹）也是一个乐师和假面伶人参加的节日：Cohen，1993：318。

15. Maršak，Raspopova，1994：200. 近年来有学者主张猎手的辫子可能表明他是个突厥人：Lo Muzio，2010：433。但感谢卢湎沙相告，最近的修复并未能证实这一设想，因为所谓的"辫子"实际上是猎手握在手中的几支箭头。

16. Maršak, Raspopova, 2003：fig. 110；Compareti, 2006b：205 – 206. 值得注意的是，在马尔沙克的构拟图中，他选取了山羊皮而非其他动物的皮，尽管此时粟特壁画残破的状态使人无法辨别相关动物的具体种属。马尔沙克很可能知道毛人（或披着山羊皮的男人）与新年的故事，正如我们在不同时代许多文化中的神话和传说中见到的那样，比如在吉尔伽美什与恩奇都（Enkidu）神话里：Gaster, 1961：62。在古罗马，也有一个相似的由年轻男性牧神祭司（Luperci，字面意思为狼之兄弟）所主导欢庆的牧神节（Lupercalia），牧神祭司们必须宰杀山羊并穿戴上羊皮：Dumézil, 2011：306 – 308。在片治肯特第 XXI 区 2 号房址，至少发现了另外一处很可能由蒙面人物表演的群舞场面：Belenizki, 1980：119。面具经常出现在粟特绘画中。事实上，在片治肯特 2 号神庙的一些壁画上，有可能出现了戴面具假扮神灵的人：Maršak, Raspopova, 1994。在粟特语佛教文献中，也提及有关蒙面的占卜活动：Tremblay, 2007：95（引 Pelliot 3：Benveniste, 1940）。

17. Ettinghausen, 1965：pls. III – V. 在中世纪西欧的一些地区，装扮成动物也是一种常见风俗。这大概是民间不顾官方教会的反对而遵守的一种异教习俗：Pastoureau, 1996。

18. 见第三章注释 172—174。

19. Carter, 1974：188. 另参 Harper, Meyers, 1981：108 – 110, fig. 35。银盘上雕饰的场景可与贾尔泰佩的一幅壁画相比较，后者描绘的几位宝座上的神灵似乎正在参加一场狩猎：Berdimuradov, Samibaev, 2001：59。

20. Harper, Meyers, 1981：110 – 114, pl. 19. 另参 Grabar, 1967：fig. 12。

21. 见第三章注释 57。

22. Carter, 1974：192 – 193. 关于梅尔夫花瓶（被发现于一个佛教环境内），见 Manassero, 2003；Mode, 2009。有关梅尔夫花瓶四个场景的新解读，参看 Compareti, 2011b。

23. Panaino, 1997. 关于这一点，参看 Shepherd, 1974。

24. Gadjiev, 2006：204 – 205. 关于伊朗世界的颜色，见第三章注释 29。

25. Gyselen, 2001. 关于萨珊帝国的四分制，参看 Pourshariati, 2008：94 –

101；Daryaee，2009：123 – 125。将世界划分为四部分的理念让人联想起亚述王权中君主是"世界四方"（阿卡德语 *kibrāt erbetti*）之霸主的概念：Fales，2001：20 – 22。有关阿契美尼德时期王权概念中的美索不达米亚元素，参看 Panaino，2000。

26. Colledge，1979：fig. 4；von Gall，1990：pl. 1。种种迹象表明，疆域行政管理的四分制可以追溯至塞琉古时代，并与更为古老的美索不达米亚理念有明显的相似之处：Potts，2007b。

27. 对塔西佗《编年史》（*Annales*）中相关段落（XII. 13）的研究，参看 Russell，1987：191 – 192。关于贝希斯敦遗址的比定，见 Bernard，1980；Jong，1997：303 – 304。

28. Ghirshman，1962：fig. 259。根据最新提出的年代学研究，这件银盘是一件制作于萨珊帝国周边地区的 6 ~ 7 世纪的产品：Harper，2000：pl. 26。在另一件有着类似纹饰主题的银盘上，动物头部为一只公羊头，现藏亚瑟·萨克勒美术馆（Arthur M. Sackler Gallery）：Gunter，Jett，1992：cat. 18。一枚有题刻的萨珊印章也描绘了一个极为相像的场景，上面用瞪羚头代替了野猪头，尽管有人提出，这一场景应被比定为在图中人物死后举行的仪式性宴会，而不是王室飨宴：Gyselen，1995。

29. Eckfeld，2005：79 – 81。

30. Tseng，2003（含参考文献）。关于现藏大英图书馆的敦煌 8 世纪汉文手抄本及一千多个星辰与星图的复制品，参看 Whitfield，2004：fig. 18；Bonnet-Bidaud，Praderie，Whitfield，2009。

31. Dass，Willis，2002：37（含参考文献）。关于印度天文学，参看 Billard，1971。在记述印度风俗习惯一卷中，玄奘专辟一节介绍印度天文学：Beal，1884：71 – 73。比鲁尼（Bīrūnī）也曾对印度天文学有大量著述：Sachau，1910［2005］：152 – 159，213 – 220，278 – 293，346 – 352，386 fll。有关这一主题的详细研究，参看 Kennedy，Engle，Wamstad，1965。戒日王曾与唐太宗交换婆罗门，这些婆罗门很可能也是占星师：Sen，2001：8。

32. 参阅第三部分，特别是第四章注释 26。唐代天文 – 占星学领域的许多借用文化都归因于印度，尽管也有希腊元素经由伊朗民族的疆域被传到远东地区：Schafer，1977［reprint 2005］：8 – 20。唐代尤其是唐玄宗时期，最负盛名的宫廷占星师是乔达摩·悉达多（此人恰巧与佛陀释

迦牟尼重名）。他的名字无疑证实了他的印度血统：Schafer，1977
［reprint 2005］：11。

33. 阿拉伯裔西班牙作家阿卜勒·卡西木（Abūl' Qāsim，1029～1070）
认为印度天文学知识堪称"完美"：Ferrand，1930－32：334。另参
Vesel，2008。关于萨珊宫廷中的占星师，见 Daryaee，2009：120－
121；Taqizadeh，2010：123。阿米亚诺斯（18.47）将沙普尔二世描
述为一位身边围绕着占星师的迷信君王：Drijvers，2006：58。这一
信息得到了帕夫斯托斯·布赞德的证实：142。据塞奥法尼斯称，在
与拜占庭篡位者福卡斯（Phocas）的战争（约604年）期间，"巫师
和占星师"预言了库思老二世在二十四年后的死亡：Turtledove，
1982：26－27。显然，库思老对这则预言未予理睬。

34. Stanley，1977；Granoff，1991.

35. Parpola，1994：198－210. 粟特摩尼教徒亦使用这一系统，该系统无
疑植根于印度文化：Sundermann，1977。另参 Taqizadeh，2010：
313，n.355。

36. 见第三章注释34。

37. Saxl，1979；Blázquez，1981：figs.28－29；Almagro et al.，2002
［1975］：figs.20，81. 尽管倭马亚艺术包含了许多借鉴于萨珊文化的
元素，但阿姆拉城堡是一处主要受希腊化艺术风格影响的阿拉伯纪
念遗址，这种风格在8世纪早期的拜占庭帝国仍然流行。正如近年
我所指出的，有明确迹象表明，伊朗世界也同样关注天文学。例如
在距离巴米扬（阿富汗）不远的卡克拉克（Kakrak）的7~8世纪佛
教绘画中所见到的：Compareti，2008b。

38. Caterina，1980；Shen，2005；Wu，2010：194－217.

39. Sadun，1975；Jeon，2005：178；Kim，2007. 关于汉代艺术中的四象研
究，见 Wong，2006。一些学者认为，奈良高松冢古坟墓室壁画中描
绘了正在参与当地新年庆典某些流程的人物，庆典是在8世纪初举
行的，被记载在一部被忽视的古代宫廷仪式书——《贞观仪式》
（Jōgan Gishiki，成书于860年）中。这些日本壁画使人联想到唐代
墓葬壁画，因此它们可能具有相同的意涵：Sadun，1975：274－278。
遗憾的是，这份关于古代日本典仪的重要文献尚无西文译本。丹妮
拉·萨顿（Daniela Sadun）为我提供了一份阐述这些想法的日文出
版物，特此鸣谢。

40. Granoff, 1991: 177 – 179; Grenet, Pinault, 1997: 1028.

41. Joshi, 1985: 38; Granoff, 1991: 188. 见第三章注释 58 和 187。

42. Asher, 1983; Dass, Willis, 2002; Willis, 2004. 本书所关注的是一处表现筏罗诃，即毗湿奴野猪化身的浮雕。在一份早期研究中，该研究的作者审慎地建议将阿夫拉西阿卜壁画上被认为是在举行马祭的可能君主与阿迭多犀那（他于 650~675 年在位）关联起来，此王是笈多王朝后期的一位代表人物：Willis, 2005: 146 – 147。见第三章注释 199。奇怪的是，阿迭多犀那举行马祭的信息，可在阿普瑟塔（Āphsāḍh，比哈尔邦）的铭文中找到，年代约为 672 年，该铭文刻在一尊只表现筏罗诃的雕像上，这是古代印度与王权有关的主要图像之一：Asher, 1983: 58; Huntington, 1988: 228。关于筏罗诃及其与伊朗和希腊世界的联系，见 Goetz, 1974: 68 – 73。白沙瓦博物馆的一枚笈多时期的印章刻画了带有典型希腊化元素的筏罗诃图像，代表了印度艺术与"西方"艺术之间一种巧妙的连接，而伊朗文化成分从中发挥着重要作用：Callieri, 2005。

第三部分

文献辑录

第四章　文献的重要性

汉文史料提供了关于前伊斯兰时期的中亚的大量信息。辑录这些关涉公元 3～8 世纪撒马尔罕、粟特或其城国（康、安、石、史、曹等国）的原始文献，并对它们做少量评注，将有助于学生和专家形成他们自己关于壁画环带的背景以及原始文献文体风格的观点，而这正是粟特学研究领域不可或缺的要素。如前所述，一些关于撒马尔罕的有效信息，亦可从与这座城国共享相同文化、语言、宗教的邻近地区的描述中推断出来，因此这些也应被包含在辑录范围内。

汉文史料是按照朝代的先后顺序以及作者向朝廷呈献编年史稿的年份——如果这些信息是已知的——排列的。一些不属于传统意义上二十五史的史书中的有趣段落，亦被译成西文。这里提到的若干汉文史料均能在几个颇有声誉的网站上检索到，有时还附有令人景仰的汉学家的解释性分析。

在对汉文史籍进行摘录后，本书亦就一些伊斯兰（阿拉伯和波斯）作家对粟特的记述加以介绍。这些作品的转写系统是由詹罗伯托·斯卡尔恰和西莫内·克里斯托弗雷蒂提出的，但与原版相比几乎没有变化。所录地名皆与巴托尔德的著作《蒙古入侵时期的突厥斯坦》，特别是第 64～179 页内的地名做了比较勘合。

在本章最后，是有关撒马尔罕、粟特以及相关地区的信息。它们取自粟特语《民族表》（*Nāfnāmak*，字面意思为"民族的名称"），以及婆罗钵语称为《伊朗省城志》①的文本。《民族表》由一份地名列表组成，它最有趣的地方在于蕴含了粟特人自身关于其土地和与其交往的外邦民族的观念。《伊朗省城志》是一部可上溯至古代晚期（late antiquity）的文本，保存在伊斯兰时期的一份手稿中。本书是根据图拉杰·达里耶的最新英译本辑录的。

这里列出的所有文献资料都是基于现有的欧洲语言译本。然而在某些情况下，亦参照了原始文本，所有参考资料皆可在注释中找到。有时，我们无法用今日所知的地名来确定史料中提及的一些地名（尤其是从阿拉伯语和波斯语翻译过来的地名）的实际地理方位。方括号内的注释有时会出现在含混的地名之后，用以区分诸如史［竭石（Kish）］和石［察赤（Chāch）］等易混淆的名词。

4.1 汉文文献

《后汉书》卷八十八《西域传》。《后汉书》是一部记载东汉（25～220）历史的纪传体断代史，由生活在南朝宋时期的范晔（398～445）编撰：

> 粟弋国属康居。出名马牛羊、蒲萄众果，其土水美，故蒲萄酒特有名焉。[1]

---

① *Šāhrestānīhā ī Ērānšahr*，一部尚存的中古波斯地理学著作，成书于8世纪末或9世纪初。该文本具列了伊朗沙尔（*Ērānšahr*，意为"伊朗人的领土"，萨珊王朝称呼自己帝国的名称）各地都会城市史及其对波斯历史重要性的编号列表。

《隋书》卷八十三《西域传》。《隋书》是一部由魏徵于636 年主编的隋代历史专著[2]：

康国

康国者，康居之后也。迁徙无常，不恒故地，然自汉以来相承不绝。其王本姓温，月氏人也。旧居祁连山北昭武城，因被匈奴所破，西逾葱岭，遂有其国。支庶各分王，故康国左右诸国并以昭武为姓，示不忘本也。王字代失毕，为人宽厚，甚得众心。其妻突厥达度可汗女也。都于萨宝水上阿禄迪城。城多众居。大臣三人共掌国事。其王索发，冠七宝金花，衣绫罗锦绣白叠。其妻有髻，幪以皂巾。丈夫翦发锦袍。名为强国，而西域诸国多归之。米国、史国、曹国、何国、安国、小安国、那色波国、乌那曷国、穆国皆归附之。有胡律，置于祆祠，决罚则取而断之。重罪者族，次重者死，贼盗截其足。人皆深目高鼻，多须髯。善于商贾，诸夷交易，多凑其国。有大小鼓、琵琶、五弦、箜篌、笛。婚姻丧制与突厥同。国立祖庙，以六月祭之，[3]诸国皆来助祭。俗奉佛，为胡书。气候温，宜五谷，勤修园蔬，树木滋茂。出马、驼、骡、驴、封牛、黄金、铙沙、䶂香、阿萨那香、瑟瑟、麖皮、氍毹、锦叠。多蒲陶酒，富家或致千石，连年不败。大业中，始遣使贡方物，后遂绝焉。[4]

安国

安国，汉时安息国［帕提亚］也。王姓昭武氏，与康国王同族，字设力登。妻，康国王女也。都在那密水南，城有五重，环以流水。宫殿皆为平头。王坐金驼座，高七八尺。每听政，与妻相对，大臣三人评理国事。风俗同于康国。唯妻其姊妹，及母子递相禽兽，此为异也。[5]炀帝即位之后，遣司隶从事杜行满使于西域，至其国，得五色盐而返。国之西百余里有毕国［拜坎德］，可千余家。其国无君长，安国统之。大业五年，遣使贡献，后遂绝焉。

石国

石国［察赤］，居于药杀水，都城方十余里。其王姓石，名涅。国城之东南立屋，置座于中，正月六日、七月十五日以王父母烧余之骨，金瓮盛之，置于床上，巡绕而行，散以花香杂果，[6]王率臣下设祭焉。礼终，王与夫人出就别帐，臣下以次列坐，享宴而罢。有粟麦，多良马。其俗善战，曾贰于突厥，射匮可汗兴兵灭之，令特勤甸职摄其国事。南去鏺汗六百里，东南去瓜州六千里。甸职以大业五年遣使朝贡，其后不复至。

米国

米国，都那密水西，旧康居之地也。无王。其城主姓昭武，康国王之支庶，字闭拙。都城方二里。胜兵数百人。西北去康国百里，东去苏对沙那国五百里，西南去史国二百里，东去瓜州六千四百里。大业中，频贡方物。

史国

史国［竭石］，都独莫水南十里，旧康居之地也。其王姓昭武，字遬遮，亦康国王之支庶也。都城方二里。胜兵千余人。俗同康国。北去康国二百四十里，南去吐火罗五百里，西去那色波国二百里，东北去米国二百里，东去瓜州六千五百里。大业中，遣使贡方物。

曹国

曹国，都那密水南数里，旧是康居之地也。国无主，康国王令子乌建领之。都城方三里。胜兵千余人。国中有得悉神，自西海以东诸国并敬事之。其神有金人焉，金破罗阔丈有五尺，高下相称。每日以驼五头、马十匹、羊一百口祭之，常有千人食之不尽。东南去康国百里，西去何国百五十里，东去瓜州六千六百里。大业中，遣使贡方物。

何国

何国，都那密水南数里，旧是康居之地也。其王姓昭武，亦康国王之族类，字敦。都城方二里。胜兵千人。其王坐金羊座。东去曹国百五十里，西去小安国三百里，东去瓜州六千七百五十里。大业中，遣使贡方物。

乌那曷

乌那曷国，都乌浒水西，旧安息［帕提亚，但可能旨在被比定为布哈拉］之地也。王姓昭武，亦康国种类，字佛食。都城方二里。胜兵数百人。王坐金羊座。东北去安国四百里，西北去穆国二百余里，东去瓜州七千五百里。大业中，遣使贡方物。

穆国

穆国［梅尔夫］，都乌浒河之西［穆尔加布河?］，亦安息之故地［帕提亚或布哈拉］，与乌那曷为邻。其王姓昭武，亦康国王之种类也，字阿滥密。都城方三里，胜兵二千人。东北去安国五百里，东去乌那曷二百余里，西去波斯国四千余里，东去瓜州七千七百里。大业中，遣使贡方物。[7]

由欧阳修、宋祁合撰的《新唐书》（成书于 1060 年）卷二百二十一下《西域传》载：

> 康者，一曰萨末鞬，亦曰飒秣建［撒马尔罕］，元魏所谓悉斤者。其南距史百五十里，西北距西曹百余里，东南属米百里，北中曹五十里。在那密水南，大城三十，小堡三百。君姓温，本月氏人。始居祁连北昭武城，为突厥所破，稍南依葱岭，即有其地。枝庶分王，曰安，曰曹，曰石，曰米，曰何，曰火寻，曰戊地，曰史，世谓"九姓"，皆氏昭武。土沃宜禾，出善马，兵强诸国。人嗜酒，好歌舞于道。王帽毡，饰金杂宝。女子盘髻，蒙黑巾，缀金花。生儿以石蜜啖之，置胶于掌，欲长而甘言，持珤若黏云。习旁行书。善商贾，好利，丈夫年二十，去傍国，利所在无不至。以十二月为岁首，[8]尚浮图法，祠袄神，出机巧技。十一月鼓舞乞寒，以水交泼为乐。
>
> 隋时，其王屈木支娶西突厥女，遂臣突厥。武德十年，始遣使来献。贞观五年，遂请臣。太宗曰："朕恶取虚名，害百姓；且康臣我，缓急当同其忧。师行万里，宁朕志邪？"却不受。俄又遣使献师子兽，帝珍其远，命秘书监虞世南作赋。自是岁入贡，致金桃、银桃，诏令植［皇家狩猎］苑中。
>
> 高宗永徽时，以其地为康居都督府，即授其王拂呼缦为都督。万岁通天中，以大首领笃娑钵提为王。死，子泥涅师师立。死，国人立突昏为王。开元初，［康国］贡锁子铠、水精杯、码磶瓶、驼鸟卵及越诺、侏儒、胡旋女

子。其王乌勒伽与大食〔阿拉伯人〕亟战不胜，来乞师，天子不许。久之，〔其王〕请封其子呾曷为曹王，默啜为米王，诏许。乌勒伽死，〔皇帝〕遣使立呾曷，封钦化王，以其母可敦为郡夫人。

安者，一曰布豁，又曰捕喝〔布哈拉〕，元魏谓忸蜜者。东北至东安，西南至毕〔拜坎德〕，皆百里所。西濒乌浒河，治阿滥谧城，即康居小君长罽王故地。大城四十，小堡千余。募勇健者为柘羯。柘羯，犹中国言战士也。武德时，遣使入朝。贞观初，献方物，太宗厚尉其使曰："西突厥已降，商旅可行矣。"诸胡大悦。其王诃陵迦又献名马，自言一姓相承二十二世云。是岁，东安国亦入献，言子姓相承十世云。

东安，或曰小国，曰喝汗，在那密水之阳，东距何二百里许，西南至大安四百里。治喝汗城，亦曰蹑斤。大城二十，小堡百。显庆时，以阿滥为安息州，即以其王昭武杀为刺史；蹑斤为木鹿州，以其王昭武闭息为刺史。开元十四年，其王笃萨波提遣弟阿悉烂达拂耽发黎来朝，纳马豹。后八年，献波斯骖二，拂菻绣氍毹一，郁金香、石蜜等，其妻可敦献柘辟大氍毹二，绣氍毹一，丐赐袍带、铠仗及可敦裙襦装泽。

东曹，或曰率都沙那，苏对沙那，劫布呾那，苏都识匿，凡四名。居波悉山之阴，汉贰师城地也。东北距俱战提二百里，北至石，西至康，东北宁远，皆四百里许，南至吐火罗五百里。有野叉城，城有巨窟，严以关钥，岁再祭，人向窟立，中即烟出，先触者死。武德中，与康同遣使入朝。其使曰："本国以臣为健儿，闻秦〔中国〕王神武，欲隶麾下。"高祖大悦。

西曹者，隋时曹也，南接史及波览，治瑟底痕城。东北越于底城有得悉神祠，国人事之。有金具器，款其左曰："汉时天子所赐。"武德中入朝。天宝元年，王哥逻仆罗遣使者献方物，诏封怀德王，即上言："祖考以来，奉天可汗，愿同唐人受调发，佐天子征讨。"十一载，东曹王设阿忽与安王请击黑衣大食［阿拔斯朝阿拉伯人］，玄宗尉之，不听。

中曹者，居西曹东，康之北。王治迦底真城。其人长大，工战斗。

石［察赤］，或曰柘支，曰柘折，曰赭时，汉大宛北鄙也。去京师九千里。东北距西突厥，西北波腊，南二百里所抵俱战提，西南五百里康也。圆千余里，右涯素叶河。王姓石，治柘折城，故康居小王窳匿城地。西南有药杀水，入中国谓之真珠河，亦曰质河。东南有大山，生瑟瑟。俗善战，多良马。隋大业初，西突厥杀其王，以特勒匐职统其国。武德、贞观间，数献方物［作为贡物］。显庆三年，以瞰羯城为大宛都督府，授其王瞰土屯摄舍提于屈昭穆都督。开元初，封其君莫贺咄吐屯，有功，为石国王。二十八年，又册顺义王。明年，王伊捺吐屯屈勒上言："今突厥已属天可汗，惟大食为诸国患，请讨之。"天子不许。天宝初，封王子那俱车鼻施为怀化王，赐铁券［一块刻有正式头衔或许可证的铁片］。久之，安西［龟兹］节度使高仙芝劾其无蕃臣礼，请讨之。王约降，仙芝遣使者护送至开远门，［可是，］俘以献，斩阙下，于是西域皆怨。王子走大食乞兵，攻怛逻斯城［塔拉斯］，败仙芝军，［石国］自是臣大食［阿拉伯］。宝应时，遣使朝贡。

有碎叶者，出安西［龟兹］西北千里所，得勃达岭，南抵上国，北突骑施南鄙也，西南直葱岭赢二千里。水南流者经中国入于海，北流者经胡［诸国］入于海。北三日行度雪海，春夏常雨雪。繇勃达岭北行赢千里，得细叶川。东曰热海［伊塞克湖］，地寒不冻。西有碎叶城，天宝七载，北庭节度使王正见伐安西，毁之。川长千里，有异姓突厥兵数万，耕者皆擐甲，相掠为奴婢。西属恒逻斯城，石［察赤］常分兵镇之。自此抵西海矣。三月讫九月，未尝雨，人以雪水溉田。

石东南千余里，有怖捍者，山四环之，地膏腴，多马羊。西千里距堵利瑟那，东临叶叶水，水出葱岭北原，色浊，西北流入大碛。无水草，望大山，寻遗骴，知所指，五百余里即康也。

米，或曰弥末，曰弥秣贺。北百里距康。其君治钵息德城，永徽时为大食所破。显庆三年，以其地为南谧州，授其君昭武开拙为刺史，自是朝贡不绝。开元时，献璧、舞筵、师子、胡旋女。十八年，大首领末野门来朝。天宝初，封其君为恭顺王，母可敦郡夫人。

何，或曰屈霜你迦，曰贵霜匿，即康居小王附墨城故地。城左有重楼，北绘中华古帝，东突厥、婆罗门［印度人］，西波斯、拂菻等诸王，其君旦诣拜则退。贞观十五年，遣使者入朝。永徽时上言："闻唐出师西讨，愿输粮于军。"俄以其地为贵霜州，授其君昭武婆达地刺史。遣使者钵底失入谢。

火寻，或曰货利习弥，曰过利［花剌子模］，居乌浒水之阳。东南六百里距戊地，西南与波斯接，西北抵突厥曷萨［哈扎尔人］，乃康居小王奥鞬城故地。其君治急多飓遮城。诸胡惟其国有车牛，商贾乘以行诸国。天宝十载，君稍施芬遣使者朝，献黑盐。宝应时复入朝。

史，或曰佉沙，曰羯霜那，居独莫水南康居小王苏薤城故地。西百五十里距那色波，北二百里属米，南四百里吐火罗也。有铁门山，左右嶮峭，石色如铁，为关以限二国，以金锢阖。城有神祠，每祭必千羊，用兵类先祷乃行。国有城五百。隋大业中，其君狄遮始通中国，号最强盛，筑乞史城，地方数千里。贞观十六年，君沙瑟毕献方物。显庆时，以其地为佉沙州，授君昭武失阿喝刺史。开元十五年，君忽必多献舞女、文豹。后君长数死、立，然首领时时入朝。天宝中，诏改史为来威国。

那色波，亦曰小史，盖为史所役属。居吐火罗故地，东厄葱岭，西接波剌斯，南雪山。[9]

玄奘撰述《大唐西域记》卷第一《三十四国》记载：

窣利地区总述

自素叶水城至羯霜那国，地名窣利，人亦谓焉。文字语言，即随称矣。字源简略，本二十余言，转而相生，其流浸广。粗有书记，竖读其文，递相传授，师资无替。[10] 服毡褐，衣皮氎，裳服褊急，齐发露顶，或总剪剃，缯彩络额。[11] 形容伟大，志性恇怯。风俗浇讹，多行诡诈，大抵贪求，父子计利，财多为贵，良贱无差。虽富巨万，服食粗弊，力田逐利者杂半矣。[12]

［……］

赭时国

赭时国［察赤］周千余里，西临叶河，东西狭，南北长。土宜气序，同笈赤建国。城邑数十，名别君长，既无总主，役属突厥。

从此东南千余里，至怖捍国。

怖捍国

怖捍国周四千余里，山周四境。土地膏腴，稼穑滋盛。多花果，宜羊马。气序风寒，人性刚勇，语异诸国，形貌丑弊。自数十年无大君长，酋豪力竞，不相宾伏，依川据险，画野分都。

从此西行千余里，至窣堵利瑟那国［苏对沙那，唐言东曹国］。

窣堵利瑟那国

窣堵利瑟那国周千四五百里，东临叶河。叶河出葱岭北原，西北而流，浩汗浑浊，汨淴漂急。土宜风俗，同赭时国。自有王，附突厥。

大沙碛

从此西北，入大沙碛，绝无水草，途路弥漫，疆境难测，望大山，寻遗骨，以知所指，以记经途。行五百余里，至飒秣建国［撒马尔罕，唐言康国］。

飒秣建国

飒秣建国周千六七百里，东西长，南北狭。国大都城周二十余里，极险固，多居人。异方宝货，多聚此国。土地沃壤，稼穑备植，林树蓊郁，花果滋茂。多出善马。机巧之技，特工诸国。气序和畅，风俗猛烈。凡诸胡国，此为其中，进止威仪，近远取则。其王豪勇，邻国承命，兵马强盛，多诸赭羯。赭羯之人，其性勇烈，视死如归，战无前敌。[13]

从此东南至弭秣贺国［唐言米国］。

弭秣贺国

弭秣贺国周四五百里，据川中，东西狭，南北长。土宜风俗，同飒秣建国。从此北至劫布呾那国［唐言曹国］。

劫布呾那国

劫布呾那国周千四五百里，东西长，南北狭。土宜风俗同飒秣建国。从此国西三百余里，至屈霜你迦国［唐言何国］。

屈霜你迦国

屈霜你迦国周千四五百里，东西狭，南北长。土宜风俗同飒秣建国。从此国西二百余里，至喝捍国。

喝捍国

喝捍国周千余里。土宜风俗同飒秣建国。从此国西四百余里，至捕喝国［布哈拉，唐言安国］。

捕喝国

捕喝国周千六七百里，东西长，南北狭。土宜风俗同飒秣建国。从此国西四百余里，至伐地国［白题国；堡丹那？］。

伐地国

伐地国周四百余里，土宜风俗同飒秣建国。从此国西南五百余里，至货利习弥迦国［花剌子模］。

货利习弥迦国

货利习弥迦国顺缚刍河两岸，东西二三十里，南北五百余里。土宜风俗同伐地国，语言少异。

从飒秣建国西南行三百余里，至羯霜那国。

羯霜那国

羯霜那国周千四五百里。土宜风俗同飒秣建国。

从此西南行二百余里入山，山路崎岖，谿径危险，既绝人里，又少水草。东南山行三百余里，入铁门。[14]

唐代史家杜佑（735～812）撰《通典》（成书于801年）卷一百九十三《边防典九》：

康居

康居国，汉时通焉。在大宛西北可二千里，与粟弋［粟特］、伊列［伊犁］邻接。王理乐越匿地卑阗城，亦居苏薤城，去长安万二千三百里。不属都护。户十二万。东至都护理所五千五百里。与大月氏同俗。地和暖，饶桐、柳、蒲萄，多牛羊，出好马。东羁事匈奴。宣帝时，郅支单于杀汉使者，西阻康居。（依其险阻，以自保固。）其后甘延寿、陈汤诛灭郅支单于。至成帝时，康居遣子侍汉，贡献。然自以绝远，独骄慢。都护郭舜数上言："康居骄黠，今遣子入侍，此其欲贾市为好辞之诈也。宜归其侍子，绝勿复使。（不通使於其国。）敦煌、酒泉小郡及南道八国，给使者往来人马驴橐驼食，皆苦乏。空罢耗所过，送迎骄黠绝远之国，非至计也。"汉为其新通，重致远人，（以此声名为重。）终羁縻而未绝。自后无闻，或名号变易，或迁徙吞并，非所详也。

至晋武帝泰始中，其王那鼻遣使献善马。

至后魏太武太延中，遣使朝贡，其国又称者舌。（后魏史云即汉康居国也。）

至隋时，谓之康国。大业中，遣使朝贡。其王姓温，月氏人也。（隋史云："即汉康居之后，自汉以来，相承不绝。"）旧居祁连山北昭武城，自被匈奴所破，西逾葱岭，遂有此国。枝庶各分王，故康国左右诸国，米国、史国［竭石］、曹国［瑟底痕］、何国、安国、小安国、那色波国、乌那曷国、穆国凡九国，皆其种类，并以昭武为姓，示不忘本也。

康国都於萨宝水上阿禄迪城，[15] 王索发，冠七宝金花，衣绫、罗、锦、绣、白叠。其妻有髻，幪以帛巾。丈夫翦发，锦袍。名为强国，西域诸国多归之。人皆深目高鼻，多须髯。善於商贾，诸夷多凑其国。有大小鼓、琵琶、五弦箜篌、笛。婚姻丧制与突厥同。俗奉佛，为胡书。气候温，宜五穀，勤修园蔬，树木滋茂。出马、驼、骡、驴、犎牛、黄金、硇砂、甘松香、阿萨那香、瑟瑟、麖皮、氍毹、锦、叠。多蒲萄酒，富家或置千石，连年不败。

韦节西蕃记云："康国人并善贾，男年五岁则令学书，少解则遣学贾，以得利多为善。其人好音声。以六月一日为岁首，至此日，王及人庶并服新衣，翦发须。在国城东林下七日马射，至欲罢日，置一金钱於帖上，射中者则得一日为王。俗事天神，崇敬甚重。云神儿七月死，失骸骨，事神之人每至其月，俱著黑叠衣，徒跣抚胸号哭，涕泪交流。丈夫妇女三五百人散在草野，求天儿骸骨，七日便止。[16]国城外别有二百馀户，专知丧事，别筑一院，院内养狗。每有人死，即往取尸，置此院内，令狗食之，肉尽收骸骨，埋殡无棺椁。"[17]

大唐贞观二十一年，其国献黄桃，大如鹅卵，其色如金，亦呼为金桃。(杜环经行记云："康国在米国西南三百馀里，一名萨末建。土沃，人富，国小。有神祠名拔，诸国事者，本出於此。")

曹国

曹国，隋时都那密水南数里，旧是康居之地。国无主，康国王令子乌建领之。胜兵千馀人。国中有得悉神，自西海以东诸国并敬事之。其神有金人，金破罗阔丈五尺，高下相称。每月以驼五头、马十疋、羊百口祭之，[18]常有千人食之不尽。东南去康国百里。西去何国百五十里，东去瓜州六千六百里。大业中，遣使来贡。

何国

何国，隋时亦都那密水南数里，亦旧康居地也。其王姓昭武，亦康国之族类。国城楼北壁画华夏天子，[19]西壁则画波斯、拂菻［拜占庭］(力甚反)诸国王，东壁则画突厥、婆罗门诸国王。胜兵千人。其王坐金羊座。风俗与康国同。东去曹国百五十里，西去小安国三百里，东去瓜州六千七百五十里。大业中及大唐武德、贞观中，皆遣使来贡。

史国

史国，隋时都独莫水南十里，亦旧康居之地也。其王姓昭武，亦康国王之枝庶也。胜兵千馀人。俗同康国。北去康国二百四十里，南去吐火罗五百里，西去那色波国二百里，东北去米国二百里，东去瓜州六千里。大业中，始通中国。后渐强盛，乃创建乞史城，为数十里，郭邑二万家。大唐贞观中，遣使来贡。（自曹国、何国、史国，皆在汉之康居故地，遂便附之。）[20]

粟弋

粟弋，后魏通焉。在葱岭西，大国。一名粟特，一名特拘梦。出好马、牛、羊、蒲萄诸果。出美蒲萄酒，其土地水美故也。出大禾，高丈馀，子如胡豆。在安息北五千里。附庸小国四百馀城。至太武帝时，遣使来朝献。[21]

石国

石国，隋时通焉。居於药杀水，都柘折城，方十馀里。本汉大宛北鄙之地。东与北至西突厥界，西至波腊国界，西南至康居界，南至率都沙那国界。王姓石。国城之东南立屋，置座於中，正月六日、七月十五日以王父母烧馀之骨，金瓮盛之，置於床上，巡绕而行，散以香花杂果，[22]王率臣下设祭焉。礼终，王与夫人出就别帐，臣下以次列坐而飨宴。有粟、麦，多良马。南去鏺（音拨）汗六百里，东南去瓜州六千里。隋大业五年、大唐贞观八年，并遣使朝贡。（杜环经行记云："其国城一名赭支，一名大宛。天宝中，镇西节度使高仙芝擒其王及妻子归京师。国中有二水，一名真珠河，一名质河，并西北流。土地平敞，多果实，出好犬良马。"又云："碎叶国，从安西西北千馀里有教达岭，岭南是大唐北界，岭北是突骑施南界。西南至葱岭二千馀里。其水岭南流者尽过中国，而归东海；岭北流者尽经胡境，而入北海。又北行数日，度雪海。其海在山中，春夏常雨雪，故曰雪海。中有细道，道傍往往有水孔，嵌空万仞，辄堕者莫知所在。教达岭北行千馀里至碎叶川。其川东头有热海，兹地寒而不冻，故曰热海。又有碎叶城，天宝七年，北庭节度使王正见薄伐，城壁摧毁，邑居零落。昔交河公主所居止之处，建大云寺，犹存。其川西接石国，约长千馀里。川中有异姓部落，有异姓突厥，各有兵马数万。城堡閒杂，日寻干戈，凡是农人皆擐甲胄，专相虏掠以为奴婢。其川西头有城，名曰怛逻斯，石国人镇，即天宝十年高仙芝军败之地。从此至西海以来，自三月至九月，天无云雨，皆以雪水种田。〔土地〕宜大麦、小麦、稻禾、豌豆、毕豆。饮蒲萄酒、麋酒、醋乳。"）23

王溥（922～982）编撰并于961年进呈的唐代典制史籍《唐会要》卷九十八至九十九关于粟特的记载：

[卷九十八]　　　**曹国**

曹国居埋那密水南，古康居之地。俗与康国同。附于突厥，胜兵千余人。好淫祠，馨资产而无悔。去瓜州六千里。

武德七年七月，朝贡使至，云："本国以臣为健儿，闻秦王神武，愿在麾下。"高祖大悦。

贞观十一年至开元中，朝贡不阙。

天宝元年，其王哥逻仆罗使献方物。三载，诏封其王为怀德王。四载，哥逻仆罗上表，自陈"曾祖以来，奉向天可汗，忠赤，常受征发，望乞恩慈。将奴土国同于唐国小子，所须驱遣，奴身一心为国征讨。"十一载，其王设阿忽与国副王野解及九国王并上表，请同心击黑衣大食，玄宗宴赐慰谕遣之。又有中曹国，在西曹国之东，康国之北。其所治谓之迦布底真城，在平川。其人长大，工于战斗。又有西曹国，治那密水南瑟底痕城，东南去康国一百里，西北至何国二百里，南与史国界接，北与波览国界接。其城东北四十里，有越于底城，内有得悉神，远近敬信之。有金人、金颇罗，阔一丈五尺，每日所祭羊马，千人食之不尽，并有金银器，胡书题云："汉天子所赐神器。"隋大业中始通，武德以后，常修蕃礼。[24]

[卷九十九]　　　　**石国**

石国，其俗善战。多良马。西北去瓜州六千里。

贞观八年十二月，朝贡使至。

显庆三年，以其地啖羯城为大宛都督府，仍以其王职土屯摄舍提于屈昭穆为都督。

开元初，其蕃王莫贺咄吐屯有功，封为石国王，加特进，寻又册为顺义王。二十九年，其王伊吐屯屈勒遣使上表曰："奴自千代以来，于国忠赤。祇如突厥骑施可汗忠赤之中，部落安贴，后背天可汗，脚底大起。今突厥已属天可汗，在于西头为患，惟有大食，莫踰突厥。伏乞天恩不弃突厥部落，讨得大食，诸国自然安贴。"

天宝初，累遣朝贡。至五年，封其王子那俱车鼻施为怀化王，并赐铁券。九载，安西节度使高仙芝奏其王蕃礼有亏，请讨之。其王约降，仙芝使部送，去开远门数十里，[尽管如此，]负约，以王为俘，献于阙下，斩之。自后西域皆怨。仙芝所擒王之子，西走大食，引其兵至怛罗斯城，仙芝军大为所败。自是西附于大食。至宝历二年及大历七年，并遣使朝贡。[25]

康国

康国本康居之苗裔也，其王本姓温氏。其人土著，役属于突厥。先居祁连之北昭武城，为匈奴所破，南依葱岭，遂有其地。支庶强盛，分王邻国，皆以昭武为姓氏，不忘本也。俗多蒲萄酒。胜兵三千人。深目高鼻，多须髯。生子必以蜜食口中，以胶置手内，欲其成长口尝甘言，持钱如胶之黏物。习善商贾，争分铢之利。男子二十，即送之他国，来过中夏，利之所在，无所不至。以［中国历法?］十二月为岁首。［在宫廷里］有婆罗门为其占星候气，以定吉凶。[26]至十月，鼓舞乞寒，以水相泼，盛为戏乐。

武德七年，其王屈术支遣使献名马。

贞观九年七月，献狮子，太宗嘉其远来，使秘书监虞世南为之赋。十一月，又献金桃、银桃，诏令植于苑囿。

永徽中，其国频遣使，告为大食所攻，兼征赋税。

显庆三年，高宗遣果毅董寄生列其所居城为康居都督府，仍以其王拂呼缦为都督。

万岁通天元年，则天封其大首领笃婆钵提为王；钵提寻卒，又册立其子泥涅师师；神龙中，泥涅师师卒，又册立其子突昏。

开元初，屡遣使献锁子甲、水晶杯及越诺侏儒人、胡旋女子，兼狗豹之类。十九年，其王乌勒伽表请封其子咄曷为曹国王，默啜为米国王，许之。二十七年，乌勒卒，遣使册咄曷袭其父位。

天宝三载，又封为钦化王，其母可敦封为郡夫人。十二载、十三载，并遣使朝贡。[27]

史国

史国居近独莫水北，与康国同域，中有神祠，每祭牛羊口。自隋以来，国渐强盛，乃创置乞史城，都邑二万余家。

贞观十六年正月，朝贡使至。

显庆三年，遣果毅董寄生列其所治为佉沙州，以其王昭武失阿曷为刺史。

开元十五年，其王阿忽必多延屯遣使献胡旋女子及豹。二十七年，其延屯卒，册立其子阿忽钵为王。二十九年，其王斯谨提立首领勃帝，未施朝贡。天宝中，诏使其国为来威国。其那色波国亦谓之小史国，为史国役属。[28]

4.2　伊斯兰文献

阿拉伯作家拜拉祖里（Balādhurī，9世纪人）在《诸国征服史》（*Kitāb futūḥ al-buldān*）第十九部分，述及阿拉伯人对中亚河中地区的征服：

（第二章）［……］阿拉比离开了儿子阿卜杜拉，并让儿子接替自己。阿卜杜拉向阿模里人民开战，并取得了一些胜利。后来，他与他们达成一项和约并返回木鹿，在那里待了两个月之后死去。齐亚德也去世了，25岁的穆阿维叶被任命为呼罗珊的埃米尔[①]，是为乌拜杜拉·本－

---

① 'amīr（ameer），一作emir，阿拉伯语，意为司令官、首领、酋长，此处可解作总督。旧译异密。

齐亚德。他以两万四千人的兵力越过奥克苏斯河，袭击了拜坎德。可敦［王后］正在布哈拉城中。她派人到突厥人那里求援，突厥人派了大量兵力到她那里。他们遭遇了穆斯林，后者迫使他们四处迁徙，并占领了他们的营地。穆斯林军人持续进逼，所到之处遍野焦土、满目荒圮。

可敦派遣信使去穆斯林军人那里约和并寻求庇护，穆斯林军队指挥官索要了一百万迪拉姆（dirhams）以达成和解。他进入这座城，攻下了相距两帕勒桑①的拉马丁（Rāmadīn）和拜坎德，拉马丁是拜坎德的分支。其他说法则称他像征服石汗那②那样征服了布哈拉，把许多人虏至巴士拉（al-Basrah），而后又释放了他们。

之后，穆阿维叶任命萨义德·本－奥斯曼·本－阿凡为呼罗珊的总督。他成为第一位率部渡河的总督。与他一起的是卢法伊阿布·阿利亚·阿尔利亚希，此人是属于巴努·利亚一名女子的自由人。卢法伊阿布·阿利亚·阿尔利亚希的含义是"荣誉与卓越"。

当总督渡河的消息传到可敦那里时，后者立即与总督议和。粟特人、突厥人、竭石人和那色波（那黑沙卜）人以十二万兵力进击了萨义德，双方在布哈拉遭遇。可敦厌倦了纳献贡赋并破坏了和约。属于这个联军成员的某个奴仆临阵逃脱，还背叛了主子。余众皆被击溃。当可敦看

① parasang，古代地中海西部及中东地区所使用的一种波斯长度单位，最初可能指步兵一日行进所及距离，通常被认为相当于现代的6千米。
② Şaghāniyān，一作 Chaghāniyān，《大唐西域记》称赤鄂衍那国，《新唐书》称石汗那，《册府元龟》称支汗那。

到这一切时，她向萨义德做出保证并重新签订了和约。萨义德进入布哈拉城。

接下来萨义德·本·奥斯曼袭击了撒马尔罕，可敦派布哈拉人协助他。他在撒马尔罕门①处扎下大营，发誓若不占领并推翻这座堡垒绝不离开。他与撒马尔罕人民交战三天，尤其第三天的大肆屠杀最为骇人。他和穆海莱卜·本·阿比·苏弗拉在战斗中各有一只眼被戳瞎（其他著述者称穆海莱卜的那只眼是在塔里坎②被弄瞎的）。之后敌人留守城内，战斗中的伤者得以疗伤。

一人将萨义德引入一座城堡，［撒马尔罕的］国王们和众权贵子弟皆在城堡内。[29] 萨义德进入城堡并包围了这些王公贵胄和城中居民，他们担心他会用武力占领城堡并屠杀居民，于是向他求和。他提出了七十万迪拉姆的媾和条件，规定他们在如他所愿交出若干王子及其随从作为质子后，从另一扇城门离开。他们给了他国王们的十五个（一说四十个，另说八十个）儿子。他向城堡投掷了一块石头，石头正好卡在窗孔处 ［……］。与从粟特俘获的质子一起，萨义德率部行军直抵他们自己的城市。萨义德给质子们衣服和织机，强迫他们在水车上劳作、耕田犁地，但那些人（粟特质子们）在他的接待厅突袭、刺杀了他，然后自杀 ［……］。[30]

（第五章）哈贾杰随后任命屈底波·本－穆斯利姆为呼罗珊总督，后者对阿哈伦（Akharūn）进行了一次远

---

① "撒马尔罕门"为布哈拉城门之名。

② at-Tāliqān，古代城市，位于今阿富汗境内。

征。他在塔里坎时，遇见了巴里黑①的两个迪赫坎②并与他们一同渡河。渡河后，石汗那国王携礼物和一把金钥匙前来，向他臣服，并盛邀他在石汗那定居下来。阿哈伦和数瞒③的国王一直在压迫和劫掠石汗那国王，难怪后者会逢迎屈底波、献上盛礼并邀他驻扎了。卡夫彦（Kafyan）国王来见屈底波的目的与石汗那王的相同，两者都将其土地让与屈底波。

屈底波撤兵回到木鹿，留下他的兄弟萨林作为其河中地区的副将。萨林征服了卡桑（Kāsān）和乌拉施特（Ūrasht），后一地是拔汗那的一部分。与他及其部队在一起的是纳斯尔·本－赛雅尔，萨林征服了……［？］和拔汗那的古都哈什凯特（Khashkat），它的古都［……］。

而后，屈底波（与尼扎克一起）于七十八年④洗劫了拜坎德。他从扎姆⑤渡河抵达拜坎德——布哈拉诸城中距离河流最近的城市。拜坎德人进行了反抗并向粟特人求援，但屈底波袭击了他们，入侵了他们的城国并发起围攻。他们要求和谈，而屈底波却用武力将这座城池夷为平地。

---

① Balkh，今巴尔赫。

② *dihqān*，阿拉伯语，是萨珊和早期伊斯兰时期伊朗与河中地区对地方领主的称谓，在阿拉伯征服过程中承担着管理农村地方事务的世袭责任。

③ Shūmān，亦作舒曼、苏曼，《大唐西域记》作愉漫国，一名解苏国。

④ 此处纪年指伊斯兰国家和世界穆斯林通用的宗教历法——希吉来历（الهجري Hajra，亦称伊斯兰历）七十八年。"希吉来"系阿拉伯语音译，意为"迁徙"。公元 622 年 7 月 16 日星期五，先知穆罕默德从麦加迁往麦地那的次日为希吉来历元年元旦。该历被简称为"回历"。下文年代均为希吉来历纪年。

⑤ Zamm，今土库曼斯坦凯尔基市旧称。

屈底波于八十八年入侵图穆什凯特（Tūmushkat）和凯尔米涅（Karmīniyah），并让他的兄弟白沙尔·本·穆斯利姆作为木鹿的副将留在那里。在攻占了几处小堡垒之后，屈底波与堡垒中的人讲和。他还袭击了布哈拉，并通过和约使后者降服。

屈底波对布哈拉发动了一次征讨。布哈拉的居民对其进行了防御，屈底波说："让我进城吧，我只在城里做两里卡①的祷告。"居民准他进来，而屈底波却暗暗布下一些伏兵，待他一进城门，伏兵就制服了守门人，穆斯林军队随即涌入城中。屈底波与城中居民交易时多行不义，攫取暴利。他进犯粟特，在吐火罗斯坦杀死了尼扎克，并将其钉死在十字架上。屈底波用和约降伏了竭石与那色波。

花剌子模国王荏弱无能，其兄弟胡尔扎德起兵谋反并制服了他。国王打发人去屈底波那里求援，对他说："我会给你这样、那样的礼物，并将钥匙交予你，只要你坚定地支持我做我们国家的王，取代我的兄弟。"

花剌子模由三座被护城河包围的城市组成。三城中实力最强者为马迪那·菲勒（Madīnat al-Fīl）。阿里·本·穆贾希德说马迪那·菲勒只是撒马尔罕。国王在最强大的城市建立起自己的地位，他派人将和约规定的钱财和钥匙送到屈底波处。屈底波派遣兄弟阿卜杜拉赫曼·本·穆斯利姆去对付并击杀了胡尔扎德，还得到了四千名俘虏。他将这些人处死，并根据与花剌子模前国王的和约条款，立后者为王。但是，花剌子模的人民对穆斯

---

① reka's，穆斯林礼拜仪式的一部分。

林军说："国王庸懦无能。"于是他们又袭击并杀死了国王。屈底波立即任命其兄弟乌拜杜拉·本·穆斯利姆为花剌子模的总督。

屈底波袭击了撒马尔罕，粟特的国王们曾居住在那里，尽管后来他们安居于瑟底痕。屈底波围攻撒马尔罕人民，发动了多次战斗。当双方交战时，粟特国王写信给居于塔拉班（at-Tāraband）的察赤国王以求借兵，后者带一些兵卒赶来。他们与穆斯林军遭遇，交战异常激烈。最后屈底波猝然发起冲锋，击溃了敌人。古扎克投降，［和约］条件是每年支付一百二十万迪拉姆，穆斯林可以进城祷告。屈底波进城后，古扎克为他准备了一场盛宴。屈底波享用完还带领众穆斯林行祈祷仪式；建造了清真寺；然后离开了。他在城内留下几位穆斯林，其中包括《古兰经》经义注疏的作者达哈克·本·穆扎希（ad-Dahhāk ibn Muzāhim）。

其他说法是，屈底波以索要七十万迪拉姆并款待穆斯林三天的条件同意停火。投降条款还包括偶像的居所和火庙。这些偶像被丢弃出去，其华美装饰被洗劫一空，然后被焚毁。尽管波斯人过去常说，凡亵渎、轻忽偶像者必遭灭亡，但当屈底波亲手点火焚烧偶像时，他们中的许多人接受了伊斯兰教。

穆赫塔尔·本·卡伯·朱菲（Al-Mukhtār ibn Ka'b al-Ju'fī）这样描述屈底波："他率领部落军驯服了粟特，他们把粟特（人）里里外外洗劫一空。"

阿布·奥贝德及其他人则说："当欧麦尔·本·阿卜杜勒·阿齐兹成为哈里发时，撒马尔罕人的代表前来觐见，他们向他抱怨说屈底波进入了他们的城市，并以欺诈手段在那里安置了穆斯林。欧麦尔写信给他的埃米尔，后者下令为撒马尔罕任命一名法官（qādī）来调查相关情况，如果法官支持驱逐穆斯林，那么这些穆斯林就应被驱逐。埃米尔为他们任命的法官是朱麦尔·本·哈迪尔·巴吉（Jumay 'ibn Hādir al-Bājī），他颁布了驱逐穆斯林的法令，条件是双方应在平等的条件下战斗。但是撒马尔罕城的人们反对战争，所以就让穆斯林留下，于是后者就寓居于他们中间。"

来自伊本·伊亚什·赫迈扎尼的海赛姆·本·阿迪说："屈底波征服了整个察赤，攻下了阿什比山（Asbījāb）。"其他作者说："阿什比山[31]的堡垒曾被攻占过；后来突厥人同察赤的一些人一起占领了它；最终哈里发穆塔西姆－比拉①的信徒们的指挥官努赫·本·阿萨德征服了阿什比山，并建造了一堵城墙，环绕着居民的葡萄园和农场。"

阿布·奥贝达·马马尔·本·穆萨纳称屈底波用武力征服了花剌子模和撒马尔罕。萨义德·本·奥斯曼与当地居民订立了和约，然而屈底波却随即征服了他们。他们没有背信弃义，但屈底波却对和约置之不理。他攻取了拜坎德、竭石、那色波和察赤；突袭了拔汗那并制服了其地的一部分，还洗劫了粟特和苏对沙那。

（第六章）屈底波忧惧苏莱曼·本·阿卜杜勒·马利克②

---

① al-Mu'tasim-billāh，或译穆阿台绥姆－比拉。
② Sulaymān ibn 'Abd-al-Malik，即苏莱曼－本一世，阿拉伯帝国倭马亚王朝第七代哈里发，715～717年在位。

的敌意。他曾力促阿卜杜勒·阿齐兹·本·瓦利德继任哈里发，并设法阻碍苏莱曼的继承权［……］。苏莱曼就呼罗珊总督之事致信屈底波，命令他释放所有关在他监狱中的囚徒，向军队支付军饷，并允准所有想要返回家乡的人回乡——他们期待如此。苏莱曼还命信使把信的内容公之于众。屈底波说："这是他反对我的计划的一部分［……］。"

战斗开始了。支持屈底波的是其兄弟和家人，还有一些羞于离弃他的粟特王族子弟。屈底波营帐的绳索被剪断，帐篷就倾塌在他面前。屈底波被帐篷的支撑物击中头顶，当场毙命。阿卜杜拉·本·阿勒万斩下他的头颅。

包括希沙姆·本·卡勒比在内的一些著述者否认了这一说法，称有士兵们来到屈底波的营地，贾赫姆·本·扎赫尔·朱菲将他杀死，萨德·本·马吉德击打他，而伊本·阿勒万砍下他的头。

与屈底波一同被杀的还有他的许多兄弟、家人、亲信，还有他孩子的母亲萨玛（As Sammā）［……］。

被杀的那天，屈底波五十五岁。[32]

在伊本·豪卡勒用阿拉伯文撰写的《诸地形胜》第 459 ~ 510 节中有关于"马维兰纳赫尔"的记载：

（459）河中地区的四至是：东部由法米尔（Famir）、拉什特和与珂咄罗①接壤的印度诸地域界定，这几地呈一

① Khottal，亦作 Khuttalān、Khuttal，《隋书》作珂咄，《大唐西域记》作珂咄罗，《往五天竺国传》作骨咄。

直线；西部由古斯人①和葛逻禄人的领地界定，这块区域蜿蜒曲折，从怛罗斯（Ṭarāz）延伸到巴拉卜（Bārāb）、休特肯德（Sutkand）、粟特、撒马尔罕，再从布哈拉地区到花剌子模和咸海；北部由形成一直线的葛逻禄突厥人之领地界定，始于拔汗那的极边之地，止于怛罗斯；最后在南部由奥克苏斯河与巴达赫尚到咸海一线来界分，这几地亦形成一条直线边界。[33]

（472）［……］在伊斯兰境域内，我从未见过或听说过比布哈拉更美丽的地方。从城堡高处俯瞰，四处皆是赏心悦目的景象，广袤延展的植被与湛蓝辽远的天空交叠在一起，仿佛苍穹是碧毯上的蔚蓝华盖。[34]

（473）［……］撒马尔罕的粟特是我所提到的最好的地方，另外两个则是古塔（Ghūta）或大马士革绿洲，以及乌布拉（Ubulla）河口，法尔斯人还在那里加上了巴万（Bawān）山谷。[35]

（474）［……］粟特可能也包括布哈拉、竭石（475）、那色波。不过，现行划分方式是为了得到更方便易懂的详细描述。不必把某些地区与其他地区的联系或区别看得特别重要：这种联系或区别只是一种阐述方式，以便清楚地评论与（该地）有关的城市和河流，并精准地确定其地理位置。[36]

（486）［……］这条从撒马尔罕流入布哈拉的河流发源于布塔姆②山脉。它被称为粟特河，尽管在粟特和撒马尔罕，被称为布哈拉河。在布哈拉领土上，它被划分为几

---

① Ghuzz，即乌古斯人。
② Buttam，亦译波旦或布特曼。

个分支，在中心的外面，在朝向塔瓦维斯①方向的外城墙前面直到城市的入口。这条河流经村庄和城墙内的耕地，布哈拉地区村庄的肥田沃壤依赖于这些灌溉网络。从这条河流中辟出的运河叫作"沙菲尔卡姆"（Shāfirkām），它穿过直到堡丹那的所有村庄，为所有居民供水。[37]

（490）布哈拉的语言属于粟特语，但略有不同；人们也使用波斯语。在呼罗珊所有其他地区的人中，布哈拉人以其文化、宗教科学、在司法领域的知识，其虔敬守诚、忠贞不渝、冷静有度之品质，其社会关系之完善，不起卑鄙之念、人人向善之民风，积极行动之热诚，情感之纯洁与开放而著称。[38]

（491）［……］布哈拉的领土东接粟特，从凯尔米涅（492）到代布西亚（Dabūsiya），再穿过阿尔宾詹（Arbinjan）、库沙尼亚和撒马尔罕。这就是粟特的城邦国，然而应当注意的是，有些人还会把布哈拉、竭石和那色波囊括进粟特本土。无论如何，这些城市都构成了独立的行政单位。粟特的首府位于粟特河以南山丘上的撒马尔罕，其城区由一座城堡、一个沙赫里斯坦［shahristan，居民区］和郊区部分组成；监狱目前在城堡里；统治者的宫殿曾坐落于此，如今已是一片废墟。从这座城堡的顶部——我曾踏足那里——可以欣赏到你所能想象的最美妙的景象：葱郁成荫的绿树，金碧辉煌的城堡，奔流不息的小河，以及美好可爱的田野。没有一个地方不赏心悦目，没有一处花园不美丽光鲜：整体被精心设计的建筑分隔得井

---

① Ṭawāvīs，布哈拉东部的一个市镇，为阿拉伯语"孔雀"之意。

井有条，壮丽无限。苍松翠柏被修剪成大象、骆驼、公牛等动物形态，它们仿佛与野兽相搏，时而交头接耳，时而并肩战斗。[39]

[……] 撒马尔罕被一堵坚固的城墙包围着，城墙开了四个门：东面的城门——中国门位于高出土地的平面上，可供一些机械装置通行；它也面对着粟特河。接下来西面的城门，被称为瑙贝哈尔门（Nawbahār Gate），亦坐落于一处土墩之上；北面的城门叫布哈拉门，南面的是竭石门。这是一个拥有盛大市集的城市，像任何大都市一样，密布着街区、浴场、商队旅馆与房屋宅院。水经过高高架设的铅管被引入城市，人们在高于土壤平面的地方修建起水坝，（493）从水坝某些地方的汇流点开始，形成一座真正的石山；水形成涓涓小溪从市集处聚流而下，从竭石门一直流入城中。这条运河的底部全部是用铅灌的。撒马尔罕市郊地势较低，因为这里的一些黏土已被挖走建造城墙，以至于由于荒地和黏土的大量提取而形成了一条护城河。为了把水从护城河引入城市，就必须修建一条导水渠。这是伊斯兰时代之前就存在的一条古老的护城河，它是在市集中心挖通的，经过一个被称作"塔克角"① 的地方，该地是撒马尔罕人口最稠密的街区之一。运河两旁遍布耕地，由虔诚的慈善组织瓦合甫② 负责维护；一些袄

---

① R'as aṭ-Ṭāq，意为"拱头"。
② waqf，一译瓦克夫，阿拉伯语 waqf 的音译，是伊斯兰法律当中不可剥夺的宗教捐献，通常指为穆斯林宗教或慈善目的而捐献建筑物或田地。捐献的财产由慈善信托管理，捐献者被称为"瓦基夫"（Wakif）。这种土地可免征任何税赋。

教维护者无论寒暑都保护着它；这是一项强制性徭役，因此这些维护者无须缴纳人头税［一项针对非穆斯林征收的税赋］。[40]

［……］撒马尔罕的土壤是最健康、最干燥的。如果您相信医生的话，那么如果不是因为街上漂浮在水面上、弥漫在房屋里的浓雾，如果不是因为乡间那无数的垂柳，这种过度的干燥对健康应当是有害的。房屋是用黏土和木头建造的。这里的居民具有优秀的品质：他们夸耀豪侠的美德，宣称在困厄面前不会踟蹰不前，尽管目前时气不济，但他们比呼罗珊的其他任何人都能应付更多的考验。撒马尔罕是整个河中地区奴隶聚集之地，而该地区最好的奴隶是那些在撒马尔罕受教育的人。[41]

（498）撒马尔罕地区的第一城区是本吉凯特①，这里有一座巨大的首府和一座清真寺。除此之外，还有瓦拉格沙尔（Varaghshar），其市中心也以此命名。在本吉凯特区有沙乌达尔山（Shāwdhār Mountains），这里没有清真寺。在沙乌达尔和与撒马尔罕接壤的瓦拉格沙尔之间，还有弭秣贺区和桑贾尔费甘（Sanjarfaghan）区，这两地也没有清真寺。在弭秣贺区有一个地方叫作里夫达德，那是伊赫施德（粟特语作 ∂xšeδ），即拔汗那国王的住所。[42]这是一个曾有伊赫施德建筑的村庄。桑贾尔费甘与瓦拉格沙尔曾经是弭秣贺区的一部分，但后来被分隔开了。在弭秣贺区的郊外有一个没有清真寺的达尔加姆（Dargham）村。本吉凯特盛产水果，这里林木繁茂、河流密布，新鲜

---

① Bunjikat，亦名喷赤凯特。

和晒干的农产品均质量上乘。这一地区规模不大。[43]

（500）［……］瑟底痕是一个自治的城市，异常美丽，随处可见果树、花园、街道和河流。如果说粟特的所有城镇都享有同样的肥田，同样的美丽，同样种类的树木、水果、谷物和同样的植被，那么位于粟特心脏的库沙尼亚，无疑是最蓬勃繁盛的。瑟底痕在市中心有一座城堡，还有近郊、溪流和池塘。［……］库沙尼亚是粟特最繁华的城市，虽然它的城堡更大、军队更强，但其规模与瑟底痕大致相当。这个地区的村庄比较多，居民也更有美德、更受人敬重。粟特土地的中枢是库沙尼亚，库沙尼亚人是这个地区最富有的人。[44]

佚名波斯舆地文献《世界境域志》第 25 ~ 26 章中有关于"河中地区"（马维兰纳赫尔）的记载：

第二十五章　河中地区及其诸城镇

这个国家的东部与吐蕃毗邻；南部为呼罗珊及其边区；西边与古斯人及葛逻禄交界；北面也与葛逻禄领地相邻。这是一个幅员辽阔、繁荣兴盛且令人愉快的国家。它是通往中亚突厥人聚居地的门户和商贾行旅汇集之地。

这里的居民尚武，他们是信仰的忠实持守者，也是（优秀的）射手。他们的信仰是纯正的。这是一个秉承正义与平等的国家。山里有许多金银矿藏，还发现有种类繁多的易熔物质，以及各种药物，如硫酸盐、砷、硫黄和氨草胶等。

1. 布哈拉，是河中地区最繁荣的大城。这里是东方国王的居地。其地气候潮湿，盛产水果，还有流水。其人民是为信仰而战的弓箭手和积极的斗士。布哈拉出产质量上乘的羊毛地毯以及可供出口到（不同）地方的硝石。布哈拉的领土为 12 法尔桑①见方，其四围整体筑有一堵城墙，无中断处。围墙把所有的坞堡（ribāṭ）②和村庄皆囊括在内。

2. M. 葛罕（M. ghkan），胡贾德（Khujadk），赞丹那（Zandana），布凯特（Bumkath?），麦迪亚姆贾凯特（Madyamijkath），哈尔甘凯特（Kharghankat），它们是一些布哈拉境内的市镇，皆设有布道讲坛；它们是蓬勃丰饶的地方，有很多耕作区。

3. 菲拉卜（Firab/Firabr），是质浑河③岸边的一个市镇。河伯（lord of the River）就住在这里。该地位于沙漠之中。

4. 拜坎德，是一个拥有一千座坞堡的自治市镇，其土质优良。这里有一座从布哈拉搬来的墓葬纪念物。

5. 粟特（Sughd），是一个地区。东部地区再没有哪个地方比这儿更繁荣了。其地有汩汩的流水，繁茂的树木，宜人的气候。人们热情好客、善于交际。这里有许多便利设施而且欣欣向荣，温和虔诚的人不可胜数。

6. 塔瓦维斯，是布哈拉的一个市镇，位于粟特边境。

---

① farsang，古代伊朗里程计量单位，为波斯语词 parasang（帕勒桑）的阿拉伯文拼写。1 法尔桑约合 6.24 千米。

② ribāṭ在阿拉伯语中有教会办的旅客招待所（hospice/hostel），基地，隐修所、收容所之意，用来指称穆斯林征服初期沿边境修建的小型要塞，有志愿军人居住。这些防御工事后被用于保护商业路线，并成为孤立的穆斯林社区中心或虔诚奉教之所。

③ Jayḥūn，即阿姆河。

每年，这里都会举行一天的集市，许多人前来赶集。

7. 凯尔米纳（Karmīna），达布西（Dabūsī），拉宾詹（Rabinjan），都是粟特的一些市镇。它们都繁荣宜人，有流水和树木。

8. 库沙尼（Kushānī），是粟特最繁荣的城镇。

9. 阿尔曼（Armān）属于库沙尼。

10. 瑟底痕，一个蓬勃、兴旺且非常令人愉快的地方。

11. K. njkath①，F. r. nkath，两个位于河与瑟底痕之间的城镇。

12. D. 兰（D. rān），是一个属于撒马尔罕的欣欣向荣的小镇。

13. 撒马尔罕，是一座繁华而又宜人的大都市。它是各路商贾云集之地。该城拥有一座内城、一座城堡和一个郊区。该城集市的屋顶上有一泓水从铅制的（导水管）中流过。摩尼教寺院矗立在撒马尔罕城中，摩尼教徒在当地被称为尼古沙克（Nighūshāk，意为听众）。撒马尔罕生产可供出口到全世界的纸张和麻绳。布哈拉河流经撒马尔罕城门附近。

14. 瓦拉格萨尔（Varaghsar）和班吉凯特（B. njīkath），撒马尔罕的两个市镇，位于布哈拉河畔。在瓦拉格萨尔建有引水分流的堰。

15. 竭石，属于热区（hot zone）的一个市镇。这里

---

① 该文献英译者试图以拉丁字母转录阿拉伯语，由于不确定需补充的元音，故采用此不完整形式。下同。

下雨很多，有一座内城、一座城堡和一个郊区。流经城门的两条河流都被用来灌溉田地。在山上发现了丰富的矿藏。这里出产的优良的骡子、吗哪①和红盐，被运往四面八方。⁴⁵

16. 瑙卡特·古莱什（Nauqat-i Quraysh），一个农业发达的市镇。

17. 那黑沙不，一个非常宜人的繁荣城镇，有种植业。一条河从城中穿过。

18. 苏巴赫（Sūbakh），属于那黑沙不的一个城镇。

19. 萨基法根（Sakīfaghn），一个有耕作区的城镇。

20. 巴兹达（Bazda），一个人烟稀少但耕地资源丰富的市镇。这儿有一条干涸的河床，一年中的某些时候会有水流，但这里绝大部分的用水都来自水井和水车。

21. 卡斯巴（Kasba），一个耕地资源丰富的地方。

22. 呾蜜②，一个坐落在质浑河畔的繁荣城镇。其堡垒就在河岸上。这座城是珂咄罗和石汗那的商贸中心。其地出产质量上乘的肥皂、绿色的地席和扇子。

23. 哈舒姆基尔特（Hāshumkirt），一个牛羊成群的市镇。

24. 察尔曼干（Charmangān），一个有耕作区和流水的市镇。

25. 石汗那，一个荒凉的地区。这是一片有粗放耕作的广袤地带，但农民懒惰，穷人多。该地有很多便利设

---

① manna，一种食粮。
② Tirmidh，亦译怛耳迷，《大唐西域记》作呾蜜国，《新唐书》作怛满、怛没，今名铁尔米兹。

施。居民勇武好战。这一地区气候适宜、土壤肥沃，饮用水利于消化。它出产少量马匹、羊毛衣服、手工编织的无绒地毯（*palās*-rug）和大量藏红花。这一地区的王是一个边区都督（margrave），人称石汗那的埃米尔。

26. 达尔甘齐（Dārganzī），一个被护城河环绕的市镇，隶属石汗那。该地出产绑腿、各式各样的织绣挂毯和羊毛地毯。

27. 石汗那，一个坐落于山坡上的大城市。它是这个地区的首府，拥有流水，气候宜人，但人民贫穷。

28. 巴桑德（Bāsand），一个人口众多的市镇，位于布哈拉和撒马尔罕之间的道路上。其地城防坚固。其民好战。

29. 津瓦尔（Zīnvar），一个耕地广袤但人口稀疏的市镇。

30. 瑙詹（Nauzhān），一个拥有强固堡垒的市镇。

31. ……（?），位于尼哈姆河（Nihām）附近的一个市镇，拥有宜人的气候和大量的［便利设施?］。

32. 哈姆瓦兰（Hamvārān），一个毗邻卡萨万河（Kasavān）的市镇，人口稀少。

33. 数瞒，一座位于山坡上的强固城镇。该城周围筑有一圈城墙，其堡垒坐落在山顶上，城内有一眼大泉。其地盛产藏红花。

34. 阿夫里赞（Afrīdhān），一个人口稀少的小镇，坐落在群山之中。

35. 维沙吉尔特（Vayshagirt），一个位于高山与草原之间的强大城镇，地处石汗那与珂咄罗的边境。其地疾风不断，沙齐克·巴勒希①就长眠于此，愿真主保佑他！这地方盛产藏红花。

36. 苏鲁沙那②，一个有一座城和若干街区的繁华大区，盛产葡萄酒。其山区产铁。

37. 扎敏（Zāmīn），苏鲁沙那的一个镇子，位于通往忽毡③和拔汗那的路上。该镇有一座强固堡垒和大量耕作区。

38. 察尔坎（Charqān），一个繁荣的市镇，亦属于苏鲁沙那。

39. 迪扎克（Dizak），一个有小溪的市镇。其地附近有一地名为马尔萨曼达（Marsamanda），每年这里会举行一天的集市，据说在该集市上的交易数额超过 10 万第纳尔。

40. 本吉凯特（Būnjikath），苏鲁沙那的重镇，也是其埃米尔的驻地。该地人口众多，十分繁荣，令人喜爱。有流水。

41. 法格凯特（Faghkath），噶扎克（Ghazaq），萨巴特（Sābāt），库尔凯特（Kurkath），苏鲁沙那诸市镇，耕地面积广大，人口稠密。

42. 布塔曼（Buttamān），一个位于群山和破碎乡村的地区，隶属苏鲁沙那。该地由三个地带组成：内布塔曼、中布塔曼和外布塔曼。这个地方耕地资源丰富但人民

---

① Shaqīq al-Balkhī，卒于 810 年，伊斯兰教神秘主义者，呼罗珊学派的早期苏菲派圣人。

② Surūshana，即苏对沙那。Surūshana 为 Ustrushana 一名的一种异写形式。

③ Khujand，今名苦盏。

贫穷。有许多村庄和区，山间富产氨草胶。

43. 巴尔噶尔（Barghar），中布塔曼的一个区，该区有湖（Daryāzha），此湖由中布塔曼之水汇流而成，布哈拉河发源于此。

44. 忽毡，一座城镇，也是这个地区的主要地方，拥有大片耕地，其地居民颇有骑士豪侠之气。它出产石榴。

45. 拔汗那，一个繁荣、广阔且非常宜人的地区。这里有许多高山、平原、流水和城镇。该地是通往中亚突厥人聚居地的门户。大批的突厥奴隶被运到这里。群山中有无数的金、银、铜、铅、氨草胶、水银（汞）、可燃片岩、牛黄、磁石等多种矿藏。该地出产红色染料（？）和用于制备神奇药物的植物。拔汗那国王以前属于边区都督（等级），被称为迪赫坎。

46. 察兹噶勒（Chadhghal），拔汗那的一个区，位于群山和破碎的乡村之间，有许多市镇和村庄。其地出产马匹和大量绵羊，还有矿藏。

47. 阿赫锡凯特①，拔汗那的首府，为埃米尔及（其）僚属的驻地。这是一座大城，坐落于山脚下哈沙尔特河②的河岸上。其山中有大量金银矿藏。其居民好饮葡萄酒。

48. 瓦特凯特（Vāthkath），形成了忽毡与拔汗那之间的边界，也是一个拥有很多耕作地的市镇。

49. ……（？），一个出产水银的市镇。

---

① Akhsīkath，旧译西鞬。

② Khashart，即 Iaxartēs，药杀水／锡尔河。

50. 塔马胡斯（Ṭamākhus）和纳姆卡胡斯（Nāmkākhus），两个位于山坡上的市镇。

51. 索赫（Sōkh），位于布塔曼与拔汗那的边界山区，有六十个村庄。

52. 阿瓦勒（Āvāl），位于山坡上，拥有一些村落。

53. 巴噶斯坎（Baghaskān），属于阿瓦勒。

54. 浩罕（Khuvākand）、里什坦（Rishtān）、赞达拉密什（Zandarāmish），它们是人口密集且耕种丰富的市镇。

55. 库巴（Qubā），拔汗那地区最繁荣的一座大城。

56. 奥什（Ōsh），一个欣欣向荣且令人愉悦的地方，其民尚武。它坐落在一座山的斜坡上，这里驻扎着瞭望哨和侦察兵，以观察异教徒突厥人的动向。

57. 乌拉施特（Ūrasht）和胡尔萨卜（Khursāb），两个有灌溉水源的市镇，地域敞阔，设施便利，气候宜人。

58. 讹迹邗（Ūzgand），位于拔汗那与突厥人领地之间的边境小镇。有两条河流经其郊外，一条河名叫 T. 巴葛 . r（T. bāgh. r），源自吐蕃；另一条河名为巴尔斯罕（Barskhān），源自葛逻禄境内。

59. 哈特兰（Khatlām），一个市镇，为［萨曼王朝］呼罗珊的埃米尔纳斯尔·本·艾哈迈德的出生地。

60. 卡舒凯特（Kashūkath）和帕卜（Pāb），两个繁荣的市镇，有大片耕地。

这些都是拔汗那的城镇。

61. 布什特（Busht），K. l. 斯坎（K. l. skān），于坎德（Yūkand），库凯特（Kūkath），胡什卡卜（Khushkāb?），

这些市镇彼此毗邻，均耕地广袤，但居民贫穷。

62. Sh. 拉特（Sh. lāt），靠近突厥人领地的一个边防哨所。

63. 伊拉赫（Īlāq），一个绵延在山脉与草原之间的大省区。该地人口众多，土地广为耕种，繁荣兴盛，（但）人民不富裕。伊拉赫领有很多城镇和小区。人民大多宣称信奉"白衣人"（in white raiment）① 之宗教。他们好战且形容桀骜。这里的山中有金银矿藏。其边界沿拔汗那、贾德噶勒（Jadghal）、察赤和哈沙尔特河一线延伸。该省首领被称为"伊拉赫的迪赫坎"。从前该省诸迪赫坎被算作边区都督之中。

64. 努凯特（Nūkath），伊拉赫的主要地方，有一个城市、一座堡垒和一个郊区。该城的河流名为伊拉赫河，努凯特就坐落在河岸上。

65. 库赫赛姆（Kūhsaym），位于山坡上的一个市镇，山上有一银矿。

66. 扎赫凯特（Dhakhkath），一个出产砷（砒霜？）的市镇。

67. 亚胡兹里克（Yahūdhliq），阿巴尔里克（Abarliq?），伊特鲁赫（Itlukh ?），阿勒赫·亚斯（Alkh. jās ?），位于拔汗那与伊拉赫边境上的诸市镇。

---

① "白衣人"指阿拉伯人侵入中亚后呼罗珊先知穆坎纳的支持者。穆坎纳（al-Muqanna '，意为"蒙面人"，? ~ 781），曾在775 ~ 783 年领导反阿拔斯王朝哈里发马赫迪（775 ~ 785 年在位）的起义。主张安拉在不同的先知中曾以肉身形式显现，随之又存在于阿里及其后裔和阿布·穆斯利姆之身，最后以穆坎纳为化身。穆坎纳派广泛流行于呼罗珊地区。

68. 萨米·S. 布拉克（Sāmī S. brak），一个人口稠密的繁荣市镇。

69. …… (?)，……，哈斯（Khās），耕种面积大但人烟稀少的市镇。

70. Gh. zjand，一个蓬勃兴旺的市镇。

71. 图凯特（Tukath），一个非常富有的市镇。

72. K. l. shj. k，Kh. mb. rk，阿尔达兰凯特（Ardalānkath），S. t. bgh. vā，……几个彼此相邻的市镇，人口稠密，耕地广袤，流水奔腾。阿尔达兰凯特是这些市镇的主要地方。

73. K. 拉勒（K. rāl），Gh. zk，希瓦勒（Khīvāl），伐尔祖勒（Vardhūl），K. 布里亚（K. briya），B. 古兰克（B. ghūrānk?），农业很发达的一些小市镇，它们彼此毗邻，出产马匹。

74. ……，巴古伊凯特（Baghūykath），F. rnkath，几个小市镇，繁荣，宜人，彼此相邻。

75. 叶护凯特（Jabghūkath），一个小市镇，以前是察赤的军营。

76. Sh. 卡卡卜（Sh. kākab），……，两个繁荣的伊拉赫小镇。

77. 通凯特·B. 哈尔南（Tunkat-i B. khārnān），位于伊拉赫、贾德噶勒与察赤之间的一个主要城市，有流水，是商贾云集之地。

78. 亚拉潘（Yālāpān），一个距离帕拉克（Parak）河岸 1 法尔桑的市镇。这里有一个迪拉姆铸币厂。

79. 察赤，一个广大而繁盛的地区。这里的居民是尚武且富有的战士。（这地方）非常宜人，出产大量哈兰吉

（khalanj）木材以及用哈丹（khadang）木制成的弓和箭。察赤国王以前属于边区都督等级。

80. 宾凯特（Binkat），察赤的首府。这个繁荣兴旺的大城是政府所在地。

81. 努加凯特（Nūjakath），一个市镇，这里的船夫在帕拉克和哈沙尔特河上工作。

82. K. rjākath（？），塔尔库思（Tarkūs），哈敦凯特（Khātūnkath），……两个虽小但繁荣的镇子，是粟特、撒马尔罕乃至拔汗那和伊拉赫的粮仓。

83. 拔那凯特（Banākath），一个位于哈沙尔特河畔的繁荣市镇。……，……，Sh. 吐尔凯特（Sh. tūrkath），S. 卜凯特（S. bkath ?），……（？），K. k. 拉勒（K. k. rāl），均为察赤的市镇，出产察赤弓（chāchī）。这个地方蓬勃兴旺，很令人愉快。

84. 伊斯比贾卜（Isbījāb），位于穆斯林与异教徒之间的边界地区。这是一个辽阔且宜人的地方，其周围出产的各类物品都汇聚在这里。它有许多城镇、省和辖区，出产毛毡和绵羊。这里主要的地方被称为伊斯比贾卜，它是一座宜居的大城，也是政府所在地。这里富庶丰饶，四面八方的商人络绎不绝。

85. 萨尼凯特（Sānīkath），一个繁荣、宜人、富饶的城镇。

86. ……，一个繁荣且可爱的城镇。

87. 休特肯德，一个河边宜人的地方。其民好战。这里是休战时突厥人的驻地。他们部落中许多人变成了穆斯林。

88. 帕拉卜 (Pārāb)，一个可爱的地区，其主要的地方叫作凯德尔 (Kadir)，其民勇武好战，是商贾云集之地。

89. 在伊斯比贾卜与河岸之间是整个伊斯比贾卜及察赤、帕拉卜和昆吉迪赫 (Kunjdih) 部分地区的牧场。牧场上面可以看到休战的突厥人的一千毡帐，这些突厥人都皈依了伊斯兰教。

90. 萨卜兰 (Ṣabrān)，一个非常宜人的市镇，也是古斯 (Ghūz) 商人往还之地。

91. 扎尔努赫 (Dharnūkh?)，一个坐落在河岸上的市镇，繁荣但人口稀疏。

92. 苏纳赫 (Sūnākh)，帕拉卜的一个非常宜人的小镇，这里生产的弓出口到四面八方。

93. 希勒吉 (Shiljī)，怛罗斯，……（?），法伦凯特 (Farūnkath)，密克力 (Mikrī)，纳维凯特 (Navīkath)，都是穆斯林和突厥人居住的市镇。（这个地方）是商人的居所和葛逻禄的门户。在阿夫伦凯特 (Afrūnkat)、密克力和纳维凯特，突厥人众多。

第二十六章　关于河中诸边境地区及其城镇

河中诸边区是一些分散的地区，有的位于河中之东，有的则位于其西。

河中地东界的东部是吐蕃和印度斯坦的边界；南面毗连呼罗珊；西界是石汗那的边界；北部则是苏鲁沙那边界，属于河中地区。

1. 珂咄罗，坐落在高山中的一个地区，地域开阔，繁荣昌盛，垦殖广泛，人口稠密，生活、娱乐设施应有尽有。其国王属于边区都督之一。居民好战。在靠近吐蕃的边地，有一些野人居住在沙漠里。当地山上发现了银矿和金矿。大批良马来自珂咄罗。

2. 胡勒穆克（Hulmuk），珂咄罗的主要地方，也是国王驻地。它坐落于山的斜坡上，有许多人口和地区。

3. 努恰拉（Nuchārā），一个位于哈尔纳卜河（Kharnāb）和质浑河这两条河之间的强大城镇。它的区域延伸到巴达赫尚之境，被称作鲁斯塔·比克（Rustā Bīk）。（努恰拉）是一个小城，它的一侧是质浑河，另一侧是一座山。这是一个非常宜人的地方，是珂咄罗的商业中心。

4. 钵利曷（Pārghar），一个繁荣的城镇，田畴广袤，人口稠密。

5. 巴尔萨拉格（Bārsāragh），蒙克（Munk），T. mliyāt，几个小市镇，非常宜人而繁荣，位于瓦赫沙卜（Vakhshāb）河畔。

7.[①] 哈拉瓦尔德（Halāvard），瓦赫什（Vakhsh）的主要地方。它是一个有很多地区的农业城镇。这里的居民是好战的弓箭手。

8. 里夫坎（Līvkand），隶属瓦赫什。瓦赫什羊（vakshī sheep）即产于该地。

9. 扎什特（Zhāsht），一个位于布塔曼和珂咄罗之间的山区和断断续续的乡村中的一个地区，有许多分区和田地。这一地区的首领被称为"扎什特的迪赫坎"。

---

① 伊斯兰文献原文并无第6条。——编者注

10. 在珂咄罗和石汗那地界内，有一个部落叫作俱密吉人（Kumījiyān）。他们骁勇好战，以偷窃为业。他们的财富就是绵羊和奴隶。他们拥有许多村庄和地区，但没有城镇。那些在石汗那地域内的俱密吉人居住于数瞒和比什吉尔德（Bishgird）之间的赛义拉坎（Saylākān）地区。而那些在珂咄罗境内的俱密吉人分布在塔姆里亚特（*Tamliyāt）和蒙克之间。他们生活的地方有活水的山川溪谷，令人愉快。每个部落都听命于其所在地区的埃米尔，珂咄罗和石汗那的埃米尔在需要时求助于他们。

11. K. njīna 突厥人，一个人数很少的部落，居住在珂咄罗与石汗那之间的山区，他们兴起于一个山谷中。这个地方城防坚固。这些人专事盗窃，劫掠商队，面目倨傲。在掠夺性攻击时这些人表现悍勇。他们总是在距离其居地周边（?）以外四五十法尔桑的地方行劫。他们对珂咄罗的埃米尔和石汗那的埃米尔表示亲附。

12. 达尔·图巴特（Dar-i Tubbat），一个城门矗立在山上的村庄。这里生活着征收过路费并在路上看守的穆斯林。一走出这道城门，就进入了瓦罕（Vakhān）境内。

13. R. kht. j. b ?，瓦罕的一个村庄，居住着异教的瓦罕人（祆教徒?）。

14. 塞迦审①，瓦罕的一个城镇和主要地方。其居民是异教徒（祆教徒?）和穆斯林，瓦罕的马利克（malik）就

---

① Sikhāshim /Ishkāshim，喷赤河上游向北拐弯处的要塞，今阿富汗东北部边境小城伊什卡希姆（Ishkāshim），喷赤河东西两岸各有一个以此命名的城市，分属阿富汗和塔吉克斯坦。

居于此地。这里出产马鞍罩和瓦罕箭头（*vakhī* arrows）。

15. 哈姆达兹（Khamdādh），瓦罕人的神像庙所在的地方。在这个地方有一些吐蕃人。该地左侧是一座被吐蕃人占据的堡垒。

16. S. nglnj？，位于山脚下。巴达赫尚石榴石和红刺石①的矿藏就在那座山上。矿山附近的一个水池里有一眼温泉，由于泉水温度很高，人们无法把手伸入其中。从该矿到吐蕃有一天半的路程。

17. 越过 S. nglnj 是一个名叫 Rūsta * B. lj. m（？）的地区。

18. 撒马尔罕达克（Samarkandāk），一个住着印度人、吐蕃人、瓦罕人以及穆斯林的大村庄。它是河中地的边陲和最远点。

19. 博洛尔②是一个幅员辽阔的王国，其国王宣称自己是太阳之子。他在太阳升起前绝不起床，理由是儿子不可比父亲先起。他被称为布鲁林－沙（Bulūrīn-shāh）。其国无盐，只能从克什米尔进口。

20. 安得拉（Andrās？），一个居住着吐蕃人和印度人的城镇。从这里到克什米尔需要两天的旅程。从地图上

---

① 红刺石为波斯语词 lāl（阿拉伯语化形式为 la·l）的译名，专指巴达赫尚出产的一种红色宝石，从化学成分来说属尖晶石（spinel）族，并非通常意义上的红宝石（ruby，属刚玉族）。米诺尔斯基（Minorsky）的英译本《世界境域志》将 la·l 译为红宝石。元人杨瑀在成书于 1360 年的《山居新语》中两次记录了一种叫作红刺的宝石，"刺"显然是 lāl/la·l 的音译。译者遵从此译法。见王一丹《巴达赫尚的红宝石》，荣新江、朱玉麒主编《丝绸之路新探索：考古、文献与学术史》，凤凰出版社，2019，第 143～157 页。

② Bolor，《洛阳伽蓝记》作钵卢勒，《魏书》作波路，《高僧传》作波仑，《新唐书》作钵露、勃律。其地在今克什米尔伯尔蒂斯坦（Baltistān）一带。

［看到］的在鲁忽都（Rukhuduh）与穆勒坦（Multān）之间的房屋都是村落和商队停憩站。［它们位于］荒漠中，这里没有任何便利设施，草木贫瘠。

21. 花剌子模，河中之西是花剌子模的边界。

22. 柯提（Kāth），花剌子模的首府和古斯人的门户。它是突厥人、河中与哈扎尔人的商贸中心，是商人辐辏之地。其国王是边区都督之一，人称花剌子模沙。其居民是为信仰而战的积极斗士，悍勇尚武。该城十分富庶，出产坐垫罩、纫缝服装、棉织品、毡制品和鲁忽宾①。

23. 胡什密坦（Khushmīthan），一个商贾云集的富饶市镇。

24. 努扎班（Nūzhābān），一个有城墙、铁门、流水和许多居民的城镇。

25. 古尔干只②，一个市镇，以前属于花剌子模沙，但现在其政府是独立的，其王被称为古尔干只的米尔（mīr of Gurgānj）。这个城镇非常富饶，是通往突厥人聚居地的门户和商人辐辏之地。该城实际上由两个城——内城和外城——组成。这里的人们以骁勇善战和精于箭术著称。

26. K. rdnāzkhās（？），B. 兹米尼亚（B. dhmīniya），迪赫·哈剌的斤（Dih-i Qaratigīn），三个人烟稀少（但）有耕作的市镇。

27. 库尔达尔（Kurdar），一个有种植业的市镇，人口稠密。这里出产大量羔羊皮。

---

① *rukhbīn*，可能是一种奶酪。
② Gurgānj，亦译朱里章尼亚、玉龙杰赤或兀笼格赤。

28. 希瓦（Khīva），一个有城墙的小市镇，属于古尔干只。

29. 毡的（Jand），Kh. vāra，迪赫·瑙①，位于察赤河岸边的三个城镇，距离花剌子模的驿道有 10 个驿站，距离帕拉卜驿道有 20 个驿站。古斯国王冬天住在迪赫·瑙村。[46]

4.3 中古伊朗语言文献

《民族表》具列的地名包含了一些在阿夫拉西阿卜壁画中出现的民族。学界对于这份粟特语文本没有精确的定年，即使可将其暂定为属于 7 世纪晚期至 8 世纪早期这一时段。下面的引文是基于恒宁（Henning）的英译本，而吉田丰正在为同一段落写一个新的注释版。[47]

拜占庭	字迹难辨	（未知名称）
叙利亚	喀什噶尔	（未知名称）
波斯	于阗	塔里木盆地中一地
布哈拉	龟兹	吐蕃
吐火罗斯坦	焉耆（突厥语名 Karašahr）	蔑儿乞人（Merkites）
察赤	三城（？）	米克力人（Mikri）[48]
Mwt'yk [49]	（未知名称）	石汗那

《伊朗省城志》是一部用中古波斯语（婆罗钵语）写成的短篇历史－地理学专著，这份文献的起源尚不得而知，尽管其文本很可能可追溯到萨珊时代晚期。文本中提及诸城镇的建城故事显然是源自伊朗神话。其主要人物实际上是后来菲尔多西史诗《列王纪》中命名的人物：

---

① Dih-i nau，意为"新居民区"。

［……］在东方，撒马尔罕城的奠基人是卡乌斯（Kāūs），他是卡瓦德（Kawād）之子。卡乌斯之子西亚瓦克斯（Sīyāwaxš）完成了建城大业。西亚瓦克斯之子凯·胡斯鲁（Kay Husraw）出生在那里，他在那里点燃了奇迹般的瓦赫拉姆之火（Wahrām fire）。

其后，琐罗亚斯德带来了宗教。根据维斯塔斯普（Wištāsp）国王的命令，一千二百个章节的宗教经文被镌刻在金板上，并被存放在那火（神庙）的宝库中。

之后被诅咒的亚历山大把它付之一炬，扔进海里。[50]

粟特（有）七处居所，七处居所意味着那里有七位领主。一处属于贾姆（Jam），一处属于阿兹达哈（Aži Dahāg），一处属于弗莱东（Frēdōn），一处属于曼努齐赫（Manūčihr），一处属于弗莱东，一处属于罗诃拉斯普（Lohrāsp），另一处则属于维斯塔斯普国王①。

而后被诅咒的图兰②人（Tūrānian）弗拉西亚克

---

① 以上诸领主均为半神话（semi-mythological）的古代波斯王朝——凯扬王朝（Kayanids）的英雄或敌人。贾姆是贾姆希德（Jamshid）的略称。阿兹达哈（Aži Dahāg/Azhdahak）是龙的意思。弗莱东/法里东（Frēdōn/Faridun）是神话中伊朗（波斯）的第一个统治王朝比什达德王朝（Pishdadian dynasty）的国王和英雄，在波斯文学中他被誉为胜利、正义和慷慨的象征。弗莱东在文本中出现两次很可能是由于他领有两块疆域。维斯塔斯普是《阿维斯塔》经典中记载的第一位接受祆教的国王。

② 图兰之地（Tūrānzamīn）与伊朗之地（Īrānzamīn）在波斯语中是一对相关且相对的词，分别指阿姆河以北的游牧印欧人所在地域和阿姆河以南的定居印欧人领地。见刘英军《伊朗史诗〈库什王纪〉所载古代中国地理信息刍议》，朱玉麒主编《西域文史》第十辑，科学出版社，2015，第239页。地名 Tūrān 有图兰、土兰、突兰、涂兰等不同音译。

（Frāsiyāk）① 为每一个恶魔造设了宝座，又建造了一座偶像庙和一座异教神庙［……］。51

4.4　拜占庭文献

"守护者"（或"卫士"）弥南德（Menander）是一位拜占庭作家，最初接受过法律方面的教育，他在莫里斯皇帝（Emperor Maurice）统治期间（582~602）撰写了6世纪拜占庭的对外关系史。他的作品被简白地称为《历史》（*The History*），并以零零散散的方式被保存下来。书中介绍了查士丁二世（Emperor Justin II）统治期间（565~578）突厥－粟特人与拜占庭人互派使节的故事。中亚的摩尼亚赫（Maniakh）和拜占庭的奇里乞亚人扎马库斯（Zemarchus the Cilician）分别为使团首领。这些第一批使团出使发生于拜占庭与突厥人友好相处时期。扎马库斯的继任者是华伦提努斯（Valentinus），其仕途始于君士坦丁堡的皇家卫队。然而，在这位接见了扎马库斯的可汗去世后，中亚的政治局势发生了变化。新可汗被弥南德称为西扎布尔（Sizabul）②。尽管华伦提努斯做出了种种努力，他的出使还是以失败告终，而且，弥南德的《历史》关于第二次出使的信息，并不如记述扎马

---

① 东伊朗地区图兰部落首领。Frāsiyāk 即阿维斯塔语 Afrāsyāb（阿夫拉西阿卜）的婆罗钵语转写。

② 近人研究一般认为 Sizabul 即突厥可汗 Istämi，汉文史籍称室点密可汗。下文通译为室点密。参见 G. Moravcsik, *Byzantinoturcica*, vol. 2, Berlin, 1958, p. 275;［法］沙畹：《西突厥史料》，冯承钧译，中华书局，1957，第 201~202 页。转引自［英］H. 裕尔撰，［法］H. 考迪埃修订《东域纪程录丛》，张绪山译，云南人民出版社，2002，第 182~183 页。

库斯在粟特及突厥可汗曾经居住的河中地区其他不明地方的游历那样翔实。[52]

1.……

（*Exc. de Leg. Gent.* 7）查士丁在位的第四年年初（568年末569年初），突厥人派了一队使团来到拜占庭。随着突厥人势力的增强，以前臣属嚈哒、现在依附突厥的粟特人请求突厥王派遣使团到波斯，要求波斯人允许粟特人从波斯境内通行并将生丝卖给米底人［波斯人］。

室点密[53]同意了这一请求，并派遣以摩尼亚赫为首的粟特使团前往波斯。使团到达后拜见了波斯国王，请求准许他们在波斯辖境自由贩卖生丝。波斯国王对使团的请求极为不悦，他不愿让他们顺利进入波斯疆域，于是把答复推迟到次日，其后又一再拖延。反复再三延迟之后，在粟特人坚决而迫切地要求下，库思老（Khosro）召集了一次政务会议来商讨此事。嚈哒人卡图夫（Katulph）——曾因嚈哒王奸污其妻，而将自己的部落出卖给突厥人（同时离开了突厥人而转投米底人）——劝波斯王不要退回丝绸，而是以公平的价格买下它，再当着突厥使团的面付之一炬。这样一来，波斯国王不但不会被指责为行事不公，而且还能表明波斯对突厥人带来的生丝毫无兴趣。于是，丝绸被悉数烧毁，粟特人无功而返，他们对出使波斯发生之事甚为不满。粟特人将此事告知室点密，室点密又派遣了一支规模更大的使团去波斯，因为他一心寄望与波斯人建立友好关系。当第二支突厥使团抵达时，波斯王在与高级臣僚和卡图夫商议之后，认定斯基泰人

[粟特人] 生性不可信赖，因此与突厥人建立友好关系是完全违背波斯利益的。于是他下令用毒药毒死一些使节，以阻止他们此后再来。除三四人幸免外，大多数突厥使节都被掺入食物里的致命毒药毒死。波斯人散布流言，说突厥使节不适应波斯燥热的气候，窒息而死，因为突厥人的国土常年被雪覆盖，他们离开了寒冷的气候便无法生存。虽然这个阴谋的幸免者不免怀疑其中另有原委，但他们回国后还是散播了与波斯人所传的一样的说辞。然而，室点密是个精明而智慧的人，他意识到发生的变故并且明白了真相——使者死于叛徒的阴谋诡计。这正是波斯与突厥交恶的因由。

粟特人的首领摩尼亚赫趁机向室点密觐言说，突厥人最好与罗马人建立友谊，并把生丝售给他们，因为罗马人消费的丝织品比其他任何民族都要多。摩尼亚赫表示自己非常愿意与突厥使节一同出使罗马帝国，这样罗马人和突厥人就可以成为友邦。室点密准许了这一提议，遣摩尼亚赫与其他一些人作为特使，携带珍贵生丝、国书前往罗马帝国，拜见罗马皇帝并传达问候和致意。

摩尼亚赫携突厥可汗信函出发了。他走过千万道路，穿过广袤土地，翻越高山绝顶，近触云海苍茫，踏过平原和森林，蹚涉沼泽与河流。而后他越过高加索地区，最终抵达拜占庭。当他进入宫殿，来到皇帝面前时，一切遵照友好礼节行事。他把国书和礼物交与相关官员，恳求毋使此行艰辛付诸东流。

皇帝通过译官读过这封用斯基泰语①写的国书后，愉快允准了一次与使团的会见。然后，他向使节询问突厥人之政府如何组织、其国位于何处。突厥使者回答说，其国分四部，但至高无上的权力为室点密一人独揽。他们还说，突厥人已征服嚈哒并使其臣服。"那么，"皇帝问道，"你们已经使嚈哒的所有势力都臣服了吗？""完全如此。"使者回答。皇帝接着问道："嚈哒人居住在城市还是乡村？"使者说："陛下，嚈哒人居住在城里。""那么，"皇帝说，"很显然，你们已经成为这些城市的主人了。""确实如此。"皇帝又问："给我们说说，有多少阿瓦尔人叛离突厥，还有没有人依然服从你们的统治呢？""哦，陛下，还有一些人依附于我们。我想，逃离的阿瓦尔人大约有两万人。"随后，使者详列服属于突厥的部落，请求皇帝让罗马人与突厥人缔结和约，建立攻守同盟。他们还许诺说，在突厥人的地界上，不管是在哪里出现了罗马政权的敌人，他们都会随时予以打击。说话间摩尼亚赫和他的同伴，皆高举双手郑重起誓，称所说一切均为真情实言。如果誓言虚妄不实，他们自己、室点密乃至整个突厥族群都将遭到天谴。如此，突厥人成了罗马人的朋友，并与我国建立了友好关系。

2.（*Exc. de Leg. Rom* 7）突厥人从前被称为塞人。他们派遣使团前来缔结和约，查士丁皇帝决定派一个使团到突厥去。他命时任东部城邑总指挥官的奇里乞亚人扎马库斯

---

① 这里的"斯基泰语"很可能是指粟特语或突厥语。希腊人弥南德可能对写就信函的语言知之不详，于是沿用希罗多德使用的该地区语言的古代泛称。

为此做好准备。就在查士丁在位的第四年底［569］、十五年纪期中的第二年，拉丁月的八月初，当长途旅行所需的一切准备就绪时，扎马库斯与摩尼亚赫及其同伴一起从拜占庭动身前往突厥。

3.（*Exc. de Leg. Rom.* 8）扎马库斯和他的同伴经过多日长途跋涉，进入粟特境内。这时，使团成员下了马，有一些突厥人持铁前来出售。这些人显然是受命而为，我认为，其目的是显示其国富有铁矿，因为据说在突厥获得铁并非易事。故可推定，向人售铁实是为了炫耀突厥其地产铁。[54]

突厥部落里又有一些人前来，他们自称是驱魔之人。这些人走近扎马库斯及其同伴，把所有行李察看一番，并把它们置于地中央。然后，他们点燃乳香树的树枝，用斯基泰人的语言高呼野蛮人的咒语，摇铃击鼓噪音喧闹，在行李上方挥舞着乳香枝，让其在火焰中噼啪作响。这些人陷入一种癫狂状态，如同疯子一样，我们推断他们是在驱逐恶魔。如此，有些人被认为是驱逐邪魔者和守护不受恶灵侵害者。他们相信，经过这种仪式，人们就会避开魔鬼，并不再为恶灵所附。完成这些仪式后，驱魔之人让扎马库斯从燃烧的火堆走过，他们也如此行事，认为自己也被净化。

驱魔仪式行毕，使团随奉命前来迎接的人员前往可汗汗庭。可汗居住在一座名为艾克塔格（Ektag）——希腊语意为"金山"的山上。当扎马库斯及其同伴抵达"金山"山谷中可汗当时的庭帐后，旋即被召唤拜见室点密。室点密在一顶帐蓬里，端坐于金色的宝座上，宝座有两只轮子，必要时可由一匹马拉动。扎马库斯一行依突厥礼仪问候了这位蛮人，向他献上礼品，司礼官接受礼品。

扎马库斯致辞说："万民之主、吾皇陛下通过我——他的使者——向您致意：'愿我们的朋友，对罗马帝国友善的大汗陛下福运永久、万事亨通！愿陛下对敌战无不胜、攻无不克。愿破坏友谊的嫉妒之火远离我们！我视突厥人的部落及其属民为朋友，愿突厥亦视我们为友邦。'"扎马库斯如是说，室点密亦做相似的答复。

接着，宾主双方入席，竟日欢宴。室点密所居大帐里悬饰着不甚精巧的五彩丝幔。所饮之酒不似我们以葡萄酿造，因为其地不长葡萄树，那植物亦非地产。他们饮用蛮人制造的一种甜酒。欢宴结束，使团成员回到自己的住所。

第二天他们又换一帐相聚，那里同样张挂五彩缤纷的丝绸帷幔，立着形态各异的雕像。室点密坐于一铺纯金的坐榻上。帐内中央有金瓮、金壶和金罐。[55]他们再次畅享筵席，在推杯换盏间尽情畅谈，如此方休。

次日又择一帐聚会。帐内伫立着镀金木柱，还有一台由四只金孔雀负载的金箔卧榻。帐前停放着一大排马车，满载银器、银盘和银碗；还有大量银质动物雕像放于帐前，其品质丝毫不逊于我们制作的器具。突厥统治者竟如此富有！当扎马库斯一行在突厥驻留时，室点密决定让扎马库斯率二十名随员和扈从随他出征波斯，而其他罗马人则返回货里亚泰（Kholiatai），[56]等候扎马库斯返回。［室点密］……厚赠返程的罗马人，并送走他们。他把从海尔希尔（Kherkhir）俘虏的一名女奴送与扎马库斯。于是扎马库斯随室点密出征波斯。

当室点密率军队进发并在怛罗斯扎营时，一个波斯使者前来求见。室点密邀扎马库斯和这位波斯使者与他共进宴席。席间室点密一边对罗马人优礼有加，使其坐于更为尊贵的长卧榻上，另一边则历数波斯人的过错及自己遭受的冤屈，因此才会对波斯兴师问罪。室点密情绪激昂、声色俱厉，而波斯使者亦不顾在宴会上保持静默的礼节，奋起抗辩，力驳室点密的指责，毫无惧色。在场之人目睹波斯使者的狂怒，无不震惊，因其罔顾礼俗，言辞激烈。事态至此，众人散去，室点密则着手发动对波斯的进攻。

之后，室点密召见扎马库斯一行，再次重申了对罗马人的友谊，并送他们踏上归途。他另外派了一个突厥使团随他们一起返回罗马，因为先前的使者摩尼亚赫已经去世。摩尼亚赫的继任者名叫塔格玛（Tagma），其官号为达干（Tarkhan）。于是他被室点密派作出使罗马的使节，随行者还有已故摩尼亚赫的儿子。虽然他只是一个涉世未深的小伙子，但已承袭其父官号，地位仅次于达干塔格玛。在我看来，这个年轻人之所以能继承他父亲的官号，是因为摩尼亚赫一贯对室点密友善备至，且忠心耿耿。

扎马库斯一行告别室点密，追上先期动身并在约定地点等候他们的罗马使团成员。两队人马会合并踏上返乡之旅，他们离开货里亚泰的第一座城市后，穿越要塞前行。

4.（*Exc. de Leg. Gent.* 8）突厥统治区的邻近部落从突厥人那里听说访问突厥的罗马使团已经到达此境，并由一支突厥使团陪同返回拜占庭。得此消息后，这些部落的首领请求室点密允准他们派遣自己的使者同行前往罗马帝国，室点密允其请求。其他部落首领也提此请求时，室点密一概不允，唯独同意货里亚泰部落首领随行。罗马使团接纳之，他们跨过伊赫（Oekh）河前行，长途跋涉后来到一广阔的大湖。扎马库斯一行驻留此地休整三日，派乔治先行，向皇帝转交一封报告使团即将由突厥之地返回的短函。

乔治与十二名突厥人一同向拜占庭进发，途经路程虽皆为沙漠、干旱无水，但为捷径。扎马库斯沿大湖的沙岸前行十二日，绕过一些难行之地，先到达艾赫（Ikh）河，后进至达伊赫（Daikh）河，行经其他一些湖泊地带后，到达阿提拉（Attila）河。其后他们来到乌古尔人（Ugurs）① 的领地，其人告诉罗马使团，在科芬（Kophen）河畔的丛林地带，有四千波斯伏兵正严阵以待，等他们途经那里时将其擒获。乌古尔首领在这里仍然服从室点密之统治。于是他将水囊灌满交给扎马库斯一行，以便他们穿越沙漠时不致受渴。罗马使团在经过一大片水域后来到一湖边，而后到达科芬河注入的湖区。从这里他们派出侦察员去探查波斯人是否真的埋伏以待。侦察员把这一区域彻底搜寻了遍，报告没有发现任何人。不过，使团还是胆战心惊地向阿兰人（Alans）领地前行，因为他们甚为惧怕奥罗穆斯基部落（Oromuskhi）。

---

① Ugurs 又写作 Ogurs，指生活在伏尔加河上游地区的一支突厥部落，乌古尔人大约于公元 560 年后已不见史籍记载，他们或被其他突厥部落所吸收。参见 É. de la Vaissière, "Theophylact's Turkish Exkurs revisited". In: *De Samarcande à Istanbul: étapes orientales. Hommage à Pierre Chuvin*, ed. V. Schiltz. Paris: CNRS éditions, 2019: 115 – 126。

5. （*Exc. de Leg. Gent. 9*）罗马使团行至阿兰人居地，希望与随行的突厥人一起晋见阿兰首领萨罗修斯（Sarosius），萨罗修斯愉快地接见了扎马库斯及其随员，但拒不接见突厥使者，除非突厥人解除武装。双方为此争执三日，直到扎马库斯出面调停。最终，突厥人按萨罗修斯所愿放下武器，拜见了这位阿兰首领。萨罗修斯劝扎马库斯一行不要取道缪西米安人（Miusimians）的领地，因为波斯人已在苏安尼亚（Suania）布下埋伏准备截击他们，所以他们最好绕行达莱因（Dareine）的道路回国。扎马库斯闻此，先派十名运输工经过缪西米安运送丝绸，以此迷惑波斯人，使其误以为既然丝绸运输队先期取此道前行，则使团必定在次日出现。运输工离去之后，扎马库斯一行穿过达莱因而抵阿普西里（Apsilii），将波斯人可能设伏的缪西米安撇在左侧。扎马库斯抵达罗噶托里乌姆（Rogatorium）后，又来到黑海岸边，自此乘邮驿马匹返回拜占庭，觐见皇帝复命，报告一切见闻。从而完成了出使突厥的使命。[57]

注释

1. ［宋］范晔撰，［唐］李贤等注：《后汉书》卷八十八《西域传》，中华书局，1965 年 5 月第 1 版：页二九二二。最新英译本见 Hill, 2003（https：//depts. washington. edu/silkroad/texts/hhshu/hou_ han_ shu. html# sec17）；Hill, 2009：33。另见 Shiratori, 1928：95。

2. 这里提供的汉文史料未收录由北齐人魏收于 554 年著成的《魏书》卷一百二补《西域传》，以及李延寿于 659 年编撰完成的《北史》卷九十七关于粟特的段落，因为《隋书》中有更为详赡的有关粟特的内容。据观察，实际上《隋书》关于波斯的章节纯粹是以《魏书》和《北史》为基础的：Thierry，2007：143；见〔北齐〕魏收撰《魏书》卷一百二补《西域传》，中华书局，1974年6月第1版：页二二六九至二二七二；〔唐〕李延寿撰，《北史》卷九十七《西域传》，中华书局，1974年10月第1版：页三二二一至三二二三。因此，对这些信息应当具体问题具体分析。令狐德棻主编（636年）撰述北周（557～581）史事的《周书》卷五十《异域下》，所记史料与《隋书》比对并无新信息。《周书》卷五十《异域下》载：

> 粟特国在葱岭之西，盖古之庵蔡，一名温那沙。治于大泽，在康居西北。保定四年，其王遣使献方物。安息国在葱岭之西，治蔚搜城。北与康居、西与波斯相接，东去长安一万七百五十里。天和二年，其王遣使来献。

见〔唐〕令狐德棻等撰《周书》卷五十《异域下》，中华书局，1971年11月第1版：页九一八至九一九。英译本见Miller，1959：12-13。

3. 如下所示，这种观察更有可能是基于中国的历法，参见Cristoforetti，2007：69-70。中国传统历法的六月与夏季相对应，正如某些学者〔主要是布洛瓦（Blois）和克里斯托弗雷蒂〕指出的那样，在7世纪时，诺鲁孜节也发生在这个季节。关于撒马尔罕祖庙，见La Vaissière，2007：26。有关撒马尔罕城一座名为"拔"的神祠的信息，见下文辑录《通典》部分。

4. 《隋书》卷四《炀帝纪下》载：（大业）十一年（公元615年）春正月甲午朔，宫廷大宴百僚。突厥、新罗、靺鞨、毕大辞、诃咄、传越、乌那曷、波腊、吐火罗、俱虑建、忽论、靺鞨、诃多、沛汗、龟兹、疏勒、于阗、安国、曹国、何国、穆国、毕、衣密、失范延、伽折、契丹等国并遣使朝贡。其中安、曹、何、穆、毕等国均为粟特城国。见〔唐〕魏徵、令狐德棻撰《隋书》卷四《炀帝纪下》，中华书局，1973年8月第1版：页八八。关于中亚政权朝贡中国的方物特产，参看Schafer，Wallacker，1957-58。

5. 最有可能的是，汉文史籍作者指的是在《阿维斯塔》经书里备受推崇，并且也为波斯人所践行的一种风俗，即"近亲婚姻"（阿维斯塔语作 xwaētvadatha，婆罗钵语作 xwēdodāh）：Daryaee，2009：64。《魏书》卷一百二《西域传》和《北史》卷九十七《西域传》均有关于这种行为的描述，这令中国撰史者惊骇异常：见《魏书》卷一百二《西域传》，页二二七一；《北史》卷九十七《西域传》，页三二二三；Yu，2005：463，647。慧超《往五天竺国传》也曾记述这种"极恶风俗，婚姻杂交，纳母及姊妹为妻"的婚俗：见本章注释 13。据记载，希腊作家也对这种据说在波斯人和信奉祆教的亚美尼亚人中盛行的做法十分谴责：Russell，1987：94 – 96。

6. 要确定这里所指的是哪种历法系统并不容易。它可能是本章注释 3 所示的中国节日，但须注意的是，文中提到的第一个月（正月）的节庆不能与诺鲁孜节等同。值得一提的是，根据经典祆教信仰，这些骸骨含有王室荣耀（xwarrah）之精华：Widengren，1959：254。对于前基督教时期信奉祆教的亚美尼亚人来说，古代国王的骸骨蕴含着王室的荣耀（亚美尼亚语 p'ark）：Garsoïan，1997：25 – 26。

7. 《隋书》卷八十三《西域传》，页一八四八至一八五〇，一八五四至一八五六。另见 Yu，2005：555 – 565，577 – 582。英文节译本见 Shiratori，1928：101，109 – 110，113，117，120 – 121，123，125，131。

8. 见本章注释 13。

9. ［宋］欧阳修、宋祁撰：《新唐书》卷二百二十一下《西域传下》，1975 年 2 月第 1 版：页六二四三至六二四八。法文与俄文译本见 Chavannes，1903a：132 – 147；Maljavkin，1989：77 – 84。

10. 玄奘的观察当然是正确的，而其他文献提到的横向书写的粟特文也由复原后的粟特文书（尤其是摩尼教和景教文书）所证实：见本章对《通典》的辑录。关于竖向书写的粟特文，参看 Yoshida，2013。

11. 这种丝带（缯）可在大使厅西壁壁画上观察到，见图 43。

12. Watters，1904 – 05：71；Li，1996：27.

13. 值得注意的是，玄奘一向十分关注他所到访国家的宗教情况，却并未描述撒马尔罕人对来世有何信仰。玄奘弟子慧立、彦悰在高僧传记《大慈恩寺三藏法师传》中撰述了一些更进一步的信息：

　　［……］五百余里，至飒秣建国（唐言康国）。王及百姓不信佛法，以事火为道。有寺两所，迥无僧居，客僧投者，诸胡以火烧逐不许停住。法师初至，王接犹慢。经宿之后，为说人、天因果，赞

佛功德，恭敬福利。王欢喜请受斋戒，遂致殷勤。所从二小师往寺礼拜，诸胡还以火烧逐。沙弥还以告王，王闻令捕烧者，得已，集百姓令截其手。法师将欲劝善，不忍毁其肢体，救之。王乃重笞之，逐出都外。自是上下肃然，咸求信事，遂设大会，度人居寺。其革变邪心，诱开矇俗，所到如此。

见〔唐〕慧立、彦悰著《大慈恩寺三藏法师传》卷第二《起阿耆尼国终羯若鞠阇国》，中华书局，1983年3月第1版，页三〇；Beal，1911：45 – 46。这一信息似乎有些夸大其词。其中一个细节很有意思：当地人用火把驱逐佛教徒，而根据一段时期之后的伊斯兰文献的说法，参见穆斯林传教士后来被粟特人用石头袭击：Rose，2011：159。在玄奘西行（其于629年离开大唐辖境）大约一个世纪以后，另一位求法僧、新罗人慧超亦途经康国（撒马尔罕），并记述了一部西行见闻《往五天竺国传》。在该书卷三四中慧超写道：

又从大寔国已东。并是胡国。即是安国。曹国。史国。石骡国。米国。康国等。虽各有王。并属大寔所管。为国狭小。兵马不多。不能自护。土地出驼骡羊马叠布之类。衣著叠衫袴等及皮毯。言音不同诸国。

又此六国惣事火袄。不识佛法。唯康国有一寺。有一僧。又不解敬也。此等胡国。并剪鬓发。爱著白氈帽子。极恶风俗。婚姻交杂。纳母及姊妹为妻。波斯国亦纳母为妻。其吐火罗国。乃至罽宾国。犯引国。谢颽国等。兄弟十人五人三人两人。共娶一妻。不许各娶一妇。恐破家计。

见〔唐〕慧超原著，张毅笺释《往五天竺国传笺释》卷三四《安国、曹国、史国、石骡国、米国、康国》，中华书局，2000年4月第1版：页一一八。慧超法师对与粟特接壤的一些国家的识别似乎并不准确。另参Fuchs，1939：452；Yang，Jan，Ida，Preston，1983：54。实际上，汉文史料知晓粟特的宗教被称为"袄教"：Riboud，2005。亦见本章对《新唐书》与《通典》中粟特部分的辑录。在《西阳杂俎》（9世纪）中有可能关于何国/屈霜你迦地区宗教的详细信息：

孝亿国界周三千余里，在平川中，以木为栅，周十余里。栅内百姓二千余家，周国大栅五百余所。气候常煖，冬不凋落。宜羊马，无驼牛。俗性质直，好客侣，躯貌长大，褰鼻黄发，绿眼赤髭，被发，面如血色。战具唯稍一色。宜五谷，出金铁，衣蕨布，举俗事祆，不识佛法。有祆祠三百（一作千）余所，马步甲兵一万，不尚商贩，自称孝亿人。丈夫、妇人俱佩带。每一日造食，一月食之，常喫宿食。

见〔唐〕段成式撰，方南生点校《酉阳杂俎》前集卷之四《境异》，中华书局，1981 年 12 月第 1 版，页四五。英译文见 Shiratori, 1928：114 – 115。

14. 〔唐〕玄奘、辩机原著，季羡林等校注：《大唐西域记校注》卷第一《三十四国》，中华书局，1985 年 2 月第 1 版：页七二，八二至九八。英译本见 Beal, 1884：30 – 36；Li, 1996：28 – 31。

15. 上引文献的英译者韦克曼（Wakeman），引用了斯米尔诺娃（O. I. Smirnova）俄文著作（"Mesta domusul'manskikh kul'tov v Srednej Azii," Strany i narody vostoka, X, 1971：90 – 108, especially p. 103）中的观点，认为阿禄迪城可被比定为伊斯兰文献中的里夫达德城（Rīvdād）：Wakeman, 1990：661 – 662。关于将里夫达德城比定为距撒马尔罕不远的卡菲尔·卡拉遗址的最新假设，纠正了苏联时期把前者与塔里·巴祖（Tali Barzu）勘同的提议，见 Cazzoli, Cereti, 2005：136, n. 9；Grenet, 2010b：271 – 273；Gariboldi, 2011b：171。

16. Cristoforetti, 2006/07.

17. 关于这一点也请参看 Chavannes, 1903a：133。类似的信息可见于《魏书》卷一百〇二《西域传·波斯国》、《北史》卷九十七《西域传·波斯国》和《隋书》卷八十三《西域传·波斯》的记述中：《魏书》，页二二七〇至二二七二；《北史》，页三二二二至三二二三；《隋书》，页一八五六至一八五七；Thierry, 2007：145, 150。

18. 这一细节与《隋书》所记颇为相近。然而《通典》这一部分关于月祭的记载很可能更为准确：见《隋书》卷八十三《西域传》，页一八五五。

19. 韦克曼的英译文中有一处讹误，他错将北壁译成南壁，这显然是错误的。实际上，在脚注里，这位作者描述了文本不曾述及的那面墙，在《新唐书》中是南壁：Wakeman，1990：688。见［唐］杜佑撰，王文锦等点校《通典》卷一百九十三《边防典九·何国》，中华书局，2016 年 4 月第 1 版：页五二四四；李锦绣，余太山，2009：175。

20. 《通典》卷一百九十三《边防典九·史国》：页五二四四；英译文见 Wakeman，1990：643 - 693。

21. 《通典》卷一百九十三《边防典九·粟弋》：页五二五九；英译文见 Wakeman，1990：847 - 848。

22. 见第三章注释84。

23. 《通典》卷一百九十三《边防典九》：页五二四一至五二四四，五二五九，五二六〇至五二六一；李锦绣，余太山，2009：167 - 177，225 - 226，228 - 232。英译文见 Wakeman，1990：853 - 868。

24. ［宋］王溥撰：《唐会要》卷九十八《曹国》，上海古籍出版社，2006 年 12 月新 1 版：页二〇七九至二〇八〇；《唐会要》有关中亚部分的德文译注见 Stark，2006：7 - 11；Stark，2009：3 - 4。

25. 《唐会要》卷九十九《石国》：页二一〇二；德文译注见 Stark，2006：11 - 14；Stark，2009：4 - 5。

26. 《旧唐书》（由刘昫于 945 年撰成）中也记载了康国有印度（婆罗门）占星师的情况。文中明确提到他们作为占星师的角色，也就是说（可能）是某种形式的占卜师：“有婆羅門爲之占星候氣，以定吉凶。”见《旧唐书》卷一百九十八《西戎传》，［后晋］刘昫等撰，中华书局，1975 年 5 月第 1 版：页五三一〇；另见许序雅，2002：123。在其他唐代史料（《册府元龟》和《唐会要》本身）中，亦有一些关于吐火罗国王于开元七年（719 年）献给中国宫廷的著名占星师的信息：

　　　　六月，大食国、吐火罗国、天竺国遣使朝贡。其吐火罗国支汗那王帝赊上表献解天文人大慕阇：“其人智慧幽深，问无不知。伏乞天恩，唤取慕阇亲问。臣等事意及诸教法，知其人有如此之艺能，望请令其供奉，并置一法堂，依本教供养。”

　　见［宋］王钦若等编纂，周勋初等校订《册府元龟》（校订本）卷第九百七十一《外臣部（十六）》，凤凰出版社，2006 年 12 月第 1

版：页一一二三八；"開元七年，其葉護支汗那帝除上表，獻解支之人幕闍，請加試驗。"见《唐会要》卷九十九《吐火罗国》：页二一○三；Chavannes，1903a：41；Stark，2009：7。这可能是中国人和派遣占星师的君主所特别珍视的贡物。尽管书面资料中并未明确提到粟特地区有印度人的存在，但仍有只言片语暗示了这一情况。实际上，从 6 世纪开始，一些粟特神祇就已全盘采用了印度图像志来表现。片治肯特 II 号神殿 15 号小礼拜堂装饰有一尊乌玛摩醯首罗（Umāmaheśvara）的雕像，而在粟特宗教艺术中，迄今尚未发现这对神祇眷侣的精确对应物。这一事实也可能暗示了在片治肯特有印度人的存在，他们拥有足够大的影响力，以至于当地神殿的一部分都被指定用来描绘、供奉印度神：Lo Muzio，2003b：78 – 79。另见第三章注释 94。值得一提的是，在西安北郊胡人墓地发现了若干权贵粟特人的墓葬，其中还有一来自罽宾国（克什米尔）"婆罗门种"李诞的带有墓铭的墓葬，其祖先是婆罗门：Lerner，2011：25。奇怪的是，尽管李诞墓志中有如此明确的表述，仍有一位作者称其为粟特人：Cheng，2010：88，102，n.55。

27. 《唐会要》卷九十九《康国》：页二一○四至二一○六；德文译注见 Stark，2006：19 – 22；Stark，2009：8 – 9。

28. 《唐会要》卷九十九《史国》：页二一○九；德文译注见 Stark，2006：22 – 24；Stark，2009：9 – 10。

29. 该城堡的功能请参看 La Vaissière，2007：87。

30. Murgotten，1924［1969］：171 – 175.

31. Murgotten 两次提到该地名，并采用了两种不同的拼写形式：Murgotten，1924［1969］：189。

32. Murgotten，1924［1969］：186 – 194.

33. Kramers，Wiet，1964：443.

34. Kramers，Wiet，1964：454.

35. Kramers，Wiet，1964：455.

36. Kramers，Wiet，1964：457.

37. Kramers，Wiet，1964：466 – 467.

38. Kramers，Wiet，1964：469 – 470.

39. Kramers，Wiet，1964：471 – 472.

40. Kramers，Wiet，1964：472 – 473.

41. Kramers, Wiet, 1964: 474.

42. 根据葛乐耐的看法，这是对"伊赫施德"（*Ikhshid*）这一称号的误用，"伊赫施德"同时指称撒马尔罕国王和费尔干纳国王。河中地区其他地方的粟特王子皆被冠以"阿弗申"（*Afshin*，粟特语 *MR'Y*）的头衔。因此，这句话的意思是撒马尔罕的王公们住在里夫达德。如前所述（见第四章注释15），有学者提出将里夫达德比定为卡菲尔·卡拉。关于粟特名号的层级体系，参看 La Vaissière, 2010a: 213 – 214。

43. Kramers, Wiet, 1964: 477.

44. Kramers, Wiet, 1964: 479.

45. Minorsky, 1970: 112 – 113.

46. Minorsky, 1970: 114 – 122.

47. Yoshida, 2003a: 37, n. 4.

48. Henning, 1977: 8 – 11.

49. Yoshida, 2003a: 37, n. 4.

50. 关于婆罗钵语文献中对亚历山大大帝的妖魔化，参见 Gignoux, 2007; Wiesehöfer, 2011。

51. Daryaee, 2002: 17.

52. Blockley, 1985: 171 – 179. 弥南德描述的主要细节是突厥人（可能还有粟特人）在丧葬场合下劓面的习俗。在室点密的葬礼上，华伦提努斯被强行邀请这样做：Blockley, 1985: 177。同样的粟特丧葬习俗也被穆斯林作家记录下来：Sachau, 1879 [1969]: 222; Taqizadeh, 2010: 43。关于突厥/粟特与拜占庭在艺术领域的交流，参见 Compareti, 2004c。

53. 弥南德使用了突厥可汗名字的不同拼法：Dobrovits, 2008。

54. 有关这些仪式意义的假设，参看 Mode, 2006a: 121 – 122。

55. 关于金瓮的细节是非常有趣的，因为在中亚的这个地区，不止突厥人，很可能还有粟特人也庆祝这个节日，这让人联想到汉文史书《隋书》、《北史》和《通典》中提及的一些信息。举行这个庆祝活动的中亚地区一定是与萨珊帝国北部接壤的某个地方，从那里突厥人与他们的拜占庭客人对波斯人发动了战争：Blockley, 1985: 264, n. 129; 265, n. 137; 277, n. 232。这些汉文史料中记录了一个在石国（察赤）每年庆祝两次的节日——一次是在一月的第六天，另一次是在七月的第十五天（见第三章注释84，第四章注释6、22）。尽管尚不清楚史料依据的是哪个历法系统（中国的还是当地的?），弥南德记叙的扎马库斯出访突厥可汗那一年（他于 569 年 8 月初离开拜占庭，参看 Blockley, 1985：263，n. 126）的信息或可有助于阐明这一点，因为最有可能的是，拜占庭作家在这里指的是 8 月底 9 月初这个时段。这个节日是否应与伊朗或突厥庆典勘同？在另一处场合，弥南德极其精确地提及了尼西比斯（Nisibis，美索不达米亚北部城市，后来成为罗马帝国与萨珊波斯军事对抗的主要焦点）的波斯人的一个节日庆典，这个庆典被称为 *Frurdigān*，这个词无疑是 Fravardigān（万灵节）的变体，是一个在诺鲁孜节前后庆祝的节日：Blockley, 1985：99。另参 Taqizadeh, 2010：149。值得注意的是，据记载，摩尼亚赫在查士丁在位初期（568 年底~569 年初）到达拜占庭，这个时段可能与拜占庭的新年节日一致。摩尼亚赫可能观察到在新年节庆期间互派使节的伊朗风俗，甚至是当地的风俗，就像同一时期（6 世纪）他的同僚在中国做的一样。根据狄奥菲拉克特·西莫卡塔的说法，一位突厥可汗在 595 年夏曾派出一队使团出使莫里斯皇帝处：La Vaissière, 2010b。

56. 魏义天认为货里亚泰人应当与花剌子模勘同，参见 La Vaissière 2005：255。

57. Blockley, 1985：111–127. 关于波斯人想阻止突厥人和拜占庭使臣通行的失败的伏击，忏悔者塞奥法尼斯亦有记录：Mango, Scott, 1997：362。

参考文献

说明：

1. 汉文著作、论文用中文书名号标识。外文著作和期刊名用斜体字标识。

2. 古籍大体按成书年代先后排列；现代汉文、外文论著按作者姓氏拉丁字母音序排列。

原始文献

汉文古籍及西文译著

［汉］司马迁撰：《史记》，中华书局，1959 年 9 月第 1 版。

［汉］班固撰：《汉书》，中华书局，1962 年 6 月第 1 版。

［东晋］沙门释法显撰，章巽校注：《法显传校注》，中华书局，2008 年 11 月第 1 版。

［宋］范晔撰，［唐］李贤等注：《后汉书》，中华书局，1965 年 5 月第 1 版。

［梁］沈约撰：《宋书》，中华书局，1974 年 10 月第 1 版。

［北齐］魏收撰：《魏书》，中华书局，1974 年 6 月第 1 版。

［唐］房玄龄等撰：《晋书》，中华书局，1974 年 11 月第 1 版。

［唐］姚思廉撰：《梁书》，中华书局，1973 年 5 月第 1 版。

［唐］令狐德棻撰：《周书》，中华书局，1971 年 11 月第 1 版。

［唐］李延寿撰：《北史》，中华书局，1974 年 10 月第 1 版。

［唐］魏徵、令狐德棻：《隋书》，中华书局，1973 年 8 月第 1 版。

［唐］玄奘、辩机原著，季羡林等校注：《大唐西域记校注》，中华书局，1985 年 2 月第 1 版。

［唐］慧立、彦悰著：《大慈恩寺三藏法师传》，中华书局，1983 年 3 月第 1 版。

［唐］慧超原著，张毅笺释：《往五天竺国传笺释》，中华书局，2000 年 4 月第 1 版。

［唐］杜佑撰，王文锦等点校:《通典》，中华书局，2016 年 4 月第 1 版。

［唐］段成式撰，方南生点校:《酉阳杂俎》，中华书局，1981 年 12 月第 1 版。

［后晋］刘昫等撰:《旧唐书》，中华书局，1975 年 5 月第 1 版。

［宋］欧阳修、宋祁撰:《新唐书》，中华书局，1975 年 2 月第 1 版。

［宋］王溥撰:《唐会要》，上海古籍出版社，2016 年 12 月新 1 版。

余太山:《两汉魏晋南北朝正史西域传要注》，中华书局，2005 年 3 月第 1 版。

李锦绣、余太山:《〈通典〉西域文献要注》，上海人民出版社，2009 年 5 月第 1 版。

Acker, W. R. B. 1974. *Some T'ang and Pre-T'ang Texts on Chinese Painting. Vol. II. Chang Yen-Yüan Li Tai Ming Hua Chi. Chapters IV–X.Part One,Translation and Annotations.*Leiden.

Beal, S. 1884. *Si-yu-ki Buddhist Records of the Western World. Translated from the Chinese of Hiuen Tsiang, AD 629.* London. Reprint New Delhi, 2004.

—.1896. *Travels of Fah-Hian and Sung-yun, Buddhist Pilgrims from China to India (400 A.D. and 518 A.D.).* London. Reprint New Delhi, 1996.

—.1911. *The Life of Hiuen-tsiang by the Shaman Hwui Li.* London.

Chavannes, É . 1903a. *Documents sur les Tou–kiue (Turcs) occiden-taux.* St. Petersburg. Reprint Taipei, 1969.

—.1903b. "Voyage de Song Yun dans l'Udyāna et le Gandhāra (518-522 p.C.)." *BEFEO*, 3: 379–441.

—.1907. "Les pays d'Occident d'après le Heou Han Chou." *TP*, 8: 149–234.

Fuchs, W. 1939. "Huei-ch'ao's Pilgerreise durch Nordwest-Indien und Zentral-Asien um 726." *Sitzungsberichte der Preußischen Akademie der Wissenschaften. Phil.-Hist. Klasse*, 30: 426–69.

Hill, J. E. 2003. "The Western Regions According to the *Hou Hanshu*. The *Xiyu juan* 'Chapter on the Western Regions' from *Hou Hanshu* 88." 2nd ed. Extensively revised with additional notes and appendices. https://depts. washington.edu/silkroad/ texts/hhshu/hou_han_shu.html.

—.2009. *Through the Jade Gate to Rome. A Study of the Silk Routes During the Later Han Dynasty 1st to 2nd Centuries CE*.LaVergne, TN.

Knechtges D. R. 1976. *The Han Rhapsody. A Study of the Fu of Yang Hsiung (53 B.C.–A.D. 18)*. Cambridge.

—.1982. *Wen Xuan or Selections of Refined Literature*. Vol. 1: *Rhapsodies on Metropolises and Capitals. Xiao Tong (501–531)*. Princeton.

—.1987. *Wen Xuan or Selections of Refined Literature*. Vol. 2: *Rhapsodies on Sacrifices, Hunting, Travel, Sightseeing, Palaces and Halls, Rivers and Seas*. Princeton.

Krol', Yu.L.1998. "Si yuj fan' go čži v perevode B. I. Pankratova." In *Boris Ivanovič Pankratov. Mongolistika. Sinologija. Buddologija*, edited by Yu. L. Krol', 245–74. *SNV*, 29. Saint Petersburg.

Legge, J.1886. *Record of Buddhist Kingdoms, Being an Account by the Chinese Monk Fâ-Hien of His Travels in India and Ceylon (A.D. 399–414) in Search of the Buddhist Books of Discipline*. Oxford. Reprint New Delhi, Madras, 1993.

Li Rongxi, trans. 1996. *The Great Tang Dynasty Record of the Western Regions*. BDK English Tripiṭaka 79. Taishō, vol. 51, n. 2087. Berkeley.

Mackerras, C. 1972. *The Uighur Empire According to the T'ang Dynastic Histories: A Study in Sino-Uighur Relations 744–840*. Canberra.

Maljavkin, A. G. 1989. *Tanskie hroniki o gosudarstvah Central'noj Azii. Teksty i issledovanija*. Novosibirsk.

Mathew's Chinese-English Dictionary. 1931. Shanghai. Reprint Cambridge, MA, 1993.

Miller, R. A. 1959. *Accounts of Western Nations in the History of the Northern Chou Dynasty*. Berkeley, Los Angeles.

Nicolini-Zani, M. 2001. *Testi cristiani cinesi antichi (secolo VIII). La via della luce*. Magnano.

Palumbo,A.2003."La conversione degli Uiguri al manicheismo. La versione cinese." In *Il Manicheismo. Vol. I. Mani e il Manicheismo*, edited by G. Gnoli, 249–77. Milan.

Pulleyblank, E. G. 1955. *The Background of the Rebellion of An Lu-Shan*. Oxford. Reprint 1966.

Reed, C. E. 2003. *A Tang Miscellany. An Introduction to Youyang zazu*. New York.

Rossabi, M. 1983. "A Translation of Ch'en Ch'eng's *Hsi-yü Fan-kuo chih.*" *Ming Studies*, 17: 49–59.

Samosiuk, K. F. 1989. "Hudožniki-inostrancy v Kitae VI-VII vv. (Po traktatu Čžan Jan'iuanja, IX v.)." *TGE*, 27: 71–77.

Stark, S. 2006. *Transoxanien nach dem Tang Huiyao des Wang Pu.*Halle.

—.2009. *Transoxaniennach dem Tang Huiyao des Wang Pu.* Norderstedt.

Thierry, F. 2007. "À propos des monographies du *Weishu* (554) et du *Beishi* (659) sur le royaume de Perse." In *Gyselen*, 141–56.

Wakeman, C. B. 1990. "Hsi Jung (Western Barbarians): An Annotated Translation of the Five Chapters of the 'T'ung Tien' on the Peoples and Countries of Pre-Islamic Central Asia." PhD diss., University of California, Los Angeles.

Watson, B. 1993. *Sima Qian. Records of the Grand Historian: Han Dynasty II.* New York.

Watters, T. 1904–05. *On Yuan Chwang's Travels in India (A.D. 629–645).* London.

Yang, H., Y. Jan, S. Ida, and L. W. Preston 1983. *The Hye Ch'O Diary: Memoir of the Pilgrimage to the Five Regions of India.* Berkeley.

Yu Taishan（余太山）1998. "A Study of Sakā History." *SPP*, 80. http://www. sino-platonic.org/complete /spp080_saka_sai.pdf.

—.2004. "A History of the Relationship between the Western & Eastern Han, Wei, Jin, Northern and Southern Dynasties and the Western Regions." *SPP*, 131. http://www.sino-platonic.org/ complete/spp131_chinese_dynasties_ western_region.pdf.

—.2006. "A Study of the History of the Relationship between the Western and Eastern Han, Wei, Jin, Northern and Southern Dynasties and the Western Regions." *SPP*, 173. http://sino-platonic. org/ complete/spp173_chinese_ dynasties_western0206.pdf.

—.2011. "The Origin of the Kushans." *SPP*, 212. http://sino-platonic. org/ complete /spp212_kushan_guishuang.pdf.

古典文献及拜占庭史料

Ammianus Marcellinus 1968–99. *Histoires*. 4 vols. Paris.

Biffi, N. 2005. *L'Estremo oriente di Strabone. Libro XV della Geografia. Introduzione, traduzione e commento.* Bari.

Blockley,R. C.1985. *The History of Menander the Guardsman: Introductory Essay, Text, Translation, and Historiographical Notes*. Liverpool.

Ctesias 1991. *Histoires de l'Orient*. Paris.

Curtius Rufus, Quintus 1977. *Storie di Alessandro Magno*. Turin.

—.1998–2000. *Storie di Alessandro Magno*. 2 vols. Milan.

Diodorus, Siculus 1963–71. *Library of History*. Loeb Classical Library edition, 12 vols. Cambridge, MA; London.

Feraco, F. 2004. *Ammiano geografo. La digressione sulla Persia*. Naples .

Herodotus 1978–2006. *Erodoto. Le Storie*. Verona, Milan.

Humbach, H., and S. Ziegler 1998. *Ptolemy Geography. Book 6. Middle East, Central and North Asia, China. Part 1. Text and English/German Translations*. Wiesbaden.

Lenfant, D., ed. 2004. *Ctésias de Cnide. La Perse, l'Inde, autresfrag-ments*. Paris.

Llewellyn-Jones, L., and J. Robson 2010. *Ctesias' History of Persia. Tales of the Orient*. London, New York.

Mango, C., and R.Scott 1997. *The Chronicle of Theophanes Confessor. Byzantine and Near Eastern History AD 284–813*. Oxford .

Marasco, G. 1982. *Appiano e la storia dei Seleucidi, fino all'ascesa al trono di Antioco III*. Florence.

Maricq, A. 1958. "Classica et Orientalia. 5. Res Gestae Divi Saporis." *S*, 35: 295–360.

McCrindle, J.W.1926. *Ancient India as Described by Megasthenês and Arrian*. London. Reprint New Delhi, 2000.

Pausanias 1992–98. *Description de la Grèce*. 8 vols. Paris.

Pliny, the Elder 1950–85. *Histoire naturelle. Livres I-XXXVII*. Paris.

Ronca, I. 1971. *Ptolemaios. Geographie 6,9–21 Ostiran und Zentralasien. Vol. I*. Rome.

Strabo 1969–81. *Strabon. Géographie*. 9 vols. Paris.

Stronk, J. 2010. *Ctesias' Persian History. Part I. Introduction, Text and Translation*. Düsseldorf.

Tacitus, C. 1969–70. *Tacito. Storie*. 2 vols. Turin.

Turtledove, H.1982.*The Chronicle of Theophanes. An English Translation of* Anni Mundi *6095–6305 (A.D. 602–813) with Introduction and Notes*.

Philadelphia.

Whitby, M., and M.Whitby 1996. *The History of Theophylact Simocatta. An English Translation with Introduction and Notes*. Oxford.

伊斯兰史料

Cristoforetti, S. *'Umar ibn Ibrāhīm al-Khayyām, Il libro del Capodanno (Nawrūznāma)*, Milano, Udine, 2015.

Frye, R. N. 1954. *The History of Bukhara. Translated from a Persian Abridgment of the Arabic Original by Narshakhī*. Cambridge.

Grignaschi, M. 1966. "Quelques specimens de la littérature sassanide conservés dans les bibliothèques d'Istanbul." *JA*, 1: 1–142.

Khayyām Nešāburi, Omar b. Ebrāhim 1357/1978. *Nawrūznāmah. Az rū-yi nuskhah-i birlan chāp-i 'aksī-i musku 1962* [in Farsi]. Bih kūshish-i 'Ali Ḥuṣūrī. *Zabān va Farhang-i Irān*, 86.Tehran.

Kramers, J. H., and G. Wiet 1964. *Ibn Hauqal, Configuration de la terre (Kitab Surat al-Ard)*, vol. 2. Beirut, Paris.

Minorsky, V. 1970. *Ḥudūd al-'Ālam, "The Regions of the World": A Persian Geography 372 A.H.–982 A.D.* London.

Minovi, Mojtabā, ed. 1312/1933–34. *Ḥakim-e Omar-e Khayyām, Nawruznāma* [in Farsi]. Tehran.

Murgotten, F.C.1924. *The Origins of the Islamic State: Being a Translation from the Arabic Accompanied with Annotations, Geographic and Historic Notes ofthe Kitâb Futûḥ al-Buldân*, Part II. New York. Reprint 1969.

Sachau C. E. 1879. *The Chronology of the Ancient Nations: An English Version of the Arabic Text of the Athâr-ul-Bâqiya of Albîrûnî or "Vestiges of the Past" Collected and Reduced to Writing by the Author in A.H. 390–1, A.D. 1000*. London. Reprint Frankfurt, 1969.

—.1910. *Alberuni's India. An Account of the Religion, Philosophy, Literature, Geography, Chronology, Astronomy, Customs, Laws and Astronomy of India about AD 1030*. London. Reprint New Delhi, 2005.

中古伊朗语言史料

Back, M. 1978. *Die Sassanidischen Staatsinschriften. AcIr*, 18.Leiden, Tehran, Liège.

Benveniste, É.1940. *Textes sogdiens édités, traduits et commentés*.Paris.

—.1946. *Vessantara Jātaka. Texte sogdien édité, traduit et commenté*. Paris.

Boyce, M. 1968. *The Letter of Tansar*. Rome.

Daryaee, T. 2002. *Šāhrestānīhā ī Ērānšahr*. Costa Mesa, CA.

—.2007. "The Middle Persian Text *Sūr ī Saxwan* and the Late Sasanian Court." In *Gyselen*, 65–72.

Grenet, F. 2009. "The Pahlavi Text *Māh ī Frawardīn Rōz ī Hordād*. A Source of Some Passages of Bīrūnī's Chronology." In *Exegisti Monumenta. Festschrift in Honour of Nicholas Sims-Williams*, edited by W. Sundermann, A. Hintze, and F. de Blois, 161–70. *Iranica*, 17. Wiesbaden.

Henning, W. B. 1940. *Sogdica*. London. Reprinted in W. B. Henning. "Selected Papers II." *AcIr*, 15 (1977): 1–68.

Huyse, P. 1999. *Die dreisprachige Inschrift Šābuhrs I. an der Ka'ba-i Zardušt (ŠKZ). CII, Part III, Pahlavi Inscriptions*. London.

Livshits, V. A. 2006. "The Sogdian Wall Inscriptions on the Site of Afrasiab." In *Compareti, La Vaissière*, 59–74.

Lurje, P. B. 2008. "K čtenija sogdijskih nadpisej, otkrytyh v Pendžikente." In *Rezvan*, 213–25.

Marquart, J. 1901. *Ērānšahr. Nach der Geographie des Ps. Moses Xorenac'i*. Berlin.

Sims-Williams, N., F. Grenet, and A. Poduškin 2007. "Les plus an-ciens monuments de la langue sogdienne: les inscriptions de Kultobe au Kazakhstan." *CRAIBL*, 151 (2): 1005–34.

West, E. W. 1882. *The Dâdistân-î Dînîk and the Epistles of Mârû Skîhat, Pahlavi Texts. Part II*. Oxford. Reprint Delhi, 2004.

古波斯语及阿维斯塔语史料

Gershevitch, I. 1967. *The Avestan Hymn to Mithra*. Cambridge. Lecoq, P. 1997. *Les inscriptions de la Perse achémémide*. Paris.

Malandra, W. W. 1983. *An Introduction to Ancient Iranian Religion. Readings from the Avesta and the Achaemenid Inscriptions*. Minneapolis.

Skjærvø, P. O. 2011. *The Spirit of Zoroastrianism*. New Haven, London.

The Zend-Avesta. 1882–87. Translated by J. Darmesteter. Oxford. Reprint Delhi, 1998–2000.

亚美尼亚语史料

Gugerotti, C. 1990. *Sebēos. Storia*. Verona.

Hewsen, R. H. 1992. *The Geography of Ananias of Širak (Ašxarhac 'oyc ')*. *The Long and the Short Recensions*. Introduction, translation and commentary by R. H. Hewsen.Wiesbaden.

Pane, R. 2005. *Ełišē. Storia di Vardan e dei martiri armeni*. Rome.

P'awstos, Buzandats'i. 1997. *P'awstos Buzand. Storia degli armeni*. Edited by G.Uluhogian. Translated by M. Bais and L. D.Nocetti. Milan.

Ter-Mkrtičjan, L. H. 1979. *Armjanskie istočniki o Srednej Azii V-VIIvv..* Moscow.

阿拉美语史料

Shaked, S. 2004. *Le satrape de Bactriane et son gouverneur: docu-ments araméens du IVe s. avant notre ère*. Paris.

印度史料

Kane, P. V. 1918. *The Harshacarita of Bāṇabhaṭṭa. Text of Uchchvāsas I-VIII*. Bombay. Reprint Delhi, 1997.

Satapatha-Brahmana. According to the Text of the Madhyandina School. Part V. Books XI, XII, XIII and XIV. 1900. Translated by J. Eggeling. London. Reprint Delhi, 2002.

藏文史料

Dotson, B.2009.*The Old Tibetan Annals. An Annotated Translation of Tibet's First History*. Vienna.

古突厥语史料

Tekin, T.1995.*Les inscriptions de l'Orkhon. Kul Teghine, Bilghé Qaghan, Tonyouqouq*. Istanbul.

吐火罗语史料

Adams,D.Q.1999.*A Dictionary of Tocharian B*. Amsterdam.

埃及史料

Goyon, J.-C.1972.*Confirmation du pouvoir royal au nouvel an.Brooklyn Museum papyrus 47.218.50*. Cairo.

Yoyotte,J.1972. "Les inscriptions hiéroglyphiques. Darius et l'Égypte." *JA*, 260 (3/4): 253–66.

凯尔特语史料

Forester, T. 2000. *Giraldus Cambrensis: The Topography of Ireland*. Cambridge.

二手文献

5000 ans d'art chinois. Peinture 2. La peinture sous les Sui, les Tang et les Cinq Dynasties. 1988. Beijing, Brussels.

Abdullaev, K. 2004. "New Finds of Pre-Kushan and Early Kushan Plastic Art in Northern Bactria and the Khalchayan Reliefs." *P*, 6: 27–46.

—.2011. "Parfjanskie motivy v nastennoj rospisi Nahšeba (Erkurgan i ego okruga)." In *Un impaziente desiderio di scorrere il mon-do. Studi in onore di Antonio Invernizzi per il suo settante-simo compleanno*, edited by C. Lippolis and S. de Martino, 309–20. Florence.

Abdurazakov, A. A., and M. K. Kambarov. 1975. *Restavracija na-stennyh rospisej Afrasiaba*. Tashkent.

Abramson, M. S. 2003. "Deep Eyes and High Noses. Physiognomy and the Depiction of the Barbarians in Tang China." In *Political Frontier, Ethnic Boundaries, and Human Geographies in Chinese History*, edited by N. Di Cosimo and D. J. Wyatt, 119-159. London and New York.

Aijmer, G. 2005. "A Family Reunion. The Anthropology of Life, Death and New Year in Soochow." *JRAS*, 3rd series, 15 (2):199–218.

Akhunbabaev, H.G.1987. "Domašnie khramy rannesrednevekovogo Samarkanda." In *Gorodskaya kul'tura Baktrii-Tokharistana i Sogda: Antičnost', rannee srednevekov'e*, 10–21. Samarkand.

—.1990. *Social'no-planigrafičeskaja struktura kvartala znati na Afrasiabe i problema izučenija rannesrednevekovogo Samarkanda*. Samarkand.

—.1999. *Dvorec Ihšidov Sogda na Afrasiabe*. Samarkand.

Al'baum, L. I. 1960. *Balalyk Tepe. K istorii material'noj kul'tury i iskusstva Toharistana*. Tashkent.

—.1971. "Novye rospisi Afrasiaba." *SNV*, 13: 83–89.

—.1975. *Živopis' Afrasiaba*. Tashkent.

Albright, W. F., and P.-É. Dumont. 1934. "A Parallel between Indic and Babylonian Sacrificial Ritual." *JRAS*, 54 (2): 107–28.

Allsen, T. T. 2006. *The Royal Hunt in Eurasian History*. Philadelphia.

Almagro, M., L. Caballero, J. Zozaya, and A. Almagro. 1975. *Quṣayr 'Amra. Residencia y baños omeyas en el desierto de Jordania*. Madrid. Reprint Granada, 2002.

Alram, M. 2004. "The History of the Silk Road as Reflected in Coins." *P*, 6: 47–68.

Alram, M., and M. Pfisterer. 2010. "Alkhan and Hephthalite Coinage." In *Coins, Art and Chronology II*, 13–38.

Ambartsumian, A. A. 2002. "Etnonim 'xjaona' v Aveste." In *Memoirs of the Oriental Department of the Russian Archaeological Society*, 26: 35–72. St. Petersburg.

Amoretti, B. S. 1975. "Sects and Heresies." In *CHI. Volume 4. The Period from the Arab Invasion to the Saljuqs*, edited by R. N. Frye, 481–519. Cambridge.

Andrés-Toledo, M.-Á. 2013. "The Dog(s) of the Zoroastrian Afterlife." In *Le sort des Gâthâs et autres études iraniennes in memoriam Jacques Duchesne-Gullemin*, edited by É. Pirart, 13–23. Leuven, Paris, Walpole, MA.

Arakawa, M. 2008. "Sogdians and the Royal House of Ch'ü in the Kao-ch'ang Kingdom." *AA*, 94: 67–93.

Archbishop Basilios. 1991. "Nawrūz." In *The Coptic Encyclopaedia*, edited by A. S. Atiya, 6: 1784.

Arzhantseva, I. A., and O. N. Inevatkina. 2006a. "Afrasiab Wall-Paintings Revisited: New Discoveries Twenty-Five Years Old." In *Compareti, La Vaissière*, 185–211.

—.2006b. "Iranian People Depicted in Afrasiab Wall Painting (7th cen-tury AD)." In *Panaino, Piras*, 307–17.

Asher, F. M. 1983. "Historical and Political Allegory in Gupta Art." In *Smith*,

53–66.

Ataxodžaev, A. X. 2013. "Numizmatičeskie dannye k političeskoj is-torii Sogdiany IV-IIvv. do n. e." In *Scripta Antiqua. Ancient History, Philology, Arts and Material Culture. Edward Rtveladze Felicitation Volume*, edited by M. D. Buxarin,243–79. Moscow.

Avanesova, N. A.2001. "U istokov urbanistieskogo Afrasiaba." *Istorija material'noj kul'tury Uzbekistana (IMKU)*, 32: 57-68.

—.2010. "Aux sources de la civilisation sogdienne." *Samarcande, cité mythique au coeur de l'Asie. Dossiers d'archéologie*, 341: 18-19.

Azarnouche, S., and F. Grenet. 2010. "Thaumaturgie sogdienne: nou-velle édition et commentaire du texte P.3." *SI*, 39 (1): 27–77.

Azarpay, G. 1975. "Some Iranian Iconographic Formulae in Sogdian Painting." *IA*, 11: 168–77.

—.1981. *Sogdian Painting. The Pictorial Epic in Oriental Art*. Berkeley, Los Angeles, London.

—.2000. "Sasanian Art beyond the Persian World." In *Curtis*, 67–75.

—.2013. "The Afrasyab Murals. A Reassessment." In *Commentationes Iranicae. Vladimiro F. Aaron Livschits nonagenario donum natalicium*, edited by S. Tokhtasev and P. Lur'e, 308–17. Saint Petersburg.

—.2014. "The Afrasiab Murals: A Pictorial Narrative Reconsidered."*The Silk Road*, 12: 49–56.

Babayarov, G. 2006. "Sogd under Turkish Rule During 6th–7th Centuries (On Sogdian and Turkish Symbiosis)." In *Compareti, Raffetta, Scarcia*, 71–73.

Baer, E. 2004. *The Human Figure in Islamic Art. Inheritances and Islamic Transformations*. Costa Mesa, CA.

Baliński, A.1994. *"Sogdianus-Artaxerxes?"* EOS, 82: 251-252.

Baratin, C., and L. Martinez-Sève. 2010. "Samarcande à l'époque hellenistique." *Samarcande cité mythique au coeur de l'Asie. Dossiers d'archéologie*, 341: 32–33.

Baratte, F. 1985. "Héros et chasseurs: la tenture d'Artémis de la Fondation Abegg à Riggisberg." *Monuments Piot*, 67: 31–76.

Barbet, A.2006. "Techniques d'exécution des peintures murales du palais d'Afrasiab à Samarcande." In *Compareti,La Vaissière*,213–27.

Barbieri-Low, A. 2007. *Artisans in Early Imperial China*.Seattle.

Barfield, T. J. 1989. *The Perilous Frontier. Nomadic Empires and China*. Cambridge, Oxford.

Barthold, W. 1977. *Turkestan Down to the Mongol Invasion*. 4th ed.London.

—.1997. "al–Sughd." Revised by C. E. Bosworth. In *EIs*, 9: 772–73. Edited by C. E. Bosworth et al. Leiden.

—.2002. *Raboty po istoričeskoj geografii*. Moscow.

Beckwith, C. I.1987. *The Tibetan Empire in Central Asia: a History of the Struggle for Great Power among Tibetans, Turks, Arabs and Chinese during the Early Middle Ages*. Princeton.

Belenitskii, A. M. 1973. *Monumental'noe iskusstvo Pendžikenta*.Moscow.

Belenitskii, A. M., and B. I. Maršak. 1981. "The Paintings of Sogdiana." In Azarpay, 11–77.

Belenizki, A. M. 1980. *Mittelasien. Kunst der Sogden*. Leipzig.

Benjamin, C. G. R. 2004. "The Location of Jianshi." In *Transoxiana. History and Culture. To Academician Edvard Rtveladze in Honour of His 60th Birthday from Colleagues and Students*, edited by A. Saidov, 109–17. Tashkent.

—.2007. *The Yuezhi. Origin, Migration and the Conquest of Northern Bactria. Silk Road Studies* 14. Turnhout.

Berdimuradov, A., and M. Samibaev. 2001. "Une nouvelle peinture murale sogdienne dans le temple de Džartepa II. Avec des notes additionnelles par F. Grenet et B. Marshak." *SI*, 30 (1):45–66.

Berger, P. 1976. "The 'Battle at the Bridge' at Wu Liang Tz'u: A Problem in Method." *EC*, 2: 3–8.

—.1998. "Body Doubles: Sculpture for the Afterlife." *O*, 29 (2): 46–53.

Bernard, P. 1968. "Chapiteaux corinthiens hellénistiques d'Asie cen-trale découverts à Aï Khanoum." *S*, 45: 111–51.

—.1976. "Les traditions orientales dans l'architecture bactriane." *JA*, 3–4: 245–55.

—.1980. "Heracles, les grottes de Karafto et le sanctuaire du Mont Sanbulos en Iran." *SI*, 9 (2): 301–24.

—.1985. *Fouilles d'Aï Khanum IV. Les monnaies hors trésor. Questions d'histoire gréco-bactrienne. MDFA*, 18. Paris.

—.1987. "Les nomades conquerants de l'empire greco-bactrien." *CRAIBL*,

131 (4): 758–68.

—.1994. "Le temple du dieu Oxus à Takht-i Sangin en Bactriane: temple du feu ou pas?" *SI*, 23: 81–121.

—.1996. "Maracanda-Afrasiab colonie grecque." In *La Persia e Asia centrale*, 331–65.

Bernard, P., F. Grenet, and M. Isamiddinov. 1990. "Fouilles de la mis-sion franco-soviétique à l'ancienne Samarkand (Afrasiab): première campagne, 1989." *CRAIBL*, 134 (2): 356–80.

—.1992. "Fouilles de la mission franco-ouzbèque à l'ancienne Samarkand (Afrasiab): deuxième et troisième campagnes (1990–1991)." *CRAIBL*, 136 (2): 275–311.

Bernardini, M.2003. *Storia del mondo islamico (VII–XVI secolo). Volume secondo. Il mondo iranico e turco*. Turin.

Besenval, R., and A. Isakov. 1989. "Sarazm et les débuts du peuple-ment agricole dans la région de Samarkand." *ArA*, 44: 5–19.

毕波. 2007.《怛罗斯之战和天威健儿赴碎叶》,《历史研究》2007 年第 2 期, 第 15~31 页。

—. 2011.《中古中国的粟特胡人——以长安为中心》, 中国人民大学出版社, 2011。

Bickerman, E. 1983. "The Seleucid Period." In *CHI, 3 (1)*. *The Seleucid,Parthian and Sasanian Periods*, edited by E.Yarshater, 3–20. Cambridge.

Bidmead, J. 2002. *The Akītu Festival. Religious Continuity and Royal Legitimation in Mesopotamia*. Piscataway, NJ.

Bielmeier, R.2006. "Yaghnobi." In *EI*, edited by E. Yarshater. http:// www. iranicaonline.org/articles /yaghnobi.

Billard, R.1971. *L'astronomie indienne. Investigations des textes sanskrits et des données numériques*. Paris.

Birrell, A.1993.*Chinese Mythology: An Introduction*. Baltimore,London.

Bivar, A. D. H. 2009. "Kushan Dynasty i. Dynastic History." In *EI*, edited by E. Yarshater. http://www.iranicaonline.org/articles/ kushan-dynasty-i-history.

Black, J., and A. Green. 1992. *Gods, Demons and Symbols of Ancient Mesopotamia. An Illustrated Dictionary*. London. Reprint 2004.

Blázquez, J. M. 1981. "Las pinturas helenísticas de Qusayr 'Amra(Jordania) y sus fuentes." *AEA*, 54: 157–90.

Blois, F. de. 1989. "Maka and Mazūn." *SI*, 8: 157–67.

—.1996. "The Persian Calendar." *I*, 34: 39–54.

—.2006. "Du nouveau sur la chronologie bactrienne post-héllenistique: l'ére de 223/224 ap. J.-C." *CRAIBL*, 150 (2): 992–96.

Bodde, D. 1975. *Festivals in Classical China. New Year and Other Annual Observances During the Han Dynasty 206 B.C.-A.D.220*. Princeton.

Boltz, W. G. 1979. "Philological Footnotes to the Han New Year Rites." *JAOS*, 99: 423-39.

Bonnet-Bidaud, J. M., F. Praderie, and S. Whitfield. 2009. "The Dunhuang Chinese Sky:AComprehensive Study ofthe Oldest Known Star Atlas." *Journal of Astronomical History and Heritage*, 12:39–59. http://arxiv.org/pdf/0906.3034v1.pdf.

Boodberg, P. A. 1938. "Marginalia to the Histories of the Northern Dynasties." *HJAS*, 3 (3–4): 223–53.

Bopearachchi,O. 1991. *Monnaies gréco-bactriennes et in-do-grecques. Catalogue raisonné*. Paris.

Boroffka, N. 2009. "Siedlungsgeschichte in Nordbaktrien-Bandichan zwischen Spätbronzezeit und Frümittelalter." In *Alexander der Grosse und die Öffnung der Welt. Asiens Kulturen im Wandel*, S. Hansen et al. (curators), 134–43. Mannheim.

Borovkova, L. A. 2005. *Kušanskoe carstvo po drevnim kitajskim is-točnikam*. Moscow.

Bosworth, A. B. 1980. "Alexander and the Iranians." *JHS*, 100: 1–21.

—.1984. "Āl-E Elyās." In *EI*, 1/7:754–56.Edited by E. Yarshater. London, Boston, Henley. A version updated in 2011 is available online at http://www. iranicaonline.org/articles/al-e-elyas-a-short-lived-iranian-dynasty-which-ruled-in-the-east-ern-persian-province-of-kerman-during-the-4th-10th-centu.

—.1986. "Mā warā' al-Nahr," In *EIs*, 5:852–59. Edited by C. E. Bosworth et al. Leiden.

—.1988. *Conquest and Empire. The Reign of Alexander the Great*. Cambridge. Reprint 2008.

—.1996. *The New Islamic Dynasties. A Chronological and Genealogical Manual.* Edinburgh.

Bosworth, C. E., and O. G. Bolshakov. 1998. "Central Asia Under the Umayyads and the Early 'Abbasids." In *HCCA, Vol. IV, The Age ofAchievement: A.D. 750 to the End of the Fifteenth Century. Part One:The Historical, Social and Economic Setting*, 23–40. Paris.

Boyce, M. 1968. "On the Sacred Fires of the Zoroastrians." *BSOAS*,31 (1): 52–68.

—.1977. *A Persian Stronghold of Zoroastrianism.* Oxford.

—.1983 [1986]. "Iranian Festivals." In *CHI*, 3 (2): 792–816. Cambridge.

—.1996. "Dog ii. In Zoroastrianism." In *EI*, 7/5: 467–69. Edited by E. Yarshater. An updated version is available online at http:// www.iranica online.org/articles/dog#pt2.

Bregel, Y. 2003. *An Historical Atlas of Central Asia.* Leiden, Boston.

Briant,P.1991. "The Seleucid Kingdom and the Achaemenid Empire." In *Religion and Religious Practice in the Seleucid Kingdom*, edited by P. Bilde et al., 40–65. Aarhus.

—.1996. *Histoire de l'empire perse.De Cyrus à Alexandre.* Paris.

—.2002. *From Cyrus to Alexander.A History of the Persian Empire.* Winona Lake, IN.

—.2009. "A la cour du Roi des Rois." *Les collections de l'Histoire. De la Perse à l'Iran de Cyrus à Ahmadinejad*, 42 (janvier-mars): 30–35.

Bulling, A.1966–67. "Three Popular Motives in the Art of the Eastern Han Period. The Lifting of the Tripod.The Crossing of a Bridge. Divinities." *AAA*, 20: 25–53.

Burhanov, A. A.2005.*Drevnij Lebap. Kul'tura poselenij oblasti Amulja.* Kazan.

Bussagli, M.1986. "Il disco 'battriano' del Museo dell'Ermitage. Su un'analogia iconografi ca con talune figure angeliche poste-riori al V secolo." *RSO*, 60 (1–4): 13–44.

Cahill, J. 1976. *Hills Beyond a River: Chinese Painting of the Yüan Dynasty, 1279–1368.* New York, Tokyo.

Callieri, P. 2005. "A Dyonisian Scheme on a Seal from Gupta India." *EW*, 55 (1–4): 71–80.

—.2008. "'Dionysiac' Iconographic Themes in the Context of Sasanian

Religious Architecture." In *Current Research in Sasanian Archaeology, Art and History*, edited by D. Kennet and P. Luft, 115–25. Oxford.

Canepa, M. P.2009.*The Two Eyes of the Earth: Art and Ritual of Kingship between Rome and Sasanian Iran*. Berkeley.

—.2010. "Distant Displays of Power. Understanding Cross-Cultural Interaction Among the Elites of Rome,Sasanian Iran, and Sui-Tang China." *AO*, 38: 121–54.

Cannata, P. 1981. *Profilo storico del primo impero turco*. Rome.

—.2000.*Sulle relazioni tra India e Asia interna nelle testimonianze ci-nesi. RSO*, 73, Suppl. 1, Rome.

Capdetrey, L.2007.*Lepouvoir séleucide:Territoire, administration, finances d'un royaume hellénistique (312–129 avant J.-C.)*.Rennes.

Carboni, S. 2004. "Il-khanids iii. Book Illustration." In *EI*, 12/6: 658–64. Edited by E. Yarshater. A version updated in 2012 is available online at http://www.iranicaonline.org/articles/ il-khanids-iii-book-illustration.

—.2015. *The Wonders of Creation and the Singularities of Painting.A Study of the Ilkhanid London Qazvīnī*. Edinburgh.

Carter, M. L.1974."Royal Festal Themes in Sasanian Silverwork and Their Central Asian Parallels."In *Commémoration Cyrus, vol. 1, Hommage Universel. AI*, 1: 171–202. Leiden, Tehran, Liège.

Catalogue Dušanbe 1985.*Drevnosti Tadžikistana*. Dushanbe.

Catalogue Paris. 2007.*L'âge d'or de l'Inde classique. L'empire des Gupta*. M.C.Joshi, J.-F. Jarrige (curators). Paris.

Catalogue Paris. 2010. *Kazakhstan. Hommes, bêtes et dieux de la steppe*. M.-C. Rey (curator). Paris.

Catalogue Roma. 1993. *Oxus. Tesori dell'Asia Centrale*. P. D'Amore and G. Lombardo (curators). Rome.

Catalogue St.Petersburg.2014.*Conservation in the Hermitage. Through the Prism of Time*. St.Petersburg.

Catalogue Torino. 2007. *Afghanistan. I tesori ritrovati. Collezioni del Museo Nazionale di Kabul*. P. Cambon (curator). Turin.

Catalogue Wien. 1995. *Buddha in Indien. Die Frühindische Skulptur von König Aśoka bis zur Guptazeit*, D. E. Klimburg-Salter (curator). Vienna.

Caterina, L. 1980. "Dipinti murali in tombe di epoca tang." *C*, 16:317–59.

Cazzoli, S., and G. C. Cereti. 2005. "The Sealings of Kafir Kala. Preliminary Report." *ACSS*, 11 (1–2): 133–64.

Cereti, C. G. 2010. "*Xiiaona*-and *Xyōn* in Zoroastrian Texts." In *Coins, Art and Chronology II*, 59–72.

Chen Da-sheng. 1991. "Chinese-Iranian Relations vii. Persian Settlements in Southeastern China during the T'ang, Sung, and Yuan dynasties." In *EI*, 5/4:–46. Edited by E. Yarshater. Costa Mesa, CA. A version updated in 2011 is available on-line at http://www.iranicaonline.org/articles/chinese-irani-an-vii.

Cheng, B. 2010. "The Space Between: Locating 'Culture' in Artistic Exchange." *AO*, 38: 81–120.

Cheng Yue. 1996. "A Summary of Sogdian Studies in China." *CAAD*, 1 (1): 21–30.

Chierichetti, P. 2011. "L'Aśvamedha nella storia. Un'indagine sulle testimonianze storiche della celebrazione del sacrificio del cavallo in India." *Kervan*, 13/14: 127–45.

Christensen, A.1934. *Les types du premier homme et du premier roi dans l'histoire légéndaire des iraniens. IIe partie. Jim*.Leiden.

—.1944. *L'Iran sous les Sassanides*. Copenhagen. Reprint Osnabrück, 1971.

Chung, S.P.1990. "A Study of the Daming Palace: Documentary Sources and Recent Excavations." *ArAs*, 50 (1–2): 23–72.

Chuvin, P.1996. "Les ambassades byzantines auprès des premiers souverains turcs de Sogdiane. Problèmes d'onomastique et de toponymie." *Cac*, 1–2: 345–55.

—.2002. *Le arti in Asia centrale*. Milan. [Orig. ed. *Les arts de l'Asie centrale*. Paris, 1999.]

Cohen, M. E. 1993. *The Cultic Calendars of the Ancient Near East*. Bethesda, MD.

Colledge, A. R. M. 1979. *L'impero dei Parti. Un grande popolo dell'an-tica persia, dominatore delle terre tra Cina e Roma*. Rome.

Collon, D. 1987. *First Impressions. Cylinder Seals in the Ancient Near East*. London. Reprint with revisions 2005.

Compareti, M. 2000. "Iranian Divinities in the Decoration of Some Dulan and Astana Silks." *ACF*, 39 (3): 331–68.

——.2002. "Introduction to the History of Sogdiana." In *Turks*, 373–81.

——.2003a. "Presenza sasanide in Africa." In *Il falcone di Bistam*, 39–51. English version on Internet: "The Sasanians in Africa": http://www. transoxiana.org/0104/sasanians.html.

——.2003b. "Note sul toponimo Vardāna–Vardānzī." *RSO*, 76 (1–4): 39–47.

——.2003c. "The Last Sasanians in China," *ES*, 2 (2): 197–213.

——.2003d. "Note sull'iconografia del pegaso e del cavallo bardato nell'arte iranica." In *Il falcone di Bistam*, 27–37.

——.2004a. "A Possible Etymology for the Toponym Fadi/Vardana in Chinese Sources." In *Arheologija i istorija Central'noj Azii. K 70 letiju so dnja roždenija akademika Akademii nauk Respubliki Uzbekistan Jurija Fedoroviča Buryakova*, 179–82. Samarkand.

——.2004b. "The Sasanian and the Sogdian Pearl Roundel Design:Remarks on an Iranian Decorative Pattern." *SAH*, 6: 259–72.

——.2004c. "Evidence of Mutual Exchange between Byzantine and Sogdian Art." In *La Persia e Bisanzio*, 865–922. Rome.

——.2005a. *Ipopoli iranici e la navigazione nell'Oceano Indiano*. Venice.

——.2005b. "The Representation of Foreign Merchants in the Praṇidhi Scenes at Bäzäklik." In *Panaino, Piras*, 183–95. Milan.

——.2005c. "Literary Evidence for the Identification of Some Common Scenes in Han Funerary Art," *SPP*, 160. http://www.sino-pla-tonic.org/complete/ spp160_han_funerary_art.pdf

——.2006a. "Iconographical Notes on Some Recent Studies on Sasanian Religious Art (With an Additional Note on an Ilkhanid Monument by Rudy Favaro)." *ACF*, 45(3): 163–200.

——.2006b. "Remarks on Some Not Well-Known Sogdian Fragmentary Wall-Paintings." *SAH*, 8: 199–212.

——.2006c. "The Role of the Sogdian Colonies in the Diffusion of the Pearl Roundel Design." In *Compareti, Raffetta, Scarcia*, 149–74.

——.2006d."The So-Called *Senmurv* in Iranian Art: A Reconsideration of an Old Theory." In *Loquentes linguis. Studi linguisg tici e orientali in onore di Fabrizio A. Pennacchietti (Linguistic and Oriental Studies in Honour of Fabrizio A. Pennacchietti)*, edited by Pier Giorgio Borbone, Alessandro Mengozzi, and Mauro Tosco, 185–200. Wiesbaden.

—.2006e. "A Reading of the Royal Hunt at Afrāsyāb Based on Chinese Sources." In *Compareti, La Vaissière*, 173–84.

—.2006–07. "Further Evidence for the Interpretation of the 'Indian Scene' in the Pre-Islamic Paintings at Afrāsyāb (Samarkand)." *The Silk Road Newsletter*, 4 (2): 32–42. Published on the Internet: http://www. silkroadfoundation.org/newsletter/vol4num2/.

—.2007a. "The Paintings Concerning Chinese Themes at Afrāsyāb." In *Compareti, Cristoforetti*, 9–32.

—.2007b. "On the Meaning of the Dragon in the Paintings at Afrasyab (Ancient Samarkand)." In *Mair*, 66–83.

—.2007c. "Indian Elements in Sogdian Art. Specimens of Religious and Secular Themes." In *East-West: The Dialogue of Cultures and Civilizations ofEurasia. Vol. 8. Problems of the Ancient and Medieval History and Archaeology*, edited by A. A. Burkhanov, 34–39. Kazan.

—.2007d.《阿旃陀和巴格石窟壁画中的中亚装饰艺术因素研究述评》,《艺术史研究》第 9 辑, 第 461~472 页。[with an English summary]

—.2008a. "Traces of Buddhist Art in Sogdiana." *SPP*, 181. http://sino-platonic.org/complete/spp181_buddhist_art_sogdiana.pdf.

—.2008b. "The Painting of the 'Hunter King' at Kakrak: Royal Figure or Divine Being?" *ACF*, 47 (3): 131–47.

—.2009a. "The Indian Iconography of the Sogdian Divinities and the Role of Buddhism and Hinduism in its Transmission." *Annali dell'Istituto Orientale di Napoli*, 69 (1–4): 175–210.

—.2009b. "Remarks on the Sogdian Religious Iconography in 7th Century Samarkand." In *The Art of Central Asia and the Indian Sub-Continent in Cross-Cultural Perspective*, edited by A. Pande, 194–200. New Delhi.

—.2009c. "Iranian Elements in Kaśmīr and Tibet. Sasanian and Sogdian Borrowings in Kashmiri and Tibetan Art." *Transoxiana*, 14. Online publication: http://www.transoxiana.org/ 14 /compa-reti_iranian_elements_kashmir.html.

—.2009–10. "'Holy Animals' of Mazdeism in Iranian Arts: Ram, Eagle and Dog." *Nāme-ye Irān-e Bāstān*, 9 (1–2): 27–42.

—.2010. "La peinture d'Afrasiab. Cycle iconographique à la gloire du roi de Samarcande." *Samarcande, cité mythique au coeur de l'Asie. Dossiers d'archéologie*, 341: 54–57.

——.2011a. "Un sogdiano alla corte cinese: qualche osservazione sulla biografia di He Chou." In *Il concetto di uomo nelle società del Vicino Oriente e dell'Asia Meridionale*, edited by G. G. Filippi, 227–37. Venice.

——.2011b. "The Painted Vase of Merv in the Context of Central Asian Pre-Islamic Funerary Tradition." *The Silk Road*, 9: 26–41.

——.2012. "Classical Elements in Sogdian Art:Aesop's Fables Represented in the Mural Paintings at Penjikent." *IA*, 47: 303–16.

——.2013a. "Coronation and Nauruz: A Note on the Reconstruction of the Missing King at Afrāsyāb." In *Sogdians, Their Precursors, Contemporaries and Heirs. Volume in Memory of Boris Il'ič Maršak (1933–2006)*, 174–89. St. Petersburg.

——.2013b. "Due tessuti centrasiatici cosiddetti '*zandaniji*' decora-ti con pseudo-*Simurgh*." In *Le spigolature dell'Onagro. Miscellanea composta per Gianroberto Scarcia in occasione dei suoi ottant'anni*, edited by M. Compareti and R. Favaro,17–37. Venice.

——.2013c. "Sogdiana and the 'Others': Specimens of External Borrowings in Pre-Islamic Sogdian Art." In *Cultural Transfers in Central Asia: Before, During and After the Silk Road*, edited by M. Espagne, S. Mustafaev, S. Gorshenina, C. Rapin, F. Grenet, and Y. Karev, 74–79. Paris, Samarkand.

——.2014. "Some Examples of Central Asian Decorative Elements in Ajanta and Bagh Paintings." *The Silk Road*, 12: 39–48.

Compareti, M., and S. Cristoforetti. 2005. "Proposal for a New Interpretation of the Northern Wall of the 'Hall of the Ambassadors' at Afrasyab." In *Nikonorov*, 215–20.

Corradini, P. 2008. "Sinicized Barbarian Rulers in Medieval China." *RSO*, 79 (1–4): 87–96.

Creswell, K. A. C. 1979. *Early Muslim Architecture. I, Part II, Umayyads (A.D. 622–750).* [2nd ed.] New York.

Cribb,J.1985. "The Sino-Kharosthi Coins of Khotan:Their Attribution and Relevance to Kushan Chronology." *Numismatic Chronicles*, 145:136–49.

——.2000. "Early Indian History." In *Buddhist Reliquaries from Ancient India*, edited by M. Willis, 39–54. London.

——.2010. "The Kidarites, The Numismatic Evidence." In *Coins, Art and*

Chronology II, 91–146.

Cristoforetti, S. 2000. *Forme "neopersiane" nel calendario "zoroastriano" tra Iran e Transoxiana*. Venice.

—.2003. *Persiani intorno all'Africa e vicende calendariali*. Venice.

—.2006a. "Afrasyab toponimo e Afrasyab eponimo: considerazioni sulla riemergente plausibilità di una *lectiofacilior*." In *Compareti, La Vaissière*, 163–71.

—.2006b. "Calendars in Narshakhî's Ta'rîkh-i Bukhârâ." In *Bukhara Oasis*, 100–3.

—.2006–07. "Il mito di Āriš e il 'fanciullo divino' di Samarcanda." *Folia Orientalia*, 42/43: 145–57.

—.2007. "The 'Hall of the Ambassadors' Paintings in the Frame of the Calendrical Systems of the Iranian World." In *Compareti,Cristoforetti*, 33–71.

—.2007–08. "Le *nawrūzī* selon le *Nawrūz-nāma*." *ES*, 6: 71–95.

Cristoforetti, S., and G. Scarcia. 2013. "Talking about Sīmurġ and Ṭāq-i Bustān with Boris I. Marshak." In *Sogdians, Their Precursors, Contemporaries and Heirs. Volume in Memory of Boris Il'ič Maršak (1933–2006)*, 339–52. St. Petersburg.

Cumont, M. L.1961. "Recherches sur les institutions de l'ancien Iran e de l'Arménie." *JA*, 249 (3): 297–320. [English translation: "Research on the Institutions of Ancient Iran and of Armenia." *Journal of the K. R. Cama Oriental Institute*, 42 (1969): 25–58.]

—.1964. "Où les rois sassanides étaient-ils couronnés?" *JA*, 252 (1): 59–75. [English translation: "Where were the Sassanid Kings Crowned?" *Journal of the K. R. Cama Oriental Institute*, 42 (1969): 1–24.]

Daffinà, P. 1969. "La migrazione dei Wu-sun." *RSO*, 44: 143–55.

—.1975. "Sulla più antica diffusione del buddismo nella Serindia e nell'Iran orientale." In *Monumentum H. S. Nyberg*. Tehran, Liège. *AcIr*, 4: 179–92.

—.1975–76. "India, Iran e Asia centrale nell'età pre-islamica. Prima parte: dagli Achemenidi agli Śaka-Pahlava." [Unpublished notes for the academic teaching year, edited by P. Cannata.]Rome.

Daryaee, T. 2008. *Sasanian Iran (224–651 CE). Portrait of a Late Antique Empire*. Costa Mesa, CA.

—.2009. *Sasanian Persia. The Rise and Fall of an Empire*. London, New York.

Dass, M. I., and M. Willis. 2002. "The Lion Capital from Udayagiri and the Antiquity of Sun Worship in Central India." *SAS*, 18:25–45.

Dauvillier, J. 1953. "Byzantins d'Asie centrale et d'Extrême-Orient au moyen âge." *REB*, 11: 62–87.

De Crespigny, R. 2006. "Some Notes on the Western Regions 西域 in Later Han." *JAH*, 40 (1): 1–30.

Delacour, C. 2005. "Une version tardive du triomphe indien de Dionysos? Essai d'interprétation de quelques-uns des pan-neaux historiés d'un monument funéraire chinois en pierre du VIe siècle de notre ère." *Monuments Piot*, 84: 65–98.

Delauray, J. A. 1974. "L'araméen d'empire et les débuts de l'écriture en Asie Centrale." *AcIr*, 2: 219–36. Tehran, Liège.

Desroches, J.-P. 1995. "L'architecture funéraire des Tang 618–907." In *Chine: des chevaux et des hommes*, J. P. Desroches (cura-tor), 90–99. Paris.

Di Branco, M. 2007. "I sei principi di Quṣayr 'Amrah tra tardoantico, ellenismo e Islām." *Rend. Mor. Acc. Lincei*, 18 (4): 597–620.

—.2009a. "Una rosa nel deserto? Le cronache tardoantiche e protobi-zantine e la nascita della storiografia universale islamica." In *Acculturazione e disadattamento*, edited by D. Guizzo,45–68. Venice.

—.2009b. *Storie arabe di greci e di romani. La Grecia e Roma nella storiografia arabo-islamica medievale*. Pisa.

Dien, A. E. 2003. "Observations Concerning the Tomb of Master Shi." *BAI*, 17: 105–15.

—.2007. *Six Dynasties Civilization*. New Haven, London.

Diény, J.-P. 1994. *Le symbolisme du dragon dans la Chine antique*.Paris.

D'jakonov, M. M. 1954. "Rospisi Pjandžikenta i živopis' Srednej Azii." In *Živopis' drevnego Pjandžikenta*, 83–158.

Moscow. Dobrovits, M. 2004. "The Thirty Tribes of the Turks." *AOASH*, 57(3): 257–62.

—.2008. "Silziboulos." *Archivum Ottomanicum*, 25: 67–78.

Domyo, M. 1997. "Late Sassanian Textile Designs in the Reliefs at Taq-i Bustan." *CIETA Bulletin*, 74: 18–27.

Dorigo, W. 1971. *Late Roman Painting. A Study of Pictorial Records 30 BC–AD 500*. London.

Dorn'eich, C. 2008. *Zhang Qian. The Secret Mission of Han Emperor Wu in Search of the Ruzhi (Yuezhi) and theFall of the Graeco-Bactrian Kingdom (Annotated Compilation of Eastern and Western Sources)*. Berlin.

Drège, J. P., and F. Grenet. 1987. "Un temple de l'Oxus près de Takht-i-Sangin, d'après un témoignage chinois du VIIIe siècle." *SI*,16: 117–21.

Drijvers, J. W. 2006. "Ammianus Marcellinus' Image of Sasanian Society." In *Wiesehöfer, Huyse*, 45–69.

Dumézil, G. 1980. *Storie degli Sciti*. Milan. [Orig. ed. *Romans de Scythie et d'alentour*. Paris, 1978.]

—.2011. *La religione romana arcaica. Miti, leggende, realtà*. Milan. [Orig. ed. *La religion romaine archaïque. Avec un appendice sur la religion des Etrusques*. Paris, 1974.]

Dumont, P.-É . 1927. *L'Ashvamedha. Description du sacrifice so-lennel du cheval dans le culte védique d'après les textes du Yajurveda blanc*. Paris.

Dunlop, D. M. 1973. "Arab Relations with Tibet in the 8th and Early 9th Centuries A.D." *İslam Tetkikleri Enstitüsü Dergisi*, 5 (1–4): 301–18.

Duyvendak, J. J. L. 1938. "An Illustrated Battle-Account in the History of the Former Han Dynasty." *TP*, 34: 249–64.

Džalilov, A. 1961. *Sogd nakanune arabskogo našestvija i bor'ba sogdijcev protiv arabskih zavoevatelej v pervoj polovine VIII v.*Stalinabad.

Eberhard, W. 1968. *The Local Cults of South and East China*. Leiden.

Eckardt, H. 1953. "Somakusa." *Sinologica*, 3: 174–89.

Eckfeld, T. 2005. *Imperial Tombs in Tang China, 618–907: The Politics of Paradise*. New York.

Eduljee, H. E. 1988. "The Myth of Thraetaona and the Legend of Feridun." *Journal of the K. R. Cama Oriental Institute*, 55:1–116.

Ehrlich, R. 1930. "The Celebration and Gifts of the Persian New Year (Nawrūz) According to an Arabic Source." In *Dr. J. J. Modi Memorial Volume*, 95–101. Bombay.

Eliasberg, D. 1978. *Imagerie populaire chinoise du Nouvel An: col-lection Chavannes*. *Arts Asiatiques*, 35: 5–127.

Enoki, K., G. A. Koshelenko, and Z. Haidary. 1994. "The Yüeh-chih and Their Migrations." In *HCCA. Volume II. The Development of Sedentary and Nomadic Civilizations: 700 B.C. to A.D. 250*, 171–89. Paris.

Erdene-Ochir, N. 2011. "Felt Rugs, Silks and Embroideries of the Xiongnu." In *Treasures of the Xiongnu. Culture of Xiongnu, the First Nomadic Empire in Mongolia*, 246–67. Ulan Bator.

Esin, E. 1969. "The Cup Rites in Inner Asian Turkish Art." In *Forschungen zur Kunst Asiens in Memoriam Kurt Erdmann*, edited by O. Aslanapa and R. Naumann, 224–61. Istanbul.

—.1977. "A Pair of Manuscripts from the Miscellany Collection of Topkapı." *CAJ*, 21 (1): 13–35.

—.1981. "Le thème de l'intronisation dans les inscriptions et la littéra-ture turques du VIIIᵉ au XIᵉ siècle." *JA*, 269: 299–316.

Ešonkulov, U.2007.*Istorija paradiza drevnego Sogda*. Dushanbe.

Ettinghausen, R. 1965. "The Dance with Zoomorphic Masks and Other Forms of Entertainment Seen in Islamic Art." In *Arabic and Islamic Studies in Honor of Hamilton A. R. Gibb*, edited by G. Makdisi, 211–24. Leiden.

Fairbank, W. 1941. "The Offering Shrines of 'Wu Liang Tz'u.'"*HJAS*, 6 (1): 1–36.

Fales, M. 2001. *L'impero assiro. Storia e amministrazione (IX-VII secolo a.C.)*. Rome, Bari.

Falk, H. 2000. "Measuring Time in Mesopotamia and Ancient India." *ZDMG*, 150 (1): 107–32.

—.2010. "Names and Titles from Kuṣāṇa Times to the Hūṇas. The Indian Material." In *Coins, Art and Chronology II*, 73–89.

Fedorov, M. 2006. "Returning to the Sogdian Incense-Burner of the Late VII-Early VIII c. AD. A Portrait of Ikhshid Varkhuman?" *IA*, 51: 221–31.

—.2007. "On the Portraits of the Sogdian Kings (Ikhshīds) of Samarqand." *I*, 45:153–60.

Ferrand, G. 1930–32. "Les grands rois du monde." *BSOAS*, 6: 329–39.

Field, H., and E. Prostov. 1938. "Archaeological Investigations in Central Asia, 1917–1937." *Ars Islamica*, 5: 233–71.

Fiorani Piacentini, V. 1974. *Turchizzazione ed islamizzazione dell'Asia centrale (VI–XVI secolo d. Cr.)*. Milan, Rome, Naples, Città di Castello.

——.1992. "Merchants, Merchandise and Military Power in the Persian Gulf (Sūriyānj/Shahriyāj-Sīrāf)." *Atti della Accademia Nazionale dei Lincei*, 3 (2): 109–89.

Flood, F. B. 2005. "A Royal Drinking Scenefrom Alchi:Iranian Iconography in the Western Himalayas." In *Image and Meaning in Islamic Art*, edited by R. Hillenbrand,73–97.London .

Fontana, M. V. 1986. *La leggenda di Bahrām Gūr e Āzāde. Materiale per la storia di una tipologia figurativa dalle origini al XIV secolo*. Naples.

Forte, A. 1996. "The Edict of 638 Allowing the Diffusion of Christianity in China." In P. Pelliot, *L'inscription nestorienne de Si-Ngan-Fou*, edited by A. Forte, 349–74. Kyoto, Paris.

——.2005. "Cenni storici e relazioni estere, religioni straniere, scienze." In Catalogue Napoli: *Tang. Arte e cultura in Cina prima dell'anno mille*, edited by L.Caterina,G.Verardi, and C. Visconti, 25–37. Naples.

Fowden, G. 2004a. "The Six Kings at Quṣayr 'Amra." In *La Persia e Bisanzio*, 275–90. Rome.

——.2004b. *Quṣayr 'Amra. Art and the Umayyad Elite in Late Antique Syria*. Berkeley, Los Angeles, London.

Francfort, H.-P. 1988. "Central Asia and Eastern Iran." In *The Cambridge Ancient History. Vol. IV. Persia, Greece and the Western Mediterranean c. 525 to 479 B.C.*, edited by J. Boardman et al., 165–93. Cambridge.

Francovich, G. de.1984. "Il concetto della regalità nell'arte sasanide e l'interpretazione di due opere d'arte bizantine del periodo della dinastia macedone: la cassetta eburnea di Troyes e la corona di Costantino IX Monomaco di Budapest." In *Persia, Siria, Bisanzio e il Medioevo artistico europeo*, edited by V. Pace, 78–138. Naples.

Fray, G., F. Grenet, M. Khasanov, M. Reutova and M. Riep. 2011. "A Pastoral Festival on a Wall Painting from Afrasyab (Samarkand)." JIAAA, 6: 53–73.

Fröhlich, C. 2004. "Indo-Parthian Dynasty." In *EI*, 13/1: 100–103. Edited by E. Yarshater. A version updated in 2012 is available at http://www.iranicaonline.org/articles/indo-parthian-dy-nasty-1.

Frye,R. N. 1943. "Sughd and the Sogdians. A Comparison of Archaeological Discoveries with Arabic Sources." *JAOS*, 63 (1): 14–16.

——.1975. "The Samanids." In *CHI*, 4:136–61. Edited by R. N. Frye. Cambridge .

—.1998. *The Heritage of Central Asia. From Antiquity to the Turkish Expansion*. Princeton.

Gabrieli, F. 1928. "Etichetta di corte e costume sāsānidi nel *Kitāb aḫlāq al-mulūk* di al-Ǧāḥiẓ." *RSO*, 11 (3): 292–305.

Gabrielli, M. 2006. *Le cheval dans l'empire achéménide*. Istanbul.

Gadjiev, M. S. 2006. "Interpretation of a Bronze Figurine of Warrior from Gigatl' (Daghestan)." In *Compareti, Raffetta, Scarcia*,199–212.

Gafurov, B. G. 2005. *Central Asia. Pre-Historic to Pre-Modern Times. Vol. 1*. Delhi. [English version of *Tažiki*. Dushanbe, 1989.]

Gall, H. von. 1990. *Das Reiterkampfbild in der iranischen und iranisch beeinflussten Kunst parthischer und sasanidischer Zeit*. Berlin.

Gamkrelidze, T. V., and V. V. Ivanov. 1990–91. "Les premiers in-do-européens de l'histoire: les ancêtres des tokhariens en Asie Mineure ancienne," *Revue des Études Géorgiennes et Caucasiennes*, 6–7: 265–96.

Gariboldi, A. 2009. "Social Conditions in Egypt under the Sasanian Occupation (619–629 A.D.)." *La Parola del Passato*, 64:321–50.

—.2011a. *La monarchia sasanide tra storia e mito*. Milan, Udine. 2011b. "Sogdian and Early Islamic Coins from Kafir Kala(Uzbekistan)." *Ocnus*, 19: 171–86.

Garsoïan,N.G. 1997. "Les éléments iraniens dans l'Arménie paléochrétienne." In *Des Parthes au Califat. Quatre leçons sur la formation de l'identité arménienne*, edited by N. G. Garsoïan and J. P. Mahé, 9–37. Paris.

Gaster, T. H. 1961. *Lepiù antiche storie del mondo*. Turin. [Orig. ed. *The Oldest Stories in the World*. New York, 1960.]

Gaulier, S. 1973. "Aspects iconographiques des croyances escha-tologiques dans le Bassin du Tarim d'après deux documents Pelliot." *ArA*, 28: 165–84.

—.1982. "Les boîtes funéraires de Soubachi." In *Douldour-Āqour et Soubachi. Mission Paul Pelliot IV*, 331–47. Paris.

Gauthiot, R. 1910. Review of "V. Thomsen, Ein Blatt in türkischer 'Runen' schrift aus Turfan.–F. C. Andreas, Zwei sogdische Exkurse zu Wilhelm Thomsens: Ein Blatt ..., *Sitzungberichte der königl. Preuss. Akad. d. Wissenschaften*, 15: 276–306, 307–14." *JA*, 15: 538–44.

Genito, B., and A. Gricina. 2009. "The Achaemenid Period in the Samarkand Area (Sogdiana): with contributions by Luciano Rendina, Maria D'Angelo,"

Newsletter Archeologia (CISA), 0: 122–41. http://opar.unior.it/270/1/ Genito,_Gricina_et_ alii,_UZB_ 122-141[1].pdf.

—.2010. "The Achaemenid Period in the Samarkand Area (Sogdiana): Trial Trenches at Koj Tepa 2009 Campaign," *Newsletter di Archeologia CISA*, 1:113–61. http://opar.unior.it/462/1/ Genito(6).pdf.

Gharib, B.1969. "Source Materials on Sogdiana." *Bulletin of the Iranian Culture Foundation. Cyrus Commemoration*, I, 1: 67–81.

—.1995. *Sogdian Dictionary. Sogdian-Persian-English*. Tehran.

Ghirshman, R.1948. "Études Iraniennes II. Un ossuaire en pierre sculptée. Recherches sur les coutumes funéraires sassanie des." *ArAs*, 11 (4): 292–301.

—.1957. "A propos de Persépolis." *ArAs*, 20: 265–78.

—.1962. *Iran. Parthes et Sassanides*. Paris.

Gibb, H. A. R. 1922. "The Arab Invasion of Kashgar in A.D. 715." *BSOAS*, 2: 467–74.

—.1923. *The Arab Conquests in Central Asia*. New York. Reprint 1970.

Gignoux, P. 1983. "La chasse dans l'Iran sasanide." In *Orientalia Romana, Essays and Lectures 5, Iranian Studies*, edited by G. Gnoli, 101–18. Rome.

—.2007. "La démonisation d'Alexandre le Grand d'après la littérature pehlevie."In *Iranian Languages and Texts from Iran and Turan. Ronald E. Emmerick Memorial Volume*, edited by M. Macuch, M. Maggi, and W. Sundermann, 87–97. Wiesbaden.

Gli scavi di Uch Kulakh (oasi di Bukhara). Rapporto preli-minare 1997–2007, edited by C. Silvi Antonini and D. K. Mirzaachmedov. *RSO*, 80, Suppl. 1. Pisa, Rome, 2009.

Gnoli,G.1964."Considerazioni sulla religione degli Achemenidi alla luce di una recente teoria." *SMSR*, 35:239–50.

—.1974. "Politica religiosa e concezione della regalità sotto gli Achemenidi." In *Gurarājamañjarikā. Studi in onore di Giuseppe Tucci*, 23–88. Naples.

—.2009. "Some Notes upon the Religious Significance of the Rabatak Inscription."In *Exegisti Monumenta. Festschrift in Honour of Nicholas Sims-Williams*,edited by W. Sundermann, A. Hintze, and F. de Blois, 141–59. Wiesbaden.

Goetz, H. 1967. "Frühe Darstellungen von Moslems in der Hindu-Kunst."

Oriens, 18–19: 193–99.

—.1974. "The Crisis of the Migration Period and Other Key Problems of Indian History." In *Studies in the History, Religion and Art of Classical and Modern India*, edited by H. Kulke, 64–86. Wiesbaden.

Golden, P. B. 1990. "The Karakhanids and Early Islam." In *CHEIA*,343–70.

—.2006. "Some Thoughts on the Origins of the Turks and the Shaping of the Turkic Peoples." In *Contact and Exchange in the Ancient World*, edited by V. H. Mair, 136–57. Honolulu.

Gonda, J. 1956. "Ancient Indian Kingship from the Religious Point of View." *Numen*, 3: 36–71.

宫德杰,《临朐县收藏的一批北朝造像》,《文物》2002 年第 9 期, 第 84~92 页。

Gorshenina, S. 2014. *L'invention de l'Asie centrale. Histoire du concept de la Tartarie à l'Eurasie*. Geneva.

Gorshenina, S.,and C. Rapin. forthcoming 2014. "Samarkand, Maracanda, Zariaspa: la lente formation d'équivalences toponymiques." In *De Samarcande à Istanbul: étapes oriental-es. Hommages à Pierre Chuvin–II*.Edited by V.Schiltz.Paris.

Grabar, A. 1980. *L'arte paleocristiana 200–395*. Milan. [Orig. ed. *The Beginnings of Christian Art, 200–395*. London, 1967.]

Grabar, O.1967.*Sasanian Silver. Late Antique and Early Medieval Arts of Luxury from Iran*. Ann Arbor.

—.1989. *Arte islamica. La formazione di una civiltà* . Milan. [Orig. ed. *The Formation ofIslamic Art.*]

Grainger, J. D. 1993. *Seleukos Nikator*. Genoa. [Orig. ed. *Seleukos Nikator. Constructing a Hellenistic Kingdom*. London, New York, 1990.]

Granoff, S. 1991. "The Genesis of the Indian Planetary Deities." *EW*, 41 (1–4): 173–88.

Graves, M. S. 2008. "Ceramic House Models from Medieval Persia: Domestic Architecture and Concealed Activities." *I*, 46: 227–51.

Grenet, F. 1993. "Trois nouveaux documents d'iconographie reli-gieuse sogdienne." *SI*, 22 (1): 49–67.

—.1994. "The Second of Three Encounters between Zoroastrianism and Hinduism: Plastic Influences in Bactria and Sogdiana (2nd-8th century

A.D.).” *Journal of the Asiatic Society of Bombay. James Darmesteter (1849–1894) Commemoration Volume*, 69: 41–57.

—.1995. “La ville, de Cyrus à Tamerlane.” In *Samarcande*, 74–82.

—.1995–96. “Vaiṣravaṇa in Sogdiana. About the Origins of Bishamon-ten.” *SRAA*, 4: 277–97.

—.1996. “Les merchands sogdiens dans les mers du Sud à l’époque préislamique.” *CAc*, 1–2: 65–84.

—.2002. “Regional Interaction in Central Asia and Northwest India in the Kidarite and Hephthalite Periods.” In *Indo-Iranian Languages and People*, edited by N. Sims-Williams, 203–24. Oxford.

—.2003.“L’Inde des astrologues sur une peinture sogdienne du VIIe siècle.” In *Cereti*, 123–29.

—.2004. “Maracanda/Samarkand, une métropole pré-mongole. Sources écrites et archeology.” *Annales*, 5–6: 1043–67.

—.2005a. “An Archaeologist’s Approach to Avestan Geography.” In *Birth of the Persian Empire. The Idea of Iran, vol. 1*, edited by V. Sarkhosh Curtis and S. Stewart, 29–51. London.

—.2005b. “The Self-Image of the Sogdians.” In *La Vaissière, Trombert*,123–40.

—.2005c. “L’entrée du paradis est à Samarkand. Les données mythiques de la chronique persane locale.” *Studia Asiatica*, 6: 21–44.

—.2006a. “Nouvelles données sur la localisation des cinq *yabghus* des Yuezhi. L’arrière plan politique de l’itinéraire des marchands de Maès Titianos.” *JA*, 294 (2): 325–41.

—.2006b. “What Was the Afrasyab Painting About?” In *Compareti, La Vaissière*, 43–58.

—.2007a. “The 7th Century ‘Ambassadors’ Painting’ at Samarkand.” In *Yamauchi, Taniguchi, Uno*, 9–19.

—.2007b. “Religious Diversity among Sogdian Merchants in Sixth-Century China: Zoroastrianism, Buddhism, Manichaeism, and Hinduism.” *Comparative Studies of South Asia, Africa and the Middle East*, 27 (2): 463–78.

—.2008. “Le palais de Naṣr ibn Sayyār à Samarkand (années 740).” In *La Vaissière*, 11–28.

—.2009a. "Le rituel funéraire zoroastrien du *sedra* dans l'imagerie sogdienne." In *Trésors d'Orient. Mélanges offerts à Rika Gyselen*, edited by P. Gignoux, C. Jullien, and F. Jullien, 103–11. *Cahiers de Studia Iranica*, 42. Paris.

—.2009b. "The Pahlavi Text *Māh ī Frawardīn rōz ī Hordād*. A Source of Some Passages of Bīrūnī's *Chronology*." In *Exegisti Monumenta. Festschrift in Honour of Nicholas Sims-Williams*, edited by W. Sundermann, A. Hintze, and F. de Blois, 161–70. Wiesbaden.

—.2010a. "Samarcande et la route de la Soie." *Samarcande, cité mythique au coeur de l'Asie. Dossiers d'Archéologie*, 341: 52–53.

—.2010b. "A View from Samarkand: The Chionite and Kidarite Periods in the Archaeology of Sogdiana (Fourth to Fifth Centuries A.D.)." In *Coins, Art and Chronology II*, 267–81.

—.2010c. "Iranian Gods in Hindu Garb: The Zoroastrian Pantheon of the Bactrians and Sogdians, Second–Eighth Centuries." *BAI,*20: 87–99.

—.2012. "Yima en Bactriane et en Sogdiane: nouveaux documents." In *Yama/Yima. Variations indo-iraniennes sur la geste mythique*, edited by S. Azarnouche and C. Redard, 83–94. Paris.

—.2013. "Transfers of Magic and Demons, from the Roman East to Central Asia, 3rd–9th c. ce." In *Cultural Transfers in Central Asia: Before, During and After the Silk Road*, edited by S. Mustafaev et al., 82–93. Paris, Samarkand.

Grenet, F., and É. de La Vaissière. 2002. "The Last Days of Panjikent." *SRAA*, 8: 155–96.

Grenet, F., and G.-J. Pinault. 1997. "Contacts des traditions as-trologiques de l'Inde et de l'Iran d'après une peinture des collections de Turfan." *CRAIBL*, 141 (4): 1003–63.

Grenet, F., and C. Rapin. 2013. "Formacionnye etapy sogdijskoj kul'tury." In *Sogdians, Their Precursors, Contemporaries and Heirs. Volume in Memory of Boris Il'ič Maršak (1933–2006)*, 13–28. St. Petersburg.

Grenet, F., and P. Riboud.2003. "A Reflection of the Hephtalite Empire:The Biographical Narrative in the Reliefs of the Tomb of the Sabao Wirkak (494–579)." *BAI*, 17: 133–43.

Grenet, F., P. Riboud, and Yang Junkai. 2004. "Zoroastrian Scenes on a Newly

Discovered Sogdian Tomb in Xi'an, Northern China." *SI*, 33 (2): 273–84.

Grenet, F., and N. Sims-Williams. 1987. "The Historical Context of the Sogdian Ancient Letters." In *Transition Periods in Iranian History*, 101–22. Leuven.

Grenet, F., and Zhang Guangda. 1996. "The Last Refuge of the Sogdian Religion: Dunhuang in the Ninth and Tenth Centuries." *BAI*,10: 175–86.

Gropp, G. 2009. "Die Darstellung der 23 Völker auf den Reliefs des Apadana von Persepolis." *IA*, 44: 283–359.

Grube, E. J. 1991. "The Early Illustrated *Kalilah wa Dimnah* Manuscripts," *Marg*, 43 (1): 33–51.

Guizzo, D. 2014. "La valle dello Yaghnob, isolamento o marginalità?" In *Al crocevia delle civiltà. Ricerche su Caucaso e Asia centrale*, edited by A. Ferrari and D. Guizzo, 182–215.Venice .

Gulácsi, Z. 2001. *Manichaean Art in Berlin Collections*. Turnhout.

Gunter, A. C., and P. Jett 1992. *Ancient Iranian Metalwork. In the Arthur M. Sackler Gallery and the Freer Gallery of Art*. Washington D.C.

Gyselen, R. 1995. "Une scène de banquet rituel dans la glyptique sassanide." In *Proceedings of the Second European Conference of Iranian Studies Held in Bamberg*, edited by B. G. Fragner et al., 244–54. Rome.

—.2001. *The Four Generalsof the Sasanian Empire: Some Sigillographic Evidence*, Conferenze 14, Istituto Italiano per l'Africa e l'Oriente. Rome.

韩伟,《北周安伽墓围屏石榻之相关问题浅见》,《文物》2001 年第 1 期,第 90~101 页。

Han Wei, and Zhang Jianlin. 1998. *Latest Excavation: Tang Dynasty Frescoes*. Shenzhen.

Haneda, A. 1978. "Central Asia and the Turkish People." *AA*, 34:1–45 .

Hannestad, K. 1955–57. "Les relations de Byzance avec la Transcaucasie et l'Asie centrale aux 5ᵉ et 6ᵉ siècles." *Byzantion*, 25–27: 421–56.

Hansen, V. 2003. "New Work on the Sogdians. The Most Important Traders on the Silk Road, A.D. 500–1000." *TP*, 89 (1–3):149–61.

—.2012. *The Silk Road. A New History*. Oxford, New York.

Hargett, J. M. 1988–89. "Huizong's Magic Marchmount: The Genyue Pleasure Park of Kaifeng." *Monumenta Serica*, 38: 1–48.

Harper, P. O. 2000. "Sasanian Silver Vessels: The Formation and Study of

Early Museum Collections." In *Curtis*, 46–56.

——.2008. "Image and Identity: Art of the Early Sasanian Dynasty." In *The Sasanian Era. The Idea of Iran. Vol. 3*, edited by V. S. Curtis and S. Stewart, 71–87. London.

Harper, P. O., and P. Meyers. 1981. *Silver Vessels of the Sasanian Period. Volume One:Royal Imagery*. New York.

Haskins, J. F. 1963. "The Pazyryk Felt Screen and the Barbarian Captivity of Ts'ai Wên Chi." *BMFEA*, 35: 141–60.

Hayashi,T. 1990. "The Development of a Nomadic Empire. The Case of Ancient Turks (Tuque)." *BAOM*, 11: 135–84.

——.2002. "Uigur Policies Toward Tang China." *MRDTB*, 60: 87–116.

Heesterman, J.C.1957.*The Ancient Indian Royal Consecration. The Rājasūya Described According to the Yajus Texts and Annotated*. The Hague.

Heidari, A. 2002. "The Rock Carvings at Tāq-e Bostān as a Tomb-Commemorative Monument [in Farsi]." *Asar*, 33–34: 89–99.

Heller, A.2013. "Observations on Painted Coffin Panels of the Tibetan Empire." In *Tibet after Empire. Culture, Society and Religion between 850–1000*, edited by C. Cüppers, R. Mayer, and M. Walter, 117–68. Lumbini, Nepal.

Helms, S. W. 1998. "Ancient Chorasmia: The Northern Edge of Central Asia from the 6th Century B.C.to the Mid-4th Century A.D." In *Silk Road Studies II.Worlds of the Silk Roads: Ancient and Modern*, edited by D.Christian and C. Benjamin, 77–96. Turnhout.

——.2006. "Preface." In G. Khozhaniyazov, *The Military Architecture of Ancient Chorasmia (6th Century B.C.-4th Century A.D.)*, 7–19. Paris.

Herrmann, G. 1980. *The Sasanian Rock Reliefs at Bishapur. Part 1.Iranische Denkmäler*. Berlin.

——.1998. "Shapur I in the East: Reflections from His Victory Reliefs." In *The Art and Archaeology ofAncient Persia. New Light on the Parthian and Sasanian Empires*, edited by V. Sarkhosh Curtis, R. Hillenbrand, and J. M. Rogers, 38–51. London.

Higgins, M. J. 1955. "Chosroes II's Votive Offerings at Sergiopolis." *BZ*, 48 (1): 89–105.

Hitch, D. A. 1988. "Kushan Tarim Domination." *CAJ*, 32 (3/4): 170–92.

Hoffmann, H. H. R. 1971. "The Tibetan Names of the Saka and the Sogdians." *Asiatische Studien*, 25: 440–55.

Holt, F. L. 1988. *Alexander the Great and Bactria: The Formation of a Greek Frontier in Central Asia*. Leiden.

Houben, J. E. M. 2001. "The Vedic Horse-Sacrifice and the Changing Use of the Term *Ahiṃsā*: An Early Insertion in TB 3.9.8?" In *Vidyārṇavavandanam. Essays in Honour of Asko Parpola*, edited by K. Karttunen and P. Koskikallio, 279–90. Helsinki.

Huber, M. E. 1906. "Études de littérature bouddhique." *BEFEO*, 6 (1): 35–43.

Humbach, H. 1975. "Vāyu, Śiva und der Spiritus vivens im osti-ranischen Synkretismus." In *Hommages et Opera Minora. Monumentum H.S.Nyberg.I AcIr*,4:397–408.

Huntington S. L.1985. *The Art of Ancient India: Buddhist, Hindu, Jain*. With contributions by John C. Huntington. New York, Tokyo.

Imanpour, M. T. 2006. "The Function of Persepolis: Was Norooz Celebrated at Persepolis During the Achaemenid Period?" In *Panaino, Piras*, 115–21.

Inevatkina, O. N. 1999. "Fragment syužetno živopisi konca XIInačala XIII vv. iz citadeli Samarkanda." In *Material'naya Kul'tura Vostoka: Gosudartstvenny muzei Vostoka*, 83–90. Moscow.

Ipşiroğlu, M. S. 1967. *Painting and Culture of the Mongols*. Translated by E. D. Phillips. London.

Istorja Samarkanda 1969. Vol. 1. Edited by I. M. Muminov. Tashkent.

Ivančik, A. 1993. "Les guerriers-chiens. Loups-garous et invasions scythes en Asie Mineure." *Revue de l'Histoire des Religions*, 210 (3): 305–29.

Iwami, K. 2008. "Turks and Sogdians in China during the T'ang Period." *AA*, 94: 41–65.

Jacobs, B. 1994. *Die Satrapienverwaltung im Perserreich zur Zeit Darius' III*. Wiesbaden.

Jacobson, E.1985. "Mountains and Nomads: A Reconsideration of the Origins of Chinese Landscape Representation." *BMFEA*,57: 133–79.

Jacobson, H. W. 1935. "An Early History of Sogdiana." Master's the sis, Department of History, University of Chicago, Chicago.

Jäger, U.2003–04. "Buddhistische Stiftergräber und Bestattungssitten an den alten Seidenstrassen. Skizzen zu Aspekten eines Problemkreises."

Hephaistos, 21/22: 237–56.

Jakubov, J. J. 1978. "Gardani Chisor: Der Palast des Herrschers von Pendžikent im Bergland von Buttam." *Das Altertum*, 24 (2):89–94.

—.1983. "Eine Holzskulptur vom oberen Zeravšan (UdSSR)." *Das Altertum*, 29 (3): 181–85.

James, J. M. 1982. "Bridges and Cavalcades in Eastern Han Funerary Art." *OA*, 2: 165–71.

—.1985. "Interpreting Han Funerary Art: The Importance of Context." *OA*, 3: 283–92.

—.1988–89. "The Iconographic Program of the Wu Family Offering Shrines (A.D. 151–ca.170)." *ArAs*, 49 (1/2): 39–72.

Jeon Ho-tae. 2005. "Documenting the Dreams of the Living and Hopes of the Dead: Goguryeo (Koguryo) Tomb Murals." In Catalogue Berlin: *Kunst aus dem Alten Korea*, 164–93.Berlin .

Jerusalimskaja, A.A.1972."K složeniju školy hudožestvennogo šelkotkačestva v Sogde." In *Srednjaja Azija i Iran*, 5–56.Leningrad.

Jettmar, K. 1991. "Sogdians in the Indus Valley." In *Histoire et cultes de L'Asie centrale préislamique*, edited by P. Bernard and F. Grenet, 251–53. Paris.

Jettmar, K., and V. Thewalt. 1987. *Between Gandhāra and the Silk Roads. Rock–Carvings Along the Karakorum Highway. Discoveries by German–Pakistani Expeditions 1979–1984.*Mainz am Rhein.

贾振林,《文化安丰》,大象出版社,2011。

姜伯勤,《敦煌艺术宗教与礼乐文明》,中国社会科学出版社,1996。

—.2012. "The Chinese Persia Expeditionary Force as Referenced in the Turfan Documents." In *Chinese Scholars on Inner Asia,* edit-ed by Luo Xin and R. Covey, 41–58. Bloomington, IN.

蒋英炬、杨爱国,《汉代画像石与画像砖》,文物出版社,2001。

Jong, A. de. 1997. *Traditions of the Magi. Zoroastrianism in Greek and Latin Literature.* Leiden, New York, Cologne.

—.2002. "Animal Sacrifice in Ancient Zoroastrianism: A Ritual and Its Interpretations." In *Sacrifice and Religious Experience*, edited by A. I. Baumgarten, 127–48. *Studies in the History of Religions*, 93. Leiden, Boston.

Joshi, M. C. 1985. "Prophesy of the Planets." *Mārg. Hind and Hellas*, 37 (2):

35–48.

Juliano, A. L., and J. A. Lerner. 2001a. *Monks and Merchants. Silk Road Treasures from Northwest China. Gansu and Ningxia, 4th-7th Century*. New York.

—.2001b. "The Miho Couch Revisited in Light of Recent Discoveries." *O*, 32 (8): 54–61.

Jung, M., P. Moioli, F. Pierdominici, and C. Seccaroni. 2011. "The Wall Paintings of the *Masjed-e Jom'e*, Isfahan: Work in Progress." In *Adamji Project. From the Excavation (1972–1978) to the Archive (2003–2010) in the Masjed-e Jom'e, Isfahan*, edited by B. Genito and F. Saiedi Anaraki, 151–65. Tehran.

Kabanov, S.K.1963. "Arheologičeskie dannye k etničeskoj istorii južnogo Sogda v III-VI vekov." *Sovetskaja Arheologija*, 1:219–30.

—.1977. *Nahšeb na rubeže drevnosti i srednevekov'ja (III-VII vv.)*. Tashkent .

Kageyama, E. 2002. "A Chinese Way of Depicting Foreign Delegates Discerned in the Paintings of Afrasiab." In *Iran questions et connaissances. Vol. I: La période ancienne*, edited by P. Huyse, 313–27. Paris.

—.2005. "Quelques remarques sur des monuments funéraires de sogdiens en Chine." *SI*, 34 (2): 257–78.

—.2006a. "Use and Production of Silk in Sogdiana." In *Compareti,Raffetta, Scarcia*, 317–32.

—.2006b. "Coiffure et vêtement des chinoises sur la peinture d'Afra-siab." In *Compareti, La Vaissière*, 29–41. Rome.

Karetzky, P. 1999. "The Representations of Women in Medieval China: Recent Archaeological Evidence." *TS*, 17:213–71.

Karev, Y. 2000. "Un palais islamique du VIIIe siècle à Samarkand."*SI*, 29: 273–96.

—.2002. "La politique d'Abū Muslim dans le Māwarā'annahr." *Der Islam*, 79, pp. 1–46.

—.2003. "Un cycle de peintures murales d'époque qarakhanide (XIIe-XIIIe siècles) à la citadelle de Samarkand: Le souverain et le peintre." *CRAIBL*, 147 (4): 1685–731.

—.2005. "Qarakhanid Wall Paintings in the Citadel of Samarqand: First Report and Preliminary Observations." *Muqarnas*, 22: 45–84.

—.2015. *Samarqand et le Sughd à l'époque 'Abbāsside. Histoirepolitique et sociale.* Paris.

Karttunen, K. 1989. *India in Early Greek Literature.* Helsinki.

Kennedy, E. S., S. L'Engle, and J. Wamstad. 1965. "The Hindu Calendar as Described in Al-Bīrūnī's Masudic Canon." *JNES*, 24 (3): 274–284.

Khanbaghi, A. 2009. "De-Zoroastrianization and Islamization: The Two Phases of Iran's Religious Transition 747–837 CE."*Comparative Studies of South Asia, Africa and the Middle East*, 29 (2): 201–12.

Kim Byung-joon（金秉骏）,《汉墓画像石题材间的有机联系——以〈桥上交战图〉为中心》,《艺术史研究》第 9 辑, 第 209~234 页。

Kim Lena.2007. "Chinese and Central Asian Connections in the Koguryo Mural Paintings." In *Yamauchi, Taniguchi, Uno*, 45–53.

Klimkeit, H.-J. 1990. "Indische Motive in der gnostischen Kunst." In *Visible Religion. Vol. VII. Genres in Visual Representations*,250–65. Leiden.

Klyashtorny, S. G. 1994. "The Royal Clan of the Turks and the Problem of Early Turkic-Iranian Contacts." *AOASH*, 47:–47.

—.1996. "The Türk Empire. Part Two. The Second Türk Empire (682-745)." In *HCCA. Volume III. The Crossroads of Civilizations: A.D. 250 to 750*, edited by B. A. Litvinsky, 335–47. Paris.

—.2000. "Manichaean Monasteries in the Land of Arghu." In *Studia Manichaica. IV*, 374–79. Berlin.

Knauer, E. R. 1998. *The Camel's Load in Life and Death.* Zurich.

Knox, R. 1992. *Amaravati. Buddhist Sculpture from the Great Stūpa.*London.

Kosolapov, A., and K. Kalinina. 2007. "The Scientific Study of Binding Media and Pigments of Mural Paintings from Central Asia." In *Yamauchi, Taniguchi, Uno*, 89–92.

Kosolapov, A. I., and B. I. Maršak. (1999), *Stennaja živopis' Srednej Azii i Central'noj Azii.* Saint Petersburg.

Kovalenko, S. 1995–96. "The Coinage of Diodotus I and Diodotus II. Greek Kings of Bactria." *SRAA*, 4: 17–74.

Krippes, K. 1991. "Sociolinguistic Notes on the Turcification of the Sogdians." *CAJ*, 35 (1–2): 67–80.

Kuhrt, A. 1991. "Nowruz in Persepolis." In *Achaemenid History VII: Through Travellers' Eyes*, edited by H. Sancisi-Weerdenburg and J.-M. Drijvers,

173–201. Leiden.

——.2010. "Achaemenid Images of Royalty and Empire." In *Concepts of Kingship in Antiquity*, edited by G. B. Lanfranchi and R. Rollinger, 87–105. Padua.

Kuiper, F. B. J. 1960. "The Ancient Aryan Verbal Contest." *IIJ*, 4:217–81.

Kurbanov, A. 2013. *The Archaeology and History of the Hephthalites*.Bonn.

Kuwayama, S. 2005. "Chinese Records on Bamiyan. Translation and Commentary." *EW*, 55 (1–4): 139–61.

La Vaissière, É. de 2002. *Histoire des merchands sogdiens*. Paris.

——.2003. "Is There a 'Nationality' of the Hephtalites?" *BAI*, 17: 119–32.

——.2005a. "Huns et Xiongnu." *CAJ*, 49 (1): 3–26.

——.2005b. *Sogdian Traders: A History*. Translated by James Ward. Leiden, Boston.

——.2005c. "Čākar sogdiens en Chine." In *La Vaissière, Trombert*, 255–60.

——.2005d. "Mani en Chine au VIe siècle." *JA*, 293 (1): 357–78.

——.2005e. "Châkars d'Asie centrale: à propos d'ouvrages récents." *SI*, 34 (1): 139–49.

——.2006a. "Xiongnu." In *EI*. Edited by E. Yarshater. Online version: http://www.iranicaonline.org /articles/xiongnu.

——.2006b. "Les Turcs, rois du monde à Samarcande." In *Compareti, La Vaissière*, 147–62.

——.2006c. "Chinese-Iranian Relations xiii. Eastern Iranian Migrations to China." in: *EI*. Edited by E. Yarshater. Online version: http:// www. iranicaonline.org/articles/chinese-iranian-xiii.

——.2006d. "Saint André chez les Sogdiens: aux origines de Sogdaia, en Crimée." In *La Crimée entre Byzance et le Khaganat khazar*, edited by C. Zuckerman, 171–80. Paris.

——.2007. *Samarcande et Samarra. Élites d'Asie centrale dans l'empire abbasside*. Paris.

——.2008. "Le Ribāṭ d'Asie Centrale." In *La Vaissière*, 71–94.

——.2009. "The Triple System of Orography in Ptolemy's Xinjiang." In *Exegisti Monumenta.Festschrift in Honour of Nicholas Sims-Williams*, edited by W. Sundermann, A. Hintze, and F. de Blois, 527–35. *Iranica*, 17. Wiesbaden.

——.2010a. "The Last Bactrian Kings." In *Coins, Art and Chronology II*,213–

18.

——.2010b. "Maurice et le Qaghan: à propos de la digression de Théophylacte Simocatta sur les Turcs." *Revue des Études Byzantines*, 68: 219–24.

——.2010c. "Note sur la chronologie de Xuanzang." *JA*, 298 (1): 157–67.

——.2011. "Sogdiana iii. History and Archaeology," in: *EI*, ed. E. Yarshater. Online version:http://www.iranicaonline.org/articles/sogdi-ana-iii-history-and-archeology.

La Vaissière, É . de, and É . Trombert. 2004. "Des Chinois et des Hu. Migration et intégration des Iraniens orientaux en milieu chi-nois durant le Haut Moyen-Âge." *Annales*, 5–6: 931–69.

Lapierre, N. 1990. "La peinture monumentale de l'Asie centrale so-viétique: observations techniques." *ArA*, 45: 28–47.

Le Strange, G. 1930. *The Lands of the Eastern Caliphate*. Cambridge.Reprint 1966.

Lebedynsky, I. 2007. *Les nomades. Les peuples nomades de la steppe des origins aux invasions mongoles: IXe siècle av. J.-C.-XIIIe siècle apr. J.-C.* 2nd ed. Paris.

Lee, J., and F. Grenet. 1998. "New Light on the Sasanid Painting at Ghulbiyan, Faryab Province, Afghanistan." *SAS*, 14: 75–85.

Leriche, P. 2007. "Le città dell'oriente ellenistico." In *Sulla via di Alessandro. Da Seleucia al Gandhāra*, A. Invernizzi (cura-tor), 82–91. Turin.

Lerner, J. A.1995. "Central Asians in Sixth-Century China: A Zoroastrian Funerary Rite." *IA*, 30: 179–90.

——.2005. *Aspects of Assimilation:TheFunerary Practices and Furnishings of Central Asians in China*. SPP, 168. http://www.sino-pla-tonic.org/complete/ spp168_sogdian_funerary_ practices.pdf

——.2011. "Zoroastrian Funerary Beliefs and Practices Known from the Sino-Sogdian Tombs in China." *The Silk Road*, 9: 18–25.

——.2013. "Yidu: A Sino-Sogdian Tomb?" In *Sogdians, Their Precursors, Contemporaries and Heirs. Volume in Memory of Boris Il'ič Maršak (1933-2006)*, 129–46. St. Petersburg.

Lerner, J. A., and N. Sims-Williams. 2011. *Seals, Sealings and Tokens from Bactria to Gandhara (4th to 8th century CE)*. Vienna.

Lerner, J. D.1999. *The Impact of Seleucid Decline on the Eastern Iranian*

Plateau. The Foundations of Arsacid Parthia and Graeco-Bactria. Stuttgart.

Lévi, S. 1933. "Le 'Tokharien.'" *JA*, 222: 1–30.

Lewis, M. E. 2009. *China's Cosmopolitan Empire: The Tang Dynasty.* Cambridge, MA.

林梅村,《汉唐西域与中国文明》, 文物出版社, 1998。

—. 2006.《高昌火袄教遗迹考》,《文物》2006 年第 7 期, 第 58~67 页。

Lin Wushu. 2000. "A General Discussion of the Tang Policy Towards Three Persian Religions: Manichaeism, Nestorianism and Zoroastrianism," *CAAD*, 4 (1): 103–16.

Lindquist, S. E. 2003. "Enigmatic Numismatics: Kings, Horses, and the *Aśvamedha* Coin-Type." *SAS*, 19: 105–12.

Lingley, K. A. 2010. "Naturalizing the Exotic: On the Changing Meanings of Ethnic Dress in Medieval China."*AO*, 38: 50–80.

Litvinsky, B. A. 1996. "The Hephthalite Empire." In *HCCA. Volume III. The Crossroads of Civilizations: A.D. 250 to 750*, edited by B. A. Litvinsky, 135–62. Paris.

Liu Mau-Tsai. 1969. *Kutscha und seine Beziehungen zu China vom 2. Jh. v. bis zum 6. Jh. n. Chr. Vol. I.* Wiesbaden.

Liu Xingzhen, and Yue Fengxia. 1991. *Han Dynasty Stone Reliefs. The Wu Family Shrines in Shandong Province.* Beijing.

Livshits, V. A. 1970. "A Sogdian Alphabet from Panjikant." In *Walter Bruno Henning Memorial Volume*, edited by M. Boyce and I. Gershevitch, 256–63. London.

—.2008. "Istorija izučenija Sogda." In *Rezvan*, 184–202.

Lo Muzio, C. 1999. "The Dioscuri at Dilberjin (Northern Afghanistan): Reviewing Their Chronology and Significance." *SI*, 28 (1):41–71.

—.2003a. "Una scena di caccia dalla necropoli di Kopeny (Minusinsk)." In *Studi in Onore di Umberto Scerrato per il suo settantacin-quesimo compleanno. Vol. II*, edited by M. V. Fontana and B. Genito, 519–38. Naples.

—.2003b. "The Umāmaheśvara in Central Asian Art." *RSO*, 76 (1–4):49–86.

—.2009. "Note archeologiche sull'oasi di Bukhara." In *Gli scavi di Uch Kulakh (oasi di Bukhara). Rapporto preliminare, 1997–2007*, edited by C. Silvi Antonini and D. K. Mirzaachmedov. *RSO*, 80, Suppl. 1: 17–40. Pisa,

Rome.

—.2010."Archaeological Traces of Early Turks in Transoxiana." In *Coins, Art and Chronology II*, 429–42.

Loeschner, H. 2008. "Notes on the Yuezhi-Kushan Relationship and Kushan Chronology." www.onsnumis.org/publications/Yuezhi-Kushan_Hans-Loeschner_2008-04-15.pdf.

Loewe, M. 1991. "Didactic Art in Han China." *JRAS*, 1 (1): 93–103.

Loth, A.-M. 2005. *Art de l'Inde. Diversité et spiritualité. Tome 1. Des origins à lafin du VIIIe siècle.* Paris.

Lucidi, M. T. 1969. "Valore e lettura di un motivo culturale caratteristico: la criniera dentellata del cavallo, alla luce di una interpretazione analitica dei reperti artistici." *RSO*, 44 (4):295–323.

罗哲文,《和林格尔汉墓壁画中所见的一些古建筑》,《文物》1974 年第 1 期, 第 31~37 页。

Lurje, P. B. 2003. "The Element-kaθ/-kand in the Place-Names of Sogdiana." *SI*, 32 (2): 185–212.

—.2005. "Sčastlivyj pravitel', car' Pendžikenta Čegin Čur Bilgä." In *Nikonorov*, 127–31.

—.2009. "Keš ." In *EI*. Edited by E. Yarshater. Online version: http:// www. iranicaonline.org /articles/ kes-ancient-city.

—.2010. "Kangdez." In *EI*, 15/5: 498–99, edited by E. Yarshater. A version updated in 2012 is available online at http://www.iranicaonline.org/ articles/ kangdez-fortress-of-kang.

Lyonnet, B. 1998. "Les Grecs, les nomades et l'indépendance de la Sogdiane, d'après l'occupation comparée d'Aï Khanoum et de Marakanda au cours des derniers siècles avant notre ère." *BAI*, 12: 141–59.

—.2012. "Questions on the Date of the Hellenistic Pottery from Central Asia (Ai Khanoum, Marakanda and Koktepe)." *ACSS*, 18: 143–73.

—.2013. "Recherches récentes sur les céramiques de Sogdiane (de la fin de l'âge du bronze à la conquête arabe): contribution à l'histoire de l'Asie centrale." *Cac*, 21–22: 1–22.

马小鹤:《米田钵息德诚考》,《中亚学刊》1987 年第 2 辑, 第 65~75 页。

MacDowall, D. W., and M. Taddei. 1978. "The Early Historical Period: Achaemenids and Greeks."In *The Archaeology of Afghanistan from Earliest*

Times to the Timurid Period, ed-ited by F. R. Allchin and N. Hammond, 187–299. London, New York, San Francisco.

Mackerras, C. 1990. "The Uighurs." In *CHEIA*, edited by D. Sinor,317–42. Cambridge.

Mairs, R. 2011. *The Archaeology of the Hellenistic Far East:A Survey. Bactria, Central Asia and the Indo-Iranian Borderlands, c.300 BC-AD 100.* Oxford.

Majtdinova, G. 1984. "K interpretacii živopisi Afrasiaba VII v. n. e. (scena v lodke)." *Izvestija Otdelenija Obščestvennih Nauk Tadžiskoj SSR*, 2: 20–27.

Malmoud, C. 1994. *Cuocere il mondo. Rito e pensiero nell'India an-tica.* Milan. [Orig. ed. Paris, 1989.]

Manassero, N. 2003. "Il vaso dipinto di Merv." *P*, 5: 131–52.

Mao Min.2007. "Images of the Hephtalites in Sino-Sogdian Art." In *Mair*, 54–65.

Marquart, J. 1898. *Die Cronologie der alttürkischen Inschriften.* Leipzig .

Marschak, B. I. 1986. *Silberschätze des Orients. Metallkunst des 3.–13. Jahrhunderts und ihre Kontinuität.* Leipzig.

Maršak, B. I. 1994a. "Le programme iconographique des peintures de la 'Salle des Ambassadeurs' à Afrasyab (Samarkand)." *ArA*, 49: 1–20.

—.1994b. "Dēwāštīč ." In *EI*, 7/3: 334–35, edited by E. Yarshater. A version updated in 2011 is available at http://www.iranicaonline. org/articles/ dewastic.

—.1996. "Sogdiana. Part One. Sughd and Adjacent Regions." In *HCCA. Volume III. The Crossroads ofCivilizations: A.D. 250 to 750*, edited by B. A. Litvinsky, 233–58. Paris.

—.1999. "Farḡāna i. In the pre-Islamic Period." In *EI*. Edited by E. Yarshater. Online version http://www.iranicaonline.org/articles/fargana#i.

—.2001. "La thématique sogdienne dans l'art de la Chine de la seconde moitié du VIᵉ siècle." *CRAIBL*, 145 (1): 227–64.

—.2002. *Legends, Tales, and Fables in the Art of Sogdiana.* New York.

—.2004. "Central Asian Metalwork in China." In *China. Dawn of the Golden Age 200–750 AD*, J. C. Y. Watt (curator), 47–55. New York, New Haven, London.

—.2006. "Remarks on the Murals of the Ambassadors Hall." In *Compareti, La*

Vaissière, 75–85.

Maršak, B. I., and F. Grenet. 2002. "L'arte sogdiana (IV-IX secolo)." In P. Chuvin, *Le arti in Asia centrale*, 114–65. Milan. [Orig. ed. *Les arts de l'Asie centrale*. Paris, 1999.]

—.2006. "Une peinture kouchane sur toile." *CRAIBL*, 150 (2): 947–63.

Maršak, B. I., and V. I. Raspopova 1990a. "Wall Paintings from a House with a Granary. Panjikent, 1st Quarter of the Eighth Century A.D." *SRAA*, 1: 123–76.

—.1990b. "A Hunting Scene from Panjikent." *BAI*, 4: 77–94.

—.1994. "Worshippers from the Northern Shrine of Temple II, Penjikent." *BAI*, 8:187–207.

—.2003. *Otčet o raskopkah gorodišča drevnego Penžikenta v 2002 godu*, Saint Petersburg.

—.et al. 2006. *Materialy Pendzhikentskoi arkheologicheskoi ekspeditsii v 2005 g.*, vol. 8. Saint Petersburg.

Melikian-Chirvâni, A. S. 1970. "Le roman de Varqe et Golšâh: Essai sur les rapports de l'esthétique littéraire et de l'esthétique plastique dans l'Iran prémongol, suivi de la traduction du poème." *ArA*, 22: 1–264.

—.1992. "The Iranian Bazm in Early Persian Sources." In *Banquets d'Orient. Res Orientales*, 4, edited by R. Gyselen, 95–119.Bures-sur-Yvette.

—.1996. "The Iranian Wine Horn from Pre-Achaemenid to the Safavid Age." *BAI*, 10: 85–139.

Min Byung-hoon. 2009. *The Crossroads of Civilizations: Ancient Culture of Uzbekistan*. Seoul.

Misra,V.N.1989. "Bhimbetka."In *Encyclopaedia of Indian Archaeology*, vol. 2, edited by A. Ghosh, 69–73. Leiden.

Miyaji, A. 2007. "Indian Influence on Mural Paintings Along the Silk Road." In *Yamauchi, Taniguchi, Uno*, 27–33.

Moazami, M. 2006. "The Dog in Zoroastrian Religion: *Vidēvdād* Chapter XIII." In *IIJ*, 49: 127–49.

Mode, M. 1993. *Sogdien und die Herrscher der Welt: Türken, Sasaniden und Chinesen in Historiengemälden des 7. Jahrhunderts n. Chr. aus Alt-Samarqand*. Frankfurt am Main.

—.2003. "Die Religion der Sogder im Spiegel ihrer Kunst." In *Die vorislamischen Religionen Mittelasiens*, edited by K. Jettmar and E. Kattner, 141–218. Stuttgart.

——.2004."DieTürken aus Alt-Samarkand-Afrasiab:Empfangspersonal, Farben und Symbolgut." In *Morgenländische Altertümer. Studien aus dem Institut für Orientalische Archäologie und Kunst*, edited by M. Mode, 241–96. Halle.

——.2006a. "Reading the Afrasiab Murals: Some Comments on Reconstructions and Details."In *Compareti, La Vaissière*,107–28 .

——.2006b. "Art and Ideology at Taq-i Bustan: The Armoured Equestrian." In *Arms and Armours as Indicators of Cultural Transfer. The Steppes and the Ancient Worldfrom Hellenistic Times to the Early Middle Ages*, edited by M. Mode and J. Tubach, 393–413. Wiesbaden.

——.2009. "Sogdiana vi. Sogdian Art." In *EI*. Edited by E. Yarshater. Online version http://www.iranicaonline.org/articles/sogdi-ana-vi-sogdian-art.

——.2010. "Khaltchayan portraits des Kouchans." *Samarcande, cité mythd ique au coeur de l'Asie. Dossiers d'Archéologie*, 341: 43.

——.2013."Die Skulpturenfriese von Chalčajan. Neue Rekonstruktionsversuche zur Kunst der frühen Kuschan in Baktrien." In *Zwischen Ost und West. Neue Forschungen zum antiken Zentralasien*, edited by G. Lindström et al., 205–20. Darmstadt.

Moriyasu, T. 2000. "The Sha-chou Uighurs and the West Uighur Kingdom." *AA*, 78: 28–48.

——.2008. "Japanese Research on the History of the Sogdians along the Silk Road, Mainly from Sogdiana to China." *AA*, 94: 1–39.

Motov, Yu. A. 1999. "Izobrazhenie misterii prazdnika Michragan v nastennych rospisjach Afrasiabskogo dvorca." In *Istorija i archeologija Semirečja*, 57–81. Almaty.

Movassat, J. D. 2005. *The Large Vault at Taq-i Bustan. A Study in Late Sasanian Royal Art*. Lewiston, Lampeter.

Musti, D. 1966. "Lo stato dei Seleucidi. Dinastia popoli città da Seleuco I ad Antioco III." *Studi Classici e Orientali*, 15: 61–197 .

Naymark, A. I. 1999. "The Size of Samanid Bukhara: A Note on Settlement Patterns in Early Islamic Mawarannahr." In *Bukhara. The Myth and the Architecture*, edited by A. Petruccioli, 39–60. Cambridge.

—.2005. "Isma'il Samani and the People of Varakhsha; Or, Why the Bukhar Khuda Palace Did Not Become a Mosque." In *Central'naja Azija. Istočniki, istorija, kul'tura. Materialy Meždunarodnoj naučnoj konferencii, posvjaščennoj 80-leti-yu E. A. Davidovič i B. A. Litvinskij*, edited by E. V. Antonova and T. K. Mkrtyčev, 524–42. Moscow.

—.2010. "Drachms of Bukhār Khudā Khunak." *JIAAA*, 5: 7–32.

Negmatov, N. N. 1996. "Sogdiana. Part Two. Ustrushana, Ferghana, Chach and Ilak." In *HCCA. Volume III. The Crossroads of Civilizations: A.D. 250 to 750*, edited by B. A. Litvinsky, 259–80. Paris.

—.1998. "The Samanid State." In *HCCA. Volume IV. The Age of Achievement: A.D. 750 to the End of the Fifteenth Century. Part One: The Historical, Social and Economic Setting*, edited by M. S. Asimov and C. E. Bosworth, 77–94. Paris.

Nehru, L. 1999–2000. "Khalchayan Revisited." *SRAA*, 6: 217–39.

Nickel L. 2000. "Some Han Dynasty Paintings in the British Museum." *ArAs*, 60: 59–78.

Nylander, C. 1974. "Al-Bērūnī and Persepolis." *Commémoration Cyrus, AcIr*, 1: 137–50.

Okada, A., and J. L. Nou. 1996. *Ajanta*. New Delhi.

Okamoto, T. 1984. "Chronology ofthe Kings of Sogd." *Tōyō Gakuhō*, 65 (3–4): 71–104.

Ory, F. 2006. "Essai de restitution des parties manquantes de la peinture d'Afrasiab." In *Compareti, La Vaissière*, 87–105. Ota, S. B. 2008. *Bhimbetka*. New Delhi.

Paludan, A. 1991. *The Chinese Spirit Road. The Classical Tradition of Stone Tomb Statuary*. New Haven and London.

Panaino A. 1997. "nāirikā-e jahikā-nell'aldilà zoroastriano." In *Bandhu. Scritti in onore di Carlo della Casa*, vol. 2, 831–43.Turin.

—.2000. "The Mesopotamian Heritage of Achaemenian Kingship." In *Melammu Symposia I. The Heirs ofAssyria*, S. Aro, R. M. Whiting, eds., 35–49. Helsinki.

—.2008. "Attraversando la Valle dello Yaγnob: passato, presente e (possibile) future di una minoranza etno-linguistica." In *Sulla punta di uno spillo*, G. P. Basello, D. Guizzo, P. Ognibene, eds., 1–77. Ravenna, Milan.

——.2009. "Some Considerations apropos of a Proto-Iranian Myth about Horses and Its Significance for Ancient Iranian Socio-Cultural History." In *Horses in Asia: History, Trade and Culture*, B.G. Fragner, R. Kauz, R. Ptak, A. Schottenhammer, eds., 27–32. Vienna.

——.2013. "The Italian Scientific Mission in Tajikistan. The Case of the Yaghnob Valley." In *Sogdians, Their Precursors, Contemporaries and Heirs. Volume in Memory of Boris Il'ič Maršak (1933–2006)*, 461–76. St. Petersburg.

Parlato, S. 1996. "Successo eurasiatico dell'etnico Unni." In *Persia e Asia Centrale*, 555–566.

Parpola, A. 1994. *Deciphering the Indus Script*. Cambridge.

——.2004–05. "The Nāsatyas, the Chariot and Proto-Aryan Religion."*Journal of Indological Studies*, 16–17: 1–63.

Parrot, A. 1968. *I Sumeri*. Milan.

Pastoureau, M. 1996. "Nouveaux regards sur le monde animal à la fin du Moyen Âge." *Micrologus. Natura, scienze e società medievali*, 4: 41–54.

Paul, J. 1995. "Quand l'eau ne tombe pas du ciel." In *Samarcande 1400–1500*, edited by V. Fourniau, 83–92.

Pashazanous, H. and E. Afkande. 2014. "The Last Sasanians in Eastern Iran and China." *Anabasis*, 5: 139–154.

Pecchioli Daddi, F., and A. M. Polvani. 1990. *La mitologia ittita*.Brescia.

Peck, E. H. 1969. "The Representation of Costumes in the Reliefs of Taq-i-Bustan." *ArAs*, 31: 101–24.

Pelliot, P. 1923. "La théorie des quatres fils du ciel." *TP*, 22: 97–125.

——.1934. "Tokharien et koutchéen." *JA*, 224: 23–106.

Pertusi, A. 1958. "L'encomio di S. Anastasio martire persiano."*Analecta Bollandiana*, 76 (1–2): 5–63.

Petech, L. 1984. "Le ambasciate arabe in Cina." In *Studi in onore di Francesco Gabrieli nel suo ottantesimo compleanno*, edited by R. Traini, vol. 2, 619–30. Rome.

P'jankov, I. V. 1970. "Marakandy." *VDI*, 1: 32–48.

——.1997. *Srednjaja Azija v antičnoj geografičeskoj tradicii*. Moscow.

Pollitt, J. J. 1990. *The Art of Ancient Greece: Sources and Documents*. Cambridge.

Potts, D. T. 2007a. "Foundation Houses, Fire Altars and *frataraka*:Interpreting the Iconography of Some Post-Achaemenid Persian Coins." *IA*, 42: 271–300.

—.2007b. "Once More on the 'General who is above the Four Generals' and His Congeners." *NABU*, 3: 63–65.

—.2007c. "Differing Modes of Contact between India and the West: Some Achaemenid and Seleucid Examples." In *Ray, Potts*,122–30.

Pourshariati, P. 2008. *Decline and Fall of the Sasanian Empire: The Sasanian-Parthian Confederacy and the Arab Conquest of Iran*. New York.

Pugačenkova, G. 1987. "K diskussi o sredneaziatskoj miniatiure XV stolenija." In *Iz hudožestvennoj sokroviščinicy Srednego Vostoka*, 186–99. Tashkent.

Pugachenkova, G. A., and È . V. Rtveladze. 1984. "Afrāsīāb i. The Archaeological Site." In *EI*, 1/6:576–78,edited by E.Yarshater.A version updated in 2011 is available online at http:// www .iranicaonline.org/articles/afrasiab-the-ruined-site.

Pulleyblank, E. G. 1989. "An Lu-shan." In *EI*, 1/9: 1000, edited by E. Yarshater. A version updated in 2011 is available online at http://www. iranicaonline.org/articles/an-lu-shan-frontier-general.

—.1991. "Chinese-Iranian Relations i. In Pre-Islamic Times." In *EI*, 5/4: 424–31, edited by E. Yarshater. A version updated in 2011 is available online at http://www.iranicaonline.org/articles / chinese-iranian-i.

Raby J. 1991. "The Earliest Illustrations to Kalilah wa Dimnah." *Marg*, 43 (1): 16–32.

Rahman A. ur, F. Grenet, and N. Sims-Williams. 2006. "A Hunnish Kushan-shah." *JIAAA*, 1: 125–31.

Rance, P. 2000. "*Simulacra Pugnae*: The Literary and Historical Tradition of Mock Battles in the Roman and Early Byzantine Army." *Greek, Roman and Byzantine Studies*, 41 (3): 223–75.

Rapin, C. 1995. "Hinduism in the Indo-Greek Area. Notes on Some Indian Finds from Bactria and Two Temples in Taxila." In *In the Land of the Gryphons. Papers on Central Asian Archaeology in Antiquity*, edited by A. Invernizzi, 275–91.Florence.

—.1998. "L'incompréhensible Asie centrale de la carte de Ptolémée.

Propositions pour un décodage." *BAI*, 12: 201–25.

——.2001. "La tombe d'une princesse nomade à Koktepe près de Samarkand. II.Observations sur les migrations nomades," *CRAIBL*, 145 (1): 75–92.

——.2005. "L'Afghanistan e l'Asia Centrale nella geografia mitica degli storici di Alessandro e nella toponimia dei geografi greco-ro-mani." In *Lefrontiere dell'Afghanistan*, edited by F. La Cecla and M. Tosi, 107–54. Bologna.

——.2007. "Nomads and the Shaping of Central Asia: from the Early Iron Age to the Kushan Period." In *After Alexander. Central Asia before Islam*, edited by J. Cribb and G. Herrmann, 29–72. Proceedings of the British Academy, 133. Oxford.

——.2010. "L'ère Yavana d'après les parchemins gréco-bactriens d'Asangorna et d'Amphipolis." In *The Traditions of East and West in the Antique Cultures of Central Asia. Papers in Honor ofPaul Bernard (Tradicii Vostoka i Zapada v antich-noj kul'ture srednej Azii)*, edited by K. Abdullaev, 234–52. Tashkent .

——.2013. "On the Way to Roxane. The Route of Alexander the Great in Bactria and Sogdiana (328–327 BC)." In *Zwischen Ost und West. Neue Forschungen zum antiken Zentralasien*, edited by G. Lindström et al., 43–82. Darmstadt.

— 2017 "Sanctuaires sogdiens et cultes avestiquesde l'époque de Gava à l'époque hellénistique (Koktepe etSangir-tepe)" In *Persian Religion in the Achaemenid Period / La religion perse à l'époque achéménides*, (Classica et Orientalia 16), edited by W Henkelman et C Redard, Wiesbaden: Harrassowitz: 417–460.

Rapin, C., M. Isamiddinov, and M. Khasanov. 2001. "La tombe d'une princesse nomade à Koktepe près de Samarkand. I. Le mon-ument et son contexte historique." *CRAIBL*, 145 (1): 33–74.

Rapin, C., and M. Khasanov. 2010. "Raskopki na gorodišče Kindiklitepe." *Arxeologija Uzbekistana*, 1:179–84.

Rapin, C., S. Mantellini, B. Rondelli, and S. Stride. 2010. "Hommes et irrigation dans la plaine de Samarcande." *Samarcande, cité mythique au coeur de l'Asie. Dossiers d'archéologie*,341: 8–10.

Raspopova, V. I. 2006. "Ethnos and Weaponry in the Murals of Afrasiab." In *Compareti, La Vaissière*, 129–45.

Rawlinson, H. G. 1912. *Bactria: The History of a Forgotten Empire*.London. Reprint New Delhi, 2002.

Reisner, M. 2004. "The Life of the Text and the Fate of Tradition. III: Interpretation of Pre-Islamic Calendar Festivals in Classical Persian Poetry of the 10th-12th Centuries (by the Example of *Nawrūz*)." *Manuscripta Orientalia*, 10 (2): 34–42.

Riboud, K. 1977. "Some Remarks on the Face-Covers (Fu-mien) Discovered in the Tombs of Astana." *Oriental Art*, 24 (4):438–54.

Riboud, P. 2003. "Le cheval sans cavalier dans l'art funéraire sogdien en Chine: à la recherche des sources d'un theme composite." *ArA*, 58: 148–61.

—.2004. "Description du monument." In *Lit de pierre, sommeil barbare. Présentation, après restauration et remontage, d'une banquettefunéraire ayant appartenu à un aristocrate d'Asie centrale venu s'établir en Chine au VIe siècle*, 15–31. Paris.

—.2005. "Réflexions sur les pratiques religieuses désignées sous le nom de *xian* 祆." In *La Vaissière, Trombert*, 73–91.

Rieu, C. 1881. *Catalogue of the Persian Manuscripts in the British Museum*, II. London. Reprint 1966.

Roaf, M. 1974. "The Subject Peoples on the Base of the Statue of Darius." In *Cahiers de la Délégation archéologique française en Iran*, 4: 73–160.

Rondelli, B., and M. Tosi. 2005. "GIS and Silk Road Studies: Monitoring Landscape and Population Changes at Samarkand and in the Middle Zeravshan Valley." In *Reading Historical Spatial Information from around the World. Studies of Culture and Civilization Based on Geographic Information Systems Data, International Symposium*, 24: 459–89. Kyoto.

Rong Xinjiang（荣新江）. 2000a. "Research on Zoroastrianism in China 1923–2000." *CAAD*, 4 (1): 7–13.

—.2000b. "The Migrations and Settlements of the Sogdians in the Northern Dynasties, Sui and Tang." *CAAD*, 4 (1): 117–63.

—.《中古中国与外来文明》，生活·读书·新知三联书店，2001。

—.2003. "The Illustrative Sequence on An Jia's Screen: A Depiction of the Daily Life of a *Sabao*." *O*, 34 (2): 32–35.

—.2006. "Sogdians around the Ancient Tarim Basin." In *Compareti, Raffetta, Scarcia*, 513–24.

—.2009. "Further Remarks on Sogdians in the Western Regions." In *Exegisti Monumenta. Festschrift in Honour of Nicholas Sims-Williams*, edited by W. Sundermann, A. Hintze, and F. de Blois, 399–416. Wiesbaden.

—.2012. "The Religious Background to the An Lushan Rebellion." In *Chinese Scholars on Inner Asia,* edited by Luo Xin and R. Covey, 97–137. Bloomington, IN.

Rorex, R., and Wen Fong. 1974. *Eighteen Songs of a Nomad Flute: The Story of Lady Wen-chi. A Fourteenth-Century Handscroll in the Metropolitan Museum of Art*. New York.

Rose, J. 2011. *Zoroastrianism. An Introduction*. New York.

Rosen-Ayalon, M. 1984. "Themes of Sasanian Origin in Islamic Art." *JSAI*, 4: 69–80.

Rosenfield, J. M. 1967. *The Dynastic Arts of the Kushans*. Berkeley, Los Angeles.

Rossi, A. V. 1996. "Perception et symbologie des couleurs dans le monde iranien et d'Asie centrale." In *Persia e Asia Centrale*,87–97.

Roux, J.-P. 1982. *Études d'iconographie islamique. Quelques objets numineux des Turcs et des Mongols*. Paris, Leuven.

—.1990. *La religione dei turchi e dei mongoli. Gli archetipi del naturale negli ultimi sciamani*. Genoa.

Rtveladze, E. V. 1999. "Coins of Ancient Bukhara." In *Bukhara. The Myth and the Architecture*, edited by A. Petruccioli, 29–37. Cambridge.

—.2007. "Alessandro in Battriana e Sogdiana." *P*, 9: 155–206.

—.2009. "Kampyr-Tepe-Pandocheion–Alexandria Oxiana." In *Alexander der Grosse und die Öffnung der Welt. Asiens Kulturen im Wandel*, S. Hansen et al. (curators), 168–75.Mannheim .

Rudova, M. L. 1969. "Simvolika v kitajskom iskusstve po narodnym novogodnym kartinam 'njan'hua. '" *TGE*, 10: 249–66.

—.1988. *Chinese Popular Prints*. Leningrad.

Russell, J. R. 1987. *Zoroastrianism in Armenia*. Cambridge, MA.

—.2004. "Sasanian Yarns: The Problem of the Centaurs Reconsidered." In *La Persia e Bisanzio*, 411–38. Rome.

Sadun, D. 1975. "Il *kofun* Takamatsuzuka. Una tomba a tumulo con dipinti murali nel Kinai." *RSO*, 49: 265–86.

Sancisi-Weerdenburg, H. 1983. "The Zendan and the Ka'bah." *AMI,*10: 145–51.

Santoro, A. 2006. "Miran: The Viśvāntara Jātaka. On Visual Narration along the Silk Road." *RSO*, 79 (1–4): 31–45.

Saxl, F. 1979. "The Zodiac of Qusayr 'Amra." In K. A. C. Creswell, *Early Muslim Architecture. Vol. I. Part I. Umayyads A.D. 622–750*, 424–31. [2nd ed.] New York.

Scarcia, G. 1967. "Zunbīl or Zanbīl?" In *Yādnāme-ye Jan Rypka,*41–45. Prague.

—.1985. "Baḥr-i aḫzar, Muḥīṭ-i islāmī ." In *Studi arabo-islamici*, 583–92.

—.2004. "La Persia dagli Achemenidi ai Sasanidi 550 a.c.-650 d.c." In *Curatola, Scarcia*, 9–125.

Schafer, E. H. 1956. "The Development of Bathing Customs in Ancient and Medieval China and the History of the Foliate Clear Palace." *JAOS*, 76: 57–82.

—.1962. "The Conservation of Nature Under the T'ang Dynasty." *JESHO*, 5 (3): 279–308.

—.1963. *The Golden Peaches of Samarkand. A Study of T'ang Exotics.* Berkeley, Los Angeles.

—.1968. "Hunting Parks and Animal Enclosures in Ancient China," *JESHO*, 11 (3): 318–43.

—.1977. *Pacing the Void. T'ang Approaches to the Stars.* Berkeley, Los Angeles. Reprint 2005.

Schafer, E. H., and B. E. Wallacker. 1957–58. "Local Tribute Products of the T'ang Dynasty." *JOS*, 4: 213–48.

Seldeslachts, E. 2007. "Greece, the Final Frontier? The Westward Spread of Buddhism." In *Heirman, Bumbacher*, 131–66.

Semenov, G. L. 1998. "Excavations at Paikend." In *The Art and Archaeology of Ancient Persia. New Light on the Parthian and Sasanian Empires*, edited by V. S. Curtis, R. Hillenbrand, and J. M. Rogers, 111–21. London, New York.

—.et al. 2003. *Raskopki v Pajkende v 2002 godu.* Saint Petersburg.

Sen Tansen. 2001. "In Search of Longevity and Good Karma: Chinese Diplomatic Missions to Middle India in the Seventh Century." *Journal of*

World History, 12 (1): 1–28.

—.2004. "Kaśmīr, Tang China, and Muktāpīḍa Lalitāditya's Ascendancy over the Southern Hindukush Region." *JAH*, 38 (2): 141–62.

Settipani, C. 2006. *Continuité des élites à Byzance durant les siècles obscurs.* Paris.

Sevim, A., and C. E. Bosworth. 1998. "The Seljuqs and the Khwarazm Shahs." In *HCCA. Volume IV: The Age of Achievement.A.D. 750 to the End of the Fifteenth Century. Part One. The Historical, Social and Economic Setting*, edited by M.S. Asimov and C. E. Bosworth, 145–75. Paris.

陕西省博物馆、陕西省文管会:《唐李寿墓发掘简报》,《文物》1974 年第 9 期, 第 71~88 页。

陕西省考古研究所:《西安北周安伽墓》[With an English abstract.], 文物出版社, 2003。

山西省考古研究所、太原市文物考古研究所、太原市晋源区文物旅游局,《太原隋虞弘墓》[With an English abstract.], 文物出版社, 2005。

Shaked, S.1984. "From Iran to Islam. Notes on Some Themes in Transmission." *JSAI*, 4: 31–67.

Shaw, J. 2007. *Buddhist Landscapes in Central India: Sanchi Hill and Archaeologies of Religions and Social Change c. Third Century BC to Fifth Century AD.* London.

申秦雁:《唐代列戟制度探析》, 周天游编《唐墓壁画研究文集》, 三秦出版社, 2001, 第 137~145 页。

Shen Qinyan.2005. "I dipinti murali di epoca Tang. Un'introduzione." In Catalogue Napoli: *Tang. Arte e cultura in Cina prima dell'anno Mille*, edited by L. Caterina, G. Verardi, and C. Visconti, 66–70. Naples.

Shenkar, M. 2014. *Intangible Spirits and Graven Images: The Iconography of Deities in the Pre-Islamic Iranian World.* Leiden, Boston.

Shepherd, D. G. 1974. "Banquet and Hunt in Medieval Islamic Iconography." In *Gatherings in Honor of Dorothy E. Miner*, edited by V. E. McCracken, L. M. C. Randall, and R. H. Randall, 79–90. Baltimore.

Sherwin-White, S., and A. Kuhrt. 1993. *From Samarkand to Sardis.A New Approach to the Seleucid Empire.* London.

Shiratori, K. 1928. "A Study on Su-T'ê 粟特 , or Sogdiana." *MRDTB*, 2: 81–145.

Shishkina, G. V., and L. V. Pavchinskaja. 1992–93. "D'Afrasiab à

Samarcande." In *Terres secretes de Samarcande. Ceramiques du VIIIe au XIIIe siècle*, 11–27. Paris.

Shkoda, V. G. 1996. "The Sogdian Temple: Structure and Rituals." In *Studies in Honor of Vladimir A. Livshits. BAI*, 10: 195–206.

Silvi Antonini, C.1989. "The Paintings in the Palace of Afrasiab (Samarkand)." *RSO*, 63: 109–44.

——.1994. "Afrāsyāb." In *EAA*, 1: 86–88.

——.1996. "Il tema del banchetto nella pittura dell'Asia centrale." In *Persia e Asia centrale*, 439–60.

——.2003. *Lapittura dell'Asia centrale. Da Alessandro Magno all'Islam*. Rome.

——.2010. "Da Uch Kulakh a Varakhsha." In *Alla maniera di...*, 157–68.

Silvi Antonini, C., and D. K. Mirzaachmedov, eds. 2009. *Gli scavi di Uch Kulkh (oasi di Bukhara): rapporto preliminare, 1997–2007. RSO*, 80, Suppl. 1. Pisa.

Sims, E. 2002. *Peerless Images. Persian Painting and Its Sources*. With B. I. Maršak and E. J. Grube. New Haven, London.

Sims-Williams, N. 1989. "Sogdian." In *Compendium Linguarum Iranicarum*, edited by R. Schmitt, 173–92. Wiesbaden.

——.1996a. "Nouveaux documents sur l'histoire et la langue de la Bactriane," *CRAIBL*, 140 (2): 633–54.

——.1996b. "The Sogdian Merchants in China and India." In *Cadonna, Lanciotti*, 45–68.

——.1996c. "From Babylon to China: Astrological and Epistolary Formulae across Two Millennia." In *Persia e Asia centrale*,77–84. Rome.

Sims-Williams, N., and F. de Blois. 1996. "The Bactrian Calendar." *BAI*, 10: 149–65.

Sinor, D. 1990. "The Establishment and Dissolution of the Türk Empire." In *CHEIA*, 285–316.

——.1998. "The Kitan and the Kara Khitay." In *HCCA. Volume IV. The Age of Achievement. A.D. 750 to the End of the Fifteenth Century. Part One. The Historical, Social and Economic Setting*, edited by M. S. Asimov and C. E. Bosworth, 227–42. Paris.

Sinor, D., S. Geng, and Y. I. Kychanov. 1998. "The Uighurs, the Kyrgyz and the Tangut (Eighth to the Thirteenth Century)." In *HCCA. Volume IV. The*

Age of Achievement. A.D. 750 to the End of the Fifteenth Century. Part One. The Historical, Social and Economic Setting, edited by M. S. Asimov and C. E. Bosworth, 191–206. Paris.

Sirén, O. 1956. *Chinese Painting Leading Masters and Principles. Part I. The First Millennium. Vol. I. Early Chinese Painting*. New York.

Šiškin, V. A. 1966. "Novye pamjatniki iskusstva Sogda." *Iskusstvo*,1: 62–66.

Šiškina, G. V., R. H. Sulejmanov, and G. A. Košelenko. 1985. "Sogd." In *Drevnejšie gosudarstva Kavkaz i Srednej Azii*, edited by G. A. Košelenko, 273–92. Moscow.

Skaff, J. K. 2003. "The Sogdian Trade Diaspora in East Turkestan During the Seventh and Eighth Centuries." *JESHO*, 46 (4):475–524.

Smirnova, O. I. 1970a. *Očerki iz istorii Sogda*. Moscow.

—.1970b. "Sogd (k istorii izčenija strany i o zadačah ee issledovanija)." *Palestinskij sbornik. Bližnij Vostok i Iran*, 21 (84): 121–50.

—.1971. "Mesta domusul'manskikh kul'tov v Srednej Azii." *SNV*, 10: 90–108.

—.1981. *Svodnyj katalog sogdijskih monet. Bronza*. Moscow.

Snowden, F. M. 1976. "Iconographical Evidence on the Black Population in Greco-Roman Antiquity." In *The Image of the Black in Western Art. I. From the Pharaohs to the Fall of the Roman Empire*, edited by L. Bugner, 133–245. Cambridge, MA; London.

Soper, A. C. 1954. "King Wu Ting's Victory Over the 'Realm of Demons.'" *ArAs*, 17: 55–60.

—.1991. "Yen Li-pen, Yen Li-te, Yen P'i, Yen Ch'ing: Three Generations in Three Dynasties." *ArAs*, 51 (3/4): 199–206.

Soucek, S. 1997. "Sughdāk." In *EIs*, 9: 773–74. Edited by C. E. Bosworth, et al. Leiden.

Speidel, M. P. 2002. "Berserks: A History of Indo-European 'Mad Warriors.'" *JWH*, 13 (2): 253–90.

Stanley, J. M. 1977. "Special Time, Special Power: The Fluidity of Power in a Popular Hindu Festival." *JAOS*, 37 (1): 27–43.

Stark, S. 2006–07. "On Oq Bodun. The Western Türk Qağanat and the Ashina Clan." *Archivum Eurasiae Medii Aevi*, 15: 159–72.

—.2007. "Mercenaries and City Rulers: Early Turks in Pre-Muslim

Mawarannahr." In *Social Orders and Social Landscapes: Proceedings of the 2005 University of Chicago Conference on Eurasian Archaeology*, edited by L. M. Popola, C. W. Hartley, and A. T. Smith, 307–33. Newcastle.

—.2008. *Die Alttürkzeit in Mittel-und Zentralasien. Archäologische und historische Studien*. Wiesbaden.

Staviskij, B. Ja., and S. A. Jacenko. 2002. *Iskusstvo i kul'tura drevnih irancev. Velikaja step', Iranskoe plato, Srednjaja i Central'naja Azija*. Moscow.

Stavisky, B. Y. 2006. "Once More about Peculiarities of the Sogdian Civilization of the 4th–10th Centuries." In *Compareti, Raffetta, Scarcia*, 571–82.

Stein, B. 1983. "Mahanavami: Medieval and Modern Kingly Ritual in South India." In *Smith*, 67–92.

Sterckx, R. 1996. "An Ancient Chinese Horse Ritual." *EC*, 21: 47–79. Stride, S., B. Rondelli, and S. Mantellini. 2009. "Canals versus Horses: Political Power in the Oasis of Samarkand." *WA*, 41 (1): 73–87.

Strohm, H. 2013. "Einige religionspsychologische Beobachtungen und Reflexionen zum Apam Napat von Pandschikent."In *Commentationes Iranicae. Sbornik statej k 90-letiyu Vladimira Aronoviča Livšica*, edited by S.R. Tokhtas'eva and P. B. Lur'e, 31–49. Saint Petersburg.

孙机:《中国圣火》, 辽宁教育出版社, 1996。

Sundermann, W. 1977. "Einige Bemerkungen zur Lehre von den Mondstationen in der altiranische Überlieferung." *AF*, 5: 199–204.

—.1990. "Shapur's Coronation: The Evidence of the Cologne Mani Codex Reconsidered and Compared with Other Texts." *BAI*, 4: 295–99.

Sverchkov, L. M. 2008. "The Kurganzol Fortress (On the History of Central Asia in the Hellenistic Era)." *ACSS*, 14: 123–91.

—.2009. "On the State of Mi-mi, Mi Country and the 'City of Memacens.'" *ACSS*, 14 (3–4): 317–35.

Swennen, P. 2004. *D'Indra à Tištrya: Portrait et evolution du cheval sacré dans les mythes indo-iraniens anciens*. Paris.

Tafazzoli, A. 1975. "Elephant: A Demonic Creature and a Symbol of Sovereignty." In *Monumentum H. S. Nyberg II. AcIr*, 5:395–98. Leiden.

Takeuchi, R. 2004. "The Parthian Shot in Hunting Scenes." *SRAA*,10: 29–49.

Tanabe, K. 2006a. "A Study in the Recently Found Mural from Loulan in

China." *Bulletin of the Ancient Orient Museum*,26: 67–106.

—.2006b. "The Identification of the King of Kings in the Upper Register of the Larger Grotte, Taq-i Bustan: Ardashir III Restated." In *Compareti, Raffetta, Scarcia*, 583–601.

Taqizadeh, H. 2010. *Il computo del tempo nell'Iran antico*. Edizione riveduta e integrata sulla base delle indicazioni dell'Autore. Introduzione, traduzione a cura di Simone Cristoforetti.Rome.

Tavernier, J. 2007. *Iranica in the Achaemenid Period (ca. 550–330 B.C.). Lexicon of Old Iranian Proper Names and Loanwords Attested in Non-Iranian Texts*. Leuven, Paris, Dudley, MA.

Thierry, F. 2005. "Yuezhi et Kouchans. Pièges et dangers des sourc-es chinoises." In *Afghanistan, ancien carrefour entre l'est et l'ouest*, edited by O. Bopearachchi and M.-F. Boussac, 421–539. Turnhout.

Thompson, L. 2001. "Demon Devourers and Hybrid Creatures: Traces of Chu Visual Culture in the Eastern Han Period." *SAH*, 3: 261–93.

Thordarson, F. 1988. "Bäx fäldisin." In *EI*, vol. 3/8: 876–77. Edited by E. Yarshater. Online version: http://www.iranicaonline. org/articles/bax-faldisin-funeral-rite-.

Thorp, R. L., and R. E. Vinograd. 2001. *Chinese Art and Culture*.New York.

Tissot, F. 2006. *Catalogue of the National Museum of Afghanistan 1931–1985*. Paris.

Tomaschek, W. 1877. *Centralasiatische Studien. I. Sogdiana*. Vienna.

Tremblay, X. 2001. *Pour une histoire de la Sérinde. Le manichéisme parmi les peuples et religions d'Asie centrale d'après le sources primaires*. Vienna.

—.2004. "La toponymie de la Sogdiane et le traitement de*$x\theta$ et*$f\theta$ en iranien." *SI*, 33 (1): 113–49.

—.2007. "The Spread of Buddhism in Serindia: Buddhism among Iranians, Tocharians and Turks before the 13th Century." In *Heirman, Bumbacher*, 75–129.

Trilling, J. 1982. *The Roman Heritage. Textiles from Egypt and the Eastern Mediterranean 300 to 600 A.D.*Washington D.C.

Trousset, P. 1993. "La 'Carte d'Agrippa': nouvelle proposition de lecture." *Dialogues d'historie ancienne*, 19 (2): 137–57.

Tseng, L. L. 2003. "Visual Replication and Political Persuasion: The Celestial

Image in Yuan Yi's Tomb." In *Wu*, 377–417.

—.2011. *Picturing Heaven in Early China*. Cambridge, MA, London.

Tuplin, C. J. 1998. "The Seasonal Migration of Achaemenid Kings."In *Studies in Persian History*, 63–114.

Twitchett, D. 1979. "Hsüang-tsung (reign 712–56)." In *CHC, vol. 3. Sui and T'ang China, 589–906, Part I*, edited by D. Twitchett and J. K. Fairbank, 333–463. Cambridge.

Twitchett, D., and H. J. Wechsler. 1979. "Kao-tsung (reign 649–83) and the Empress Wu: the Inheritor and the Usurper." In *CHC, vol. 3. Sui and T'ang China, 589–906, Part I*, edited by D. Twitchett and J. K. Fairbank, 242–89. Cambridge.

Tyler-Smith, S. 2004. "Calendars and Coronations: The Literary and Numismatic Evidence of the Accession of Khusrau II." *BMGS*, 28: 33–65.

Uluhogian, G. 2006. "Occhi armeni sulla corte di Persia." In *Panaino, Piras*, 747–55.

Ustinova, Y. 2002. "Lycanthropy in Sarmatian Warrior Societies: the Kobyakovo Torque." *Ancient West & East*, 1 (1): 102–23.Leiden.

Van Bladel, K. 2007. "The Syriac Sources of the Early Arabic Narratives of Alexander." In *Ray, Potts*, 54–75.

Venetis, E. 2004. "The Sassanid Occupation of Egypt (7th Cent. A.D) According to Some Pahlavi Papyri Abstracts." *Greco-Arabica*, 9–10: 403–12.

Vesel, Ž . 2008. "Asie centrale: question d'iconographie astrale." In *La Vaissière*, 161–73.

Vondrovec, K. 2008. "Numismatic Evidence of the Alchon Huns Reconsidered." *Beiträge zur Ur-und Frühgeschichte Mitteleuropas*, 50: 25–56.

Wallace, L. 2011. "The Ends of the Earth: The Xiongnu Empire and Eastern Han Representations of the Afterlife from Shaanxi and Shanxi."《欧亚学刊（国际版）》（*International Journal of Eurasian Studies*）,1(11): 232–258.

Wechsler, H. J. 1979. "T'ai-tsung (Reign 626–49) the Consolidator." In *CHC, vol. 3. Sui and T'ang China, 589–906, Part I*, edited by D. Twitchett and J. K. Fairbank, 188–241. Cambridge.

Weinstein, S. 1987. *Buddhism under the T'ang*. Cambridge.

Wendtland, A. 2009. "Xurmazda and Aδbaγ in Sogdian." In *From Daena to Din. Religion, Kultur und Sprache in der irani-schen Welt. Festschrift Ph. Kreyenbroek*, edited by C. Allison,A. Joister-Pruschke, and A. Wendtland, 111–25. Wiesbaden.

Whitfield, S. 2004. *The Silk Road. Trade, Travel, War and Faith*. London .

Widemann, F. 2009. *Les successeurs d'Alexandre en Asie centrale et leur héritage culturel*. Paris.

Widengren, G. 1959. "The Sacral Kingship of Iran." In *The Sacral Kingship. La regalità sacra. Contributions to the Central Theme of the 8th International Congress for the History of Religions, Rome, April 1955. Studies in the History of Religions*, 4: 242–57. Leiden.

—.1965. *Die Religionen Irans*. Stuttgart.

—.1971. "The Establishment of the Sasanian Dynasty in the Light of New Evidence." In *Persia Medioevo*, 711–84. Rome.

Wiesehöfer, J. 1996. *Ancient Persia from 550 BC to 650 AD*. London, New York. Reprint 2005.

—.2011. "The 'Accursed' and the 'Adventurer': Alexander the Great in Iranian Tradition." In *A Companion to Alexander Literature in the Middle Ages*, edited by Z. D. Zuwiyya, 113–32. Leiden, Boston.

Willis, M. 2004. "The Archaeology and Politics of Time." In *Bakker*,33–58.

—.2005. "Later Gupta History: Inscriptions, Coins and Historical Ideology." *JRAS*, 15 (2): 131–50.

—.2009. *The Archaeology of Hindu Ritual: Temples and the Establishment of the Gods*. Cambridge.

Wittke, A.-M., E. Olshausen, and R. Szydlak. 2007. *Historischer Atlas der Antike Welt*. Stuttgart.

Wong, P. Y. M. 2006. "Power of Image: A Study of the Ceiling Combinations in Han Tomb Interiors." *SAH*, 8: 163–98.

Wu Hung（巫鸿）1989. *The Wu Liang Shrine. The Ideology of Early Chinese Pictorial Art*. Stanford.

—.1994. "Beyond the 'Great Boundary': Funerary Narrative in the Cangshan Tomb." In *Boundaries in China*, edited by J. Hay, 81–104. London.

—.1995. *Monumentality in Early Chinese Art and Architecture*. Stanford.

—.1998. "Where Are They Going? Where Did They Come From?–Hearse and

'Soul-Carriage' in Han Dynasty Tomb Art." *O*, 29 (6): 22–31.

—.2010. *The Art of the Yellow Springs: Understanding Chinese Tombs.* Honolulu.

西安市文物保护考古所:《西安北周凉州萨保史君墓发掘简报》,《文物》 2005 年第 3 期, 第 4~33 页。

信立祥:《汉代画像石综合研究》, 文物出版社, 2000。

许序雅:《〈新唐书·西域传〉所记中亚宗教状况考辨》,《世界宗教研究》 2002 年第 4 期, 第 121~129 页。

[唐] 阎立本:《中国古代绘画精品集: 历代帝王图》, 中国书店, 2003。

Yatsenko, S. A. 2004. "The Costume of Foreign Embassies and Inhabitants of Samarkand on Wall Painting of the 7th c. in the 'Hall of Ambassadors' from Afrasiab as a Historical Source." *Transoxiana*, 8. http://www.transoxiana. org/0108/ yatsenko-afrasiab_costume .html

—.2007. "Drevnie tiurki: kostium na raznocvetnyh izobraženijah/Ancient Turks:Costume in Color Images." In *Internet Conference "Antiquities in Museums Collections*," ed. T. N. Krupa.Kharkov.http://www.formuseum. info/2007/11/25/ jacenko_sa_drevnie_tjurki_kostjum_na_raznocvetnykh_ izo-brazhenijakh.html.

—.2009. "Early Turks: Male Costume in the Chinese Art. Second Half of the 6th–First Half of the 8th cc. (Images of 'Others')," *Transoxiana*, 14. http:// www.transoxiana.org/ 14/yatsenko_ turk_ costume_chinese_art.html.

—.2012. "Yuezhi on Bactrian Embroidery from Textiles Found at Noyon uul, Mongolia," *The Silk Road*, 10: 39–48.

Yoshida, Y. 1996. "Additional Notes on Sims-Williams' Article on the Sogdian Merchants in China and India." In *Cadonna, Lanciotti*, 69–78.

—.2001. "Sogdian." In *Facts About the World's Languages: An Encyclopedia of the World's Major Languages, Past and Present*, edited by J. Garry and C. Rubino, 672–74. New York, Dublin.

—.2003a. "On the Origin of the Sogdian Surname Zhaowu and Related Problems." *JA*, 291 (1–2): 35–67.

—.2003b. "Buddhist Influence on the Bema Festival?" In *Cereti*, 453–58.

—.2013. "When Did Sogdians Begin to Write Vertically?" *Tokyo University Linguistic Papers*, 33: 375–94.

Zawadzki, S. 1995–96. "The Circumstances of Darius II's Accession."

Jaarbericht Ex Oriente Lux, 34: 45–49.

Zeimal, E. V. 1983. "The Political History of Transoxiana." In *CHI, 3(1). The Seleucid, Parthian and Sasanian Periods*, edited byE. Yarshater, 232–62. Cambridge.

Zhang Guangda.2012."The Nine Zhaowu Surnames (Sogdians) in the Six Hu Prefectures and Other Places in the Tang Dynasty." In *Chinese Scholars on Inner Asia*, edited by Luo Xin and R. Covey, 59–95. Bloomington, IN.

张鸿修:《中国唐墓壁画集》,岭南美术出版社,1995。

赵丰:《丝绸艺术史》,浙江美术学院出版社,1992。

郑怡楠:《河西高台县墓葬壁画娱乐图研究——河西高台县地埂坡M4墓葬壁画研究之二》,《敦煌学辑刊》2010年第2期,第117~134页。

Zhitomirsky, S. 2003. "The *Phaenomena* of Aratus, Orphism, and Ancient Astronomy." In *Calendars, Symbols, and Orientations: Legacies of Astronomy in Culture*. Uppsala Astronomical Observatory, Report n° 59, 79–82. Uppsala.

Zhou Xiuqin. 2009. "Zhaoling: The Mausoleum of Emperor Tang Taizong." *SPP*, 187. http://www.sino-platonic.org/complete/ spp187_taizong_emperor. pdf.

索 引

C

U

译后记

"出于对未知领域的渴望，我们踏上了通往撒马尔罕的黄金之路。"

——英国诗人詹姆斯·弗莱克

撒马尔罕，一座闻名遐迩的丝路城市，世人目睹她的伟丽，赞叹她的富饶，而实际上，今日所谓撒马尔罕仅仅是蒙古征服者帖木儿为其帝国建造的新城，相对于她的前身阿夫拉西阿卜要年轻许多。位于现代撒马尔罕东北郊，如今已是一片荒墟的阿夫拉西阿卜，正是蒙古征服以前的撒马尔罕城，中古时期会通东西的繁盛都会。如果不是1965年修建撒马尔罕连通塔吉克斯坦公路的推土机，这座蕴藏粟特文明艺术杰作的神秘遗址不知还要多久才能为世人所知。这本书，就讲述了关于阿夫拉西阿卜的故事。

本书作者康马泰博士是丝绸之路研究领域杰出的意大利学者，国际学术界公认的伊朗学专家、东方学家，精于前伊斯兰时期伊朗世界图像学和艺术史，通晓多种语言文字，著述勤富。《撒马尔罕的荣光：阿夫拉西阿卜壁画解谜》是康马泰博士倾其心血撰成的一部力作，是其多年探研中亚及周邻地域艺术考古的成果汇集，也是继苏联时期学者阿尔鲍姆的著作①之后近年国际学界仅有的一本以阿夫拉西阿卜壁画为主题的专著。该书最初于 2009 年以意大利文出版（Mimesis Edizioni），英文版 2016 年由美国马兹达出版社（Mazda Publishers）发行，增补了 2009～2016 年最新研究成果与参考文献，并对意大利文原版做了修订。在本书中，康马泰博士聚焦中古时代阿拉伯入侵前夜的中亚，以历史学者的洞鉴和图像学者的敏锐，透过直观感性的图像世界，揭开隐匿在欧亚大陆腹地历史褶皱之下的饱满细节，多层次、多向度地书写了粟特文明的黄金时代。从某种意义上说，本书的主要着眼点阿夫拉西阿卜壁画，堪称一部包罗了宗教、哲学、历史、艺术以及民俗等诸多范畴的百科图典，其所对应的是远比人们的想象深邃得多的文化空间，它的价值是文本史料所无法替代的。而且可贵的是，作者并未止于对壁画本身驾轻就熟地阐释与解析——这得益于他积蓄数年的学术功底，而是开掘蕴含在视觉图像背后的精神能量和人文讯息，向读者呈现纵深的立体图景。康马泰博士引入历时性与共时性结合的研究范式，反复强调这套壁画所体现的粟特与其周邻文明的精神共时性和跨文化性，特别是从中辨识出有关汉地端午节的元素——这正是本书写作的起点，为还原一个已被湮没大半的历史真相提供了另一种可能。本书的另一个显著特点是史料考据与逻辑论证的有机嵌合。凡涉及不同文明的宗教礼仪、庙堂规制、节庆民俗、日用器物等内容，无不经过作者精心考辨和比较研究。书中仅用于辩证史实的注释就占了全书体量近四分之一，诸多精彩独到见解的提出均具有坚实的资

---

① Л. И. Альбаум. *ЖИВОПИСЬ АФРАСИАБА*，Ташкент：ФАН，1975.

料基础。这份关于异质文化与"他者"的考述，为中文读者回望与这段时空密切交织的自身历史文化提供了富有价值的参照。

此书的翻译，缘于一段偶然中蕴蓄了必然的故事。2015年初冬，康马泰博士应邀到中国人民大学等多所高校及文博机构讲学访问，他的《唐代文艺复兴：粟特、印度、波斯、拜占庭》系列讲座，吸引了众多"丝绸之路热"中的学人与爱好者。平易低调、文质彬彬的康老师一进教室总能很快将听众带入他的世界。连续五天的课程，他始终精神饱满，勤谨守时。他习惯脱稿讲授，辅以丰富直观的演示课件，似乎讲解内容全自脑中源源涌出。英语讲授中不时夹杂《后汉书》《酉阳杂俎》等汉文史料名及卑路斯、何稠、碎叶等历史人物和地名的汉语专称。偶有言不及义时，他便手绘漫画式板书让大家一目了然。在人民大学艺术楼一层的一间中型教室里，欧亚丝路艺术的种种谜题，繁华寥落的中亚史事，粟特人的前世今生，犹如一幅幅斑斓画卷次第展现，令人神往心驰。讲者博识风趣，听者兴味益然，以致听众一场比一场多，教室一次比一次拥挤，每讲最后答疑环节更是气氛热烈，难以收束。康博士善述喜授的师者热忱，吸引了一众青年学子追慕不舍，直接促成之后由他亲自带队的中国宗教美术考古专业硕博"游学团"先后赴伊朗和乌兹别克斯坦两次游学之行。康博士也因此被团员们亲切地称为"康师傅"。

2017年金秋，我们游学团一行来到乌兹别克斯坦，在康博士全程带引下，对乌国从希腊化时期到伊斯兰帖木儿王朝一系列古代遗址进行了实地踏察，自北向南数次穿越崇山峻岭和军事检查站，几度与玄奘大师的求法路线重合，直抵乌兹别克斯坦与阿富汗边境。在荒沙渺渺的拜坎德（毕国）丘墟之上，在金叶闪闪的古尔－埃米尔——一代雄主帖木儿陵寝前，在塔什干国家考古博物馆琳琅藏品间，康博士情随神走，娓娓道来；而置身乡野清溪、市井巴扎，这位勤恳师者又不经意间流露出孩子般天真，忘情观察那些我们习焉不觉的游鱼虫鸟、草木花果，那副痴顽神情着实令大家忍俊不禁："原来康师傅是一位被学术耽误了的博物学家！"

沐浴着乌国的温煦秋阳，感受由"康师傅"跨越时空、勾连东西的熟稔讲解，团员们无不为这如梦如幻的经历庆幸和欢然。那一程用脚步回应丝路想象的震撼行旅，最后且最重要的一项活动，则是 9 月 21 日赴撒马尔罕东北郊的古代遗址阿夫拉西阿卜博物馆，参加由乌兹别克斯坦撒马尔罕考古研究所、法国－乌兹别克粟特地区联合考古队（MAFOUZ-Sogdiane）共同举办的阿夫拉西阿卜"大使厅"壁画修复揭幕仪式。仪式由康博士的学界同人兼好友——为粟特之地挥洒了全部青春的前考古队队长、法兰西学院（Institut de France）院士葛乐耐先生主持并致揭幕辞。就在撒马尔罕故城现场，在举世闻名的"大使厅"壁画前，葛先生向学界和公众隆重介绍了《撒马尔罕的荣光》一书。面聆葛先生的恳切推重，我们深深感受到了这部著作之于国际学界的分量。

同年 11 月 24 日晚，位于塞纳河畔巴黎城中央的孔蒂王宫（Palais de Conti）灯火辉煌，一场别具一格的庄重仪式正在法国举足轻重的学术机构法兰西学院举行。被誉为"不朽者"的终身院士，身着华美骑士服，佩带象征荣誉、权力与地位的宝剑，向《撒马尔罕的荣光》一书作者康马泰博士颁授"雷蒙与伊冯娜·朗捷"奖。该奖项专门授予世界范围内在东方考古、历史、语言、文化研究方面有卓越贡献的出版物及作者。康博士的专著获此殊荣，是国际学界对他多年来在其研究领域所达到的深度、广度的充分认可和高级别奖掖。那晚，我陪同康博士领奖，在这座 17 世纪新古典主义风格的学术殿堂目睹他接受这一特别的荣誉，不禁深受触动。我内心的钦赞冥冥之中在召唤我：把这本书译成中文，让这份智慧和学识的结晶为更多国人知晓。

2018～2019 年，我担任康博士在陕西师范大学、南京大学、四川大学、南开大学及敦煌研究院、山西博物院等地一系列讲座、研修班和学术会议的翻译工作，得以对他的研究更为熟悉。先前一些甚为陌生的历史学概念和问题稍获感性认识，对翻译涉及的诸多专业语汇也有了更深理解和把握。康博士欣然慨允我翻译他这部代表作，赠予我该书意大利文版和英文版。经陕西师范大学历史文化学院冯立君老师友情引荐，社会科学文献出版社甲骨文工作室主任董风云先生给予我充分信任，不久即正式委托我作为该书中文版译者。尽管这一美好心愿有了一个顺遂的开头，但当意大利文版和英文版两本书拽在手中之时，作为一个非外语专业且非史学科班出身的译者，我还是真切感到了莫大压力和挑战。

翻译这样一本专著实非易事。首先，书中论列的古代文化跨越了传统意义上西方与东方的界分，涵括苏美尔、巴比伦、埃及、希腊、罗马、伊朗、印度、北方草原游牧民族和中国等诸多文明形态，牵涉古波斯语、阿维斯塔语、中古波斯语、希腊语、拉丁语、梵语、粟特语、突厥语、阿拉伯语、俄语、亚美尼亚语等多语言文献。其次，除学界通识的典籍外，作者还征引了许多罕辟史料。我因此不得不勉力翻检能找到的资料，不敢稍有疏懈地搜索、比勘原始文献和其他语文中的引述、转述，力求使译文更加准确。此外，书中出现的人名、地名和术语，远远超出汉唐史籍和蒙元时期文献所提供的译例和用字范围，尤其地名的翻译困难重重。一些地名在不同时代和典籍中写法不一，我尽可能采用常见的古名称，将其他名称以译者注的方式列出。既有文献中未见的地名，则拟古而译，并附原文，方便读者了解时代语境。书中的人名，除已见于汉文史料者外，其余皆依循新华社译名室编纂的《世界人名翻译大辞典》译出。重要专名及术语，一并列于书后索引，方便读者查考。尤需说明的是，译文为追摹原文格式而致文意有欠显豁之处，我只得将原文沉重的结构适当缩短或简化，以减轻读者阅读时的困重。初涉译事，我竭力持重"信""达"，但因学识谫陋，疏失错讹仍在所难免，注释亦未必确当，敬祈读者诸君教正。

我的翻译工作持续了近乎两年。虽常觉困苦，但收获亦丰。我对因翻译而阅读到的中外资料的前贤写作者们深怀敬意，他们的著述嘉惠后学，值得铭记。远在威尼斯家中避疫的康博士，相隔万里和大半天时差，始终不厌其烦地为我解惑答疑。作为作者，距此书最初写作年代已逾十年，但每当我提及书中某章某段，他仍能逐一清晰、准确地解答，并指出可参阅的文献和最新资料。对我时常连珠炮式的发问，他总抱以超凡的耐心，有时还笑称我的问题和思考给了他灵感，启发他又可以撰写新文。出版人董风云先生宽允我延期交稿，让我得在学业繁绪之外稍感从容地为译书补课、调研。责编李洋女士做了大量精细烦琐的工作，她谨严周密的专业精神令我敬佩。我的朋友浙江大学艺术与考古学院博士后邹芒博士帮我检索了中国古代绘画史资料。在此一并深致谢意。感谢我父母始终如一的爱与理解，谨将这本译作献给他们。

康马泰博士早年游学东方，足迹遍及中国、印度、俄罗斯、伊朗和中亚多地，这让他常自诩是一名"世界公民"（cosmopolitan），而本书的主角——行商天下的粟特人，亦是当之无愧的中世纪四海为家者，两者因亘古常新的丝绸之路而相遇。这位当代行者将他独到的思辨与想象力注入对后者的研究，始终怀着"了解之同情"去追寻未知。康博士的东方情怀没有削弱他的客观性和判断力，反而赋予他一种逸离西方中心论的通识和洞察力。借康博士的异域之眼，这本书让我们看到了丝绸之路壮丽布景下中亚文化出奇的多样性。

唯愿我的翻译忠实呈现了原著的学术光泽。倘若这番劳作能启引更多青年学友投身这样的发现与探寻，我将引以为荣。

李思飞

2021 年仲夏于北京

图书在版编目（CIP）数据

撒马尔罕的荣光：阿夫拉西阿卜壁画解谜/（意）
康马泰（Matteo Compareti）著；李思飞译. －－北京：
社会科学文献出版社，2023.7
ISBN 978 - 7 - 5228 - 1483 - 4

Ⅰ.①撒…　Ⅱ.①康…　②李…　Ⅲ.①壁画 - 美术考
古 - 撒马尔罕　Ⅳ.①K883.629.41

中国国家版本馆 CIP 数据核字（2023）第 056563 号

地图审图号：GS（2021）7778 号

撒马尔罕的荣光
——阿夫拉西阿卜壁画解谜

著　　者 / ［意］康马泰（Matteo Compareti）
译　　者 / 李思飞

出　版　人 / 王利民
组稿编辑 / 董风云
责任编辑 / 李　洋
责任印制 / 王京美

出　　版 / 社会科学文献出版社·甲骨文工作室（分社）（010）59366527
　　　　　　地址：北京市北三环中路甲 29 号院华龙大厦　邮编：100029
　　　　　　网址：www.ssap.com.cn
发　　行 / 社会科学文献出版社（010）59367028
印　　装 / 三河市东方印刷有限公司

规　　格 / 开　本：889mm × 1194mm　1/32
　　　　　　印　张：14.125　插　页：0.75　字　数：318 千字
版　　次 / 2023 年 7 月第 1 版　2023 年 7 月第 1 次印刷
书　　号 / ISBN 978 - 7 - 5228 - 1483 - 4
著作权合同
登记号　　 / 图字 01 - 2019 - 2610 号
定　　价 / 89.00 元

读者服务电话：4008918866